U0923903

桂林博物馆文集

第九辑

桂林博物馆◎编

GUANGXI NORMAL UNIVERSITY PRESS
广西师范大学出版社
·桂林·

图书在版编目（CIP）数据

桂林博物馆文集. 第九辑 / 桂林博物馆编. --桂林 : 广西师范大学出版社，2022.8

ISBN 978-7-5598-5236-6

Ⅰ. ①桂… Ⅱ. ①桂… Ⅲ. ①博物馆学－中国－文集 ②文物工作－中国－文集 Ⅳ. ①G269.2-53

中国版本图书馆 CIP 数据核字（2022）第 138991 号

广西师范大学出版社出版发行
（广西桂林市五里店路 9 号　邮政编码：541004
网址：http://www.bbtpress.com）
出版人：黄轩庄
全国新华书店经销
广西民族印刷包装集团有限公司印刷
（南宁市高新区高新三路 1 号　邮政编码：530007）
开本：787 mm × 1 092 mm　1/16
印张：25.5　　字数：509 千
2022 年 8 月第 1 版　　2022 年 8 月第 1 次印刷
定价：98.00 元

目录

博物馆学研究

考古学研究

历史研究

文化遗产论坛

CONTENTS

Museum Studies

Archaeological Research

History Research

Cultural Heritage Forum

博物馆学研究

Museology Research

博物馆推进高质量发展的思路探索

——以桂林博物馆为例

唐春松

【摘　要】国家战略、行业趋势、人民意愿三个层次催促中国博物馆奔向高质量发展之路。本文结合区域视角和国家一级博物馆运行评估标准，以桂林博物馆为基点，从博物馆的“内功”“外功”两大板块，详细从内部管理、服务产出、社会反馈以及场景构建、业内联动、馆校合作、社会资源等七个方面阐述桂林博物馆及兄弟馆开展的思路探索。推进博物馆高质量发展，应秉持质量第一、效率优先的原则；把握博物馆高质量发展的根本任务——通过推进博物馆的活力、创新力和竞争力，聚集成中国的文化活力、创新力和竞争力；满足人民日益增长的美好生活需要。

【关键词】博物馆　高质量发展　内功　运行评估

【作　者】唐春松　桂林博物馆　研究馆员

2021 年 5 月，中央宣传部、国家发展改革委、文化和旅游部等九部委联合印发《关于推进博物馆改革发展的指导意见》，分五部分 21 个方面提出我国博物馆改革发展的目标、原则和具体举措，要求显著提升“博物馆发展质量”。这意味着从顶层设计层面明确了我国博物馆发展的时间表和路径表，标志中国博物馆事业被纳入国家深化改革的整体战略，同时也充分结合了博物馆行业发展的必经之路，以及广大人民群众日益增长的对高品质文化生活的精神需求。

国家战略、行业趋势、人民意愿三个层次，都在催促中国博物馆奔向高质量发展之路，所有博物馆，不论地域、规模、层级、等级，都应该思考这个问题。桂林博物馆（以下简称“桂博”）作为位于全国西部地区地市级的一级博物馆，如何高质量推进博物馆事业的发展？本文以桂博为基点，从区域视角思考、探索一家博物馆能够如何推进自身的高质量发展，又如何对周边发挥带动作用。

一、发展现状

（一）区域体系的“量”与“质”

谋求高质量发展，必然是在现有的“质”“量”基础上谋求突破。

1.“量”层面的激增

据统计，2001 年中国有 1392 家博物馆，2010 年已达 3415 家；按国家文物局登记备案信息，2020 年总计为 5788 家，较 2001 年增长 315.8%，且实际数量当超过有余[1]。桂林表现为近似的增幅趋势：2001 年前仅有 8 家，2010 年为 16 家，至 2021 年，依法获批、正常运营的博物馆为 38 家，较 2001 年增长 375.0%。以桂林市第七次全国人口普查结果（493.11 万人）计，平均每 13 万桂林人可拥有一座博物馆，高于全国平均每 24.39 万人拥有一座博物馆的基数。

2.“质”层面的忧虑

桂林区域内的博物馆虽各有侧重主题和优势，但以博物馆质量评估体系观之，国家一级博物馆目前仅桂博 1 家，占比 2.6%；国家一、二、三级博物馆共计 6 家，占比 15.8%；与全国平均基数 2.35%、15.45% 基本持平，但就国内发达地区（8%、25%）而言依然偏低，仅少数几座博物馆具有国内知名度。

从区域角度看，桂博所在的桂林区域，博物馆整体的体量初具规模，但精品不足，必须走高质量发展之路，带动区域内公共文化的普及和优秀文化的传播。

（二）本馆业务的“量”与“质”

1. 收藏与研究状况

据 2020 年国家文物局备案信息，桂林区域内完成登记的可移动文物共计 69841 件（套），珍贵文物 5271 件（套），总体数量不丰，珍贵文物数量占比 7.55%，略高于全国平均基数 6.02%。其中桂博 37868 件（套）（截至 2021 年 12 月），占地域总量 54.22%；珍贵文物 4292 件（套），占地域总量 82.27%。藏品数量相对丰富，藏品体系已趋完善，目前已建成以陶瓷（唐桂州窑出土佛教陶器、明代出土梅瓶为代表）、书画（明清书画、漓江画派山水画为代表）、访桂外宾礼品等 12 个支系为脉络的立体式藏品体系。但薄弱处有二：

[1] 以桂林市为例，截至 2020 年，桂林区域的地方博物馆在国家文物局备案系统里完成登记流程的为 20 家，而 2021 年桂林依法获批、开放并正在运营的各类博物馆实为 38 家。

一为藏品征集，后疫情时代经费紧缩，更兼精品文物已存在客观征集瓶颈，亟待转变思路希求突破，如桂博目前便以重塑当地历史记忆为征集中心，主要征集当地的历史文献（社会契约）、民族民俗物品、漓江画派书画作品等。

二为研究力量较为薄弱，桂博现有中级以上专业技术人员 43 人，其中高级 15 人，2017—2020 年产出核心期刊论文 7 篇，其中藏品研究 3 篇，高精尖人才和研究产出不足，后续研究力量尚未成熟，青年研究者的科普型、解读型的产出较多，突破型、创新型、领先型研究成果较缺乏。

2. 展览状况

疫情之前，桂博的临时展览稳定在年均 17—19 个，与国内发达地区存在一定差距；但原创展览占比达到 60% 左右，体现了桂博策展人的努力；也打造了一批优秀的原创展览，如融入学术及文化视角的“靖江遗韵——桂林出土明代梅瓶陈列”荣获 2017 年（第十五届）全国博物馆十大陈列展览精品推介优胜奖；同时开辟了功能较为完备的线上展览，四个基本陈列、两个专题陈列均搭建完成高清全景数字展厅。

3. 社教状况

呈现稳步增长态势。2017 年到 2020 年上半年开展社教活动 280 场次，参与人次约 270 万人次，有效地促进了广大观众对桂林文化的认同。目前桂博的社教表现为四个发展趋势：一是从“走出去”到“引进来”，除下乡、下学校的传统社教方式外，主动探索引进研学等新形式；二是从人工讲解到语音 / 二维码导览，实现全展厅覆盖；三是从传统线下讲解到新媒体宣教，拓展受众、增强传播力，如 2020—2021 年桂博利用新浪微博、微信公众号系统宣传梅瓶、外宾赠礼、明清书画等系列藏品，获得超过 5000 万次阅读；四是专家讲解、志愿者讲解常态化，专家步入展厅、学校、社会讲坛、电视媒体进行宣讲，志愿者的“红马甲”成为展厅的常见风景线。

总体而言，桂林区域内的博物馆事业整体与全国平均水准基本持平，但缺乏突破意识及突破的内外动力；桂林博物馆磨剑十载，追上国内优秀博物馆的发展水平，于 2021 年成功晋升国家一级博物馆，但弱势项目依然存在、继续攀峰存在障碍。这意味着传统模式发展的天花板已经迫近，探索高质量发展路径势在必行。

二、内修：行业视角的思路探索

博物馆业内公认的权威评判标准，是国家文物局制定、中国博物馆协会组织开展的博物馆评估定级体系和运行评估体系，当中又属国家一级博物馆运行评估体系最为严格。2019 年 12 月新修订的国家一级博物馆运行评估标准，包括三大板块：内部管理、服务产出和社会反馈。设计较合理，也充分反映了国家导向、行业最新动态和标准。

（一）内部管理

1. 组织管理

（1）决策层面

决策组织是博物馆的大脑。评估体系倡导中国博物馆借鉴欧美理事会制度，桂博于 2018 年 10 月正式成立理事会、监事会，并学习其他优秀博物馆的运作模式，稳步运作三年。不可否认，理事会带来了一些新鲜视角，但在运作过程中也出现了一些问题：其一，开会时间不易协调；其二，理事难以深度了解和参与博物馆具体事务，出于尊重，在决策环节多从宏观层面提供建议；其三，除理事提出的建议和诉求外，博物馆还需考量所有群众的利益和诉求。

在博物馆日常运作中，决策责任多落在馆长办公会议，这就对馆领导班子尤其是一把手的政治能力、决策能力、管理能力、领导艺术提出了很高的要求。因此，要推进博物馆的高质量发展，在中国国情和博物馆业内生态下，首先还是提升馆领导班子的管理能力，发挥领导班子的核心价值。

（2）监督层面

决策和监督相辅相成，监督不能形式化。桂博的监事会由纪检委员、职员共同组成，桂博尝试邀请监事会成员不定期、轮流列席日常办公会议，一是有利于监事会监督民主决策和后续执行，二是增加了监事成员的参与感、归属感。

2. 业务管理

决策制定和下发后，各部门执行的过程中同样离不开管理。2014—2016 年新馆筹备建设期间，桂博的四位馆领导深入基层指导工作，也利用这段时期充分了解各业务部门的操作流程、业务标准，以及各基层同志的能力水平。搬迁新馆后，由馆领导班子带头引导和推进，改革管理模式，摸索进行高效业务管理的方式方法，一些有借鉴意义的步骤如下：

（1）筹划环节，实行目标管理与无界管理，推进任务高效启动

在任务起始，以目标为导向、以人为中心，组建跨部门项目小组。在团队面前设立统一目标，能快速增加团队凝聚力；小组的形式也能够迅速减少因部门、职务等原因造成的隔阂；以人为中心，能够实现总目标的快速分解和落实。

（2）执行环节，实行流程管理与优化管理，推进流程效率衔接

领取任务后，倡导立马召开组内会议，所有组员在大白板上写出能想到的所有流程，每个流程标记预计耗费时间、人力、所需资源等；再为这些流程设置优先度，并以最后时间节点为基准，倒序排列流程，绘制时间线；最后根据时间线讨论、优化流程，删除不必要、效率差的流程，组内通过后立马执行。

（3）归档环节，实行标准化管理和复盘管理，推进素养稳步提高

将任务进程中产生的所有文件、材料及时归档，包括数字化归档和纸质材料归档，部门或小组负责人应预先拟定执行标准。这样的标准化归档，一是敦促成员养成良好业务习惯，二是使后续人员或新进人员尽快上手。在任务完成后，鼓励所有成员进行复盘：我们最初的目的和期望实现了吗？与原定计划有哪些不足、亮点或改进？我们的成功 / 遗憾有哪些原因？通过本项任务是否能够总结一二规律？从中汲取教训、总结经验，传递给下一组成员。

上述业务管理方法在桂博的微博跨界运营小组、国家一级博物馆申报工作领导小组已付诸实践，获得可喜成效。

（二）服务产出

1. 藏品研究

学术研究是博物馆内修外化的根基。高精尖的研究人才固然是博物馆的王牌，但高质量的博物馆还应当有一支庞大的基层青年研究队伍，为以后更成熟的学术型展览、学术型社教提供人力基础。在这方面，桂博一是制定《“桂博 +”课题管理办法》，从制度层面给予指导和规范；二是设立互相配合的三个科研部门（研究室，梅瓶文化和桂北民族文化研究保护中心、自然部）执行管理全馆的研究业务；三是馆领导班子、中层干部、业务骨干注意在日常业务中言传身教，注重鼓励青年员工。具体措施如下：

（1）从“深”的角度抓好本馆文物的本体研究

一是敢于翻故纸堆，二是充分利用每一个业务机会观察、学习、研究接触到的文物。桂博两位青年保管员，一位发现馆藏“静江府宝钞库之印”的“宝”字应为“卖”字，揭开南宋静江府的一段盐钞流通史；一位于馆藏档案中发现“中国青年新闻记者学会人员统计表”的价值，引起该领域研究者的关注。他们都是在库房给文物拍照时偶然发现、心生疑虑，从而着手研究的。

（2）从“全”的角度深入本馆文物的体系研究

每个博物馆都有自己的优势藏品，将收藏优势转化为研究优势，势必要强化该品类的体系研究。桂博的优势藏品是明代梅瓶，2016—2018 年，桂博组建了跨部门的“明代梅瓶资源调查与初步研究”课题研究小组，通过以老带新模式在全国范围内开展明代梅瓶资源摸底工作，撰写的结题报告为目前最全的明代梅瓶资源梳理，获得较好的学术训练和积淀。

（3）从“博”的角度融合本地的历史文化研究

任何文物都是在特定大历史背景下产生的，只是后人所见都是碎片留影，需在广阔的纵横视野下将之一片片复原，从更广、更深的维度探索文物后面的文化，探索物

与人、与社会的关系。

（4）从“养”的角度跟进本馆的保护修复研究

高质量的博物馆，不仅具备对文物的高质量利用能力，同时应兼具与之相匹配的高质量保护修复能力。以故宫博物院、四川博物院、三星堆遗址博物馆、湖北省博物馆等为代表的一批优质博物馆，都拥有“文物医生”，保护本馆文物、惠泽兄弟馆的同时，也通过电视媒体、新媒体树立了自身形象。

（5）从“恒”的角度搭建本馆的研究产出平台

自建或合作搭建稳定、持续的研究产出平台，以保障本馆以及其他学者研究成果的持续输出，如故宫博物院的《故宫博物院院刊》、四川博物院的《博物馆学刊》等等。桂博自办的论文集《桂林博物馆文集》创刊于2014年，由广西师范大学出版社出版，一年一辑，已出八辑，为桂林文博界开辟了一个相对稳定的学术园地，促进了桂林乃至广西的文博研究工作。

2. 展览产出

（1）高质量的选题应符合展览性质

桂博新馆专题展曾有“百工奇技”百件工艺品展览选题，后经馆领导班子与策展小组讨论，暂停该项目，改选用反映桂林清代状元书画的“翰墨华章”。为什么？因为不同的展览具备不同的性质和功能：基本陈列为故事概览，展期最长，要突出综合性；专题陈列是基本陈列的补充、反映博物馆特色，展期次长，宜突出地域性；临时展览追踪热点，展期最短，要突出趣味性，以吸引老观众。“百工奇技”虽然展品奇巧有趣，但未能充分反映桂林地域文化特色，比起专题陈列更适合做临时展览、交流展览。

（2）高质量的策展应群策群力

国内的策展尝试最早起于广东省博物馆，率先打破部门边界进行推行，后发展至面向社会招募策展人。每年国家文物局指导、中国文物报社联合全国多家博物馆共同推出的生肖联展，也是另一种合作策展的尝试。中小型地级馆，策展大多有两种形式，一是交给外包团队，二是博物馆自行组建策展团队。第二种方式无疑更能从根本上锻炼博物馆人的策展能力。

策展能力是一种综合能力，要求策展人（团队主创）至少具备以下几种优秀素质：优良的政治、时事敏锐度，保证传递正确价值观、符合社会需求；强大的统筹、组织、调度、管理能力，贯彻落实各个环节；亲和的团队领导力和凝聚力；富有人情味的沟通能力；扎实的学术素养、跨学科综合研究和资料考证能力；卓越的文字表达能力；高度的创新视野、创新思维；高级审美和艺术表达能力。

很显然，只有极少数策展人能多才兼备，更多时候需要一个群策群力的策展团队，以精诚团结的理念分工合作，推动策展。桂博跨部门策展小组的诞生，也经历了一个过程。最初只有主创+内容设计人员，之后陆续吸收形式设计人员、讲解员，所有成员实时跟随大纲文本进度，讨论展览形式的呈现、展览语言的转化、展线动线的优化，思维火花不断碰撞，策展过程事半功倍。随后策展组外沿继续延伸，按需求吸收不同的技术人员、专家顾问，逐渐形成桂博的“策展小组”。

2018 年，浙江省博物馆成功开发 3D 虚拟布展应用平台，创建与实体展厅一样大的数字展厅，策展人使用文物的数字素材在电脑上布展，一不会损坏文物，二让观众见到不宜展出的珍贵文物，三解决了浙博展览空间不足的问题。这套技术也不禁让我们联想到更多可能——未来是否有可能由观众使用这套软件自主策划展览，每个人可以拥有一个虚拟的、自己的浙江省博物馆？既能催生一批优秀的民间策展设想，又能增加观众对博物馆的参与度和黏度。

（3）高质量的观展应伴随丰富获得感

2014 年，桂博新馆陈列策展之初，国内博物馆主流的文物说明牌以简洁为主，往往只写文物名称，而桂博的部分策展人则希望尽可能多地提供准确信息，如材质、出土地、生僻字注音、尺寸等等，哪怕会多出很多工作量。经过多轮探讨，馆领导提出“观众走进博物馆，他们有权利获取更多信息”，一锤定音。于是，2017 年桂博新馆开展之时，观众发现展品说明牌不仅以简练的文字输出了丰富的有效信息，对于重点展品还配备有文物解读说明牌传递干货知识，精品文物还配有语音导览扫码、二维码扫码，观众可在自己手机上收听或观看详细讲解、下载展品图片。开馆第一周的观众留言簿里有一条这样的留言：“说明牌让我收获满满，感受到了温暖和尊重。”

这种收获感又通过交互互动的形式来表达。2017 年，桂博在官网上推出 720° 高清数字现场环拍还原全景陈列场景，除保留线下展厅各类丰富的文物信息外，增加了各种互动体感，如场景自由变换，放大观摩文物细节，以交互手段触发展品信息、高清照、三维图像、讲解视频等。

3. 社会宣教

（1）强化精品意识，打造高质量品牌

博物馆品牌是一家博物馆从量变积累到质变的显著标志，博物馆由此具备了区别于其他博物馆的独特身份，成功提炼出自己的独特价值。品牌强馆，如故宫博物院 2013 年实施品牌战略，通过故宫文创、故宫 APP、故宫纪录片等知名 IP 瞬时将六百岁的故宫打造成国民级顶流。众多的博物馆品牌积累起来，便是文化强国。

虽然迟至本节才提及品牌，但事实上博物馆品牌建设渗透在博物馆业务的方方面面。从上文也可看到，桂博打造的“梅瓶”品牌是如何深入在展览、研究、文创、外联、新媒体推介等各类业务之中，不遗余力地进行纵深式、立体式、全面式宣传。仅社教方面，就出版梅瓶文化科普图录两本；展厅内以文字、图版、视频进行梅瓶文化宣讲，脚本文字多达 5 万余字；尤其在未成年人教育方面，针对性地打造了最炫梅瓶风、靖江寻宝记、寻找状元郎三个系列 IP，以梅瓶文化为切入点，将本土文化的传承教育与梅瓶文化课程结合，设计“梅瓶剪纸”“寻宝小达人”“小小设计师”“服装秀”“创意 DIY”等多个主题活动和游戏，孩子们欢欣投入的同时，也完成了与桂林梅瓶、桂林历史的超级链接。

（2）培养宣教人才，打造高质量团队

社会宣教大致包括两个方面，一是讲解，二是社教。前者需要兼具学识、口才、吐息、仪态的讲解人才，后者需要具备策划、组织、执行能力的教育学人才。理想的宣教人才培养，一开始便要根据宣教人员的不同特长分配合适岗位，针对性地进行业务和技能训练。这些训练包括历史文化知识、艺术知识及鉴赏能力、礼仪仪态、古代礼仪、发音吐息、情绪管理、目标管理、团队塑造，甚至服装搭配、化妆技巧等等，以培养和提升宣教员的专业素养。桂博还以“以教促学”的模式鼓励青年宣教员互相促进，具体方法是每人挑选一件展品，自己查考资料、请教专家，撰写针对不同群体的讲解词，再以“教师”的方式为其他宣教员讲授这件藏品，互相促进；讲授的视频经后期制作，陆续投放在桂博的新媒体平台，也达到了线上宣教之目的。

（3）规划社教场所，打造沉浸式环境

馆内的社教活动，如果在相对独立的场所进行会更具有质量意义，一方面不会给正常参观的观众带来影响，另一方面也给参与者带来“这是我的空间”的归属感、成就感。桂博新馆在建馆之始，就在馆区一层专为青少年社教专门设计、打造了一所独立的、1400 ㎡的未成年人互动体验中心。中心分教育体验区（1200 ㎡）和数字体验区（200 ㎡）两部分。教育区设置有古色古香的书院——“国学课堂”，教授古代文化和古代礼仪，举办成人礼仪式也在此地；有甑皮岩考古遗址复原区——“模拟考古”，互动体验考古发掘；还有陶艺工坊区、版画制作区、拓片体验区、剪纸和扇面制作区、书法体验馆等等。数字厅包括数字藏品、虚拟展厅、梅瓶修复数字体验、民族服饰虚拟穿衣、金翅鸟的故事（3D 体感）、决策灵渠（VR 体验）、梅瓶之路（VR 体验）等内容。如此，一个个真实的场景构建，给青少年以沉浸式的体验，充分激发其兴趣和主动性，也提升社教品质。

（三）社会反馈

在一级博物馆运行评估体系里，第三板块“社会反馈”包括观众数量和公众评价两个内容，这是两个相对客观的评价指标。一般来说，前两个板块做得好，这两个指标的成绩也不会差。不过，在后疫情时代背景以及聘用第三方做观众调查的主流倾向里，还有三个小问题可以探讨一下：

1. 预见型的人流引导

后疫情时代，预约制度、现场扫双码（健康码、行程码）成为博物馆标配。这就带来两个问题：第一，适老化问题，大部分老人对预约、扫码流程不熟悉，现场教习又影响了后续观众进场，这就需要进行预先的引导和分流，让老人进入温馨通道进行教习或者人工登记；第二，应急问题，一种常见情况是突遇大流量的观众如何进行适当分流，避免聚集，另一种是扫出黄码、红码如何处理，需要快速又安全地安抚观众、引导分流至特殊的等候室、按规定进行上报。对于这两大问题相关部门需作出各种应对方案，并督促一线人员反复演习、熟悉操作规程。

2. 针对型的意见收集

目前，观众调查一般是委托第三方设计、发放、回收调查问卷（纸质或数字版）并进行分析总结，以保证客观公正。但几次过后，我们也发现一些问题：例如调查问卷模板雷同、观众着急填写以致质量不高、为保证样本量没有严格剔除无效问卷等等。高质量的观众调查不宜将所有责任推卸给第三方，首先，宣教员应自觉学习社会调查、统计学的理论和方法，认真审核第三方给出的调查方案，根据博物馆实际进行针对性修改与完善；其次，面向对博物馆有直接文化需求的观众群体，如带孩子观展的家长、中学生大学生群体等，宜设计更具有针对性、更细节的问题，深入了解其参观感受；另外，面谈式、访问式调查更能得到参与者的认真对待，应加入调查环节；最后，观众调查不宜堆积在年底一次性完成，而应在各个时段都有相应的小调查，最后集合汇总，方能窥见博物馆运营全貌。

3. 效率型的反馈机制

除观众调查外，博物馆能得到的观众直接反馈，大致有三种：直接建议或投诉、留言簿留言和线上互动。针对第一种情况，关键就是“效率”，以最快速度摆出态度让观众感到被重视、以最高效率解决问题并予以回应，其中回应投诉的解释电话宜由相关部门中层以上管理者亲自回复，时间不宜超过四小时；留言簿中提出具体建议并留下个人电话的，其实是希望得到回馈的，宜收集名单，定期随机抽取进行一次回访，表达对其关注博物馆事业的感谢和对其建议的重视，举措虽小却能大大加深观众对博物馆的品质印象，是另一种“效率”的品牌建设；线上互动数量较多，但建议博物馆线上运营者在发布信息之后的“黄金半小时”内予以主动积极的互动，这也是增强受众黏度的重要方法。

三、外化：融入与联动的思路探索

博物馆内修功底，外塑形象。外化从狭义范畴理解，就是博物馆积极运用自身在内修过程中形成的理念和实践，投入到外界的产业链中，通过与外部实体或非实体的相互作用，完成博物馆形象塑造的过程。

（一）建筑与场景：意象的高质量构建

当我们提起苏州博物馆，95% 以上的人会立马想起那富有韵味和情致的建筑。去过柏林犹太博物馆的观众，也许不会记得陈列的文物，但一定对“三岔路口”“逃亡者之园”的 49 根混凝土柱印象深刻，这就是博物馆通过建筑、场景的意象构建，“占领”参观者心神的范例。

当今的博物馆，应更加重视馆舍建筑与周边环境的融入关系以及建筑自身的文化表达。桂博新馆位于山水大道一侧，一街之隔就是山环水绕的山水公园，于是设计者们尽力营造“水”的元素，与“山”一般的建筑主体形成呼应，借水造景，如围绕馆舍建水景池，将馆舍观之如出水的文化方舟，鼓楼前亦挖造一方大池，水中倒映蓝天白云和层层叠叠的鼓楼，非常漂亮。毕竟馆舍一旦建好就难以更改，那就在展陈场景上做文章。桂博“画里人家——桂林民俗文化陈列”第一部分为高 13 米的大高层，1:1 复原了平地的汉族民居、山区的少数民族吊脚楼以及平乐船上人家一辈子居住的大红帆船，一眼阅尽三种生业模式，气势磅礴，也成为令观众久久难忘的经典场景。

（二）业内联动：联盟的高质量交流

在 2021 年 5 月九部委联合印发的《关于推进博物馆改革发展的指导意见》中，强调了“坚持开放共享”的基本原则和“区域协同创新”的方式，并提出“统筹不同地域博物馆发展”的具体指导。配合经济带战略建设博物馆联盟、在文化资源丰厚地区建设“博物馆之城”“博物馆小镇”，正是该指导意见的面、点落实。

桂博先后加入广西博物馆联盟、西南博物馆联盟和长江流域博物馆联盟，切实领略到博物馆联盟战略的优越性，即最大限度地取长补短、共谋发展。例如发挥资源共享的平台优势，促进藏品借展、学术研究、文物保护、人才培养的业务交流；发挥交流合作的统筹优势，促进重要巡展的常态化、制度化、机制化；发挥众志成城的集团优势，促进新媒体社教宣传的集聚化、热点化、广谱化。通过博物馆联盟，能高质量地达成资源要素有序流动、资源结构优化配置、盘活博物馆藏品、盘活博物馆运营的目的，实现博物馆的资源整合与协同创新。

（三）馆校合作：后备力量的高质量培养

博物馆与中小学、高校的合作已经形成了较稳定的机制和传统，但站在通向高质量博物馆的路口，我们也需要作出进一步的思考：如何让这种活动形式不再是“一日游”，而是深入参与者的生活和思维中？

譬如，博物馆的“小小讲解员”，桂博不再给小朋友们提供背诵脚本，而是鼓励他们学习背景知识后，自己选择感兴趣的文物，用孩子们的眼光、思维和语言撰写充满童趣的讲解词。又如，通过与高校的沟通，让“借鉴‘画里人家’展厅内文化元素进行首饰设计”成为学生的阶段作业，大学生们搬着板凳进驻展厅，认真观察、学习、揣摩，设计出一大批优秀作品，这些优良的设计作品又进驻展厅向更多观众展示民族文化的魅力。桂博是广西师范大学的实践教学基地、文物与博物馆学专业硕士研究生联合培养基地；2021 年，双方改革代培方案，学生实习期由 1 个月延长至 3 个月，在每个部门实习 1—2 周，让学生详细了解博物馆的日常运作机制、各部门的常见业务模式和工作流程，学生得以直观感受和亲身参与各个环节，收获极大，也为博物馆事业的发展培养和训练了高质量的后备军。

（四）社会资源：让更多人参与博物馆

博物馆可利用的社会资源体量庞大，种类上大致可分人力资源、物力资源、财力资源、技术资源、媒介资源和讯息资源。例如柳州市博物馆的“文创志愿者”，就广泛吸收各类社会资源，充分调动了社会人力、物力、创意、技术和媒介，推出一系列富有新意的文创精品和营销方案。发展壮大博物馆之友和志愿者队伍，构建管理规范、参与广泛、形式多样的社会动员机制，鼓励社会力量参与展览、教育和文创开发，促进博物馆与教育、科技、旅游、商业、传媒、设计等跨界融合，是当下推进博物馆高质量发展的实操性较强的举措。

博物馆，常被美誉为“一座城市的灵魂”，“中外友谊的桥梁”；桂林博物馆是当得起这份称赞的——桂林之美，山水为书封，翻开之后，阅读的都是文化，内化于青罗碧玉之间，外现于桂林博物馆；桂林作为中国最早接待入境游客的五座城市之一，成为中国与世界沟通的重要桥梁，“友谊桂林”展厅里的珍贵物证至今还在传达这份友谊。2020 年新冠肺炎疫情肆虐期间，桂博在全国文博圈内率先推出国际抗疫专题，以一个国家、一件访桂礼品文物、一张海报、一句抗疫口号的形式，在微博、微信平台上推广国际团结共同抗疫，发挥了重要宣传作用。

博物馆高质量发展，是博物馆行业适应时代新要求、新常态的主动选择，是破解我国社会主要矛盾和全面建成小康社会、全面建设社会主义现代化国家的必然要求，是提升我国整体竞争力、跨入世界文化强国之列的必由之路。

2021 年 4 月，习近平总书记考察桂林，指导桂林“要坚持以人民为中心，以文塑旅、以旅彰文，提升格调品位，努力创造宜业、宜居、宜乐、宜游的良好环境，打造世界级旅游城市”。桂林博物馆当以推进博物馆高质量发展为使命担当；秉持质量第一、效率优先的原则；把握博物馆高质量发展的根本任务——通过推进博物馆的活力、创新力和竞争力，聚集成中国的文化活力、创新力和竞争力；满足人民日益增长的美好生活需要。

以创建国家一级博物馆为引导，推动博物馆建设与发展

——桂林博物馆定级评估的思考与回顾

王莹莹

【摘　要】桂林博物馆在全国第四批定级评估工作中，成功晋升国家一级博物馆，本文对此次定级评估工作以及桂林博物馆如何以创建国家一级博物馆为引导开展博物馆建设做了一些思考和回顾。

【关键词】博物馆　定级评估　指标　建设

【作　者】王莹莹　桂林博物馆　副研究馆员

按照桂林市委、市政府“文化立市”“寻找桂林文化的力量，挖掘桂林文化的价值”“创建国际旅游胜地”的战略部署，桂林博物馆抢抓机遇，应时而动，顺势而为，自2010年“一院两馆”工程立项之初就确立了打造成为“国家一级博物馆”的奋斗目标，十多年来，坚持以创建国家一级博物馆为引导，不断学习国内外优秀博物馆先进经验，将定级评估要求和标准贯穿于馆舍建设、管理、典藏、陈列、宣教、研究、服务等各项工作中，不断寻找、缩小差距，竭力打造桂林文化品牌，推动博物馆高质量建设与发展。一路以来砥砺奋进，最终十年磨一剑，桂林博物馆于2020年成功晋级国家一级博物馆，本文对定级评估以及桂林博物馆申报国家一级馆的工作做一些思考与回顾。

一、对博物馆定级评估的思考与回顾

（一）博物馆定级评估的基本情况

博物馆定级评估工作是为了提高博物馆的办馆质量和业务水平，促进博物馆之间的良性竞争，对博物馆施行长期有效的动态管理而建立起的一套科学、系统、完善的博物馆评价指标体系。2008 年，国家文物局委托中国博物馆协会进行了首次国家博物馆定级评估工作，此后每三年开展一次国家一 、二、三级博物馆的定级评估工作，出台了一系列博物馆评估办法和标准，引导博物馆在周期性的自我评估中发现优势与不足，在馆际比较中互相促进，不断提高，实现“以评促建，以评促改，以评促管”的目的。截至目前，已经组织实施了四次定级评估工作，全国已有定级博物馆 1224 家（其中国家一级博物馆 204 家、国家二级博物馆 455 家、国家三级博物馆 565 家），为博物馆行业树立发展标杆、规范业务内容，乃至指引政府决策、满足社会群众文化需求都提供了良好的参考借鉴[1]。

（二）博物馆定级评估指标的侧重分析

《博物馆定级评估标准》设有 3 个一级指标，13 个二级指标，75 个三级指标，197 个四级指标项目，7 个一般加分项，8 个专属加分项。一级指标项目“综合管理与基础设施”“藏品管理与科学研究”“影响力与社会服务”的权重分别是 20%、30%、50%，前两项侧重于考察博物馆的投入与内部建设，后一项则更多考察博物馆的产出与社会反馈。指标体系的二、三、四级指标项分别是对上一级指标项的详解和细化，使上一级指标能够以定性或定量的方式进行统计和测评。13 项二级指标项目能清晰地反映出定级评分需要考察的博物馆所涵盖的日常业务工作，其中展示与教育、公众服务、藏品管理、学术研究与科技的权重分别是 25%、17.5%、15%、15%，4 项指标就占了总分的 72.5%，可见其在博物馆评估中的重要性，值得参评单位认真研究，并以此为导向协调推进博物馆建设与评估工作[2]。

（三）博物馆第四轮定级评估体系的修订与变化趋势

随着国内博物馆不断发展以及观众对博物馆需求的变化，博物馆定级评估指标也在不断优化和修订。2020 年 1 月，国家文物局发布了修订调整后的《博物馆定级评估

[1] 李金光、艾静芳：《以定级评估工作为契机，推动博物馆事业高质量发展——第四批全国博物馆定级评估结果及数据分析》，《中国博物馆》，2020 年第 4 期，第 6 页。

[2] 卢民：《对我国博物馆评估定级工作的思考》，《中国博物馆》，2013 年第 2 期，第 42—49 页。

办法》《博物馆定级评估标准》《评分细则计分表》（以下分别简称“评估办法”“评估标准”“评分细则”），修正后的评估办法和评估标准进一步提升博物馆评估定级工作的科学性、针对性、适用性。

从评估办法来看，主要从减少层级、取消比例限制、调整评估周期、缩短申报阶梯、减轻基层负担几个方面进行了修订，鼓励更多博物馆参评，缩短优秀博物馆质量提升阶梯，促进博物馆间的良性竞争，有利于带动全国博物馆事业高质量发展[1]。从评估标准来看其变化及趋势。一是淡化“文物”概念，突出“藏品”概念，引导博物馆从业者明确博物馆工作的实物载体是包括文物、标本在内的藏品，而不仅仅局限于历史文物。二是将藏品数量对应分值由原来的4个层级增加至20个层级，既降低了参评门槛又强调了藏品对于博物馆的重要性。三是更加注重数据的透明和真实性，利用互联网加强社会的监督，需要在博物馆网站向社会公布的项目从原来的3项增加至17项，涉及人员、藏品、制度文件等指标项。四是增设了博物馆资源向社会开放，对社会服务项目的考察，如科研实验室向科研院所、企业等开放共享等。五是顺应时代发展要求增加线上新媒体、融媒体等考察项目，且在藏品和展览中都加入了数字化、多媒体采分点，全国第四次博物馆定级评估的筹备和实施阶段，正处于国内受新冠肺炎疫情影响、各级博物馆掀起线上多媒体宣传的变革时期，增加这部分项目以鼓励博物馆适应时代发展、充分利用互联网技术提升博物馆的传播和服务力。六是更多地关注社会参与博物馆共建，如博物馆决策机构、陈列内容研究设计引入中小学教育者；学术委员会引入中国科学院院士等高层次人员；志愿者队伍引入在职或已离退休地方党政领导同志、知名企业家、社会公众人物等；与高等学校、科研机构开展广泛合作，利用“外脑”取得科研成果等。七是更多关注社会不同群体，如展览文字说明中增设“专门区域设置残障人士适用的盲文等辅助设施”；每年进企业、厂矿、社会福利机构及其他公共文化场所举办巡展等。八是在1000总分之外增设15个创新加分项，其中专门针对行业及非国有博物馆的加分项8个，一般加分项7个，总分值55分。这体现了博物馆不仅应在各项基本考察要点方面完善工作，在重大改革创新方面也应有突出表现。博物馆建设不应“千馆一面”，博物馆发展须突破传统组织架构与工作框架束缚，守正创新，在发展中求创新，在创新中谋发展。博物馆工作需要注入新活力与理念，开拓新思路，做到特色与个性共发展，并在诸如藏品保护修复、科学研究、陈列展览、教育文化传播等方面寻求突破[2]。

[1]《博物馆定级评估办法》，《中国文物报》，2020年1月21日第2版。

[2] 国家文物局：《博物馆定级评估标准》《评分细则计分表》，2019年8月修订稿。

（四）探索科学有效的申报途径和方法

最新的博物馆定级评估体系中有评定指标采分项目 266 项，需提交附件材料 178 个，多维度地对参评博物馆近 36 个月的各项工作指标进行系统评定和考核。这场没有标准答案，而是通过博物馆间的竞争实现优胜劣汰的考核，对参评博物馆而言是一次艰巨的考验，需要参评单位具备充分的思想准备、充足的人才队伍、坚实的工作基础、充实的资料储备和准确翔实反映实际工作的申报材料来应对。

坚实的工作基础：定级评估考察的是博物馆近三年的各项工作指标，意味着参评博物馆应以对应的时间启动申报工作，制定完善的申报工作方案，详细解构博物馆建设规划、项目、经费等。以定级评估指标为导向和抓手，推动博物馆各项业务工作建设，查找差距和不足，不断优化完善，建立起坚实的工作基础。

科学的分工：博物馆定级评估需要调动全馆的力量，科学的分工有助于提高组织协调和协作效率。可设置领导小组、编制组、资讯组，各司其职分工协作。领导小组——定级评估需要强有力的领导，才能全馆一盘棋有序地推进工作，设立申报工作领导小组办公室，负责申报的时间、步骤安排，负责资料的收集、审核，既有高度，又能全面、广泛地把握全局。编制组——每一个专业工作人员都是申报材料的编纂者，按照方案要求及时记录、编纂、备案，对照定级评估指标，将熟练的日常工作及时转化成专业翔实的文字申报材料。资讯组——每个部门设专人负责记录、拍摄、收集博物馆日常工作的文字和照片并在馆内实时共享，有利于全馆数据的查缺补漏和资源整合。

数据库的创建：数据和信息是博物馆参加定级评估的重要基础，这包括博物馆内部数据及馆外资讯，申报材料本身由庞大的数据和信息构成，优秀博物馆案例和定级评估的各类资讯更是学习和参照的依据，建立一个能够实时更新和共享馆内外信息的数据库可以使申报工作事半功倍。馆内信息的收集：博物馆定级评估体系中多设综合考察项目，与博物馆固有的内设机构职责分化不同，不同部门的工作人员在编制材料的过程中无法获取本馆全面有效的信息，从而导致不必要的失分。建立实时共享数据库后，通过制度的约束调动每一个工作人员，将博物馆日常工作图文资料实时地分类上传，打破信息孤岛，方便编纂人员随时调取使用。馆外资讯的收集：定期由资讯组成员通过互联网文博机构官方网站或向优秀博物馆调研取经，获取并共享优秀博物馆案例和定级评估指导文件，方便全馆人员参照学习。

申报材料的制作：定级评估的申报材料是博物馆 36 个月各项业务工作的缩影，是参评单位应对定级评估指标的一份答卷，也是参评单位与评审专家进行对话的媒介，对于能否通过评审起到决定性的作用。一份好的定级评估申报材料应该全面、专业、真实地反映对应评估体系中博物馆各项业务的工作，针对几百个考察点和附件，一份图文并茂的申报材料至少几十到几百万字不等。申报材料的制作可以简单概括为三个步骤。1. 审题：对评定项目及评定方法和说明认真审题，抓住关键词，避免答非所问。2. 答题：紧扣题干进行综述，以数据、实效、优势为支撑。3. 证明：提供尽可能翔实的佐证材料。为了提高申报材料的全面性、专业性和可读性，要充分运用前期的数据库资源；对照评估标准中提到的 22 份博物馆行业标准和规范，用专业视角反馈真实情况；制作、发布一份对方向、内容、格式皆有指导性意义的“编纂规范”供全馆参照执行；同时还要具备申报材料的审核、论证、优化机制；佐证材料多以图文表形式呈现，若对应每一个采分点自制短视频配以讲解，可让评委更直观地接收博物馆要展示和表达的信息。

二、以创建国家一级博物馆为引导，推进桂林博物馆建设实践探索

（一）以新馆项目建设为契机，提升博物馆运行承载力

自 2010 年“一院两馆”工程立项之初，桂林博物馆就明确了将新馆打造成为国家一流博物馆的建设目标。各项软、硬件设施均以国家一级博物馆标准进行设计、施工，运营及服务水平也同步提升，一跃成为广西区内规模最大、功能最全的地市级博物馆，桂林博物馆的建设发展得到桂林市政府高度重视，2019 年，桂林市政府将桂林博物馆申报国家一级馆项目列入桂林市政府工作报告之中。

建筑优势：场馆主体建筑面积 3.4 万平方米，展厅面积 1.2 万平方米，投入资金共计 5.6 亿元。主体建筑采用汉唐风格，运用了大坡顶、屋身、基座经典三段式结构，正门建有高达 35 米的斗拱门楼，南北双阙呼应，整体建筑高低错落，气势恢宏。全馆采用大跨度钢架结构，具有 100 年使用寿命，抗震设防类别为甲类，耐火等级为 1 级。主体外墙为保加利亚天然石材，东面采用整体玻璃外墙，面积达 660 平方米，便于观众欣赏馆外景观，也给庄严的建筑增加了一份朝气蓬勃。主体建筑周围还分布着以传统的桂北民居为原型的鼓楼、风雨桥、南北阙等一组配套景观建筑群，体现出桂北民居特有的汉唐遗韵。

区位优势：新馆馆址选在桂林新城核心区域，是新城景观体系纵横轴的交会点，与图书馆、大剧院、文化广场共同构成桂林的城市文化地标。享有得天独厚的区位优势，北面为城市金融大厦群，南面为行政中心所在地，西靠城市会展中心，东邻城市中央公园，坐拥临桂环城水系，依山傍水景色宜人。紧贴城市云轨，距离国际机场仅 12 公里，交通便利。

区块布局：建筑设计按照《博物馆建筑设计规范》（JGJ 66-91）“3.1 一般规定”的相关要求执行，并按《博物馆建筑设计规范》（JGJ 66-2015）的规定进行了相应优化。整体建筑功能区块由公众区域、业务区域、行政区域三大区块构成，每个大区

块按照建筑空间、业务动线等再划分诸如陈列展览区（占比 39.41%）、教育区（占比 11.09%）、藏品库区（占比 12.45%）、藏品技术区、服务区域、研究区域、行政管理区等等若干模块，布局合理，自成体系。

安全保卫：桂林博物馆建立了一套集人防、物防、技防为一体的安防体系，24 小时对馆内外实行密切监控和有效防护，切实保障了全馆的安全工作。设有安防中心控制室，对全馆安全管理系统、入侵报警系统、视频安防监控系统、出入口控制系统、电子巡查系统等子系统进行实时监控和统筹调配，并设有与公安部门的联动装置。馆内外各区域实体防护装置齐全，还安装包括日夜型彩色摄像机等不同机型在内的 500 余台设施对馆内外区域全方位监控。设有消防控制室，对全馆消防系统进行监督和控制，全馆消防系统包括火灾自动报警系统、自动灭火系统、消火栓系统、气体灭火系统、防排烟系统、应急广播系统等。配有烟感、温感、手动报警按钮 1641 个，消火栓、消防水带、枪头等设施共计 127 套，喷淋头 6400 个，气体灭火系统 12 套，灭火器 500 个。配有义务消防队，设置多个微型消防站，制定有健全的应急预案体系。由于设施齐全，各项工作到位，市公安消防支队验收通过并出具验收报告。

（二）加强机制创新与顶层设计，激发博物馆内生动力

理事会、监事会的创建：为深化文化体制改革，适应博物馆发展需要，激发博物馆内生动力，桂林博物馆于 2018 年成立了桂林博物馆理事会，成员由馆领导和职工代表、政府机关代表、社会各界人士、中小学老师等组成。理事会定期审议博物馆业务发展规划、内设机构方案、绩效分配、财务预算支出等。同年，桂林博物馆监事会成立，由主管部门分管领导及本馆职工代表组成，对理事会的决议、财务及业务执行情况进行有效监督。

中长期发展规划纲要：依据桂林博物馆章程的定位，结合国家一级博物馆指标，桂林博物馆及时制定了与桂林历史文化名城和国际旅游胜地建设相适应的《中长期发展规划纲要》，确立了打造名品、名家、名展三个品牌，建成桂北传统文化教育中心、桂北文物收藏研究中心、桂北文物展示中心；确立了获得全国十大精品陈列、晋升国家一级博物馆、将桂林博物馆建成全国一流的区域博物馆三大奋斗目标。

优化“三定”方案：随着桂林博物馆发展脚步的加快和国家一级博物馆申报工作的推进，博物馆人才、经费等问题越来越多地获得市委、市政府的关注和支持。通过多次实地调研和听取博物馆建设汇报，根据桂林博物馆发展需要，在市委、市政府的协调下，市编办先后两次批准桂林博物馆增加人员编制及内设机构，其中 2016 年批准增编 18 名、增加内设机构 2 个；2019 年批准增编 16 名，增加内设机构 2 个。通过有计划的招聘、培养，现已逐渐建立起一支有专业、学历、职称等结构科学合理的人才

梯队，为博物馆事业的发展奠定了坚实的基础。

（三）坚持以人民为导向，提升博物馆公共服务水平

打造精品展览：2017—2020 上半年，桂林博物馆通过深入挖掘区域文化特色及藏品丰富内涵，本着“多办展、办好展”及“引进来、走出去”的原则，共举办基本陈列 4 个，临时展览 58 个，其中原创展览 37 个，跨省联合举办全国性展览 12 个，展出 2382 天，参观人数 560 余万人次。其中“靖江遗韵——明代出土梅瓶陈列”荣获第十五届（2017 年度）全国博物馆十大陈列展览精品推介优胜奖。

加强文保力度：桂林博物馆现有藏品 34138 件[1]，为做好藏品收藏与保护工作，桂林博物馆启动了可移动文物预防性保护一期项目，投资 862 万元，于 2018 年完成项目验收。项目从桂林博物馆文物保存的实际需求出发，建立了一整套库房环境监测系统，配置符合不同质地文物保护标准的文物装具及文物消杀设施，切实提升了桂林博物馆馆藏文物的预防性保护的综合能力，大大提升了文物保护力度。桂林博物馆按照国家一级博物馆指标建设了专门的藏品修复保护场所，面积约 250 平方米，其中包括预处理室、仪器检测室、化学实验室、书画修复室等。先后投入了 1046.105 万元购置保护修复设备、检测设备及环境监测设备等科研仪器。为不断丰富馆藏文物，三年来先后走访征集各类藏品 13640 件，藏品种类丰富，进一步丰富了藏品体系。

深化教育服务：桂林博物馆作为广西博物馆协会社教专委会主任委员单位，为更好地发挥博物馆的社会教育功能，三年来共推出了讲座、社会教育活动等 296 场，下基层活动 72 场，参与人数 29.4 万人次，其中未成年人数 4.4 万人次。依托展陈打造社教品牌，为响应“让文物活起来”的号召，也为使观众更好地理解陈列内容，三年来，本馆结合各类陈列展览推出了一系列社会教育活动，并将之打造成为桂林博物馆社会教育品牌，这些活动不仅受到观众的热烈欢迎，线上预约秒光，活动场场爆满，其中多个活动还获得了自治区级奖项。为了更好地发挥博物馆社会教育职能，扩大文化覆盖面，让更多的民众享受到文化权益，桂林博物馆三年来结合本馆展览及藏品，积极开展文化下乡村、进社区、走校园、入企业活动。

做优线上服务：桂林博物馆通过官网、微博、微信等新媒体平台推出“云游桂博”项目，升级线上展览、线上讲解、线上直播、线上课堂、线上抗疫、3D 文物等运营服务，共计发布内容 2311 条，其中原创内容 1906 条，占总发布量的 82.47%，阅读量 6902.24 万。其中 17 条微博资讯突破百万阅读量，单条文博抗疫内容获 1528 万阅读量，多条微博资讯被国家级、省级文博官微转发百余次，其中国家文物局官方微博（@ 中

［1］ 截至 2020 年 6 月的数据，截至 2022 年 6 月，桂林博物馆藏品数量为 39210 件。

国文博）转载、聚合转发、评论及点赞 10 次。

（四）广泛开展交流与协作，推动博物馆学术科研工作

促进学术交流：多次举办全国、全广西重大学术会议、培训班，其中举办全国性学术会议、培训班 7 个，举办自治区级学术会议、活动 4 个，如 2019 年 5 月，“中国博物馆协会博物馆数字化专业委员会 2019 年年会暨‘文物数字化保护技术应用’学术研讨会”在桂林博物馆召开，来自全国 27 个省、自治区、直辖市的 90 多家博物馆、高校、文博机构 200 多位相关人员参加了会议。2018 年 9 月，由中国文物报社、桂林博物馆共同举办的“金猪拱福——2019 猪年生肖文物图片联展”策展研讨会在桂林博物馆召开，来自全国各地 20 家文博单位的近 40 位领导参与会议。此外还有“2019 年文物舆情研判与处置培训班”“2019 年全国博物馆安全技术及管理培训班”。以上会议、培训班的举办，加强了博物馆业内沟通交流，进一步提升了桂林博物馆的影响力和传播力。

加强学术研究：定期出版的学术刊物《桂林博物馆文集》，三年来发表学术论文 176 篇，其中多篇论文发表在《中国博物馆》《敦煌研究》《东南文化》《宏德学刊》等国内知名期刊；2017 年在《文物天地》第 11 期（总 317 期）中设置了桂林博物馆典藏精品专题，刊登桂林博物馆专业技术人员论文 10 篇；完成“桂林市人才小高地——全国明代梅瓶资源调查与研究”等课题研究项目。

借助“外脑”力量：加强馆校合作，聘请高校博士、教授加入桂林博物馆学术委员会。先后与广西师范大学、广西民族大学、广西大学等多所高校签订馆校合作协议，整合优势资源，加强人才的培养，在学术研究、人才交流与培养、合作研发文创产品等多个领域开展了一系列的密切合作。

（五）发挥文化辐射作用，扩大博物馆社会影响力

随着桂林博物馆业务不断发展，其社会影响力逐渐增大，主要体现在对区域博物馆的带动、观众评价、媒体关注等多个方面。三年来还获得国家级奖项 3 个，省级集体奖项 7 个。

区域影响力：为实现区域博物馆的平衡发展，桂林博物馆作为桂林地区规模最大、功能最全的综合性博物馆，时刻将对口帮扶视为己任，自发地向上级部门申请成立了“桂林区域性博物馆联盟”，义务地帮助区域中小博物馆在博物馆创新发展模式、法人治理结构、人才培养、资源共享、提升服务水平、完善服务体系等方面做了很多的工作及探索。如多次派员对全州县思源民俗博物馆的建设及布展工作进行指导；多次派员参与全州县红军长征湘江战役纪念馆、兴安县红军长征突破湘江纪念馆、灌阳县新

圩阻击战史实陈列馆的建设、陈展、讲解员培养等工作；派员参与桂林市廉政文化教育基地的讲解员培养工作；作为桂林市“三区”文化支持计划的后盾单位，先后派员到灌阳、资源、龙胜等地对当地博物馆开展培训及业务指导。

观众影响力：三年来，桂林博物馆的年均观众量 103.9455 万人次，境外观众人数年均 1 万人次，2017 年 7 月—2020 年 6 月，线上观众访问量达 6902.24 万人次。三年间，通过对观众调查问卷及观众留言等进行科学分析，了解到观众对桂林博物馆的整体评价及满意度非常高。其中，通过 7135 人次的普通观众调查报告显示，观众对桂林博物馆的预期满意度达 98.11%；通过对展厅观众留言本信息的分析报告显示，观众好评率达 96.5%；通过 300 名专业人士调查报告显示，桂林博物馆获得了 99% 的专业人员的赞誉及认可。

媒体影响力：为加强博物馆社会影响力，桂林博物馆积极开展与各级媒体的交流合作，已成为多家媒体平台的重要取材单位。传统媒体宣传：三年间，桂林博物馆在地市级以上广播电视媒体播放博物馆专题片、宣传片 192 个，其中国家级 1 个、省级 7 个。曾参与《国宝档案》栏目的采访和纪录片拍摄，并在中央电视台中文国际频道（CCTV-4）宣传。在报刊媒体上报道 131 次，其中国家级报刊报道 16 次，如《光明日报》《中国文物报》等。先后被英联国际教育、国光特色旅游中心、江西晨报社、江西研学旅行社、肇庆启航国旅、宁夏海外旅游、广西壮族自治区博物馆等众多企业、单位纳为研学、夏令营站点。2019 年《广西壮族自治区人民政府办公厅关于支持桂林市加快文化旅游产业发展的意见》（桂政办发〔2019〕109 号）、《桂林市人民政府办公室关于印发桂林市加快文化旅游产业发展三年行动方案》（2019—2021 年），先后将桂林博物馆列为历史文化精品旅游线路。新媒体宣传：桂林博物馆不断适应新的发展需求，与时俱进，充分利用新媒体手段进行宣传推广。三年间，先后在人民网、国家文物局官网、经济日报（中国经济网）、中国社会科学网、雅昌网、搜狐网、中国新闻网（广西）等网站进行过宣传，百度、携程、百度百科、百度地图等平台都提供了桂林博物馆参观攻略。桂林博物馆官网发布资讯 1313 条，访问量 20.12 万次；微信公众号阅读量 13.99 万人次；微博发布博文 413 篇，阅读量 6868.13 万人次。在微博、微信等新媒体宣传中，微博获得中国文博、微博文博（原名文博头条）、巴黎毕加索博物馆等国内外 57 家文博机构转发、评论、点赞 451 次。其中获得国外文博机构点赞 3 次，分别是巴黎毕加索博物馆、马勒梅松城堡、巴黎贾科梅蒂基金会；获得国家文物局官方微博转载、聚合转发、评论及点赞 10 次；人民日报文创微信公众号转载 1 次；微博文博官方微博转载 18 次、聚合转发 14 次、评论及点赞 24 次；获得省级 16 家文博单位点赞评论转载，其中包括：陕西省文物局官方微博汉唐网 7 次，含直接转载 3 次；海南省博物馆 8 次，含直接转载 5 次；河北博物院 5 次，含直接转载 3 次。

对以善管为重，增强博物馆行政安全管理有效性的几点思考

李　艳

【摘　要】在博物馆行政安全管理工作中，当前存在一些问题，有的已陷入了“老大难”的窘境。本文针对存在的问题，阐述了以善管为重，努力提高博物馆行政安全管理的基本有效路径，以获取更好的管理效益，适应新形势发展的需要。

【关键词】提高　博物馆　行政安全管理　有效性　思考

【作　者】李艳　桂林博物馆　文博馆员

当前，博物馆建设面临着许多新情况、新挑战，如何面对新变化、新特点，提高博物馆行政安全管理的针对性和有效性，强化管理，这是博物馆面临的一个迫切的现实问题，也是一项带有根本性和普遍意义的紧迫任务。

博物馆行政安全管理指的是博物馆机构运用行政权力，组织下属各部门在履行职责、开展各项工作时，为避免所管理的人、财、物、信息等资源发生危险、伤亡、损坏、遗失等情况，从而能正常有效地发挥其作用，保障各项任务的顺利完成，遵循防范事故的客观规律而制定、采取的安全措施及组织实施的相关活动。从组织领导分工、工作范围、管理时段、事故性质等方面来划分，通常将其归类并称为行政安全管理工作，将它与预防政治事故及刑事犯罪事故区分开来。它充分体现了博物馆行政安全管理自身的工作性质，也集中突出了一个重要特点，就是人人都是管理者，个个都在管理中，时时都得讲规范，其牵涉面广，任务重，不确定性多。面对如此复杂的情况，要完成所担负的任务，博物馆从业人员必须在管理实践中努力学习，以善管为重，才能掌握管理的主动权，做好各方面的工作，取得预期效果。

目前，博物馆行政安全管理工作存在一些倾向性和结构性的问题，严重妨碍了工作的开展，如，虽把规章制度制定出来了，但在落实中不尽如人意，还存在不少短板，也需不断完善；虽建立了不同的责任制，但不够具体精细，也不配套，要动真格追查责任时就难以找到具体担责者；虽有考评方案，但多笼统原则，缺乏量化指标，且不易落实，同时也缺乏即时操作的具体办法，导致平时无人过问，手里没有“明细账”，年终考核总结，只能走过场，泛泛而论；虽设立了年终绩效奖，但存在与平时表现难挂钩的问题，导致了“你我一个样都差不多”的现象。因此，行政安全管理工作累积和造成了“上下脱节，配合不好，形不成合力”“紧一阵松一阵，不能一以贯之地抓落实”“上面推一推，动一动，有时甚至推都推不动”“责任不清，问责不严”“大错误不犯，小错误不断”等“老大难”问题。要改变上述状况，必须针对存在问题在管理方面发力，要在以下方面着重下功夫。

一、以典化治，着力在立体管理上下功夫

各项有效的管理制度是来自实践的总结，是做好管理的依据。就目前而言，如何使规章制度得到不折不扣的贯彻执行，充分发挥其作用，对共同推动行政安全管理工作的开展至关重要。为此，要从三个方面下功夫实现“有章必循”。首先，要转变职能，管理要“上位”。各级各部门行政领导要把行政安全管理工作当作一项经常性、基础性工作来抓，要明确分工，专人负责，设立安全员或安全小组长，明确各自的“角色”，而且要切实进入“情况”，牢固地树立安全责任意识，把责任扛起来，明确管理的具体任务、内容、方法、要求等，专心致志地做好此项工作。其次，要转变方式，管理要入行。要采取多种形式，深入广泛地发动群众，推动各项规章制度的贯彻落实。在工作实践中认真组织学习有关规章和新的管理知识，学习借鉴别人的经验，要在综合管理、有效管理上想办法、出主意、下功夫，营造一种积极向上、比学赶帮的职场管理文化，这样才能使管理工作走上一种良性循环的发展道路。再次，要转变作风，管理要下沉。要以抓铁有痕、踏石留印、久久为功的力度，以认真扎实的工作去抓好落实。行政安全管理工作牵涉面广、不确定性多、工作头绪杂，要针对上述情况，下沉到一线深入到各工作环节了解实情，掌握第一手资料，及时发现和解决存在的问题，不仅要身体力行，而且还要做到眼到、心到、耳到、口到，认真仔细而不马虎了事，敢抓敢管而不患得患失，不怕得罪人，只有这种过细过硬的良好作风才能解决问题，把工作落到实处。反之，整天无所事事，浮在表面只能是走过场，空对空，工作既到不了位，管理也落不了地，再管用的规章制度也只能挂在墙上，照旧躺在抽屉里。

二、以教固本，着力在养成管理上下功夫

在管理实践中，要坚持以人为本、教育为先的原则。不断提高人的素质，把教育与养成有机结合起来，以教促养。所谓教养就是个人在行为方式方面的素质，人们通常说的有教养就是指能明辨事理，具有对己对人和处事的一种积极负责的正确态度及行为。一方面要坚持教育在先，经常结合思想认知深入开展各种教育，使之树立社会主义核心价值观，具有高度的事业心、责任感，正确的荣耻观念、是非观念，不断强化个人修养，只有使其内化于心，才能为外化于形打下坚实的基础。另一方面要强化业内的培训，不失时机地认真组织专题学习培训。不论是新员工进馆上岗，还是老员工调动换岗；不论是设备设施升级改造，还是新法规和制度修订颁布；不论是几个人还是个别人，都要完成规定的培训内容，还要结合不同的岗位有针对性地选学专门的内容，要把集中上课与现场示范、个人学习与个别传授结合起来，进行严格的培训和学习考核，使之牢记有关的规章制度、操作流程、行为规范、安全防范措施，风险预测与处置方法。要从一开始就用制度规范大家的一举一动，要认真组织开展进馆上岗的若干个“第一次活动”，如第一次上班上岗，第一次值班，第一次进文物库房，第一次提取文物，第一次工作交接，第一次布展，第一次上机，第一次安全检查，第一次文物移交，第一次例行性开馆，第一次节假日开馆，第一次请销假，等等。并且还要一以贯之地抓好落实。要防止贯彻落实规章制度过程中的“回潮”现象。落实规定不松动，严格要求不迁就，在反复中抓落实，在落实中促进养成。

三、以责破难，着力在精准管理上下功夫

事实证明，建立和落实责任制是推动工作、破解问题的一把“金钥匙”，关键是要结合实际，把这个“牛鼻子”牵住、牵好。一要建立便于执行的问责制，解决操作性不强的问题。各个环节都应尽量实行量化考核的积分制，做到有责明责，知责担责，各负其责，切实纠正“一空二平三不清”的现象。所谓“空”就是日常考评走过场，一年下来到年终考评时空口无凭，心中无数，好差难以评判；所谓“平”就是在总结工作时说过来讲过去，拿不出平时掌握的具体表现与规定的具体考评指标进行对照衡量，也只能是彼此彼此平平过；所谓“不清”，就是无法分清好差优劣，到头来只能落个说不清楚、道不明白的结果，只好轮流坐庄了事，这种徒有虚名的走过场的考核不但起不了奖优罚劣、弘扬正气、鞭策后进的作用，反而会把风气搞坏。二要建立责任倒查制，解决问责“打折扣”的问题。发现问题一定要从下往上逐一倒查，弄清每个环节的问题，以明确和区分责任的有无及大小，有一份责任就要担一份责任，绝

不能搞“泛化问责”“下不为例”“睁只眼闭只眼”等方式的问责，追查责任要做到既不扩大也不缩小，既不护短更不能推脱，板子一定要“打”到具体人身上，只有这样才能做到公开、公正、公平，纪律面前人人平等，才能既教育本人又教育大家，起到惩一儆百的作用。三要建立与利益挂钩的奖惩兑现制，解决“两张皮”的问题。奖罚不能只挂在口头上或者停留在纸上，必须切实与各部门和个人利益紧密相连，对担责、守责、尽责者该奖则奖，对玩忽职守、不守责不作为者该罚则罚，尤其要与考评等次、绩效奖挂起钩来，使奖罚得当，做到奖罚有根有据，使群众心服口服，同时受罚本人也能深刻认识其过错，并诚恳接受和及时改进，否则，就难以维护和发挥纪律的权威性和考评的有效性。

四、以实求效，着力在务实管理上下功夫

常言说“古今事业必成于实”，事实证明只有务实事、求实干，才能出实效。要坚决纠正那种只图出彩、不想出力、不求实效的形式主义，把各项管理落到实处，要坚持聚焦抓好以下五个环节的工作。一是完成工作的标准要从严。必须树立严格要求、严格标准的观念，要强调执行规章制度不走样，不讲价钱，不能搞变通，不能各行其是，只有这样才能确保管理中的执行力。二是遵循操作规范要从细。讲规范就是严守流程，这是现代管理的一个基本要义。尤其在管理使用高新科技设备设施的过程中，既要一丝不苟地遵循设计者的指导和硬性规范，也要毫不含糊地执行从实践中总结出来的“土生土长”的规定，通常这些流程规定具有很强的针对性和可操作性，因此，绝不能马虎了事、自以为是。三是监督检查要从实。管理本身具有诸多复杂性，因而监督也必须与之相适应。监督要实打实，要把人工监督与科技手段管控、定期与不定时、领导与群众检查督促结合起来，要采取灵活多样的方式和手段，多层面多途径地随机检查，及时发现和解决问题，这是其一。其二，要把监督这面镜子擦亮，好差要分明，不能报喜藏忧，不能大事化小，小事化了。只有这样才能使大家慎终如始。四是互相补台要从长。不同的人员有着不同的经历，从而也积累了不少有益的经验，互相补台既是一种责任，也是一种义务，大家都要互相支持，互相交流，密切配合，各自发挥优势和长处，处处给力，互相补台，共同把行政安全管理工作的网织得更密，把精准管理落到实处。五是风险预测要从先。凡事预则立，不预则废。预防安全事故也是如此。要组织各部门、各岗位和各类人员结合各项工作实际，广泛深入地从事故的种类，可能发生的时机、部位、征兆、表现形式、危害、防范方法、处置措施等进行全面的预测把握，把工作主动权牢牢掌握在自己手中。

五、以变应变，着力在动态管理上下功夫

事物都是处在一种不断变化的客观状态当中，博物馆行政安全管理工作也同样具有一种不断变化的持续性和客观性。社会的发展和人们思想观念、从业人员结构、物理条件、环境等情况的变化，给管理工作带来了丰富的内涵。因此，要适应形势的发展变化，在管理理念、手段、方式方法等方面也必须与时俱进，方能把握主动，积极应对，趋利避害。首先，要紧盯管理内涵的变化特点，注重以新的认知作引领，累积更新管理理念的新优势。现代社会的发展，给博物馆行政安全管理带来的影响是不可逆转的，认知这一根本属性有助于我们及时分析和把握管理对象的若干变化，这样才能因势而谋，顺势而为，对不同情况做到心中有数，工作方向才更明晰，才能更好地激发进取之心、担当之力，以高度的事业心和责任感去完成所担负的新任务。其次，要紧跟专业技术的发展，注重培养专业人员，累积管理队伍具有过硬技能的新优势。要从长远目标出发，在工作中努力培养基本通晓所用主要设备设施的专业技术人员，通过参与设备设施供应方的售后培训，培养一支复合型的专业技术骨干队伍，有效加强设备设施的使用与管理专业技术学习，懂得常见故障的表现形态及判断、一般故障的排除、常见主要风险的防范，当然有条件能向更高一个层次发展更好，还要懂得维修的基本方式、成本以及与售后服务协商维修事项，在维修质量和成本上把好关。再次，要紧贴管理实际，在工作中探索规律，累积知晓管理之道的新优势。要使博物馆的行政安全管理从传统管理迈向现代管理的自由王国，就必须坚持在管理实践中深入实际，努力学习，刻苦钻研，勤于动脑，善于总结，通过认真分析，去伪存真，去粗取精，总结出带有规律性的东西，从不同事件的源头上把握管理当中可能出现的不确定性、周期性、基础性等问题，做到主动提早防范，确保管理的连续性和有效性。

当下，博物馆建设已置身于现代化进程中，毋庸置疑，这对其行政安全管理工作也提出了更高的要求。对此，我们务必保持清醒的头脑，紧跟新形势，认清新挑战，善于顺势而为，在管理实践中努力把握其新特点，驾驭其新规律，方能有力地促进博物馆行政安全管理水平的不断提升。

博物馆应对舆情刍议

卢敏生

【摘　要】舆情的概念由来已久，体现在社会生活的诸多方面，具有时代性、群众性和突发性特点。随着我国文博事业迅猛发展，在博物馆领域，对舆情的研究和应对尚处于薄弱环节。在博物馆日常工作中，尽管采取了很多预防措施和手段，但仍不能完全阻止舆情危机的发生。面对博物馆舆情，应把预防作为常态化的应对和管理，出现舆情时，应第一时间辟谣，关注事态发展，及时引导舆情走向。

【关键词】舆情　博物馆　应对

【作　者】卢敏生　南宁市博物馆　馆员

一、舆情的一般概念和特点

现代社会是舆情社会。关于舆情的概念，在我国历史上由来已久，几乎是随着国家、社会的治理而出现，《辞源》把舆情定义为“民众的意愿”，也就是广义上的民意、公众意见。舆情是指在一定的社会空间内，围绕中介性社会事项的发生、发展和变化，作为主体的民众对作为客体的国家管理者产生和持有的社会政治态度。[1] 人民网舆情监测室更进一步指出，舆情是由个人以及各种社会群体构成的公众，在一定的历史阶段和社会空间内，对于自己关心或与自身利益紧密相关的各种公共事务所持有的多种情绪、意愿、态度和意见交错的总和。[2] 在现代社会，舆情作为一种社会现象，关系到国家治理、社会和谐、人民福祉，因此，对舆情的关注和研究，被摆上重要位置，

[1] 杨绍辉：《舆情概论》，东北大学出版社，2014 年，第 14 页。

[2] 人民网舆情监测室：《如何应对网络舆情——网络舆情分析师手册》，新华出版社，2011 年，第 5-7 页。

许多国家纷纷成立专门舆情研究机构，收集整理各类舆情信息，以供决策当局作为重要参考依据。我国改革开放四十余年来，社会各领域取得了巨大的成就，这是一部改革开放的经济社会发展史，同时也是一部舆情发展演变史和现代文明的民主法治进化史。舆情是现代社会的常态现象，在笔者看来，主要具有三个特点：时代性、群众性、突发性。

（一）舆情的时代性

舆情作为一种社会现象，已经深深浸透到社会生活的每个角落。例如，在现代社会里，大到国家、地方政府，小到集团企业、社会团体，都有各种层面的新闻发布会以及相关新闻发言人制度等。这些现代社会舆情应对的具体举措和形式，是舆情时代性的内涵表现，在现实生活中早已耳熟能详，也成为广大人民群众关注、参与公共事务和社会管理的平台和渠道。

（二）舆情的群众性

舆情的群众性，指的是舆情的主体是民众。从宏观上来看，舆情指的是民众对国家政治的看法和态度，从微观上来看，舆情是民众对社会事物的看法与态度。舆情的群众性表现在两个方面：一是舆情来源于社会事件，而社会事件的始发者往往是群众中的一部分，即“从群众中来”；舆情的群众性还要体现出“到群众中去”的属性，即舆情（“民众的意愿”）须在政府相关部门积极主动的引导下，走向正确的舆论方向和道路，最终达到还原真相、正视听、聚民心的目的。

（三）舆情的突发性

突发性是舆情的显著特点。突如其来，毫无征兆是舆情的外在表现形式。舆情现象在人类社会里由来已久，它既是社会现象，又是历史进程，本身属于历史范畴，伴随社会突发事件而出现，伴随历史进程而演变。尤其是一些特大重大事件引发的突发性舆情，往往来势汹汹，迅雷不及掩耳，很快就在社会上造成重大影响。

二、博物馆事业发展催生博物馆舆情

近年来，我国文博事业迅猛发展，对社会经济生活产生巨大影响。文化和旅游部副部长、国家文物局局长李群在 2021 年 5 · 18 国际博物馆日“博物馆的未来”主题论坛的主旨报告中指出：“十三五”以来我国平均每 2 天新增 1 家博物馆，截至 2020 年底，全国备案博物馆 5788 家……在全球博物馆受到新冠肺炎疫情广泛影响的背景下，

2020年度我国博物馆推出陈列展览2.9万余个、教育活动22.5万余场，接待观众5.4亿人次，网络观众数以亿计。[1]从这组数据可以看出，到博物馆参观已经成为我国社会生活中的一个新风尚。

随着博物馆事业取得长足发展，关于博物馆的陈列展览、宣传教育、公众服务、安全管理等也日益受到社会关注，博物馆舆情应对也随之愈发重要。博物馆舆情，指的是针对博物馆引发的，关于博物馆公众服务、宣传、安全、管理等诸方面的民众的意见总和。目前，从整体上看，我国文博界、学术界关于博物馆舆情的研究甚少，这显示出博物馆舆情应对得不到应有的、足够的重视，以及这一领域研究的滞后性。究其根源，笔者认为主要有以下三点原因。

（一）博物馆迅猛发展，博物馆舆情应对的是新生事物

博物馆事业近年发展迅猛，一如国家文物局局长李群上述所描述。伴随文博事业的高速发展，自2008年全国博物馆开始免费开放以来，博物馆行业一些短板暴露出来。这些问题的出现，是客观存在的也是必然的，只有找出原因并提出解决问题的方案，才能促进博物馆事业的良性发展。博物馆舆情应对即是在新形势下的新生事物，还没有引起人们普遍重视。

（二）理论研究、指导往往滞后于实践工作

“行是知之始，知是行之成”“实践出真知”，这些理论告诉我们：一般而言，实践和研究的辩证关系，往往是实践在前、理论在后；在发展过程中，两者你中有我、我中有你，互相作用，共同发展。实践是理论的母体和基础，理论是实践的总结、抽象和升华，理论来源于实践又必须回归、指导实践。等到理论反过来用于指导实践、反作用于实践的时候，实践就成为检验理论是否为真理的唯一标准。这是马克思列宁主义实践与真理的辩证关系，也是社会科学领域的一般规律。博物馆舆情应对也不例外，其理论研究远远落后于实际工作，自然谈不上有一套完善的理论来指导实践。

（三）部分博物馆人忽略舆情应对

在传统的博物馆工作思维里，宣传教育、陈列展览、文物保护、科学研究、安全生产等是文博行业工作重心，它们不像医疗、教育、维稳等领域那样深度涉及国计民生和千家万户，生计关联性和现实紧迫性普遍弱化甚至缺失。从而导致一些文博工作

[1] 首都博物馆：《2021年“5·18国际博物馆日”中国主会场活动开幕式在首都博物馆举行》，https://www.capitalmuseum.org.cn/zjsb/content/2021-05/18/content_65496.htm。

者认为社会事件和舆情应对既不是文博重要的工作中心，与社会和群众沟通、打交道也不是博物馆人所擅长和迫切需要关注的，没有把对舆情的研究和应对摆在应有的重要位置。

三、博物馆舆情应对剖析

舆情有正面、负面，良性、恶性之分，在某些特定情况和特殊环境下，其突发性往往导致舆情后续影响力巨大。博物馆舆情应对，顾名思义，就是关于博物馆对发生舆情事件的一系列应对措施。为了更好地探讨研究，文中案例不仅仅局限于博物馆领域，而是有所拓宽、延伸。这是出于对比的需要，因为只有联系和比较，才能更好地揭露舆情的本质，以及在共性基础之上找到博物馆舆情应对的特性。

（一）舆情案例

案例一：四川成都高中生坠楼事件。先来看非博物馆领域的一个案例，一窥舆情之影响。2021 年 5 月 9 日 18 时，成都市一名高中生在学校楼顶跳楼自杀。事件发生 2 个小时后校方才通知家属；事件发生 2 日后有关部门公布调查结果。而就在事件发生到官方公布调查结果的 2 日内，网上舆论沸沸扬扬，公众急需知道关于真相的关键问题，如为何自杀、某段视频监控为何缺失、为何迟迟不公布调查结果等，权威部门长时间没有澄清回应，一时间各种揣测、各个事故版本充斥网络，严重影响、损伤有关部门乃至政府的公信力。一直到官方公布调查结果，事件真相大白，社会舆论才逐渐平息。但是，其中的经验教训值得反思。为什么坠楼事件发酵成为如此扑朔迷离的舆情事件，引发数亿网民围观并众说纷纭？笔者认为，从事态外在表现形式来看，成都高中生跳楼事件舆情处置应对的失误关键在于两点：一是事发后的真相公布不及时；二是通报措辞在客观通报、还原真相之余体现出的冷静有余、温暖不足，缺失人文关怀。这一惨重的经验教训，值得所有人（包括文博工作者）深思、慎行。

案例二：乾陵博物馆陶俑“长毛”事件。2021 年 6 月 12 日，有网友发帖称，在陕西咸阳乾陵博物馆参观时，发现两件陶俑“长毛”。以 6 月 14 日至 6 月 18 日为周期，中国文化传媒集团研究院通过舆情系统进行信息检索发现，舆情高点出现于 6 月 16 日，当日高点实时信息量超 2.3 万条。微博平台中相关微话题阅读量超 8000 万次，讨论量超 3000 条。截至 6 月 18 日 14 时，相关舆情信息总量共计 33667 篇。[1] 6 月 16 日晚，

[1] 中国文化传媒集团研究院：《舆情关注：乾陵博物馆 2 件文物“长毛”》，https://www.sohu.com/a/472838083_120006290。

乾陵博物馆在事件发生 4 天后发布了《关于文物出现病害的情况说明》称，在网友反映陶俑“长毛”现象后立即将展品撤离展厅保养，并及时邀请相关专家进行会诊。同时，对展厅环境、文物库房进行实地查看评估，初步判定陶俑表面白色绒状物为“可溶盐析出”，待进一步分析检测。情况说明发布之后，舆情逐渐从最高点逐渐减低，起到了正确的舆论引导作用。

案例三：故宫博物院的“人打钟”事件。2013 年 5 月 4 日，一名观众徒手打碎故宫翊坤宫正殿原状展室的玻璃，造成“清代铜镀金转花水法人打钟”受损。故宫博物院做出紧急反应，第二天立即安排媒体通气会，通过多种方式还原事件真相：播放监控录像，打破了观众因为拍照受阻而击碎玻璃的谣言；带领媒体现场观看文物保存保管环境；查看已安装的防爆玻璃的场馆，并进行现场撞击实验；陪同媒体查看受损文物并介绍修复方案。[1] 这一系列组合措施及时有效地澄清事实，促使这一事件从舆情危机转化为正面宣传。

案例四：河南博物院“考古盲盒”事件。2020 年 12 月，有网友在豆瓣论坛上发布了一篇关于现场直播河南博物院“考古盲盒”的文章后，引发了大量网友至河南博物院官方淘宝店进行“考古盲盒”的购买。这一现象立即引起了河南博物院工作人员的高度重视，第一时间在官方微博上同步开通了“考古盲盒”的线上线下互动活动，仅在 12 月份，销量便达到了 2.3 万个。继“考古盲盒”火爆网络之后，河南博物院又相继推出了“考古盲盒”新年限量版“来自河南博物院的红包”，在已有馆藏古币仿制品的基础上增加另外一枚“压胜钱”仿制品，同时上新了一款能吃的“古钱币巧克力”，再度吸引了大众的目光。在此后的一个月里，河南博物院开启的“博物馆文创营销 + 舆情正面宣传”联动模式，带火了盲盒热、考古热、参观博物馆热等。[2] 此次“考古盲盒”事件宣传的内容比较全面，呈现了多元化的视角，满足了大众诸多方面的需求，得到了社会各界的一致好评。这正是博物馆舆情正面宣传的蝴蝶效应，属于良性舆情的范畴，充分利用舆情实现了博物馆传播路径多元化，强化了博物馆的宣传力度。

（二）舆情应对的一般规律和经验

1. 舆情发展或发酵过程

“出现舆情（苗头）—传播发酵—大规模爆发”是舆情发展的一般规律，各个发

[1] 朱鸿文：《新闻发布和突发事件及热点问题舆论引导——以故宫博物院为例》，载《中国文物科学研究》，2017 年第 3 期，第 37 页。

[2] 丁赟：《博物馆舆情正面宣传的蝴蝶效应——河南博物院“考古盲盒”事件舆情分析》，见河南博物院编：《河南博物院院刊（第三辑）》，大象出版社，2021 年，第 104 页。

展阶段的时间间隔和界限并非泾渭分明。一般而言，越早介入，防止出现重大损失的可能就越大。和时间赛跑，抢占发言阵地，是舆情处理工作的第一要务。乾陵博物馆在舆情发生 4 天后，才迟迟公布《关于文物出现病害的情况说明》，暴露了馆方处理该事件的滞后性。该事件是“出现舆情（苗头）—传播发酵—大规模爆发”的典型代表，正是馆方介入时间滞后，导致了舆情的一系列连锁发酵反应。好在亡羊补牢，为时未晚，官方的通告公之于众，对事件的情况说明真实客观，处理措施科学妥当，态度诚恳，导向正确，充分肯定并激发了大众保护文物、热爱文物的热情，社会舆论得以平息。

2. 舆情应对需要注意的问题

一是时间性，也叫及时性。发现或出现舆情（或苗头）的第一时间，当事者即要迅速做出正确回应，把真实情况告诉公众。舆情危机出现时，向受众告知真相越快，就越能掌控舆情走向主动权，不给谣言滋生、传播的时间；反之，告知受众真相越慢，就越容易陷入被动地位，错失辟谣、消谣的良机，增加后期还原真相的时间、人力成本。故宫博物院在处理“人打钟”事件中，一系列组合措施及时有效地澄清事实，善后科学妥当，所有媒体将通报情况发稿报道之后，就再也没有媒体及公众有所追问。之后，故宫博物院又根据文物修复进展状况及时向媒体通气，并展现出国家大馆利用文物、保护文物的能力和智慧、责任与担当。

二是要有“三度”，即回应舆情要有真实度、态度、温度。强调时间性，及时抢占宣传阵地，迅速回应，发出正确的声音，这是舆情处置的关键第一步。有真实度指的是向社会发布、回应的内容要真实客观，及时还原真相，消除或者阻止谣言进一步传播、扩散。真实度体现在以下两点：一是及时告知真相，二是充分告知真相。有态度指的是要立场坚定、观点鲜明，以正视听，给受众正确的舆论指向。有温度指的是要有人文关怀和温暖。乾陵博物馆在《关于文物出现病害的情况说明》中提及：博物馆今后将进一步加大文物保护力度，不断完善实时监测系统，加强馆藏文物预防性保护和环境评估，切实提升馆藏文物保存风险预防和管控能力；博物馆也应深刻反思并改进自身存在的问题，相关岗位责任制没有落到实处，馆内工作人员对文物保护缺乏责任心。这一回应虽略显官方，但在一定程度上也体现了回应舆情的“真实度、态度、温度”。

四、总结

面对舆情，如果处置及时得当，应对舆情科学合理，或能消灾止损减损，或能纠正错误正视听，或能弘扬正气发挥正能量；反之，如果忽视、耽误或者处置不当，则可能会错失处置良机，对正面舆情不能充分扩大其有利因素，对负面舆情会出现失控、产生恶劣影响，危及社会和谐和长治久安。

从理论上来说，应对舆情，如果能把各种负面或恶性苗头、趋势消除、扼杀于萌芽阶段，是最理想的境界状态。这也是众多当政者、当事者的工作追求。但是在博物馆日常工作中，尽管我们秉承“防患于未然”的观念和态度，采取了很多预防措施和手段，也消除了不少萌芽、发展状态中的舆情危机，但也不能完全阻止舆情危机的发生。面对出现的舆情危机，强调对突发事件的现场妥善解决。首先，应把预防作为常态化的应对和管理。其次，建立反应迅速、措施有效的机制。具体就是遵循三原则：第一时间辟谣、关注事态发展、及时引领舆情导向。最后，要善于复盘、总结，摸索出规律性理论用于指导实践，最终达成“来于实践、指导实践”的理论探索应用。

馆藏文物预防性保护的应用与思考

——以柳州市博物馆为例

韩玉燕

【摘　要】本文通过对馆藏文物保管中的影响因素进行分析，认识到环境因素与文物劣变之间的内在关联，通过文物保护技术的应用，对文物保存环境进行监测和分析评价，以监测数据为依据采取相应的调控措施，减缓不利环境因素对文物保管的影响。文中还对预防性保护过程中遇到的问题认真思考，以寻求解决的办法，切实提高文物保护和风险预控的能力。

【关键词】保存环境　预防性保护　监测　调控　风险预控

【作　者】韩玉燕　柳州市博物馆　副研究馆员

中小型的地方性博物馆，文物保管部门肩负着文物的管理（包括文物的编目、入账、信息的采集、文物档案的编制等）、征集、鉴定，文物研究、保护等工作，还要配合陈列部门做好相关的展陈工作，绝非简单的“管钥匙”工程。怎样做好文物保管工作，首先必须了解文物保管中的主要影响因素，这对文物保管部门的工作至关重要。

一、馆藏文物保管中的环境影响因素分析

文物是不可再生的资源，是博物馆存在与发展的物质基础，决定文物寿命长短的既有内部因素，也有外部因素。内因是构成文物本体材质的物理和化学性质所决定的。外部因素主要有自然因素和人为因素，自然因素主要有环境因素、生物因素和灾害等。随着我国文物保护科学研究工作的不断发展，我们认识到了文物的外部保存环境与文物的劣变之间有着重要的关联。

文物的保存环境是指博物馆文物收藏和展示的空间，比如大的环境有库房、展厅

等，小的环境有展柜、文物储存柜等，微环境有箱子、囊匣等，这些物理空间及其空间内物理、化学、生物等条件因素就构成了文物保存环境。众多的研究表明，文物保存环境影响因素主要有温湿度、光照（可见光、紫外光）、空气污染物（包括尘埃）、生物及微生物等。

（一）温湿度对文物保存的影响

各种材质的文物在自然环境的作用下，是在不断地发生衰变的，这是自然规律，无人能阻止，我们能做的仅是利用各种科学技术和管理方法，延缓文物的衰变速度，从而延长其寿命。文物衰变的过程中会发生各种化学反应，而化学反应的速度与温度有关。阿仑尼乌斯（Arrhenius）经验公式以活化能、相关温度、反应速率表示其关系式为：$\log_{10}R_1/R_2= 52E(1/T_2-1/T_1)$。式中，$R_1$、$R_2$ 分别为 T_1、T_2 温度时的反应速率，E 为活化能（单位 KJ/mol）。温度升高 10℃，反应速度成倍增加。[1] 由此可见，如果文物长期处于高温的环境中，衰变会加速，是文物保管中的不利因素。

湿度对文物有较为严重的影响。无论是有机质（如纺织品、纸质文物、竹木器等等），还是无机质（金属如铜、铁、锡等；非金属如壁画、陶器等），都会受其影响。其造成的损害有三种模式：湿度参与的化学反应、湿度变化产生物理形变、高湿度促成的生物腐蚀。[2]

博物馆藏有机质文物常见的有纸质文物和纺织品，这两类有机质文物对湿度甚为敏感，如果环境湿度过高，吸水后的纤维质文物普遍发生变形，再遇环境温度过高，纤维素将发生水解反应，导致纤维素的降解，图案褪色。再则，相对湿度大于 70%，温度为 22℃ ~ 32℃时最适宜虫害生长繁殖。环境温度为 22℃ ~ 28℃，相对湿度大于 65% 时，适宜霉菌的生长和繁殖[3]，最终导致有机质文物的腐败损毁。

湿度对无机质也会造成较为深远的影响，比如金属器在潮湿的环境中会发生化学和电化学反应，加剧金属文物的腐蚀。经实验观察，铜质文物在相对湿度 40% 以下的环境中腐蚀活动基本遏止，相对湿度如果在 80% 以上，腐蚀是非常活跃的。[4]

对无机非金属文物而言，如果机体内含有吸湿性盐，其在吸湿、潮解、结晶过程中会产生压力，导致这些材料酥松、崩裂。[5] 可见，不适宜的温湿度是影响文物保存，造成文物劣变的直接因素。

[1] 陈元生、解玉林：《博物馆文物保存环境质量标准研究》，载《文物保护与考古科学》，2002（S1），第 161 页。

[2] 同上，第 162 页。

[3] 王惠贞：《文物保护学》，文物出版社，2010 年，第 150 页。

[4] 宋曼：《金属文物腐蚀与环境的关系》，载《中国历史博物馆馆刊》，1992（0），第 72 页。

[5] 陈元生、解玉林：《博物馆文物保存环境质量标准研究》，载《文物保护与考古科学》，2002（S1），第 164 页。

（二）空气污染物对文物保存的影响

空气的质量也是影响文物保存的重要因素，随着社会的发展和城市工业化进程的加快，环境的污染随之加大，污染物对文物造成的影响也日益突出，污染物如 SO_x、NO_x、CO_x、O_3、颗粒物等，SO_x、NO_x、CO_x 在 O_2 和 H_2O 的作用下，会形成 H_2SO_3、HNO_2、HNO_3、H_2CO_3 等，亚硫酸、亚硝酸、硝酸、碳酸在潮湿的环境里溶于水，并电离出 H^+：

$$H_2SO_3 \rightleftharpoons H^+ + HSO_3^- \rightleftharpoons 2H^+ + SO_3^{2-};$$

$$HNO_3 \rightleftharpoons H^+ + NO_3^-;$$

$$H_2CO_3 \rightleftharpoons H^+ + HCO_3^- \rightleftharpoons 2H^+ + CO_3^{2-}。$$

有机质文物对 H^+ 比较敏感，博物馆常见的有机质有纸质文物和纺织品。对纸质文物而言，由于 H^+ 的存在，并附着在纸张的表面，增加了纸张的酸度。纸张的主要化学成分是纤维素，其分子式为（$C_6H_{10}O_5$）$_n$，（$-C_6H_{10}O_5-$）为葡萄糖基。

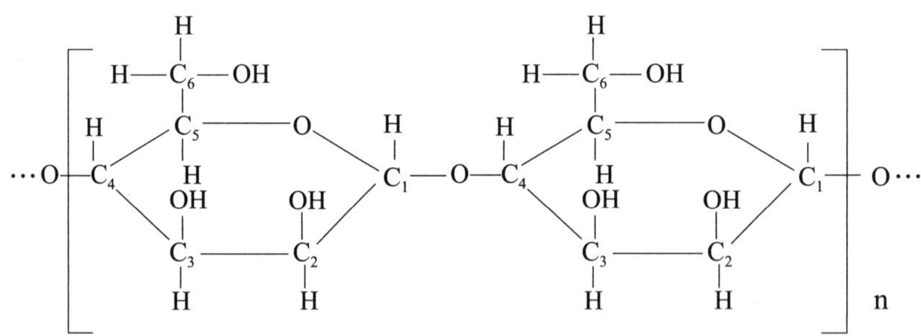

图 1　纤维素的分子结构

无数个这样的葡萄糖基通过氧桥（C_1-O-C_4）连接起来，形成一条直链，这样的直链就构成了纤维素。C_1-O-C_4 之间的化学键是由 C_1、C_4 原子各提供一个电子与 O 原子的外层电子组成共价键 $C \overset{\cdot\cdot}{\underset{\cdot\cdot}{\dot{\times}O\dot{\times}}} C$（其中，C 原子提供的电子用“x”表示，O 原子提供的电子用“·”表示）。共价键的形成使两个原子稳定结合，形成直链。直链越长，分子内键能越大，纤维的化学稳定性就越好。在没有外界因素干扰的情况下，通过 C_1-O-C_4 键形成的长链是稳固的，但是如果环境中 H^+ 浓度增大，H^+ 聚集在氧原子周围，H^+ 有吸引电子，还原成原子的倾向：$H^+ + :\ddot{O}: + H^+ \rightarrow H:\ddot{O}:H \rightarrow H_2O$，导致 C-O 之间的结合力减弱，甚至断裂，纤维直链的长度变短了，纸张的耐久性也就受到了影响，最终导致纸质文物发生劣变。另外，H^+ 可加速纺织品纤维的水解。

金属文物在潮湿污染的空气中也会发生腐蚀，在自然界中，大多数金属通常是以矿石的形式存在，也就是化合物的状态，这个状态是金属存在的稳定状态，通过冶炼得到金属单质，但是金属单质会在各种环境介质中，经过化学反应，恢复到它原来的化合物状态，这个过程就是金属的腐蚀过程，这个过程也是一个不可抗拒的自然现象，是自发的过程。这个腐蚀过程可用一个总反应过程表示：金属材料 + 腐蚀介质→腐蚀产物。它至少包括三个基本过程：(1) 通过对流和扩散作用使腐蚀介质向界面迁移；(2) 在相界上进行反应；(3) 腐蚀产物从相界迁移到介质中去或在金属表面上形成覆盖膜。[1]

博物馆藏金属文物较为常见的有铜器和铁器。因为铁的金属活动性比较高，容易发生化学反应，即锈蚀，不易留存，因此博物馆收藏的铁质文物相对少一些，更多的是铜器。铜若长期暴露于空气中，即使金属活性比铁低，也会与空气中的污染物发生化学反应：

$Cu + O_2 \rightarrow Cu_2O$，$Cu_2O + O_2 \rightarrow CuO$；

$Cu_2O + H_2O + Cl^- + O_2 \rightarrow CuCl_2 \cdot 3Cu(OH)_2$；(粉尘中往往含有 Cl^-)

$CuO + SO_2 + H_2O \rightarrow CuSO_3$。

$CuCl_2 \cdot 3Cu(OH)_2$ 是粉状锈（青铜病）的物质来源，$CuSO_3$ 为强电解质，遇到空气中的水后会成为强电解质溶液，金属器物一旦与其接触就会造成强烈腐蚀。

（三）光照、紫外线的影响

在阳光长期照射下，衣服褪色，纸张发黄、变脆，这些现象，我们在日常生活中随处可见。光对纤维素有降解作用，当纤维素吸收 200nm 以下波长的紫外光时，可使纤维素中的 1, 4- 甙键（即氧桥 C-O-C）断裂，随着光降解作用的进行，纤维素吸收部分可见光而呈现腐色，纸张也因此泛黄变色。[2]

（四）生物、微生物对文物的影响

有机质文物的主要组成为纤维和蛋白质类物质，霉菌、昆虫则喜好该类物质，将之作为营养物，易使文物遭受破坏。

能腐蚀金属的微生物很多，腐蚀力较强的有硫氧化菌、硫酸盐还原菌、铁细菌等，硫氧化菌可以把硫和硫代硫酸盐氧化成硫酸盐，硫酸盐水解后会成为强电解质溶液，此溶液和金属器物接触会造成强烈腐蚀。

[1] 南京化工学院：《金属腐蚀理论及应用》，化学工业出版社，1984 年，第 2—5 页。

[2] 王惠贞：《文物保护学》，文物出版社，2010 年，第 150 页。

二、柳州市博物馆的基本情况

柳州市博物馆始建于1959年，为地方性综合博物馆，系旧建筑改扩建而成，地处柳州市中心交通要道地带，两个库房面积3200平方米，均为大通库，非标准库房。展厅面积6800平方米，基本为环形结构。展厅和库房下班断电，文物的类别有民族文物、古生物化石、青铜器、书画、瓷器、玉石、杂器等，共计6万多件。

（一）柳州市博物馆文物保存环境情况

柳州市地处广西中北部，东经108°50′~109°44′，北纬23°54′~24°50′，坐落在珠江流域西江水系柳江的中游，属中亚热带季风气候，春夏半年盛行偏南风，高温、高湿、多雨，秋冬半年盛行偏北风，偏干燥、少雨。夏长冬短、雨热同季，光、温、水气充足。

此外，柳州市还是工业城市，是华南地区的工业重镇，主要产业为金属冶炼、机械汽车制造、水泥、化肥生产等重污染行业，主要大气污染物为SO_2，各污染物的指标如表1所示：

表1　柳州市大气污染物监测结果（单位：mg/m^3）[1]

年份	SO_2	NO_2	TSP	PM_{10}
2000	0.092	0.038	0.207	
2001	0.073	0.030	0.194	
2002	0.070	0.028	0.158	
2003	0.070	0.030	0.206	
2004	0.104	0.037		0.101
2005	0.072	0.033		0.064
2006	0.094	0.038		0.055

（城市空气SO_2浓度限值为$0.060mg/m^3$，NO_2浓度限值为$0.040mg/m^3$）

从表1可知，2007年以前，柳州市空气中的SO_2始终超标。加上四周交通要道环绕，汽车尾气的排放对博物馆环境也有一定的影响。

再者，柳州市博物馆为改扩建工程，主体大楼始建于1980年。前身是工业展览馆，墙体有大面积的玻璃窗。库房为一大通库，在2007年以前，库房条件非常简陋，仅靠

[1] 引自《环境监测管理与技术》，2009年第21卷第一期，第51页。

两台工业排风扇和几台壁扇对库房进行降温和通风。2007 年改扩建完成对外开放后，库房增加了空调柜机和除湿机，但是由于主体结构密闭性差，空调机和除湿机对库房环境的温度和湿度控制不理想，与恒温恒湿的文物保存环境要求仍然相去甚远。

（二）柳州市博物馆文物健康情况

高温高湿气候条件、大气环境污染，加上博物馆库房结构上的缺陷，对于文物保存和保护极为不利，在几大不利因素的共同作用下，柳州市博物馆的材质较敏感纸质文物、金属文物等出现了较为严重的病害。2008 年，我馆对文物的健康状况做了一次全面的筛查，将近 1/4 的书画藏品出现残损、虫蛀、霉斑、水渍、脆裂等不同程度的损坏，并有进一步损毁的趋势；青铜文物的病害也不轻，锈蚀、破损或发生或在加剧，少量做过修复的青铜器也因技术或材料原因出现开裂、起壳等现象，经筛查，共有 200 多件青铜器存在锈蚀和破损，并有进一步劣变的趋势。2008—2015 年间，柳州市博物馆抢救性修复了残损书画 450 多件、青铜文物 62 件。这些文物的劣变，很大程度是保存环境中的不利因素造成的。既然保存环境对文物影响如此之大，我们就要重视对文物保存环境的管理和控制。2008 年后，柳州市博物馆陆续增添各种保护设施，除增加空调机、除湿机的数量外，还增添了空气净化屏、风淋除尘系统等，文物库房的环境得到很大的改善，文物病害增长的速度明显减缓，但是文物保存环境的调控能力依旧不足。

三、柳州市博物馆预防性保护项目的实施

为了改善文物保存环境，提高我馆环境调控的能力，将保存环境中的不利因素消除或是控制在一定的范围内，这就得借助文物保护技术的应用，科学地管理文物保存环境。随着预防性保护理念的不断深入，柳州市博物馆于 2017 年开始实施了文物的预防性保护项目。

（一）柳州市博物馆预防性保护项目的建设情况

环境因素是引发馆藏文物病害的重要因素，这在国际国内已经达成了共识。为有效管控文物保存环境，柳州市博物馆在馆藏文物保存环境国家文物局重点科研基地（上海博物馆）指导下，针对博物馆环境的突出问题，建立比较完善的文物保存环境监测系统，运用被动调控或主动调控措施对文物保存环境实施调控。针对部分等级高和对环境因素敏感的珍贵文物，配置了无酸纸囊匣，还针对生物和微生物对文物的破坏，建立了文物消毒熏蒸系统等。

（二）环境监测及数据分析评价

监测系统的主要功能是实时监测文物保存环境的温度、湿度、二氧化碳、有机挥发物（VOC）、光照度、紫外线等六种基本环境指标参数的变化，并通过无线通信技术将监测参数传输到监测中心，以达到及时了解、查询环境质量及其变化的目的。同时，通过实时的环境监测，对异常环境质量及时预警，第一时间提醒相关人员采取必要的保护和调节措施，有效提高馆藏文物保存风险预控的能力。系统可及时储存所采集的数据信息，逐步形成“环境历史大数据”，为博物馆工作人员进行文物保护方法研究提供重要依据，也为保护措施的制定提供科学依据。本文主要选择对文物库房和展厅环境的监测数据进行分析。馆藏文物保存环境国家文物局重点科研基地（上海博物馆），作为国内馆藏文物保存环境领域的领军者，与相关文博单位、科研院所、高等院校历经多年研究，探索出了有普遍参考价值的博物馆环境主控因素参考值（见表 2），本文以此表参照比对。

表 2　博物馆环境主控因素参考值（上海博物馆）

<table>
<tr><th>项目</th><th>石质</th><th>陶器</th><th>瓷器</th><th>铁质</th><th>青铜</th><th>纸质</th><th>壁画</th><th>纺织品</th><th>漆木器</th><th>其他</th></tr>
<tr><td>温度（℃）</td><td colspan="10">18~22±2（根据当地平均温度设定，不低于 10℃不高于 30℃）</td></tr>
<tr><td>湿度（%）</td><td colspan="3">35~65±5（根据当地平均湿度设定）</td><td colspan="2"><45</td><td colspan="5">35~65±5（根据当地平均湿度设定）</td></tr>
<tr><td>温度日波动（℃/d）</td><td colspan="10"><4</td></tr>
<tr><td>湿度日波动（%/d）</td><td colspan="10"><5</td></tr>
<tr><td>照度（lx)</td><td colspan="5">≤ 300（含有彩绘的≤ 0，银器≤ 150）</td><td colspan="3">≤ 50</td><td colspan="2">≤ 150</td></tr>
<tr><td>累积照度（lx·h/ 年）</td><td colspan="5">不限制（含有彩绘的≤ 50,000，银器≤ 360,000)</td><td colspan="3">≤ 50,000</td><td colspan="2">≤ 360,000</td></tr>
<tr><td>紫外线含量（μW/Im）</td><td colspan="10"><20</td></tr>
<tr><td>SO_2（ppb）</td><td colspan="10"><4</td></tr>
<tr><td>NO_2（ppb）</td><td colspan="10"><5</td></tr>
<tr><td>O_3（ppb）</td><td colspan="10"><5</td></tr>
<tr><td>H_2S（ppb）</td><td colspan="10"><500</td></tr>
<tr><td>COS（ppb）</td><td colspan="10"><500</td></tr>
<tr><td>甲酸（$\mu g/m^3$）</td><td colspan="10"><100</td></tr>
<tr><td>乙酸（$\mu g/m^3$）</td><td colspan="10"><250</td></tr>
<tr><td>NH_3（$\mu g/m^3$）</td><td colspan="10"><100</td></tr>
<tr><td>甲醛（ppb）</td><td colspan="10"><80</td></tr>
<tr><td>VOC（ppb)</td><td colspan="10"><300</td></tr>
<tr><td>颗粒物 PM2.5（$\mu g/m^3$）</td><td colspan="10"><75</td></tr>
</table>

1. 文物库房的环境监测情况

柳州市博物馆库房设在建筑的顶层，是回字形结构，中间是天井。大通库分为三个区，C 区主要存放大件文物和民族文物，A 区主要存放陶瓷器和本地区出土古生物化石，B 区主要存放有机质文物和金属文物。预防性保护项目实施后，对整个库房环境实施了监测。下面是库房的环境质量监测情况。

（1）温湿度监测情况

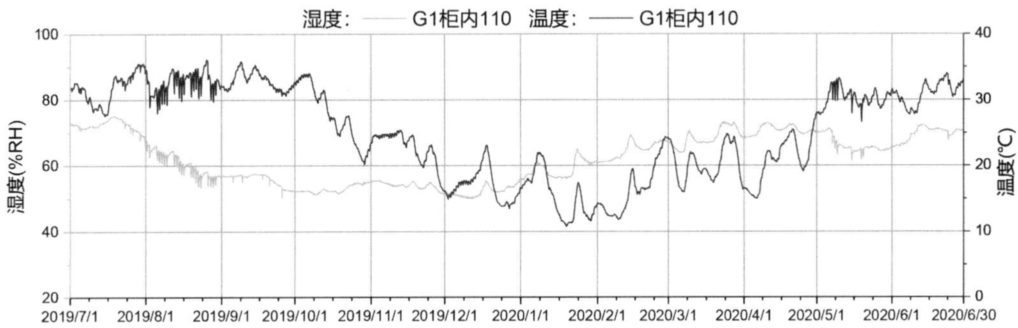

图 2 库房 B 区文物柜内温湿度变化曲线图

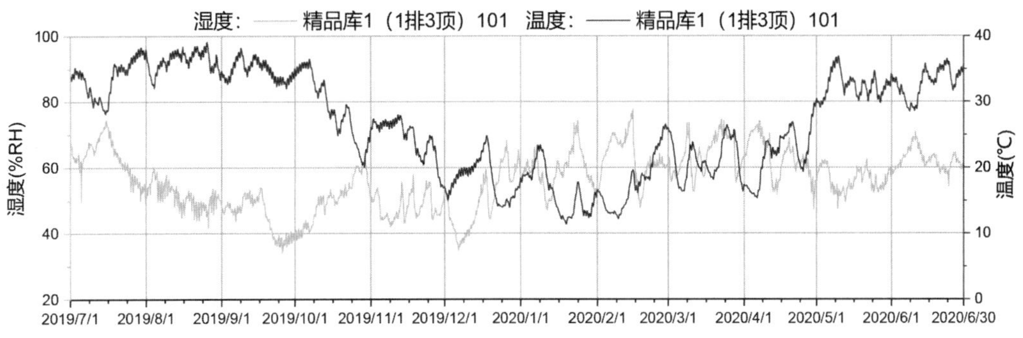

图 3 库房文物柜外大环境温湿度变化曲线图

表 3　库房湿度数据

位置	湿度（%）					
	平均值	最大值	最小值	波动值	平均日波动	标准差
G29-32D1（柜内）104	57.73	73.2	37.2	36	2.8	7.74
H6 柜内 109	61.21	81.1	34.7	46.4	3.8	9.5
G1 柜内 110	62.18	75.1	49.9	25.2	0.88	7.42
精品库 1（1 排 3 顶）101	56.28	77.8	34	43.8	3.49	8.57
精品库 2（2 排 3 顶）102	56.2	75.1	37.3	37.8	2.66	7.59
D5 柜（4 顶）103	58.44	87	29.4	57.6	7.35	10.39
西区柜顶 105	59.91	86.9	27.9	59	6.28	10.46
古籍 3 柜顶 106	61.16	93.1	29.7	63.4	6.93	10.98
毛南柜顶 107	61.03	92.1	29.4	62.7	7.6	11.29
G11 柜顶 108	62.4	87.9	24.6	63.3	6.87	10.31
H21 柜顶 159	61.04	92.2	29	63.2	7.53	11.63
G15 柜顶 167	61.78	85.1	27.8	57.3	5.58	10.22

表 4　库房温度数据

位置	温度（℃）					
	平均值	最大值	最小值	波动值	平均日波动	标准差
G29-32D1（柜内）104（A 区）	25.57	37.2	11.3	25.9	1.64	7.22
H6 柜内 109	25.16	36.8	10.8	26	1.26	7.22
G1 柜内 110（B 区）	24.93	36.1	10.8	25.3	1.08	7.07
精品库 1（柜外）101（A 区）	26.62	39.1	11.4	27.7	1.21	7.71
精品库 2（柜外）102（A 区）	25.6	38.9	11.8	27.1	1.3	7.76
D5 柜（4 顶）103（A 区）	26.23	38.5	11.3	27.2	1.38	7.55
C 区柜顶 105	25.77	38.2	10.4	27.8	1.36	7.68
古籍 3 柜顶 106（B 区）	25.62	37.1	11	26.1	0.99	7.35
毛南柜顶 107（B 区）	25.53	37.5	10.8	26.7	1.27	7.36
G11 柜顶 108（B 区）	25.57	37.4	11	26.4	1.48	7.29
H21 柜顶 159（B 区）	25.29	37.6	10.8	26.8	1.31	7.4
G15 柜顶 167（B 区）	25.68	37.4	11	26.4	1.48	7.3

从图 2 和图 3、表 3 和表 4 中可知，2019 年 7 月 1 日—2020 年 6 月 30 日，5—10 月都是高湿的天气。库房 B 区柜内湿度为 34.7% ~ 81.1%，全年湿度波动比较大，平均湿度最高为 61.18%，但柜内湿度日波动小于 4%，柜外的湿度为 29% ~ 92%，平均湿度为 61.7%，湿度平均日波动 >5%。B 区的文物全部放置于文物储藏柜内，因此可

以认为湿度的日波动这一项基本上能满足表 2 的参考值。

库房柜内温度为 10.8℃ ~ 37.2℃，平均温度较高，全年在 24℃ ~ 26℃之间，平均日波动在 2℃以内，参照表 2 的参考值，日波动< 4℃ /d 的温度波动条件基本可以满足，但是全年超出 30℃的时间比较多。库房柜外温度为 10.4℃ ~ 39.1℃，平均温度在 25℃ ~27℃，温度柜内外差异不大。

（2）二氧化碳监测情况

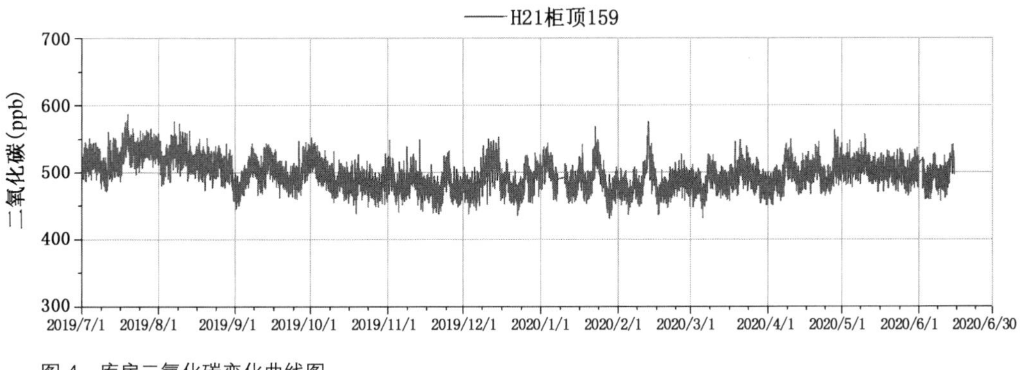

图 4　库房二氧化碳变化曲线图

四层库房监测点 159（图 4）二氧化碳含量最低值为 431ppb，出现在 2020 年 1 月 28 日，最高值为 587ppb，出现在 2019 年 7 月 19 日，二氧化碳含量稳定，始终在 1000ppb 以内（中华人民共和国文物保护行业标准 – 馆藏文物保护环境质量要求报批稿中，污染物浓度限值，二氧化碳为 1000ppb），有利于文物保存。

（3）有机挥发物（VOC）监测情况

图 5　库房有机挥发物变化曲线图

四层库房监测点 167（图 5）有机挥发物含量数据显示，库房 VOC 含量比较稳定，在 300ppb 左右，基本符合标准（VOC 含量< 300ppb，参照表 2）。

2. 展厅的环境监测情况（取青铜艺术馆数据进行分析）

123、124、125、126——温湿度（即对应图 6 的监测设备编号 00123、00124、00125、00126，采集的是温湿度数据，下同）；

127、128、129——温湿度；

153——光照；

156——紫外线；

161——二氧化碳；

169——VOC。

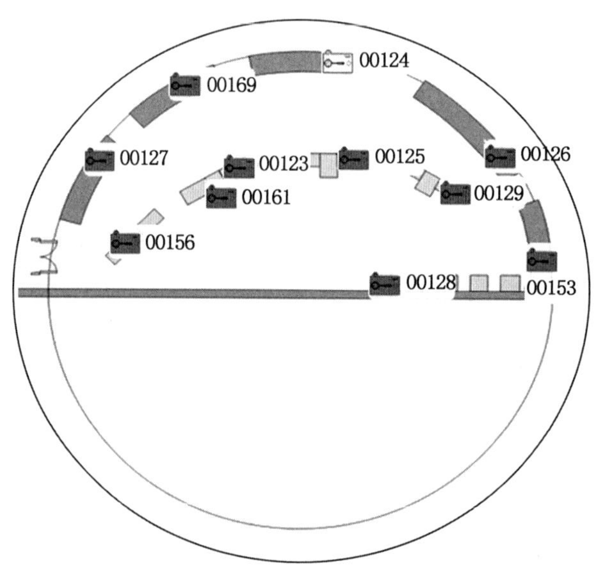

图 6　青铜艺术馆建筑结构和监测点布置图

图 6 为展厅结构示意图和监测点的布置。整层为圆形结构，被划分为两个展厅，一半作为书画展厅，一半为青铜展厅，两个展厅共用一个进出口，环境空气条件基本相同。在青铜艺术馆展厅内对温湿度（监测点为 00123—00129）、光照（监测点为 00153）、有机挥发物（监测点为 00169）、紫外线（监测点为 00156）、二氧化碳（监测点为 00161）进行了监测，反应性环境质量综合评估（QCM）监测点布置于书画厅，展厅里使用了中央空调和除湿机。

（1）温湿度监测情况

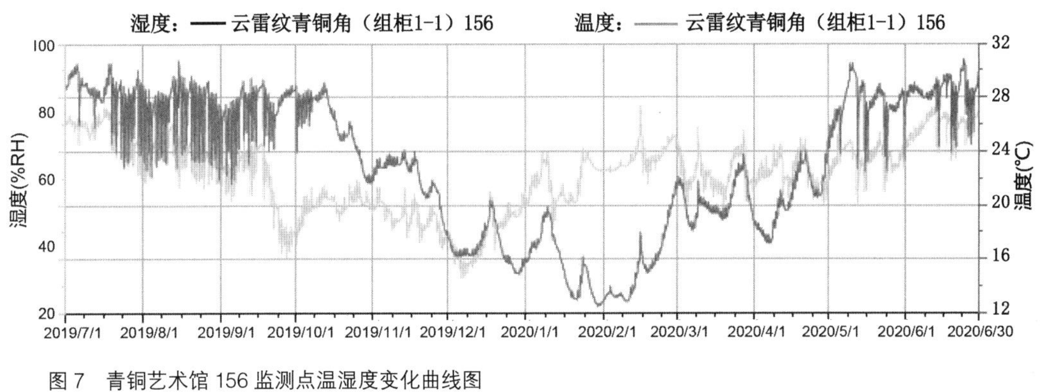

图 7　青铜艺术馆 156 监测点温湿度变化曲线图

表 5　青铜艺术馆湿度数据

位置	湿度（%）					
	平均值	最大值	最小值	波动值	平均日波动	标准差
虎钮铜錞于 123	66.14	85.1	44.5	40.6	5.30	7.27
游旗纹铜鼓（通柜 3）124	66.40	79.3	52.1	27.2	0.80	5.82
铺首衔环弦纹铜壶 125	65.85	79.2	46.4	32.8	4.20	6.66
四螭纹铜镜（通柜 4）126	65.57	77.0	52.5	24.5	0.89	5.6
铜锅（通柜 1）127	66.76	78.6	52.9	25.7	0.72	5.79
铜瓿（柱柜 5）128	66.87	81.1	48.1	33.0	4.73	6.82
人面纹、蛙纹铜剑 129	65.09	77.8	45.9	31.9	4.40	6.53
铜戈（通柜 5）153	66.25	77.7	52.7	25.0	0.70	5.63
云雷纹青铜角 156	65.78	78.5	46.3	32.2	3.57	6.66

表 6　青铜艺术馆温度数据

位置	温度（℃）					
	平均值	最大值	最小值	波动值	平均日波动	标准差
虎钮铜錞于 123	22.81	30.8	12.4	18.4	1.88	5.18
游旗纹铜鼓（通柜 3）124	23.11	31.3	12.0	19.3	1.59	5.58
铺首衔环弦纹铜壶 125	23.13	31.1	12.6	18.5	1.84	5.25
四螭纹铜镜（通柜 4）126	23.00	31.0	12.1	18.9	1.46	5.48
铜锅（通柜 1）127	23.12	31.1	12.2	18.9	1.48	5.45

续表

位置	温度（℃）					
	平均值	最大值	最小值	波动值	平均日波动	标准差
铜瓿（柱柜 5）128	22.99	30.5	12.6	17.9	1.53	5.18
人面纹、蛙纹铜剑 129	22.88	30.8	12.5	18.3	1.85	5.22
铜戈（通柜 5）153	22.80	30.9	12.0	18.9	1.52	5.48
云雷纹青铜角 156	22.93	30.8	12.5	18.3	1.86	5.16

由表 5、表 6 可知，青铜艺术馆各监测点的湿度在 44.5% ~ 85.1%之间波动，平均湿度为 66.8%，平均日波动 <5%（除监测点 123 外）；由图 7 可知，监测点 156 全年大部分时间的湿度都在 45% 之上，远远没有达到相对湿度 <45%（参照表 2）的参考值。

青铜艺术馆各监测点温度在 12℃ ~ 31.3℃之间波动。平均温度在 22℃ ~ 24℃之间，各监测点温度平均日波动 <2℃以内，温度相对稳定。

（2）光照情况监测情况

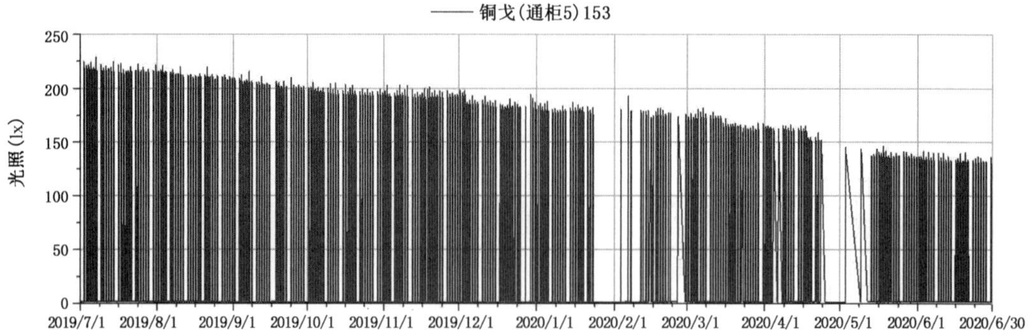

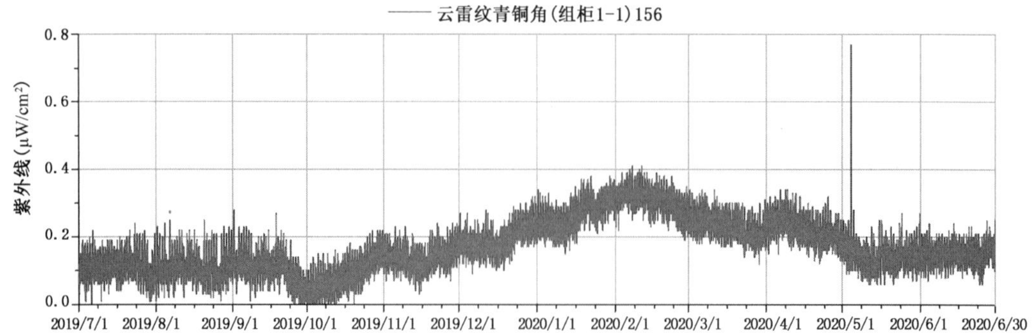

图 8　青铜艺术馆光照、紫外线变化曲线图

青铜艺术馆监测点 153（图 8 上）最大光照度为 228.76lx，光照强度有降低的趋势，始终符合标准（照度≤ 300lx，参照表 2），监测点 156（图 8 下）最大紫外线辐照度为 0.77μ W/cm^2，出现在 2020 年 5 月 4 日，可能受到外界闪光灯的影响，其他时间紫外线强度符合参考值（紫外 <0.6μ W/cm^2，按参考值换算：当光照度为 300lx 时，20μ W/lm 紫外辐射强度为 0.6μ W/cm^2）。

（3）（有机挥发物）VOC 监测情况

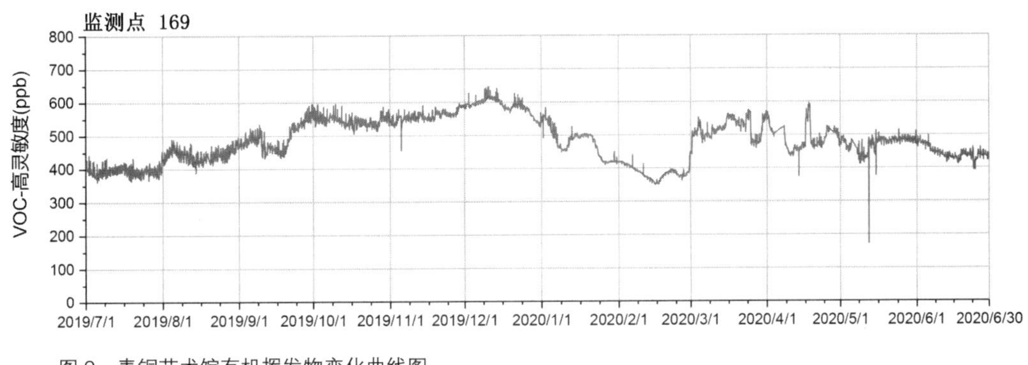

图 9　青铜艺术馆有机挥发物变化曲线图

监测点 169（图 9）的有机挥发物含量最低值为 173ppb，出现在 2020 年 5 月 12 日，最高值为 647ppb，出现在 2019 年 12 月 10 日。展柜内有机挥发物始终超标（VOC<300ppb，参照表 2）。

3. 数据分析及采取的调控措施

从以上监测数据中可知，柳州市博物馆库房的环境在诸多主控因素中，最大的问题为温湿度难以控制。原因是柳州市博物馆库房位于整个馆的顶层，天面的日照时间相对较长，温度相对其他楼层高，尤其是在夏季。为解决库房温度高的问题，库房增加了柜式空调机数量，以提高温度的调控能力。

由于建筑结构的原因，库房对大环境的湿度调控难以达到预期的目标，库房湿度在 5—10 月整体偏高（图 2、图 3），鉴于库房窗户太多，不密封，与外界空气交流比较频繁，即使增加了数台除湿机，也无法获得预期的效果。为了保证文物的安全，我馆对文物保存微环境的湿度进行了控制。敏感材质的文物全部装入囊匣，然后在囊匣中投放除湿剂，在文物储存柜、囊匣的双重保护下，小范围内对湿度进行调整。这样既可以控制湿度，又可以减少文物与外界空气的接触，降低尘埃和空气中的污染物对文物的直接影响。

柳州市博物馆的残损书画于 2015 年完成全面修复后，直接用布袋装好，放置于木柜中，由于库房整体环境的湿度控制不理想，修复后的书画覆背纸和绢包首还是出现了一些水渍和黄斑。2017 年实施预防性保护项目后，笔者将修复的部分书画分成两组进行对比：第一组用棉布包裹；第二组先用棉布包好，再放入无酸纸囊匣，并在囊匣中放入调湿剂；最后，将两组书画放置于同一组木柜中。一段时间后打开进行对比，发现第二组的书画覆背纸和绢包首的水渍和黄斑的增加量明显少于第一组。说明第二组书画受到的保护要优于第一组，因此采取预防性保护是有效的。

从展厅的监测数据中可知，因为展厅采用了中央空调，温度的控制还是比较理想的，但是展厅存在湿度大、展柜中 VOC 含量超标，以及一些检测点湿度波动大的情况，比如监测点 123、128、156。从图 6 青铜艺术馆的结构和展柜摆放的位置可知，这几个监测点的文物柜离展厅的门口较近，展厅外的走廊缓冲带比较短，这些组柜都是使用了十多年的木质展柜，木头的变形造成展柜密封性受影响，柜内柜外空气会有一定的交流，所以这几个展柜的湿度波动比其他的要大一些。

针对展柜内湿度大的问题，本馆在展厅中放置了多台除湿机，大环境的湿度有所改善，但是展柜内的湿度控制依旧不太理想，我馆针对部分等级高的文物，采用了净化 – 恒湿一体机对展柜的小环境进行调控，取得了比较理想的效果。下图为历史厅的湿度监测曲线图：

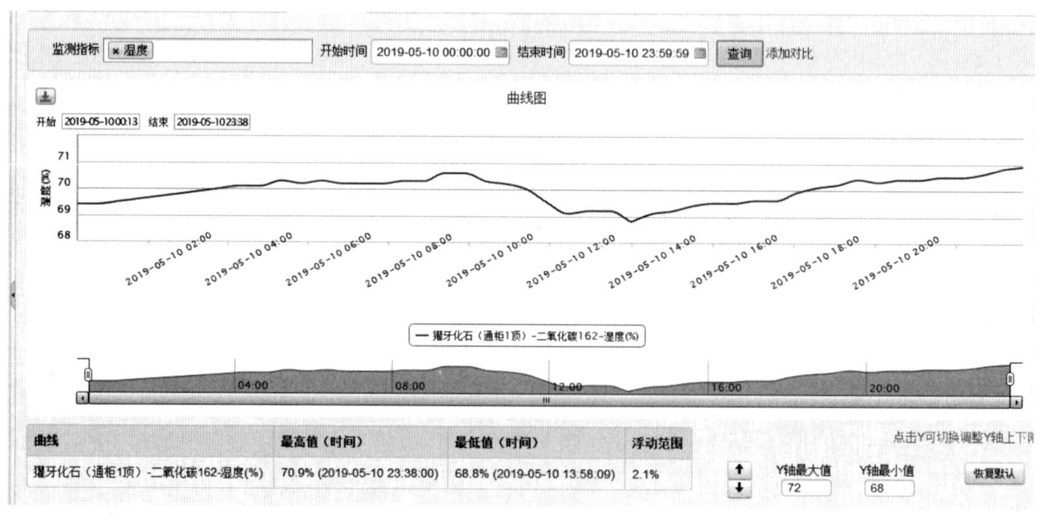

图 10　2019 年 5 月 10 日历史厅展柜无调控情况下的湿度监测曲线图

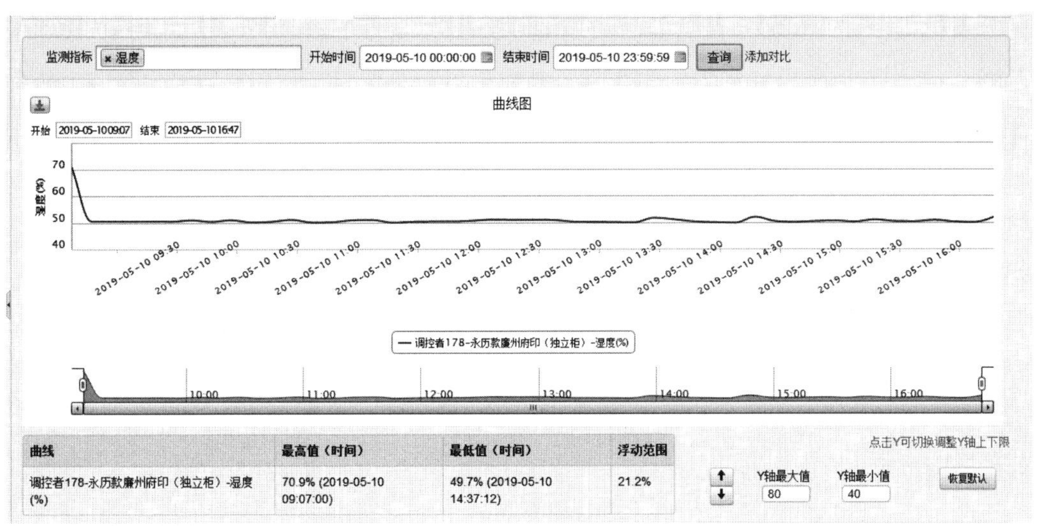

曲线	最高值（时间）	最低值（时间）	浮动范围
调控者178-永历款廉州府印（独立柜）-湿度(%)	70.9% (2019-05-10 09:07:00)	49.7% (2019-05-10 14:37:12)	21.2%

图 11　2019 年 5 月 10 日历史厅展柜在净化 – 恒湿一体机调控下的湿度监测曲线图

图 10 和图 11 分别为无净化 – 恒湿一体机调控和有净化 – 恒湿一体机调控下的两组监测图线的对比，很明显，净化 – 恒湿一体机调控下的展柜湿度比较平稳。

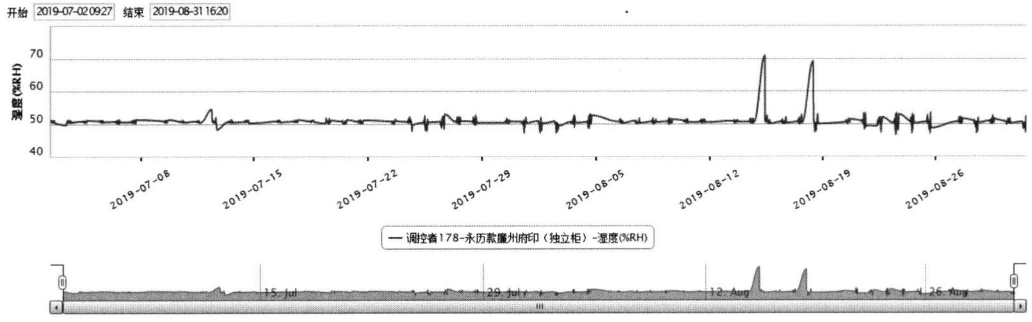

图 12 （2019 年 7 月 2 日—8 月 31 日）历史厅调控者 178 在净化 – 恒湿一体机调控下的湿度曲线图

图 12 是历史厅 2019 年 7 月 2 日—8 月 31 日监测点 178 的湿度监测数据，我们设置的调控湿度为 50% ± 3%。图中可以看出，绝大部分时间内湿度处于平稳状态，说明主动调控是有效果的。图中出现一些脉冲波是因为断电的原因造成的。图中第一个较大的脉冲波出现的时间是 2019 年 8 月 15 日（星期四）上午 9:03，2019 年 8 月 14 日下午 5：00 闭馆时监测到的湿度为 50.3%，也就是说脉冲波出现于闭馆的时间里，这段

时间展柜内净化－恒湿一体机是不通电的。2019 年 8 月 14 日下午 5：00 到 15 日上午 9：00，展柜外的湿度监测数据为 82%，其他节点的变动和此脉冲波情况相类似。从上图可知，展柜的主动调控效果是明显的。但是也反映了另外一个问题，本馆的展柜密封性还是不够的，断电后湿度波动很大，这样对文物保护反而不利，之后我们就对调控设备的电源接入了专线，以保证 24 小时不间断供电。保障展柜环境的湿度处于稳定状态。

展厅监测到 VOC 值在大部分时间都超标，有机挥发物可能是残留在建材、装饰层中的有机溶剂不断挥发所致，含量超出文物保存参考值（VOC ＜ 300ppb，参照表 2），目前我馆采取的办法是，在展柜中投入吸附剂，并加强柜外环境通风，以降低 VOC 在展柜中的含量。

4. 反应性环境质量综合评估（QCM）

表 7　QCM 174 位置点评估等级

时间	无机污染物	含硫污染物
2019.12.09 09:55—2020.01.08 09:55	暂无数据	污染（S5）
2019.11.09 09:55—2019.12.09 09:55	暂无数据	污染（S5）
2019.10.10 09:55—2019.11.09 09:55	暂无数据	污染（S5）
2019.09.10 09:55—2019.10.10 09:55	暂无数据	污染（S5）
2019.08.11 09:55—2019.09.10 09:55	暂无数据	污染（S5）
2019.07.12 09:55—2019.08.11 09:55	暂无数据	污染（S5）
2019.06.12 09:55—2019.07.12 09:55	清洁（C3）	污染（S5）

上表是青铜、书画展厅的环境质量分析，表中显示含硫污染物的含量比较高，污染比较严重，含硫物沉降于书画和铜器表面，会对文物造成腐蚀。

经查询，人民广场附近的环保站监测到 2019 年的 SO_2 年平均浓度为 13μg/m^3，表 2 中 SO_2 浓度推荐值应小于等于 4ppb，经换算，4ppb=11.4μg/m^3，也就是说柳州市环境空气中 SO_2 的含量大于表 2 中的参考值。

柳州市是工业城市，柳州市博物馆又处于市中心的交通枢纽地带，2009 年以前 SO_2 对空气的污染比较严重。一段时间以来，柳州环境得到了很好的整治，全年空气质量评为优的占到 1/3 以上，良的占 90% 以上。经查询，柳州市环保局 2019 年在离柳州市博物馆最近的监测点监测数据可知，全年 SO_2 浓度在 8~20μg/m^3（即 2.8~7ppb）之间波动，多数时间段在 10μg/m^3（即 3.5ppb）以下。展厅内却长期监测到含硫污染物超标，说明展厅空气流通情况较差，这跟展厅的环形空间结构有关，环形结构不利于空气的流通。可以在展柜中放置一些活性炭以降低硫化物含量，减少含硫污染物与文物的接触。另外，要加强展厅大环境的通风，空调送进来的风应该先经过滤风系统的过滤，这样才有利于空气的净化。

三、对预防性保护工作的几点思考

1. 预防保护的核心是保证文物保存环境的“稳定、洁净”。博物馆“稳定”环境，是指控制温度、湿度等环境因素在适宜指标下的平稳性，防止出现较大幅度的波动。所谓“适宜指标”，是指文物本身已经长期良好适应的温湿度环境状态。[1]那么，什么样的温湿度才是各种材质的文物适宜的温湿度？怎样确定其适宜的温度呢？柳州市博物馆金属铜质文物常年处于相对湿度 >45% 的环境中，自 2007 年新馆投入使用以来，一直未曾出现过突变现象，这难道就是所谓的“适宜指标”？可是 2021 年夏季，青铜艺术馆里就有几件铜器长出了絮状的物质，是结晶、矿物质、无机盐，还是微生物？为什么这么多年来，放置于同样的位置、同样的环境条件，温湿度的监测值大致相同，过去均未出现类似问题，现在却出现了？是否原来控制的温湿度并不是适宜的温湿度？或者还有其他未曾关注的原因？这些都是文物保管员应该关注并深究的问题。

2. 监测系统对文物保存环境进行监测，我们根据监测情况对文物的保存环境进行调控，但文物本体一旦发生病变，能否在监测中得到预警？

以往检查文物的健康状况，都是靠人工筛查，藏品量大的话，一年或几年才能做一次全面体检。平日里都是抽查，容易造成漏检，有可能抽到的文物没有发生病变，而已经发生了病变的文物却没有被抽到；或者文物在抽查时是好的，抽查过后发生了病变而我们无法知晓，不能及时发现问题并加以处理。比如对有机质文物的监测，霉菌出现时可以及时给出预警，对金属器物的腐蚀程度也有一个量化的提示，将更有利于我们找寻它适宜的环境条件。有些金属，比如铜器，馆藏量比较大，其化学性质相对稳定，腐蚀过程会比较缓慢，肉眼无法看见，可是腐蚀却是实实在在存在的。

3. 柳州的“回南天”经常会在每年的冬、春两季不定期出现，“回南天”发生时，空气露点的温度大于物体表面的温度，水汽达到饱和状态，相对湿度等于 100%，室内物体表面、墙面、地面水汽凝聚，甚至出现流水的现象，调控设备在“回南天”的自动调控基本没有效果。而“回南天”对于文物，尤其是有机质文物损害较大，我们该怎样利用现有的设备，应对“回南天”这样的极端天气？一些大件文物无法放入文物柜

[1] 吴来明、徐方圆、周浩：《预防性保护理念下的博物馆藏品保存环境的对策与实践》，见东亚文化遗产保护学会等编：《东亚文化遗产保护学会第二次学术研讨会论文集》，科学出版社，2013 年，第 173 页。

或箱子、囊匣之类的保护设施中，梅雨季节里，裸露放置于库房的文物又应该如何做好预防性保护？这些都是文物保管员应该思考的问题。

4. 预防性保护理论上可以让文物保存环境得到很好的控制，但前提条件是库房、展柜要密闭。但是像柳州市博物馆这样，地理位置处于高温高湿、城市空气 SO_2 时有超标、展柜密封性差、库房建筑结构本身不太合理、经费又不足以支持 24 小时不间断进行温湿度调控的地方性博物馆，更应该花时间去思考怎样做好文物的预防性保护，将更多的文物保护技术应用到文物的日常保管上来，最大限度地发挥现有设备的作用。

预防性保护理念自 1930 年在罗马召开的国际文物保护研究学会中提出以来，已经引领了近百年国际文物科学保护的发展趋势，并且还在不断发展和完善。纵观国外预防性保护取得较好成效的国家，比如意大利、加拿大等，预防性保护已经逐步形成体系，对藏品的各种风险——保存环境风险（保存环境、展陈环境、其他环境等）、文物本体的风险（藏品材质、藏品结构；既有病害、稳定病害、活动病害、可诱发病害等）、人为风险、灾害风险、既有风险、未来潜在的风险等——进行深入研究，并运用新的知识和方法，对这些风险进行评估和管理，借助大数据、云计算等技术实现信息共享，从而主动地保护文物。我国的预防性保护起步较晚，虽然已经普遍接受了预防性保护的理念，全国各地博物馆也都开展了预防性保护，但是更多的是停留在环境监测和调控上，这些远远不能满足博物馆对于藏品的全方位、全流程保护要求，只是基础性的保护。要把文物的预防性保护工作做好，文物保管工作任重道远，除了不断强化预防性保护的理念，与时俱进，借助文物保护技术的应用外，我们还要做好基本的文物档案工作。文物档案对于文物保管、保护工作至关重要。由于文物种类繁多，它的生成、保存环境的差异，即使是同一地点出土的同质文物，流传经历不同，保存现状和损害程度方面也会有所不同，文物本体的风险也是不同的。文物风险的评估、风险管理等工作都需要建立在详细的文物档案记录上。文物的来源、出土情况、埋藏的地理环境条件、修复记录、流传经历、分析测试数据等信息，都会成为风险评估和预控方案不可或缺的依据。另外，文物保护大数据的建立也是很有必要的，以便基层博物馆对一些共性问题可以互相学习和借鉴。

新时期博物馆传播新模式——“云展示”

孙微坚

【摘　要】中国文物报社首席研究员李耀申在桂林博物馆“桂博讲坛”举办学术讲座《疫情背景下博物馆发展的思考》，讲座分析了后疫情时代在信息技术催生下的“云展示”产生的背景、原因、优势等，探讨“云展示”未来发展方向。本文总结了参加这次讲座所获得的宝贵经验，并结合桂林博物馆实际情况，浅谈对新时期博物馆“云展示”的传播模式的思考。

【关键词】博物馆　“云展示”　传播新模式

【作　者】孙微坚　桂林博物馆　馆员

2020 年 7 月，中国文物报社首席研究员李耀申在桂林博物馆“桂博讲坛”做了题为《疫情背景下博物馆发展的思考》的学术讲座，对后疫情时代博物馆传播新模式——“云展示”进行了积极探讨。李耀申研究员在讲座中分析了“云展示”产生的背景、原因、表现形式、存在优势等，指出新冠肺炎疫情出现后，博物馆充分利用移动互联网的传播优势，加大与新媒体、数字技术的融合速度，使博物馆的文化传播途径摆脱时空局限，出现新模式，呈现新趋势，“云游”博物馆渐成常态。通过聆听讲座，我们进一步认识到：新时期互联网与博物馆日益深入融合，优化了博物馆资源配置，使“云展示”逐渐成为博物馆传播新模式。

一、“云展示”发展的概况

（一）“云展示”的定义

随着计算机技术的日益普及，“云游”“云展”“云直播”等新名词不断出现。所谓

“云”，是互联网的一种比喻说法，指通过互联网将软硬件等资源整合，实现数据分析、计算及共享的一种技术。“云展示”目前没有统一的概念和定义，普遍形成共识的是：“云展示”是在互联网条件下将资源集成，通过移动终端传输，让文物数字化信息使用方便快捷、共建共享的知识网络系统和平台。

（二）“云展示”产生背景及原因

1.“互联网 +”时代，博物馆与新媒体、数字技术的融合已是大势所趋，数字化技术参与博物馆运行发展程度越来越高。“云展示”的运用得益于博物馆数字化建设的长期积累，博物馆借助“云”技术摆脱时空局限，实现与观众的在线连接、交流互动。数字化技术利于提高信息传递速度，扩大信息接收面，创新博物馆文化传播途径。

2. 博物馆以实物、藏品为载体的文化阐释，依托数字化技术传递的信息量更丰富。传统博物馆的实体展示受时间、场地面积、藏品特性等条件的制约，展示的展品数量、时间等都有限制。而“云展示”观展方式灵活，观众通过 PC 端、手机端安全便捷实现“云观展”，在多媒体技术加持下，文物立体化呈现，细节表现更为充分，博大深厚的藏品内涵能获得最大化释放。

3. 疫情防控需要，推动“云展示”加速发展。“云展示”不是疫情下的产物，早在 1998 年，故宫博物院就提出打造“数字故宫”的建议，故宫博物院、敦煌研究院等早期博物馆数字化探索先行者的不懈努力，为“云展示”的发展奠定了坚实基础。由于新冠肺炎疫情对经济、社会的影响长期持续，在此情况下，安全、快捷满足观众观展需求的途径就是由线下转线上的“云展示”。“云展示”拓展了文物在线服务渠道，是对传统展览方式的变革和创新，在疫情防控的特殊时期快速发展并呈现出巨大活力。

（三）“云展示”的表现形式

1.“云展览”

随着互联网的普及和数字技术的发展，“云展览”已成为实体展览的补充和拓展。“云展览”利用数字化技术对实体展览进行整合，以可视化的方式展示展品文化底蕴，观众观展体验更丰富。数字技术的应用推动传统展览在策展、设计、展示理念等方面的变革，让馆藏文物“活起来”，“飞入寻常百姓家”。

从观展途径来看，各博物馆制作的“云展览”可在其官网、微信公众号及小程序观看，如故宫博物院推出的“全景故宫”等；许多博物馆在抖音、快手等直播平台推出的“云展览”，如中国国家博物馆在抖音推出的“文物活动起来”“国博珍藏云欣赏”等；登陆聚合平台也能集中观看各地博物馆“云展览”，如“博物馆网上展览平台”“博悦文物展示云平台”等。

2. 直播活动

直播活动是博物馆新时期文化传播的新趋势，具有传播范围广、互动参与程度高、渗透力强等特点。它丰富了新媒体的内涵与外延，身临其境的新体验成为博物馆吸引观众、扩大影响力的一项重要方法。博物馆直播活动使信息传播实现了从单纯静态的文物展示到更高级的实时影像的转换，相比较严肃的博物馆现场讲解，其语言风趣更容易引起观众的共鸣，信息传播效果更佳。

3. “云教育”活动

博物馆承担着解读优秀传统文化、传播知识、弘扬社会正能量的职责，在向公众展陈文物之余也发挥着社会教育功能。博物馆“云教育”传播文博艺术方面的公共教育，具有科普和文化传播作用，也是教育网络化的表现。“云教育”是传统博物馆教育方式的变革，加大了数字化技术发展成果在优秀文化传播中的助力作用，使大众便捷地享受文博知识教育服务。特别是一些“云教育”的主题和素材均来自本馆藏品，也为馆藏文物的活化利用起到了积极的推动作用。

二、从桂林博物馆“云展示”活动看博物馆“云展示”的优势和瓶颈

桂林博物馆是展示桂林历史文化的综合性博物馆。2020年，桂林博物馆荣升国家一级博物馆，成为广西唯一获此殊荣的地市级博物馆，具有开展“云展示”活动的诸多优势：智慧博物馆建设初具规模，新媒体平台功能完善，馆藏文物资源丰富，梅瓶更是“桂林一绝”。本文通过分析桂林博物馆活动的开展情况，对全国博物馆开展“云展示”活动的优势和瓶颈问题进行初步探讨。

（一）目前桂林博物馆“云展示”开展情况

桂林博物馆一直在“云展示”的发展道路上积极探索，推出了内容丰富的各类“云展示”活动。

2020年首届中华文物全媒体传播精品（新媒体）推介项目中，桂林博物馆“鄂青桂博五一微博大联欢”获入围奖；“靖江遗韵——桂林出土明代梅瓶陈列”已加入“博物馆网上展览平台”；官网720° 全景展示平台推出了“靖江遗韵——桂林明代出土梅瓶陈列”等六个线上数字虚拟展厅及“战疫云端——桂林博物馆文化抗疫四部曲”等“云展览”。观众通过官网、微信公众号等途径，可实时获取资讯随时观展，感受文物魅力。

在2020年国际博物馆日，桂林博物馆开启首次直播，与新浪微博“一直播”、网易直播等网络平台合作推出“画里人家 美美与共”，此后陆续开展了“牛文物”“我爱

大自然 昆虫的世界”“红旗漫卷壮乡——中国共产党在广西革命历程文物图片展”等直播活动，在“云”端带领观众游览桂林博物馆精品展览，感受文化多样性。

桂林博物馆充分利用馆藏资源开展各类“云教育”活动，推出了“指尖上的博物馆”“宅家云上见 · 桂博云课堂”“桂博云课堂”的春节、中秋、重阳等节日专辑和“桂博好声音 红色故事特辑”“寻找桂博好声音——诗意桂林 · 季”等活动。

（二）博物馆开展“云展示”活动的优势

各地博物馆响应国家号召，从服务当下、着眼未来出发，利用馆藏文物数字资源开展丰富的“云展示”体验活动，全民积极参与活动的盛况也揭示了“云展示”活动广阔的发展前景。通过桂林博物馆开展“云展示”活动情况的分析，博物馆开展“云展示”活动有以下优势：

1. 打破时空限制，拓宽传播途径

面对新形势，各地博物馆都笃行致远，砥砺前行，在传承与创新上不断探索，促使博物馆文化传播模式更加多元化。博物馆借助“云展示”模式带给观众文化新体验，减少观展时间，降低出行经济成本，展览内容随时呈现，观众的选择更为多样灵活。特别将藏品制作成数字化展览，使展品能得到最大限度的展出，满足观众的求知欲望。“云展示”彰显优秀文化数字化传播的发展趋势，成为博物馆文化传播的新方向。

2. 打造全新观展体验，丰富观众的文化需求

“云展示”借助数字平台的巨大存储功能、先进的数字应用技术和多媒体展示手段，为观众提供丰富多样的知识信息。“云展示”呈现展品的高分辨率，并用拟人化的表现形式增强互动体验，让观众更为亲近展品。尤其是直播，减少枯燥叙述，更注重交流共鸣，观众从被动的信息接收变为主动参与，感受到博物馆既能厚重也可风趣，对藏品承载的内涵诠释和展示较传统方式更为深入、细致和全面。

3. 传播范围广，惠及人数更多

据统计，2020 年全国博物馆线下总接待人数 5.4 亿人次，但大多数博物馆实体展中，80% 以上为三个月左右的临展，展期短，观众量很少超过 100 万人次。“云展示”平台以“云”计算为构架，支持海量用户访问。在疫情防控期间，“博物馆网上展览平台”上线，汇集近 300 个“云展览”，单月访问量超 50 亿次。桂林博物馆“战疫云端”在微博平台推出后阅读总量达到了 5600 多万次。这既体现“云展示”的活力，也是数字化服务大众、普惠民生的体现。

4. 促进文化输出

“云展示”促进中华优秀文化输出，助力中国文化走上国际舞台。随着文化交流的日益扩大，文物出国（境）展览日益繁荣，文物受损害的风险也在加大。但现在，珍

稀文物特别是不可出国（境）文物可通过“云展示”，以数字化形式走出国门，传播中华优秀传统文化，展示与众不同的魅力。

5. 创新了博物馆的运营模式

“云展示”提升了博物馆知名度，开创了新的经营模式。依托移动智能化终端实现海量信息存储、数据交换与传输，展示内容、形式、地点不受限制，观众能轻松实现随时观展。在功能配置上内容可扩展，网页风格多元化。利用“云展览”平台统计流量、互动数据、观众停留时长、分享次数等，数据获取更快捷准确。它节约了实体布展所需的展示空间、硬件设备、运营管理等费用。直播带货聚集人气，促进文创产品销售，观众在喜欢文创产品实用性的同时又了解到文创产品的文化内涵，更深层次地理解文物和文创的关系。

（三）博物馆开展“云展示”活动的瓶颈

桂林博物馆属于地市级博物馆，其“云展示”活动受很多因素的影响。全国像桂林博物馆这样的地市级一级博物馆，二、三级博物馆及以下县级博物馆，“云展示”活动遇到的瓶颈问题很突出。

1. 经费有限。博物馆运行经费基本由地方财政承担，资金有限，并没有专项经费开展“云展示”活动。资金、技术、专业设备投入少，活动形式单一，缺少创新。缺少中长期活动规划，活动开展时间不固定，数量少，不利于公众形成定期观展的习惯。

2. 缺乏专业人才，工作人员水平难以快速提升。没有专职人员开展此项工作，学术研究水平不高，创新能力不足。虽然在开展“云展示”的实践中，工作人员的业务能力得到锻炼，但展示方式多为“图片 + 文字”说明或视频录制，只是实体展的简单搬移或复制，精品活动少。

3. 观众浏览量不平衡，影响力有待提升。在疫情防控期间，线上“博物馆网上展览平台”汇集近 300 个“云展览”，单月访问量超 50 亿次。但纵观全局，大多数“云展示”活动浏览人数较少，社会关注度不够。

4. 直播带货规模小，通过文创产品让公众了解博物馆、扩大影响力的作用发挥不够。现在故宫博物院等数十家博物馆在淘宝等平台开设了官方旗舰店，不定期开展直播活动，在线销售近千种博物馆文创产品及其衍生的特色周边产品，但很多博物馆没有独立的营销机构，没有网店，限制了直播带货方式的开展空间。

三、博物馆“云展示”发展路径的探讨

“云展示”的繁荣反映博物馆数字化的无限潜力，打破了博物馆固有的组织、管理、

经营模式，已成为博物馆传播的新模式。国家文物局原局长刘玉珠提出：将文物和展览搬上“云”要依托数字网络和融媒体技术，全方位展示传播中华优秀传统文化，使其成为推动文物活起来的重要方式和渠道。“云展览”和实体展既相互联系又相对独立，“云展示”在从“面对面”到“屏对屏”的过程中，通过创新技术手段和运营手法，使博物馆拓宽营销渠道，增强抗风险能力，给用户带来了形式丰富的观展体验。

各文博机构在加速推进行业动态数字化进程中，针对存在的瓶颈问题，需不断加强硬件和软件建设，在数字化的发展道路上越走越好，更好地满足互联网时代下观众日益增长的精神需求。

（一）争取国家、地方的政策支持

国家在政策层面上出台了相关文件支持“云展示”活动的开展。国家文物局开展“互联网＋中华文明”行动计划，推动互联网技术发展成果与优秀传统文化传承的相互融合，进一步让文物活起来。在国家文物局《关于向“博物馆网上展览平台”提供网上展览内容资源的倡议书》要求下，各博物馆推出丰富的“云展示”资源，提供便捷、安全的线上观展服务。2021 年 5 月，国家文物局等九部委联合印发的《关于推进博物馆改革发展的指导意见》中明确指出：要大力发展博物馆“云展览”“云教育”，构建线上线下相融合的博物馆传播体系。国家文物局发文：“继续利用数字资源，通过网上展览、在线教育、网络公开课等方式，不断丰富完善展示及内容，提供优质的数字文化产品和服务。”希望国家和地方各级政府能制定出台具有可操作性的实施办法、操作细则，从人力、物力、财力、智力等方面加大扶持力度，帮助博物馆解决面临的困难和问题；制定激励机制和考核管理办法，充分调动博物馆开展“云展示”活动的积极性，使“云展示”活动的开展常态化。

（二）充分挖掘利用现有馆藏资源，完善现有的数字化平台建设

我国从 2012 年开始对可移动文物进行了全面调查登记，并建立全国可移动文物信息登录平台和数据库，从而实现对全国文物信息资源的整合利用和动态管理。博物馆的数字资源储备丰富但系统化整合还待加强，要利用好可移动文物普查数字资源的优势，以智慧博物馆建设为契机，对藏品资源特别是能凸显本馆特色、地域特点的藏品进行深层次的数字化加工；建立和完善数字文物库、文物资料数据库检索等系统，实现资料的快速检索和查阅，使文物资源的使用规范有序；通过藏品数字化资源的共享，为馆藏文物的研究创造便捷条件。

（三）加强博物馆队伍能力建设

技术只是手段，扎实的研究是内功，二者相辅相成才能真正推动数字化创新。开展“云展示”活动，从业人员不但需要熟练使用软硬件及相关设备，及时掌握新技术，还要有过硬的专业知识储备。特别是开展直播活动时，对主持人的专业知识、沟通交流技巧、突发事件应对等要求更高。这就要求我们不断加强学术研究，深挖细敲藏品背后的文化底蕴，突出馆藏特色，同时立足实际，创新激励机制。博物馆应制定切实可行的人员中长期培训计划，与院校、科研机构建立稳定的人才培养、课题研究等机制，通过日常工作实践、业务培训、专业人才的引进等方式，促进队伍总体技能水平的逐步提升。在缺少专业人员开展活动的情况下，更要营造有利于人才发挥作用的良好工作环境，使其有更多精力从事专业领域的学习研究，充分将思想文化价值融入各类“云展示”之中，避免“千展一面”的同质化展览。

（四）加强合作，推动共享

资金不足一直是制约“云展示”发展的瓶颈问题，特别是对中小型博物馆而言。在资金有限、软件硬件配置不足的情况下开展行业合作、协同创新，值得尝试。多方寻找合作伙伴，拓宽合作渠道，将资源整合起来，形成人才、文物资源、技术设备的共享，围绕一个共同的展览主题联合办展，实现中小型博物馆的合作共赢。还可以采用“博物馆＋直播”，加入“云展示”聚合平台（如“博物馆网上展览平台”、新华社与国家文物局携手推出的全国博物馆“国云展”平台等）。同时动员和引导社会各力量积极参与，优化资源配置，促进博物馆与旅游、商业、传媒平台、信息技术企业、高校等跨界融合。通过合作，推动博物馆资源的共享，举全社会之力搭建“云展示”体系。

（五）加大宣传推广

通过官网、官微、微信公众号等多媒体平台及时发布相关资讯，条件成熟时还可在商场、车站等人流密集的公共区域发布资讯，进一步提高博物馆知名度，扩大影响力。

四、结语

“云展示”是博物馆文物资源数字时代的全新探索，亦是共享发展的新趋势，为博物馆与观众之间的交流沟通搭建了新渠道，成为博物馆实现多元化与融合发展、满足大众日益增长的文化需求的必然选择。博物馆通过不断整合馆藏资源，守正创新，用好新技术，传播正能量，让观众随着文物的足迹，感悟文物的时代价值，体会文物背后的深厚内涵。“云展示”依托数字化技术，推动数字化发展成果与中华优秀传统文化的融合发展，丰富历史内涵，活化历史场景，给文化传播理念、传播途径和公众文化服务方式带来深刻变革。博物馆的实体观展不可或缺，“云展示”是实体展览的延伸和补充，二者相辅相成，成为博物馆常态化服务的重要组成部分。

史前遗址博物馆陈列展览艺术形象创新探析

史习刚

【摘 要】史前遗址博物馆的建设与对外展览，是吸引公众了解史前文化的关键所在。当前，博物馆的陈列愈发注重艺术性、可观赏性，展陈形象不断创新，在与文旅融合的时代背景下，吸引了众多游客。史前遗址博物馆展陈形象创新具有重要价值，其设计方式与模式的创新，让博物馆的教育作用得到有效发挥。与此同时，关于史前遗址博物馆陈列展览艺术形象创新的研究也应得到更多重视。

【关键词】史前遗址博物馆 陈列展览 艺术形象创新

【作 者】史习刚 桂林甑皮岩遗址博物馆 副研究馆员

中华文化源远流长，史前遗址数量繁多、种类丰富，为学界开展研究提供了宝贵的资料。为了有效保护珍贵的遗址文物、加深公众对史前文化的了解程度与重视程度，借此实现学术研究与社会效益的共同发展，我国积极建设史前遗址博物馆，以历史文化传播与遗址可持续利用为主要目的，积极开展博物馆陈列展览研究。博物馆展陈艺术形象的设计塑造对于史前遗址博物馆对外形象的树立具有重要影响，因此，如何通过陈列展览设计塑造有吸引力的艺术形象成为一个重点话题。

一、史前遗址博物馆的陈列展览艺术形象概述

按照史学与考古学的划分，史前遗址就是指夏代以前的人类活动遗迹，史前遗址博物馆则是以遗址为基础建立起来的集保护、展示、研究遗迹和文物于一体的场所。作为具有教育意义的公益性展出场所，史前遗址博物馆的陈列展览艺术形象对其作用的发挥有着重要影响。

史前遗址博物馆的艺术形象即史前遗址博物馆展陈设计的空间表现，是博物馆文化内涵的外显。具体而言，史前遗址博物馆陈列展览艺术形象设计，即在一定空间范围内，通过对博物馆陈列的立体设计与平面设计，达到展示宣传主题、增强游客体验感的理想化视听效果。良好的艺术形象设计，能够将博物馆展品所具备的文化底蕴和艺术魅力充分展现出来，并使不同展品、不同展厅和遗址形成一个有机整体，凸显博物馆的展览主题与文化内涵。传统博物馆的展陈通常不太注重艺术感，观赏性有所不足，难以引发公众的游览兴趣，而在注重艺术形象的展陈设计理念影响下，多种设备技术与展示技巧的运用将博物馆的可观赏性极大提升，让更多的游客能够沉浸于独特的历史文化氛围中，这也是史前遗址博物馆进行陈列展览艺术形象设计的目的所在。

二、史前遗址博物馆陈列展览艺术形象创新突破的价值

史前遗址博物馆是公众了解史前历史的重要途径，同时也是珍贵文物、文化保存与研究的重要场所，其陈列展览的方式与博物馆价值发挥有着重要关联，而博物馆展陈的艺术形象作为遗迹文化内涵的外在表现形式，同样具有重要价值。[1]

（一）有利于深化公众对史前文化的认识

良好的陈列展览艺术形象有利于引发公众对史前文化的兴趣。在一些对史前遗址了解较少的人印象中，史前遗址博物馆往往与陈旧、简陋、刻板相联系，这是一种不客观的认知，但传统的博物馆展览过程中确实存在类似的问题。因此，当代博物馆通常采用丰富的声光电效果对展馆外在表现形式进行美化，在对已有史料、文物展示的同时，通过改变陈列方式增强博物馆的艺术观赏性，达到吸引更多游客并让游览者体验感更佳的效果，使公众有兴趣了解史前历史文化。

（二）有利于加强公众对史前文化的保护意识

通过良好的视听体验吸引公众兴趣，是创新博物馆展陈形象的直接目的，在充分提升史前遗址博物馆观赏性后，让游客认识到遗址展品背后的文化内涵，认识到突出遗址文物的重要价值是改善展陈形象的深层次目的。当更多游客能够充分感受史前遗址的文化之美并理解史前遗址研究的重要意义后，才能在社会范围内引导和增强公众对史前文化的探究、保护意识。提升公众对史前文化的保护意识，一方面要在全社会范围内向公众宣传历史研究工作对史前文化的重视，从而得到公众的认可和支持；另

[1] 任思远：《浅谈艺术性在博物馆陈列展览中的运用》，载《新丝路》（中旬），2021 年第 9 期。

一方面，要在青少年群体中传播保护与研究的种子，源源不断培养历史研究与文化保护的有生力量。改善史前遗址博物馆形象，实现陈列展览创新突破是一种有效手段。

（三）有利于为史前历史文化研究提供可靠的场所

史前遗址博物馆依托遗址和历史遗迹向观众展示遗址文化现象，具备研究、保护、收藏与展览的功能，拥有大量珍贵的历史资料，不仅是一般公众了解史前文化的关键场所，也是专业研究开展的重要基地。通过对博物馆陈列展览艺术形象的改造，不仅为研究者提供直观性、逻辑性、体验感舒适的环境，也便于学习、研究工作的开展。

三、我国史前遗址博物馆陈列展览艺术形象的创新

随着考古学理念与科技的发展，史前遗址博物馆的陈列展览设计理念产生变化，博物馆艺术形象得到创新。与传统的陈列设计相比较，现代博物馆艺术展示的可见性、体验性和活态性得到加强，设计模式也从单一的博物馆展馆模式拓展为博物馆与城市公园或旅游景区相结合的展览模式，博物馆的艺术观赏性大幅度提升。

（一）博物馆陈列展览艺术形象方式创新

史前遗址博物馆艺术形象的设计理念逐渐超出了传统的分类展示、集中展示、实体展示的单一化陈列思路，越来越重视非物质文化的可见化转换，注重游客的体验感，对文物遗迹的陈列也更加注重其文化内涵在特定历史文化背景下的阐述。[1]其艺术形象设计理念的转变、实施与新技术的应用有着密切联系。从甑皮岩遗址博物馆陈列展览艺术形象初期和后期的变化可见，思维理念的开拓与新技术应用在陈列艺术形象创新中发挥积极作用。

为保护甑皮岩遗址，20 世纪 70 年代末期，桂林市政府在遗址上建造了甑皮岩遗址洞穴陈列馆。该遗址位处桂林旅游名城，是桂林市对外文化交流的重要窗口。遗址馆舍建筑风格系用简易式建筑结构，展厅设计造型仿照了甑皮岩原始洞穴形状，外形古朴美观。20 世纪 90 年代，遗址南部复原了若干原始社会时期的生活场景，并在原建筑周边仿照先民的风俗设计出原始氏族成员集会、狩猎、打制石器等场景。这是甑皮岩遗址博物馆初建时的陈列艺术形象。

进入 21 世纪，博物馆设计理念进一步发展，甑皮岩遗址博物馆开始针对展馆陈列做出改造。建筑风格上，以洞穴和石器时代特征为主线，使建筑与遗址周边环境协调，

[1] 张佳佳：《博物馆陈列展示中的文化性与艺术性研究》，载《今古文创》，2020 年第 32 期。

融为一体。新陈列展示馆展出的“桂林·山水家园”主题展览，更具观赏性和趣味性，借助声、光、电及多媒体技术效果，增加观众互动、仿真场景展示、动画演示等环节，生动还原了先民生活，陈列设计也从传统的分类罗列改为主题叙事模式，风格形式更加自由、开放，增强了史前遗址博物馆的可观赏性，塑造了独具特色的艺术形象，吸引众多游客了解史前文化。从甑皮岩遗址博物馆的变化，可见史前遗址类博物馆展陈艺术形象的不断发展，具体体现在以下方面。

1. 可见化展示

由于史前遗址中的建筑遗迹和文物是早期人类的手工作品，技术工艺落后且缺乏观赏性，很难激发游客的兴趣，且一些较为重要、完整的珍贵遗址遗迹通常出于保护的目的不完全对外开放，导致游客对史前遗址博物馆的兴趣不高。因此，在进行博物馆艺术形象创新设计时，需要将损坏的、不易展览的“不可见”部分转化为可见部分，充分发掘史前遗址的魅力。例如，不方便迁移、展示的地下遗址的部分可以通过模拟重建的方式修建出地上展示区，方便游客进行参观；也可以利用 VR 技术，以虚拟空间场景的方式让游客漫步于史前环境；此外，对于易损坏或已损毁的文物，可以根据相关史料复原并拍成照片、视频，或制作出实物模型，让游客多角度、近距离观察史前文物。甑皮岩遗址博物馆在为游客讲述甑皮岩先民奇特的屈肢蹲葬葬俗时，在展厅中模拟重建了遗址的墓坑，并通过科普视频以场景再现的方式加以说明和展示。

2. 体验式展示

通过场景复原或虚拟技术进行遗迹场景展现的方式有助于丰富游客的体验感，让其产生身临其境的感官感受，并更容易深入体会史前人类的生活环境与文明成果。尤其是很多不可移动的遗址遗迹，通常为依傍自然环境的土石结构，容易受到自然因素的影响，当此类遗址被发掘后，往往会采取覆土回填的保护方式，但这样就不利于游客对遗址原貌进行直观了解。借助现代技术复原遗迹场景，方便游客在现实空间中尝试“史前生活”或进行手工制作；借助虚拟技术营造场景空间，则方便游客对史前文化进行跨越空间与时间的体验。[1]

例如甑皮岩遗址博物馆策划的《远古的呼唤》真人演绎舞蹈剧，很好地诠释了甑皮岩史前文化，生动表现了先民的生产生活情景。

3. 活态式展示

史前遗址博物馆的活态展示与传统博物馆展示设计的区别在于，传统博物馆过于依赖“馆”这一空间平台，通常以对文物展品的简单分类、分区摆放为陈列方式，而活态式陈列则会根据史料的研究，还原遗迹原貌或布置出史前人类活动的场景，并将

[1] 单霁翔：《解读博物馆陈列展览的思想性与观赏性》，载《南方文物》，2013 年第 3 期。

展品放在场景中而非展柜中进行展示。遗址的活态式展示能够借助多元展览形式来阐述文化内涵，让游客在史前人类活动场景当中，深入了解曾经不易展示的遗迹文物或非物质文化，在满足遗址保护需要的同时打造良好的史前文化了解平台，并与当今文化旅游产业的发展充分配合，让城市文化发展与经济发展有机融合。

4. 原真性展示

史前遗址博物馆艺术形象展示的核心，在于遗址原真性的展示。史前遗址的保护与艺术展示陈列都需要充分考虑一个问题，就是遗址的保护和可持续利用。史前遗址作为一个特殊展品，遗址本身就是史前遗址博物馆所具有的重要优势，遗址考古价值巨大，但遭受时间侵蚀，遗址遗迹与出土文物的可观赏性较差，同时公众对其了解也有所不足，这是史前遗址的特殊性。因此，在进行艺术形象展示设计的过程中不仅要考虑遗址的展示效果，更要为遗址提供有效保护，尽可能减少对遗址本体及其周边环境的破坏。遗址的原真性展示，就是最好的遗址博物馆艺术形象展示。甑皮岩遗址博物馆对甑皮岩遗址核心区的保护和艺术形象展示有其自身的理解。在设计遗址艺术形象展示时，没有对遗址进行过多的人为塑造，只是对探方进行了必要的加固，为了便于参观，也只是用木板对参观过道进行了铺设，较好地保护了遗址的原貌和文化遗存，保持了遗址的原真性。

除此之外，随着人们对史前遗址博物馆陈列展览艺术形象的不断深入研究和理解，一些新的展示方式相继推出，博物馆陈列展览艺术形象将更丰富新颖，富有个性。

（二）博物馆陈列展览艺术形象模式创新

博物馆陈列展览艺术形象不仅能独立的展馆模式呈现，还可以将博物馆与城市公园、旅游景区等充分结合，一方面打造城市特色文化名片，另一方面带动城市文旅产业发展。

1. 博物馆与城市公园相结合的模式

将史前遗址区域与城市公园结合起来，一方面可以利用遗址的历史文化背景提升公园的文化底蕴，另一方面可以利用开放式公园的模式提升遗址的可观赏性。例如遗址、古城、城墙、祭祀地点等都可以作为公园规划的一部分，或设置成历史主题公园，形成独特的文化圈，进而促进区域经济发展。[1] 例如甑皮岩遗址博物馆位于桂林市象山区黄金旅游区域，区位优势明显，交通便利，遗址周边区域自然风貌保持良好，具备丰富的人文资源，可以形成独具特色的遗址公园和城市公园，供市民和游客进行休憩和文化体验。

[1] 王嵋：《博物馆陈列展示中的文化性与艺术性研究》，载《文化产业》，2021 年第 22 期。

2. 博物馆与旅游景区相结合的模式

一些史前遗址位于优越的自然环境中，或具备丰富的人文资源，可以形成独具特色的观光景区。将史前遗址与旅游景区相结合，需要在严格保护遗址的前提下进行，确保历史遗迹的安全完整和游客的人身安全。古遗址与风景区结合的案例在我国有很多，例如旧石器时代晚期原始人发祥地之水洞沟遗址，就开发出了宁夏水洞沟旅游区，在该景区中，游客不仅可以领略水洞沟史前风貌，还可以欣赏雅丹地貌。浙江良渚遗址有大片的水稻种植和水域养殖，让游客了解良渚遗址文化的同时，还能体味到江南鱼米之乡的风貌。桂林甑皮岩遗址将遗址与旅游景区相结合，在严格保护遗址的前提下，增加了博物馆与桂林自然风景艺术展示的元素，游客在博物馆参观游览中，不仅可以了解甑皮岩遗址史前文化，还可以欣赏独具特色的桂林风光。

我国史前遗址数量大、类型多，史前遗址研究进程缓慢，早期遗址博物馆陈列展览艺术形象受到很多制约。进入信息化时代后，多样化的技术手段为考古研究提供了便利，也为博物馆陈列展览艺术形象的展示方式和模式提供了更广阔的思路。在当下，博物馆教育作用和经济价值应与游客需求较好地联系起来，因此，史前遗址博物馆陈列展览艺术形象的展示方式和模式需要不断创新。

四、总结

如今，越来越多的人开始对史前历史文化产生兴趣，这与博物馆的展陈理念改进与艺术形象创新具有重要联系。通过外在表现形式的变化、突破，史前遗址博物馆的可观赏性得到提高，公众在游览博物馆后对史前历史文化有了初步了解并逐渐产生较为浓厚的兴趣，这对史前文化的研究开展起到了一定推动作用。而这种良性的发展变化，与声光电展示技术的应用和展陈艺术设计理念的革新有着直接关系。因此，要实现史前遗址博物馆陈列展览艺术形象的创新，必须要从新技术应用和思维理念两个层面开拓进行。

革命旧址（博物馆）开展爱国主义教育的社会实践研究

——以来宾市为例

张玉艳　陈云华

【摘　要】爱国主义教育是一项持久的、全面的教育，在中华民族伟大复兴的重要历史关头，依托革命旧址开展形式多样的爱国主义教育活动，广泛地学习红色文化、弘扬红色精神、传承红色基因是新时代爱国主义教育的内容之一。革命旧址承载了丰厚的革命历史，拥有丰富的文化资源，容易带给观众强烈的感情认同和归属，是生动的爱国主义教育题材。利用革命旧址开展形式多样的爱国主义教育，真正做到把革命旧址“用起来”，让革命旧址“活起来”。

【关键词】新时代　爱国主义　革命旧址　爱国主义教育

【作　者】张玉艳　来宾市博物馆　文博馆员
陈云华　来宾市博物馆　助理馆员

爱国主义是中华民族的优良传统，是各族人民团结奋进、砥砺前行的精神支柱，在不同的历史时期有不同的表现。在实现中华民族伟大复兴的中国梦的新时代，爱国主义教育同样具有十分深远的现实意义。党的十八大以来，以习近平同志为核心的党中央高度重视爱国主义教育，习近平总书记在不同场合就爱国主义教育发表了一系列的论述。2019 年，中共中央、国务院印发的《新时代爱国主义教育实施纲要》进一步深化了新时代爱国主义教育的总体要求，明确了新时代爱国主义教育的基本内容，并对爱国主义教育的主体、形式、具体做法做出了具体详细的部署。

一、开展爱国主义教育的重要意义

爱国主义教育是一项深刻而又持久的教育，是学校教育、社会教育、家庭教育的重要组成部分，贯穿于个人成长的全过程。从古至今，爱国主义教育都是中国教育的重要内容和主旋律。无论是古代的“精忠报国”，或是今天的“撸起袖子加油干”；无论是历史上的“国家兴亡，匹夫有责”，还是今天的“我将无我，不负人民”；无论是屈辱史中的“苟利国家生死以，岂因祸福避趋之”，还是复兴路上的“你退后，让我来”，这些无一不反映着中国儿女的初心和使命。

（一）开展爱国主义教育，是新时代赋予我们的历史使命

党的十九大报告中明确指出：“经过长期努力，中国特色社会主义进入了新时代，这是我国发展新的历史方位。”[1]这一重大论断表明：中国特色社会主义进入了一个崭新的时代。开展爱国主义教育，引导人们全方位、充分地认识新时代我国所面临的国内外形势，深刻理解新时代的内涵和外延，是时代赋予我们的历史使命。

（二）开展爱国主义教育，是实现中华民族伟大复兴中国梦的必然要求

《新时代爱国主义教育实施纲要》明确指出，新时代爱国主义教育要面向全体人民，聚焦青少年。青少年作为祖国未来的建设者和接班人，是中国特色社会主义建设的中流砥柱，肩负着祖国统一和民族复兴的重任。聚焦青少年开展爱国主义教育，引导青少年树立正确的人生观、价值观、国家观、历史观，是早日实现中华民族伟大复兴中国梦的必然要求。

（三）开展爱国主义教育，是提高全民综合素质的基本要求

爱国主义精神是中华民族最核心的民族精神，是中华文明延绵不绝的精神文化基因，一以贯之地弘扬爱国主义精神、开展爱国主义教育，是凝聚中华民族民族心、民族魂，培育“中国心”的重要途径。爱国主义教育以传播正能量为导向，“可以给人类带来很多了解昨天、把握今天、开创明天的智慧”[2]，爱国主义教育更是精神文明建设的重要内容，开展爱国主义教育是提高全民综合素质的基本要求。

---

[1] 习近平：《决胜全面建成小康社会 夺取新时代中国特色社会主义伟大胜利——在中国共产党第十九次全国代表大会上的报告》，人民出版社，2017年。

[2]《习近平致信祝贺第二十二届国际历史科学大会开幕式》，《人民日报》，2015年8月24日第1版。

二、革命旧址（博物馆）开展爱国主义教育的有利条件

革命旧址一般以丰富的历史事件、遗址、遗迹、遗物等为基础，见证我国各民族为争取民族独立和自由而不懈斗争的历程，特别是近现代革命旧址，更是见证了全国人民在中国共产党的领导下走向独立民主的历史进程，具有重要的影响和深厚的历史文化底蕴。博物馆更是一个地区、一个城市历史文化展示的窗口，拥有多样的红色文化和丰富的革命文物资源，利用革命旧址（博物馆）开展爱国主义教育具有得天独厚的优势。

（一）拥有丰富的文化资源

每一个城市都有自己的故事，每一座城市都有独具特色的文化，革命旧址分布于祖国大江南北，近现代革命旧址记录着祖国从站起来、富起来到强起来的沧桑变化，承载着祖国数百年来的民族气节和民族精神。来宾市是一个富有革命传统的新兴地级市，辖区内拥有较多的革命遗迹，特别以象州、武宣最为丰富。

位于象州县城西社区的桂中（象县）农民运动旧址房屋是覃智增烈士的故居，是大革命和土地革命时期象州农运第一人、象县第一位共产党员刘策奇带领进步青年覃智增等人在象州县发起农民运动的旧址，是点燃象县农民革命星星之火的地方，记录了象县农民运动的光辉历程。武宣县东乡的中共武宣支部成立旧址，原为刘家祠堂，始建于1880年。1926年12月，梧州地委派地委委员林培斌到武宣建党，林培斌吸收了农协骨干翁尧年、潘业俊、朱文拔等十多人，建立了桂中地区第一个农村党支部，在刘家祠堂举行了宣誓仪式，并以此为据点开展了轰轰烈烈的武装斗争。

对比桂中农民运动旧址和中共武宣支部旧址，不难发现，这两个旧址有很多共同之处，如两处旧址周边都具有丰富的文化资源。追溯历史，公元前214年，秦始皇统一岭南，在岭南设立桂林、南海、象三郡，今象州、武宣都是桂林郡辖区；到了清末，象州、武宣都是太平天国运动初期的主战场，武宣东乡更是太平天国运动领袖洪秀全称天王、分封五军主将的地方。此外，象州、武宣都曾为郡县治所所在地，历史文化底蕴非常深厚。丰富厚重的历史文化资源为革命旧址开展爱国主义教育提供了丰富的文化支撑。

（二）拥有强烈的感情认同和归属

革命旧址或为重要机构、重要会议的所在地，或为重要历史人物的故居、旧居、活动地、墓地，或为重要事件和重大战斗遗址、遗迹，或为具有重要影响的烈士事迹发生地、墓地，或为近代以来兴建的涉及旧民主主义革命、新民主主义革命和社会主

义革命的纪念碑等纪念建筑，无论哪一种，都以其感人的历史故事和生动的人物形象或者独具一格的建筑风格吸引着广大观众的眼球。参观旧址并在旧址开展爱国主义教育能带给人身临其境的感受，给观众带来心理上的认同和归属感。

来宾市迁江镇的昆仑关战役指挥旧址是中国军队对日军攻坚作战的首次重大胜利——昆仑关战役的指挥部所在地，位于迁江镇大村村民委员会扶济村西面约 200 米的塘禾山敢墙洞（又称扶济洞）内，洞口都有泥筑围墙和碉堡，保存较好，到场参观能给人穿越历史时空的感受。1939 年 11 月，日军先后从广西钦州湾的企沙、龙门登陆，并长驱直入，于 12 月 5 日占领了邕宾公路交通线上的要塞昆仑关。为了抗击日军，保卫西南交通线，1939 年冬，西南桂林行营主任白崇禧奉重庆军事委员会之命成立桂林行营指挥所，组织桂南会战。昆仑关战役指挥所是西南七省的临时军事指挥中心，国民党将领杜聿明、郑洞国、戴安澜、邱清泉等曾在该洞召开团长以上干部参加的军事会议，部署昆仑关战事，并指挥了闻名中外的昆仑关战役。在此期间，蒋介石曾亲临该指挥部视察战事。依托昆仑关战役指挥旧址开展爱国主义教育活动，能够更好地还原史实，把历史事件与历史人物、地点相结合，让人更有代入感。

（三）拥有生动的教育题材

革命旧址大多为原址保护，无论是内容还是场景都更加真实，更加接地气，是生动的教育题材，很多旧址还建设了纪念馆、陈列馆等，完整地展示革命史。

位于来宾市凤凰镇的“东汉塘百人坟”是日军侵略中国的铁证，也是来宾人民抵御外侮、付出巨大牺牲的见证，更是一部生动的爱国主义教育题材史诗。1945 年 4 月 20 日，中共地下党组织领导的维都大华山游击队联合部分民团和抗日群众 1000 多人，在维都旱塘屯（今东汉塘屯）附近伏击日军 40 多人的运输队，毙敌大尉指挥官等 3 人，打死战马 4 匹，缴获战马 1 匹及药品 1 批。几天后，汉塘屯青年彭大球又在村南面偷袭过路日军，因火力不足，被日军反包围在一洼地里。危急时分，国民自卫队大队长江有亮带领大队民团赶到，集中火力痛击日军，化解了敌军的包围。自此，日军将邻近交通要道的汉塘屯视为眼中钉，伺机报复。1945 年 5 月，日军对东汉塘屯进行了惨绝人寰的大报复，共屠杀了东汉塘屯 108 人。后人用 9 个大缸将 108 人的骸骨埋葬，当地人将此坟称为“百人坟”。在“百人坟”旧址讲“百人坟”历史，更能激发广大观众的爱国主义热情和强国之志。

三、革命类旧址（博物馆）开展爱国主义教育的案例分析及建议

革命类旧址（博物馆）不能仅局限于遗址的保护与展示，更应该与当地历史文化资源相融合，深入发掘地方优秀特色文化，把爱国主义教育与优秀传统文化教育相结合。

（一）活化展览形式，以展览为基础，弘扬革命精神

革命旧址（博物馆）通过图文与实物相结合的方式，为观众直观地展示革命志士为争取民族解放而不屈不挠、英勇斗争的革命精神，现代化高科技技术手段声、光、电的运用，为展览锦上添花，给观众更好的视觉效果和美的享受。但展览的内容、形式还需要不断更新，内容方面需要深入解析、挖掘文物背后的故事，不定期更换展览，或主动引进各种临时展览，丰富展览内容；形式方面还需要多一些体验式展览，提高观众的积极性，带给观众更深刻的记忆，达到广泛弘扬革命精神的目的。

桂中农民运动旧址、中共武宣支部旧址、韦天强故居是来宾利用革命旧址开展爱国主义教育的较好案例。象州县桂中农民运动旧址对原来旧址进行维修后，以农民运动为主线打造陈列展览，主要讲述全国、广西、桂中、象县农民运动故事，并辐射展示抗日战争、解放战争时期的红色故事，充分展示革命历史文化遗产。武宣县中共武宣支部旧址在政府的统一规划下，对遗址进行修复并对周围环境开展整治，以旧址史迹为基础，依托革命老区文化，深入挖掘红色文化资源，重点打造红色革命陈列展，主要展示来宾市、武宣县革命史，拓展展示太平天国史，目前已成为集红色革命教育、廉政文化教育、党员党性教育、红色旅游景点为一体的爱国主义基地。“故乡诚可爱，亲朋情更深。为了民族故，献上我青春。”韦天强故居墙上书写的这首诗，正是韦天强为抗日救国投笔从戎，在离家之时写下的。位于武宣县东乡镇的韦天强故居是革命烈士韦天强的旧居，旧居已经过修缮并完成陈展，以革命烈士韦天强为线索，展示武宣壮乡儿女的革命足迹，是武宣的革命传统教育和廉政教育基地。

（二）丰富活动形式，以活动为载体，深入宣传红色文化

爱国主义教育应以各种节日、纪念日为契机，不断丰富活动形式。传统的爱国主义教育主要以被动式的授课、参观、演讲、比赛等形式开展，新时代的爱国主义教育应该依托先进的多媒体技术等，以主动参与、互动式体验为主。来宾市凤凰镇充分发挥红色资源资政育人的作用，结合清明节、国家公祭日、抗战胜利纪念日等举办缅怀先烈、追思先辈、致敬英雄的主题教育活动。以爱国主义教育基地“东汉塘百人坟”为阵地，开展“缅怀先烈·追寄哀思”等祭扫活动，通过鞠躬默哀、献花宣誓等方式，

缅怀革命先烈的英雄事迹，增进爱党爱国的情怀；通过党史专家讲革命故事、参战老兵忆峥嵘岁月等方式，再现东汉塘屯村民英勇抗战的事迹，继承和发扬革命传统，广泛宣传红色文化。

革命旧址更是部队官兵开展学习教育的重要场所，武宣县革命纪念馆结合“七一”建党节、“八一”建军节等特殊节日，通过举行支部联建、知识进军营等多种活动，邀请官兵战士走进纪念馆，深入学习红色革命文化，为红色文化赋予新的时代内涵。同时，也有组织地走进军队，开展共建共享活动，把红色文化送到军营，丰富部队文化生活，让广大官兵学习革命历史、饱览文化盛宴，提高广大官兵的文化素养，进一步深入宣传红色文化。

革命旧址（博物馆）还针对不同年龄阶层的观众，设置不同的爱国主义教育活动，通过互动体验、亲子活动、角色扮演等方式，潜移默化地进行爱国主义教育，增强爱国主义意识。武宣桂中第一支部旧址积极开展爱国主义教育活动，探索以“主题教学 + 现场教学 + 访谈教学 + 互动教学 + 影音教学”的“1+4”模式，创新爱国主义教育形式。同时通过重温入党誓词、重走红军路、传唱红色歌曲、讲述红色故事、读红色经典等体验式教育，让爱国主义教育入脑入心。此外，在一些革命烈士故居推出烈士家属讲解等活动，广泛宣传红色文化。

革命旧址承载着厚重的革命历史，见证着时代变迁，新时代革命旧址在丰富多彩的教育活动中焕发出新光彩，为广大干部群众提供深厚的精神滋养，是我们凝聚奋进力量的重要源泉，这也要求我们在利用革命遗址的过程中充分了解历史背景和历史信息，从观众需要出发，主动创新。

（三）准确聚焦定位，以青少年为主体，厚植爱国主义情怀

青少年是祖国的未来，是中国特色社会主义的接班人，是社会中最积极的力量，具有很强的可塑性。以青少年为主体开展爱国主义教育，引导青少年涵养爱国之情、树立爱国之志，是实现中华民族伟大复兴的中国梦赋予我们的新使命。革命旧址（博物馆）可以针对青少年开展“红领巾讲解员”培训，培养优秀的小小讲解员作为爱国主义教育的小使者；可以通过举办“我为家乡代言”“童心向党”“奋斗的青春”等为主题的演讲、朗诵、宣讲等，让青少年成为爱国主义教育的参与者，厚植爱国主义情怀。

“红领巾讲解员”活动是众多博物馆、纪念馆广泛开展的社会教育活动，通过“同龄人引导同龄人”的方式，引导青少年广泛增强国家观念、强化爱国意识，激发报国情强国志，广泛弘扬红色基因，凝聚奋进力量，为利用革命旧址开展爱国主义教育提供了良好的借鉴。同时，青少年的参与将学校、社会、家庭三者紧密结合，不仅锻炼

了青少年的能力，也为学校教育、社会教育和家庭教育的良好衔接提供了方便，广受老师、家长好评。类似的活动简单新颖、参与性强、普及面广，可以在利用革命旧址开展社会教育的活动中广泛推广。

（四）讲好中国故事，以研学为契机，增强民族文化自信

新时代的爱国主义教育不是传统的灌输式教育，它是把理论教育与社会实践教育相结合的参与性教育，具有灵活性、渗透性、广泛性，内容更加丰富。新时代爱国主义教育要求我们关注时政、关注现实生活，从身边挖掘爱国主义教育教材，在参与中学习，在学习中成长。新时代青少年应加深对祖国悠久历史、灿烂文化的认识，要了解我们“从哪里来，到哪里去”，要以“研学旅游”为契机，不断从历史中汲取营养和智慧，自觉延续文化基因，增强民族自尊心、自信心和自豪感。

红色研学是青少年研学旅行的重要内容之一，利用革命旧址（博物馆）开展丰富多彩的红色研学活动可以很好地把社会教育与学校教育相结合，通过沉浸式、体验式的方式，激发青少年爱党爱国的热情。目前，来宾市已确定的自治区级中小学生研学教育基地中，来宾市博物馆、武宣桂中第一支部旧址都拥有丰富的红色文化资源，是开展红色研学的不错选择。今后，还应该进一步抓好中小学生研学教育基地申报工作，特别是拥有丰富文化资源的象州、金秀等地，要进一步整合文化资源，统筹好红色文化和优秀传统文化的协调发展，真正做到把革命旧址“用起来”，让革命旧址“活起来”。

四、结语

爱国主义是持久的、永恒不变的主题，革命旧址（博物馆）担负着有效保护、深入研究、广泛宣传、适当利用革命文化的使命，彰显着英雄城市的光辉篇章，是中国革命艰难曲折、砥砺奋进的重要见证，利用革命旧址（博物馆）开展爱国主义教育是新时代赋予我们的光荣使命。新时代，我们身处中华民族伟大复兴的关键时期，爱国主义教育面临着国内外环境的极大挑战，以青少年为主体，用沉浸式、互动式、启发式教育的形式，广泛开展爱国主义教育是时代赋予我们的重任。革命旧址（博物馆）依托丰富的红色文化资源和革命文物，以展览、讲解、活动、研学为载体，弘扬红色文化，传承红色基因，是开展爱国主义教育的重要场所。

直播活动助推博物馆公共文化教育的实践与省思

——以桂林博物馆为例

蔡靖雯

【摘　要】2020 年，随着新冠肺炎疫情的暴发，各地博物馆按疫情防控要求采取闭馆或是减少线下聚集等措施，“实物 + 实地参观”的博物馆文化服务模式被迫暂停。直播成为了博物馆的迅速应对之策，为公众搭建“永不闭馆”的博物馆、公共文化服务“不打烊”的有效尝试，为满足社会大众在疫情期间的文化需求提供了良好的途径与平台。通过梳理发现，博物馆直播活动具有互动性、包容性、趣味性、科学性的特点，本文基于桂林博物馆直播活动具体案例，对策划、发布以及效果进行分析，探讨直播活动对博物馆教育和宣传的影响，以及未来持续性发展的方向。

【关键词】博物馆直播　公共文化教育和宣传

【作　者】蔡靖雯　桂林博物馆　馆员

新冠肺炎疫情的暴发对各行各业都产生了重大影响，博物馆界也不例外。“实物 + 实地参观”的博物馆主流文化传播模式被迫中止。国家文物局专题研究、部署文物系统疫情防控工作会议上提出，“鼓励各地文物博物馆机构因地制宜开展线上展览展示工作，鼓励利用已有文博数字资源酌情推出网上展览，向社会公众提供安全便捷的在线服务”。全国各大博物馆迅速从自身职责与使命出发，在原有的数字化建设与文化服务的基础上，积极开展线上公共文化服务，闭馆不闭展，充分发挥公共文化服务职能，以满足公众的文化需求。将线下的展览、社会教育活动、专业论坛变为云逛展、云课堂、云讲座等线上活动，满足公众对博物馆文化的需求。2020 年“国际博物馆日”采取线上线下相融合的传播方式，通过 5G 网络对主会场系列活动全程直播，将博物馆网络直播推向一个高潮。

近两年来，桂林博物馆也在不断探索利用已有的数字资源，通过视频、图文、直播等网络互动新形式，与广大网友分享精彩展览和文物。新创了“指尖上的博物馆”“小主播诞生记”“桂博云课堂”等线上互动教育板块，策划组织了“画里人家　美美与共”“山水墨香——博物馆里的那些字儿”“牛年话牛”“花草那些事”“我爱大自然 昆虫的世界”“红旗漫卷壮乡”六场不同主题的直播活动，吸引了230多万人次在线观看。在主播的带领下“云游博物馆”，丰富了民众在特殊时期的文化生活，博物馆的公共文化教育和宣传作用得到扩大延伸。

一、博物馆直播活动的特点

博物馆利用网络开展直播活动，内容有特色展览、考古成果、特色社会教育活动、专题讲坛等等，丰富多彩的网络直播活动，有效促进了公共文化资源的广泛传播。

（一）互动性

直播是互动性很强的社交活动，观众可以在直播平台上进行实时互动，进行“近距离”交流。博物馆直播可以让观众真实感受到“在博物馆中”的存在感和现场感。为了让博物馆直播活动更加生动有趣，直播中会增强“主播”与观众的互动，调动观众的情绪。博物馆直播中的互动有有奖答题形式，也有展示表演形式。观看直播的观众可以实时通过弹幕对主播进行提问，而主播也能根据反馈进行解答或者调整讲解的内容。在直播前，我们会设置一些观众可能感兴趣的话题，由主播在直播过程中向专家抛出问题，或设置悬念向观众提问，从而引发观众的好奇心，提高他们的参与度，在直播下一个设定环节或是尾声再由主播公布答案。为了激励直播平台上观众参与互动的积极性，每场直播都为答对问题的观众准备了精美的文创礼品，每一位观众在进行互动交流的同时，也有小惊喜。

直播中的博物馆，不再是大众心中那种高冷的形象，展柜中一件件文物，也不再像说明牌上表述得那样简单晦涩，而是变得有料有趣有故事，文物魅力得以生动展现，博物馆直播成了观众和文物沟通的一座新桥梁。

（二）包容性

直播能打破时间与空间的局限，实现受众群体扩大、场景实况切换呈现的优势。想参观的观众不再受限于博物馆的地理位置，也不再需要在特定的时间前往博物馆；通过观看直播，足不出户也能享受到那些原本只能在现场才能享受到的博物馆文化服务，参观需求得到满足。“随时、随地、碎片化时间”享受文化大餐的体验得到优化。

另外，网络直播还有回看功能，弥补了直播在时间上的局限，大大提高了观看时间的自由度。2020 年“国际博物馆日”，桂林博物馆直播首秀“画里人家　美美与共”，以“走进画里人家，了解桂北民俗文化”为主题，精选桂林博物馆民俗厅具有代表性的 20 余件少数民族文物做深入赏析、解读，融合文物特点、人文风物、历史故事等内容，在网易和一直播两个平台同时推送，直播 90 分钟，实时最高在线人数 11.4 万人，三个月后直播视频的点击量累计超过 73.5 万人次，传播效果十分显著。

表1　桂林博物馆直播活动数据统计

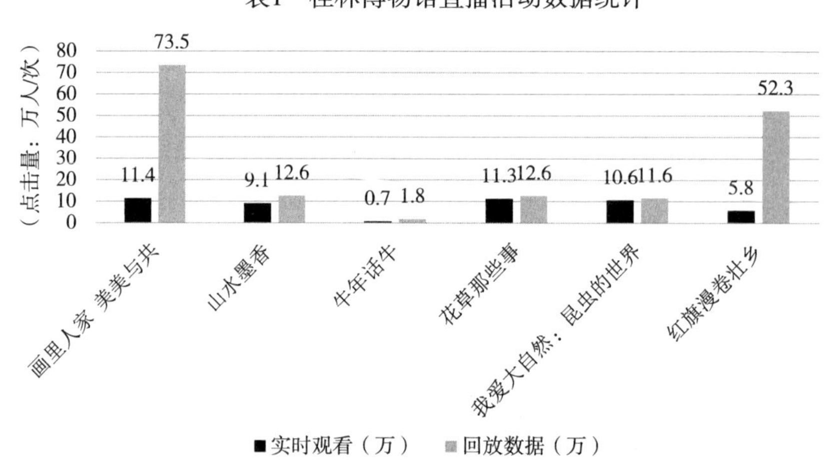

从表 1 中，我们能清楚看到博物馆直播不仅能够突破时空地域的限制提供文化服务，还能将博物馆文化服务的传播线无限延长，发挥价值最大化。

（三）趣味性

在大众的刻板印象里，博物馆是一板一眼的样子，但博物馆直播不但能让观众看到展览和特色展品，也能听到展品背后的故事，感受到历史的温度，入脑入心。比如“画里人家　美美与共”直播中，桂北特色民居——干栏建筑旁边，四位来自桂林龙胜的瑶族阿姐唱着当地的山歌，歌声原汁原味，人与背景情景交融。“山水墨香——博物馆里的那些字儿”的直播在介绍篆隶草行楷五种书体时，现场请到桂林著名书法家骆罡老师挥毫泼墨，给网友们展示每种书体的风采。“红旗漫卷壮乡”直播中，介绍到湘江战役时，一群中学生志愿者表演的情境剧《血色湘江》让线上观众心潮澎湃。此外，每场直播还会穿插数次根据内容设计的有奖问答互动环节，弹幕评论飞速刷新，轻松、愉快的氛围减少了观看的疲劳感。

（四）科学性

主播对直播活动中发布的内容、传播方式起着重要的控制作用。博物馆直播中的主要传播者是讲解员或者是文博领域的某方面专家，这就保证了传播内容的科学性，从源头减少了直播内容的失真。同时，直播活动的好坏关乎着博物馆自身的形象。因此，博物馆直播对内容一定会严格把关，在传播过程中不仅传递知识，也会传递科学和求真的精神。博物馆直播活动体现了博物馆从以物为中心向以人为中心的转变，是博物馆社教活动的拓展和文化传播的延伸。

网络直播便捷、内容丰富、互动性强、知识性和趣味性并存等特点十分有利于博物馆的宣传与公众教育，这一新兴且有很大影响力的传播手段，让博物馆更好地走近公众，同时吸引观众走进博物馆。

二、桂林博物馆直播活动的策划、发布与效果

（一）直播活动的策划

1. 研读展陈大纲，甄选主题文物

从某种意义上来说，网络直播是一个有互动功能的长视频，最大的挑战是如何让观众持续产生兴趣。前期策划中，最主要的是确立直播的主题和内容，并对内容进行深层次的挖掘。展览是博物馆进行直播活动的主要依托，直播不仅仅要传递文物本身的信息，更要考虑在短时间内，围绕展览的直播能从哪几个点吸引观众的眼球，从而调动观众的兴趣，有效传播信息。

直播活动“画里人家　美美与共”以精品展览“画里人家——桂林民俗文化陈列”为依托，以桂北少数民族的居、食、穿文化为切入点，解读民族文化多样性。“你印象中的家是什么样子的呢？在桂林生活着汉、壮、瑶、苗、侗、回等六个世居民族，他们的住宅建筑也是各不相同。”主播带观众欣赏汉族民居、干栏建筑、桂江红帆船、骑楼这四种桂林特色民居，从一间间老字号说道着数不尽的桂林味道，再带着大家欣赏这片神奇土地上的各族先民用勤劳的双手编织出的一件件斑斓彩衣，从这些精美绝伦的服装和银饰中，观众既能欣赏到艺术之美，又可以感受到其中的文化内涵。红瑶族女服、侗族盛装、苗族石榴花纹刺绣背带、侗族太阳纹刺绣背带、十八锥錾花银发梳、苗族雕花算盘银锁链、十二生肖錾花七穿银排圈……桂林人民的吃住穿戴无一不是丰富多样，精彩纷呈。组织者在活动策划前期对展陈大纲进行了反复研读，遴选出合适的文物，为能在直播中给观众展现美丽的桂北民俗画卷奠定良好的知识基础。

桂林是一座历史文化名城，也是广西历史上状元人数最多的城市。在直播“山水墨香——博物馆里的那些字儿”中，桂林博物馆本着“见人、见物、见生活”的文化

遗产保护理念，邀请网友云欣赏馆藏的桂林状元书法作品，品味他们的精神志趣。清代科考广西一共出了四名状元（陈继昌、龙启瑞、张建勋和刘福姚），并且都是桂林临桂人士。在千余件馆藏书画作品中，我们精心甄选了陈继昌创作的楷书对联“五日一水十日一石 百万买宅千万买邻”、张建勋创作的行书立轴、龙启瑞行书扇面。通过讲述每一位状元的生平故事、解读每一幅作品的内涵，让观众在直播中赏得一抹水香墨润的风雅，解状元书法之意趣。

2. 根据主题特色，打磨讲解内容

博物馆直播相比其他形式的直播，最大的特点就是“技术搭台，文化唱戏”，为观众提供一道道鲜美可口的文化大餐是博物馆直播的初心和使命。为了更好地发挥传播历史文化、传统文化和革命文化的作用，讲究知识的准确性是博物馆直播内容的基本要求。讲解员需要准确描述文物的历史价值、审美价值等，但不能为了吸引观众，而歪曲历史事实。由于观众知识水平参差不齐，在保证知识准确性的前提下，博物馆直播的内容也要讲究趣味性。用通俗易懂的语言将专业的内容传播给观众，用现代思维去引导观众接受传统文化的熏陶，这样才能使信息最大化有效传播。比如桂林博物馆的特色文物“梅瓶”，其诞生之初并不是专门供人欣赏的，它们在真实历史生活场景中扮演着重要且不同的作用。在网络直播讲解中，需要挖掘这些文物背后与现代社会生活的深层联系，从观众熟悉的知识点切入，拉近观众与展览的距离。设计直播动线和脚本时，在已有的展陈资源、文物资源的基础上，需对讲解词进行深加工；也可以邀请专业老师从学术角度分析藏品，挖掘藏品背后的故事、展览背后的故事。

（二）直播活动的发布

“好的开始是成功的一半”，在直播前，我们会做两个重要的准备工作，即宣传和彩排。

1. 海报设计与发布

做好开播前的宣传工作，为直播打好流量基础。直播前，团队会根据直播主题制作和直播内容相关的宣传海报，海报上加入直播链接以及二维码，以便观众点击链接或者扫描二维码在电脑或者手机上随时随处观看直播。海报会通过桂林博物馆的官方网站、微信平台以及相关合作的直播平台进行发布。加大宣传力度，将自己的亮点主动抛出去，发布活动信息是博物馆直播吸引观众的首要一步。

历次直播活动宣传海报

2. 直播彩排与调整

为了确保直播更加顺利地进行，直播小组通常在正式直播前会进行一至两次彩排。彩排的过程中，团队成员能熟悉直播时的动态走线，熟悉展品特点，及时发现问题并马上进行调整，也会让团队迸发出新的灵感，在原有内容上“锦上添花”。“画里人家　美美与共”直播活动彩排时，在第三单元“斑斓彩衣”中，主播解读着展柜里壮、苗、瑶、侗等各民族服饰特点。彩排发现，让身着类似民族服装的阿姐站在展柜前，用通俗的语言与主播一问一答，介绍自己身着的民族服装，可达到让观众欣赏到各民族服装多样性的效果。在“红旗漫卷壮乡——中国共产党在广西革命历程文物图片展”直播彩排中，主播讲解抗日救亡部分时，有一封李云蒿写给弟弟李云苔的信。在信中，他叮嘱云苔勤奋读书，多做有益于抗战的工作，体现了身为兄长及身为中共党员的李云蒿对弟弟的教导和关怀之情。此处调整为一位男讲解员在李云蒿事迹背景墙前朗读李云蒿家书的片段，让观众直观生动地体会到爱国青年的家国情怀，展现其对家人的牵挂和不舍，对国家强烈的责任感和使命感。

（三）直播活动的效果分析

直播活动的成效将影响之后活动的开展与观众的观看热度，因此，关于直播活动的效果分析，我们主要通过收集各平台的观众留言，从活动整体质量、活动内容、年龄适合度、收看时长等多方面进行整理、分析，为之后开展相关活动提供参考。

首先是受众分析。受众，指的是传播活动的对象或受传者。博物馆直播的受众即观看直播的观众。传统博物馆以物为中心，侧重藏品的保护与研究，而现代博物馆则以人为中心，着眼于实现社教活动的拓展和文化传播的影响力。博物馆直播，让不同年龄、不同性别、不同地域的观众都可以足不出户，实时享受到各地博物馆提供的文化服务，满足博物馆受众渴望参与的需求。

其次是传播效果分析。博物馆直播的传播效果可以用点击量、点赞数和评论数等指标来反映、推断传播的影响力和实际的传播效果。2021 年，桂林博物馆全年的实际参观量是 73 万多人次，而线上文化服务活动观众总浏览量为 98 万人次，可见线上活动方式更贴近公众当下的需求和习惯。

三、直播活动对博物馆文化教育的影响效应

（一）拓展文化传播途径，拉近博物馆与观众的距离

网络直播是人、物、信息之间的多元互动交流，博物馆直播观展不受时间、空间及客流量限制，社会大众一打开直播链接便能从主播的讲解中，详细、深入地了解文物故事。博物馆社会教育的受众范围得到了很大程度的延伸，保障了不同地区、不同社会阶层观众云游博物馆的便利度，有效实现文化共享。观众不仅可以看到馆藏精品文物，还可以听到博物馆优秀讲解员、文物专家，甚至是馆长亲自为观众讲述文物背后的故事。化身为主播达人的讲解员，将专业知识转化成观众喜闻乐见的故事、知识点，让观众更容易接受博物馆文化，打破了观众心目中传统博物馆高冷、难以亲近的印象，进一步拉近了观众与博物馆之间的距离。

（二）利用多元传播平台，提升博物馆文化影响力

在直播活动中，桂林博物馆注重加强与优质新媒体平台的合作。利用各大平台覆盖面广、受众群体层次不同的传播优势，扩大受众规模，拓展传播范围，提升博物馆文化内容的传播影响力。直播活动“画里人家　美美与共”于 2020 年 5 月 18 日在桂林客户端固定位投放，直播观看人数累计达 26.7 万人次，直播聊天室近 4000 人参与互动评论与线上答题赢奖品活动，网易全国直播首页、网易易城 live 同步推送，网易银川、济宁、宝鸡、保定、兰州、廊坊、唐山、襄阳等城市联合推广发布。此次直播曝

光数据佳，展现效果好，传播维度广。此番直播投放宣传多，更多的市民了解了桂林博物馆，更好地发挥了博物馆的社会功能。

四、博物馆直播活动质量的省思

直播成为特殊时期博物馆进行文化服务的一种全新方式，不但提高了文物利用率，而且扩展了历史文化、传统文化的传播范围与影响力，为推动“文物活起来”、促进文化资源的保护与利用、做好文物宣传工作发挥了重要的作用。然而，博物馆的直播水平参差不齐，服务质量有待进一步提升。就桂林博物馆而言，笔者认为在设备技术、人才配备、内容脚本等方面尚待完善，深化展示内容、拓展服务形式是提高服务质量的前提和保障。

（一）提高水平，确保直播的质感

一场优质的网络直播，适度的光线、流畅的画面和清晰的声音是基本条件。但由于博物馆的藏品需特殊保护，展厅里的灯光严格受限，比较昏暗，给直播带来了挑战。面对这种情况，合理设计直播路线，以展厅现有灯光条件为基础，通过调整摄像角度等技术手段，尽可能完美地展示文物的精美就显得尤为重要。另外还需要借鉴优秀的博物馆直播案例，学习成功经验，在实践中不断复盘、打磨，总结经验。

（二）培养人才，打造优秀直播团队

直播不是一个人的单打独斗，需要团队的通力合作。首先要对担当主播的讲解员提出更高的要求。相较于常规讲解，网络直播更加考验讲解员的业务能力和专业水准，主播的知识储备、讲解水平、控场能力直接决定了直播的观看效果和博物馆文化传播力。一方面，讲解员要对馆藏文物的历史背景、文化知识进行深入研究，确保讲解内容的真实准确性；另一方面，要做到“眼观六路，耳听八方”，根据直播互动情况随时进行调整，让观众有接地气的互动体验，这样才能保持热度。既让观众听得懂，又觉得意犹未尽，这是一个很不容易的挑战。

有质感的直播画面、有趣有料的直播内容、有个性的直播风格，这需要直播团队中每一位成员的倾力付出。策划、准备、实施等每一个环节都要认真细致，及时沟通调整，积极改善提升，做到投其所好、解其疑惑，吸引观众保持长久的关注度。后疫情时代要把博物馆直播做成常态化教育活动，需要建设一支专业知识过硬、会讲文物故事、善于捕捉观众需求的传播队伍。

（三）内容为王，拓宽直播渠道

博物馆直播的内容不应该是走马观花式的文物介绍，而是要结合博物馆的特色文化，拓宽藏品陈展思路，挖掘文物背后的故事，让观众在直播中听得懂讲解，学得到知识，感受得到博物馆文化的精神内涵。在众多博物馆优秀直播案例中，点击量极高的热门直播必有优质的文化内核。其一，准备阶段有严格的脚本打磨流程，在尊重历史、严谨客观，保证科学性和知识性的基础上，可结合当今社会的热点话题在直播的互动中与观众展开讨论和进行观点的碰撞。其二，博物馆直播是依托展览或馆藏展品展开的，但如果直播路线和内容都是静态展示，无悬念设置，会缺乏吸引力，使观众产生视觉疲劳。直播的趣味性是吸引观众的绝密武器，针对这方面的问题，博物馆直播策划可尝试通过情境化、舞台剧等方式呈现历史文化的内涵。从观众易于接受的知识点和角度切入，吸引观众循序渐进地接受讲解内容，提高文化传播效率。其三，每个博物馆地理位置、馆藏特色、陈展方式等方方面面都不尽相同，还需根据具体情况“量体裁衣”、量力而行，为观众“烹饪”一道具有本馆特色的、新颖生动的文博大餐。

五、结语

博物馆以直播形式为载体，既向观众普及文物知识，又赋予“厚重”的文物以生动鲜活的形象，创新服务方式与内容，为观众提供更多的乐趣，激发观众参与的主动性和活力。在疫情防控常态化的当下，越来越多博物馆进行网络直播的积极尝试与实践，它为推动博物馆教育和宣传发挥着重要的作用。然而，如何高效地整合馆藏资源，将线下线上活动有机结合，如何为观众实现多元的文化服务，与公众建立起更广阔且深入的连接，这些都是博物馆人要思考和探索的新命题。寻求与社会机构、文化企业等多方合作机会，并在技术上学习和提高，建立科学的博物馆直播保障机制和效果评价体系，网络直播一定会成为助推博物馆公共文化宣传和教育的利器。

文旅融合背景下博物馆的宣教创新思考

彭　敏

【摘　要】博物馆积聚了宝贵的自然与人类文化，是进行知识传播的主要场所。随着我国经济水平的飞速提升，社会发展呈现出求知现象，社会公众对知识获取的需求愈发强烈。公众的精神文化需求为文旅融合发展提供了极大推力，越来越多的游客要求在旅游娱乐过程中接受文化的熏陶。在文旅融合背景下，博物馆的发展迎来了新的挑战与机遇。在新的发展时期，博物馆应当立足于其本身的社会职能，结合当今时代的特色条件与发展要求，围绕青少年的成长需求和社会公众的文化需求，探究宣教工作的创新途径。

【关键词】文旅融合　博物馆　宣教　创新

【作　者】彭　敏　桂林甑皮岩遗址博物馆　副研究馆员

文旅融合的时代潮流为博物馆的发展带来了更多机会，在此背景下，博物馆的宣教创新已是势在必行，博物馆应当抓住自身所具备的宣教优势，利用好国家的支持政策，将深厚的文化底蕴借助先进的科技手段展现出来，以此实现新时期博物馆的宣教创新，吸引更多的游客群体，并为社会公众提供良好的文化体验。

一、社会对博物馆宣教创新的需求预期

博物馆具有为社会提供公共文化服务的职能，具有公益性质。因此，社会对博物馆的基本需求在于满足公众的精神文化需求。在文旅融合背景下，社会公众对博物馆的宣教创新产生了更多要求，并对创新效果具有较高的预期。

首先，宣教个性化。随着公众精神文化生活的日趋丰富，博物馆对个性化宣教更加重视，期望博物馆能够结合自身馆藏推出具有特色的内容。

其次，宣教生活化。随着时代的发展，公众开始希望博物馆摆脱传统宣教形式中的孤高形象，走下神坛，贴近生活，以便了解和吸收知识。

再者，宣教内容丰富化。在文旅融合发展的新时期，社会公众对博物馆的一项要求始终未曾改变，即不断丰富自身的馆藏资源，并提高工作人员的讲解水平，让参观者可以通过博物馆深入了解更多知识。

以上三点需求预期，实质上是公众对博物馆提供优质文化娱乐服务的需要，在当前环境下，博物馆要实现符合公众预期的宣教创新，必须立足于新时代的公众需求。[1]

二、文旅融合背景下博物馆的宣教优势

（一）拥有国家政策的强力支持

我国支持文教事业，对文化旅游融合发展提出了系列政策，从 2009 年《文化部、国家旅游局关于促进文化与旅游结合发展的指导意见》开始，到近年的《国务院办公厅关于促进全域旅游发展的指导意见》，相关政策已经较为完善，提出了以文化为灵魂、培养文旅消费新热点、提升文旅产品品质等若干指导意见，并将红色精神传承、乡村振兴等事业与文旅融合联系在一起，给予了政策上的大力支持。同时，地方政府为了拉动经济增长、开创环境友好型发展新格局，也针对地方的文化产业、旅游资源等出台了地方政策，给文旅融合事业提供了良好的政策条件。在此种情形下，博物馆的宣传教育创新与文旅融合的大环境相适应，并得到各级政府的强力支持。此外，作为一个历史悠久、底蕴深厚的文明大国，我国对博物馆的发展十分重视，国家文物局等九部门于 2021 年 5 月提出“到 2035 年我国将基本建成博物馆强国”的基本目标。

（二）拥有深厚独特的底蕴支撑

博物馆是集征集、保存、展示、研究为一体的文化活动场所，具有丰富的馆藏资源和人才资源。丰富的实物展品、可靠的档案资料以及富有深厚专业知识的工作人员，为博物馆的文化传播活动提供了坚实的知识保障。在我国的博物馆建设历史中，官方或私人不断修建新的博物馆，便于对历史、文艺演变及其作品进行记录、保存和欣赏，同时也对老百姓起到了教育作用。截至 2020 年底，我国备案在册的博物馆已经超过 5700 家，涵盖了建筑物、植物园、动物园、水族馆、户外史迹、古城小镇博物馆化、民俗村，以及视听馆、图书馆、表演馆、档案资料馆等多种形式。我国各地博物馆普遍具有丰富的实物展品和真实可靠的史料档案，为文旅融合提供了良好的底蕴支撑。

---

[1] 刘燕：《文旅融合背景下的博物馆社教模式研究》，载《东方收藏》，2020 年第 19 期，第 99—100 页。

（三）拥有高新技术的运营辅助

现在，我国的博物馆一般以实物陈列为主要形式，同时也开辟了数字化展馆。数字博物馆利用虚拟现实技术、三维图形图像技术、立体显示系统等方式，将实体博物馆以三维立体的方式展示在网络中，满足了文化爱好者足不出户参观展馆的需求。大量高新技术的数字展馆可以让参观者如同实地参观一样，在虚拟馆中随意游览，观看馆内建筑与展品实貌，并可以借助数据库查看各类展品的具体信息。同时，当前博物馆的宣传广泛运用了各类视听技术与网络信息技术，极大拓宽了博物馆的宣传渠道，多样化的宣传形式也提升了宣传效果。此外，这些技术也被应用在实体展馆的参观展示中，现在，很多博物馆都使用 3D 投影技术等增强观展的体验感，这既可以作为一个具有吸引力的宣传点，也是实施教育传播的有效措施。[1]

以甑皮岩人头像复原为例，甑皮岩遗址博物馆与中国社会科学院考古研究所和吉林大学边疆考古研究中心三家单位合作，利用计算机三维技术对甑皮岩人头像进行复原，取得了科技重大突破，揭开了远古时期甑皮岩人长相的神秘面纱，为研究甑皮岩人人种特点提供了重要依据。在此情况下，甑皮岩遗址博物馆将这一技术升级包装，用硅胶材质复原的甑皮岩先民像被陈列在展示馆游线的醒目位置，引来众多参观游客驻足，起到了较好的宣传展示效果。

三、文旅融合背景下博物馆宣教创新途径

（一）博物馆宣传创新

做好宣传工作是博物馆吸引参观游客的关键措施，优秀的宣传方案不仅可以充分展现博物馆自身的文化底蕴，还可以对社会公众形成强烈的吸引力。而要实现博物馆的宣传创新，应当针对社会公众的文化需求、预期及未成年人的心理特征，进行有技巧的宣传。

1. 结合未成年人心理，增强宣传形式趣味性

新时期博物馆的宣传工作应当充分考虑未成年人的普遍心理，以有趣的方式吸引广大青少年群体。在当前时代环境下，博物馆的文化旅游开展需要从两个方面进行考虑，其一是博物馆自身的社会文化服务职能，其二是社会对未成年人的教育期望。首先，为社会公众提供文化服务是博物馆的使命，博物馆的发展也应当始终围绕这一点进行；其次，在知识社会时代，家长普遍希望能够利用多种途径提升子女的文化素养，而当代青少年也普遍有着获取知识的主客观需求。因此，博物馆应当将吸引、接待未

[1] 金晶：《文旅结合背景下博物馆研学项目的设计开发》，载《兰台内外》，2019 年第 34 期，第 78—80 页。

成年人群体作为工作的重点之一，并通过有效的宣传手段激发未成年人了解、探索知识领域的兴趣。例如，为馆内展品设计拟人形象，或使用动漫风宣传视频，设计影视短片故事剧场，利用投影技术等重现历史场景的手法宣传。

2. 结合社会公众需求，实现宣传渠道多样化

社会公众对博物馆的需求主要可以划分为以下两种：积累知识的需要；通过文化欣赏进行精神享受的需要。其中也包括了公众对青少年进行教育引导的需要。因此，博物馆的宣传工作应当针对不同游客群体的特点，通过多样化的渠道扩大宣传面并拓展游客群体。例如，可以利用网络、电视、纸媒等多样化的媒体形式进行宣传，也可以借助校园、社区的力量进行宣传，或者与地方政府及其他组织团体联合举办活动进行大规模宣传。

3. 结合馆内文史资源，展现馆藏底蕴硬实力

博物馆作为一个传播知识的文化场所，在宣传活动中仍然要以自身的资源作为依托，以雄厚的馆藏实力为吸引游客的核心。因此，博物馆的宣传必须结合自身文史素材，进行具有馆藏特色的宣传活动。例如，史前遗址博物馆可以通过线上科普视频和线下公众考古互动体验等形式，让游客近距离感受史前先民的远古生活；自然博物馆可以从亲近自然、探索科学的角度出发，以自身所拥有的动物、植物、矿石等标本资源展现瑰丽壮美的自然奥秘；而人文博物馆则应当以名人故事、遗迹文物等为宣传重点，引发游客对特定时期或特定人物的兴趣。在进行宣传工作时，博物馆要能吸引不同文化层次的人群，这就需要博物馆以巧妙的方式展现博物馆的底蕴实力。[1]

（二）博物馆教育创新

在文旅融合的新时期，博物馆要想获得长久的发展，应当立足于自身的社会职能，牢牢抓住“文化教育”这一关键，开展符合公众需求、具有时代特色的创新型文旅活动。

1. 立足教育发展，强化博物馆宣教职能

博物馆在教育创新的过程中，必须始终立足于公共文化服务这一社会职能，通过工作观念的革新强化博物馆的宣教职能，重点把握博物馆教育职能与当前社会教育事业发展的密切联系。首先，整合馆藏资源，以有足够价值的展品、档案提供良好的求知环境，让游客可以获取真实可靠的信息资源。其次，合理规划展览活动，既不能让有重要教育价值的展品、档案束之高阁或昙花一现，也不能长期维持旧有的展览格局，让博物馆失去反复参观学习的价值。博物馆可以通过定期更替、举办纪念日主题活动

[1] 刘曼琳：《文旅融合背景下博物馆运营面临的挑战》，载《当代旅游》，2020 年第 28 期，第 44—45 页。

等形式，保持馆内展品的周期流动性，让游客不止一次踏进博物馆。

2. 立足公众需求，实现博物馆便利服务

博物馆不仅是知识获取的场所，也是公众进行文化休闲的场所，在文旅融合背景下，博物馆应当更加重视自身的服务职能，为游客提供良好的参观体验。首先，博物馆应当营造良好的环境，科学规划展厅展品的布局，方便游客依照一定的规律进行参观学习；其次，博物馆应当充分考虑游客的需要，在部分允许携带食物、饮品的馆厅中设置好废弃物处理装置，而严格禁止携带饮食的博物馆，应当安排一定的休息区间，方便游客临时休憩，大型博物馆尤其要为游客长时间观展提供便利服务；再者，博物馆中除了专业的讲解员外，也应当设置一些事务性服务人员，除了带队参观的主讲解员外，还应配备各展区的讲解员，以满足游客的求知需求和服务需求。[1]

3. 立足时代变革，开展多样化文旅活动

文旅融合背景下的博物馆教育创新，应与当今时代的新思想、新理念与新科学技术妥善结合，以此拓展博物馆文旅活动的开展模式，通过多种方式丰富博物馆文旅活动的形式与内涵，让更多的公众被博物馆的新运作机制激发出热情。例如，博物馆可以与学校合作举办文化活动，形成一场主题展演；可以与当地具有代表性的景点、民俗、非物质文化遗产等景区联合举办独具地方特色的文化节，并通过网络媒体宣传吸引游客；还可以和当地具有地方文化特色的企业合作，共同开发文创和旅游产品，让博物馆文化走进千家万户。

4. 与学校合作，送特色文化进校园

为了更好地宣传桂林史前文化，甑皮岩遗址博物馆以馆校结合的方式，主动走进学校，把博物馆内的文化带进学校课堂，让学生能近距离感受甑皮岩人别样的生活方式，接触到凝聚先民智慧的文物，既能满足学生求知、求奇、求乐的多元化需求，也能使更多的学生了解甑皮岩史前文化，亲身体验甑皮岩人的科技成果，达到寓教于乐、学习科普知识的目的。

5. 开展公众考古特色研学体验活动

甑皮岩遗址博物馆在特色研学体验活动上，开发了有自身特色的宣教内容。

（1）模拟考古发掘。设置模拟考古探方，由相关专业人员指导开展模拟考古发掘，分步骤体验考古发掘的艰辛过程，了解考古发掘的相关知识，加强他们对文物的爱护和了解，以及对考古研究的兴趣。

（2）模拟陶器制作。向学生介绍陶器的起源、技术的发展演变以及陶器制作中选料、拉坯、筑形、烧制等工艺流程和相关技术，并亲手指导他们制作陶器，锻炼他们

[1] 刘燕：《文旅融合背景下的博物馆社教新模式》，载《人文天下》，2020年第9期，第10—14页。

的动手能力，开发他们的创造力。

（3）模拟狩猎体验。让学生感受原生态的远古生活方式，培养其热爱自然、崇敬生命的情操。介绍甑皮岩人的狩猎方式和狩猎对象，并以小组的形式开展模拟狩猎，每位学生可进行射箭体验。其中穿插狩猎知识的讲解，如狩猎的技巧（如何等待、发现、探寻、捕捉猎物），充分体验原始野趣生活。

（4）钻木取火体验。带领学生观看钻木取火演示过程，传授钻木取火的技术和技巧，让他们自行分组，合作试验，以增强他们的原始生存能力，培养他们的细心和耐心。

（5）植物锤染。设置植物锤染体验馆，讲授桂林地区远古植物和生物的分布情况及种类，向学生演示植物锤染的原理及制作过程，展示成品效果，增加植物采摘等互动环节，并让学生发挥动手能力，自行设计植物锤染作品。

四、文旅融合背景下博物馆宣教创新示例

文旅融合背景下，博物馆的宣教创新应当扩大覆盖范围、拓展多样形式。

（一）联合政府部门及社会组织

历史博物馆与地方文体局、社会组织、个人等合作举办文化旅游节，除文体局、博物馆外，还包括地方艺术表演团、民俗学者、非物质文化遗产传承人等。文化节以宣传地方历史文化为主题，博物馆以及其他组织和个人集中展示具有地方特色的历史和民俗文化。其中，博物馆将划分出活动区域和部分展厅作为表演、讲座和非遗技艺展示的场所。

（二）制作有特色的宣传节目及文化产品

为了宣传，博物馆将打造地方历史展厅并拍摄纪录片，同时由博物馆讲解员作为主播在网络平台上进行前期宣传介绍，相关学者、专家也从学术、技艺等角度对文化节进行宣传，并由地方文体局统筹协调，突显文化旅游节的深厚底蕴与地方特色。提前根据地方历史、民俗等制作文化宣传手册、特色物品等，便于在文化节期间进行售卖。在宣传过程中，对部分特色产品进行展示，并承诺大学新生、未成年人等群体可凭借证明领取一份礼品，以此吸引青少年、历史文艺爱好者等游客群体。

（三）借助技术开启特色体验活动

文化节期间，博物馆将设置多项体验活动，包括文化生活体验、手工技艺体验以

及历史场景体验等。文化生活体验即围绕地方风俗特色，选取不同朝代中当地的生活方式，让游客在体验区中自由选择身份，体验古时当地人的生活方式，如衣着、礼仪、饮食、娱乐等方面，让游客感受当地社会风俗的文化变迁，并从中了解更多的历史文化知识。手工技艺体验即由当地手工技艺的传承者对游客进行展示与简单的教学后，游客可以进行初步尝试，有兴趣的则可购买材料进一步学习，以此了解当地手工艺的历史渊源和技艺。历史场景体验即借助专业的虚拟技术，重现当地的著名历史事件场景，游客可以借助设备身临其境地感受真实的历史场景，从而对历史事件产生直观的感受。[1]

（四）建立意见征集与反馈机制

文化节一开始，博物馆就长期设立专门的意见反馈机制，根据游客的意见对博物馆的宣教活动进行科学调整，同时有偿征集文化活动方案，并根据公众的意见和建议设置新的体验场景和活动模块，创新模式，增强博物馆的生命力。

五、结语

博物馆一直以来都是知识传播的主要阵地之一，并在青少年的成长过程中发挥着重要作用。现如今，社会公众普遍提高了对知识的重视程度，越来越多的家长选择带领儿童和青少年参观博物馆，青少年群体对博物馆的兴趣也呈现出上升趋势。文旅融合是博物馆在当前发展阶段中面临的新机遇，也是一项重要的挑战，要想获得社会公众的更多认可并高水准地发挥自身的社会职能，必须从宣教角度着手，结合时代技术，针对游客群体特性，对宣传与教育方式进行创新，让博物馆工作运转模式充分符合当代人的需要，并在社会上持续提供优质的文化服务。

[1] 付森：《文旅融合发展下的博物馆公众服务创新理念探讨》，载《文物鉴定与鉴赏》，2019 年第 8 期，第 112—113 页。

新时代背景下地市级博物馆数字化建设实践初探

——以柳州市博物馆为例

杨伟芬　谢　莉

【摘　要】 信息技术在博物馆的建设中大大提高了博物馆的文物保护、文物研究、信息检索提取的效率，将工作人员从繁复的查找项目中脱离出来，更好地开展业务工作；新奇、多元化的展陈效果，增加博物馆的影响力；政府、社会及博物馆自身应加强博物馆数字化建设的探索，使博物馆的文物收藏、文物研究以及社会公共服务职能得到充分体现。

【关键词】 博物馆　数字化

【作　者】 杨伟芬　柳州市博物馆　馆员
谢　莉　柳州市博物馆　馆员

博物馆是现代文明的产物，是一座城市对外展示的窗口，收藏、整理、研究、陈列展示和教育传播是博物馆的核心工作，随着科技的发展，信息技术应用于工作生活的方方面面，也给博物馆建设注入了新鲜的空气，提供了更广阔的空间和无限的可能，博物馆的数字化建设已成为博物馆发展的重要组成部分。

一、我国博物馆数字化发展概况

20 世纪 80 年代，由于欧美国家经济衰退，许多博物馆开始寻求自身经济效益增长，博物馆数字化建设便是拓宽自身服务范围和展示方式的有效方法。1984 年，上海博物馆作为中国博物馆数字化建设先行者，率先成立以探索计算机在博物馆中的应用为核心工作内容的电脑组，开启了我国博物馆数字化建设的大门。1998 年 8 月，河南博物院成立本馆的互联网网站，随后，我国越来越多的博物馆相继投入到数字化建设中。

2001年，我国博物馆数字化被提升至国家层面，教育部开始实施“现代远程教育网上公共资源建设——大学数字博物馆建设工程项目”、国家文物局公布《博物馆藏品信息指标体系规范（试行）》和《博物馆藏品二维影像技术规范（试行）》等文件，对博物馆藏品数字化制定了“国家标准”，我国博物馆数字化建设因此持续快速推进。2014年，《国家新型城镇化规划（2014—2020年）》的出台以及大数据概念的兴起，国家文物局确定成都金沙遗址博物馆、甘肃省博物馆、苏州博物馆、内蒙古博物院、四川博物院和广东省博物馆等6家博物馆为首批国家智慧博物馆试点单位，我国博物馆数字化建设工作获得更大的发展空间。2019年12月，国家出台新版《博物馆定级评估标准》，其中信息化建设项就有10分的分值，并将“有一整套适用于智慧保护、智慧管理、智慧服务的业务系统，能够通过信息化手段支撑博物馆业务流程”作为加分项目列入。各种条例和政策推进文化和科技深度融合，我国博物馆数字化建设稳步前进。

2020年，一场突如其来的疫情打乱世界的脚步，全球约有8.5万家博物馆闭馆，这对传统博物馆而言是一场不小的冲击。《国家文物局2020年工作要点》中多处提到数字化相关内容；2020年10月，国家文物局在官网公布一批关于政协十三届全国委员会第三次会议提案的回复函中，有多达5个与博物馆数字化相关的提案；国家文物局提出建设“云展览”平台，将文物数字化纳入“新基建”等，种种政策推动科技赋能博物馆数字化建设，博物馆数字化已经成为当前我国博物馆发展的必然趋势。

二、区内博物馆数字化建设情况

近两年，广西区内国有博物馆数字化建设初有成效，“数字化”已成为博物馆领域当之无愧的热词。国家文物局多次举办博物馆数字化建设相关培训，让博物馆数字化、数字化博物馆不再陌生。从静到动，AI技术、VR技术、全息投影……让文物和历史人物“活”起来；从近到远，以5G为代表的互联网技术，让文物更贴近大众的生活，即便疫情管控情况下，依然让观众和文物、博物馆有了亲密的接触。先进的信息技术是博物馆数字化顺利推进的前提。目前，广西区内地市级以上（包括地市级）的国有博物馆已开展本馆的数字化建设，广西壮族自治区博物馆、广西民族博物馆、南宁市博物馆、桂林博物馆都是区内数字化建设的优秀示范。在区内博物馆数字化建设中，官方网站与微信公众号等数字平台的覆盖率高达97.14%，手机及移动客户端等软件建设占比已达60%，且超过三分之一的博物馆已经完成或即将完成本馆的文物数字化信息采集。数字化科技成果也越来越多地运用在展陈陈列中，如投影沙盘、虚拟讲解员、环幕影院、镜像互动等，新奇的互动体验获得观众的广泛好评。

三、柳州市博物馆数字化建设应用实践

柳州市博物馆是柳州市标志性建筑之一，始建于1959年，是一座拥有先进设施与现代化功能的综合性国家级重点博物馆。历经60年的建设，柳州市博物馆已发展成为区域性中心城市最具实力的博物馆之一。博物馆以“保护、传承、研究、展示、教育、分享”为己任，积极搭建与历史对话的桥梁，年观众参观量120万人次。常设“古生物化石馆”“柳州历史文化馆”“柳州民族风情馆”“古代青铜艺术馆”“古代扇面书画艺术馆”“龙壁柳砚馆”“古代碑刻艺术馆”七个基本陈列，通过布景方式和不同历史时期的文物实体，生动而翔实地再现了柳州历史风貌，向中外游客娓娓讲述“文化柳州、艺术柳州、多彩柳州”的生动故事。

柳州市博物馆于2018年8月27日开始实施《柳州市博物馆数字化保护》项目，项目完成对馆藏70件珍贵文物（青铜器、瓷器、书画、古生物化石、民族文物）的三维扫描数字化工作，并将数字化成果进行应用和呈现；开发和定制文物藏品数字化管理系统，达到访问快速、便捷，信息量集中等使用效果；各楼层的导览系统指示明确，触摸点击后能够迅速进行导览、定位；遗产价值数字化传播体系的建设内容丰富、信息量能够满足各类遗产价值的查询、应用；WIFI系统的建设，能够满足游客查询博物馆各类信息的需求，开启互联导览；互动项目建设采用科技与文物展示相结合手法，观众参与感强。

（一）文物数字化保护应用

1. 文物数据信息采集

柳州市博物馆与专业测绘公司合作，采用三维极光扫描技术和高清纹理拍摄技术完成对馆藏70件珍贵文物的三维扫描数字化工作，采集数据可为展览研究提供文物精确的图像资料和数据支持。

2. 文物藏品数字化管理系统

柳州市博物馆藏品管理科学规范，采用物联网技术、双向数据通信技术等手段建设文物资料保护研究中心库房，结合计算机网络通信及软件技术，对柳州市博物馆文物资料保护研究中心库房内的所有文物藏品信息化。目前，藏品管理部已基本将文物藏品的信息录入电子数据库，这样可以馆藏文物信息的管理为核心，实现馆藏文物资源的网络化、信息化管理，实现在线查找、在线授权，提高藏品出入库操作的标准化、规范化，加强文物流动追踪，提高藏品盘点效率，既减少传统的手工劳动，又能对藏品起到保护作用，提升文物库房实时化、精细化管理水平，实现博物馆藏品日常管理及出入库流程的严格控制及可追溯。

（二）博物馆网站、微信公众号、微信服务号建设与维护

柳州市博物馆网站（www.lzbwg.org.cn）于2005年8月正式开通，曾于2007年和2012年进行升级改版。随着博物馆业务和事业不断壮大，以及新兴网络技术的不断更新，原网站设计在布局、功能、栏目、服务等方面急需跟上时代发展要求，2020年，经过精心筹划和设计，柳州市博物馆对博物馆网站进行全方位重新规划，目前已经完成博物馆网站的界面设计、框架建立以及后台数据库程序设计。网站立足于博物馆业务工作，分为党史学习专栏、研学教育专栏、陈列展览大观、馆藏文物精品、参观导览服务、文创产品开发等九个板块，页面设置有中文简体、中文繁体、英文三个版面，内容丰富多样。为了满足浏览者、学术专家、藏品爱好者、管理人员等对藏品、文献、展览、讲座、活动信息等检索的需要，网站对博物馆资源数据详细分析，根据不同特点，设计系统页面及展示方式，支持包括区域、级别、类别等方式的分类查询，以及基于名称的关键字模糊检索功能。利用各类丰富多彩的动态效果，将博物馆生动地展示在公众面前，拉近公众与博物馆的距离。博物馆重大活动视频通过视频服务功能对用户提供展播服务，用户能根据活动类型、年代信息等搜索活动视频，用户可观看感兴趣的活动视频。将博物馆公益性讲座的相关图片、视频资料进行处理压缩，可以在网络上供网民进行学习。网站还设置了线上预约参观功能，大大为观众到博物馆参观提供便利。

同时，柳州市博物馆努力打造一个互动性更强、服务水平更高、信息推送和反馈更迅速的线上平台，博物馆微信公众号与服务号建设卓有成效，柳州市博物馆微信公众号（lzbwg123456）于2014年10月上线，微信服务号（gh_6ce7ca42f036）于2020年7月设立，博物馆网站还与官方微信公众号、服务号联动，同步更新资讯，使得移动端、电脑端用户都可以及时、迅速接收博物馆动态，通过实时发布展览预告、便民讯息、线上预约等方式，给市民提供便捷的服务。

（三）陈列展览数字化展示

柳州市博物馆陈列展览数字化主要依托采集到的文物信息，对不同时期的文物藏品，运用场景复原、模型、影视多媒体，结合声、光、电等多媒体技术，用触摸屏、投影等硬件设施给观众带来沉浸式参观体验，如在展陈技术上，“生命之旅——古生物化石及柳州史前文化”展览采用13套多媒体，将12米环幕影视作为中生代古生物的辅助展示背景，大型恐龙标本在环幕中似鲜活在线，让观众在强烈的视觉冲击下感受到古代生物的灵动生命。博物馆还向观众提供智能导览，导览系统包含前端网络定位设备、数据采集与传输、后台数据存储与分析、前端数据展示与互动等多个层次，遵循博物馆数字化保护的原则及标准，主要包含室内无线定位、博物馆相关介绍、展览/

活动 / 讲座介绍、展品展示、线路导览、个人中心等功能。其中，博物馆相关介绍、展览 / 活动 / 讲座介绍以及展品信息是即时更新的，这为观众观展增添了趣味性、科普性和互动性。

柳州市博物馆还配备有语音导览智慧笔和自助游览点播机，观众在参观服务总台可租借使用。用智慧笔点击展柜上的感应按钮，观众即可听到语音讲解；自助游览点播机已导入讲解词，观众可随时选择自己感兴趣的展品，输入编号，收听讲解内容，满足观众自助选择观展路线的需要。自助语音设备中的讲解内容规范，录音人员职业水准达标，讲解服务质量和效率得到提高，有效缓解展览中讲解人员不够的压力。

（四）云游博物馆

由于疫情的影响，2020 年的春节，很多博物馆都处于关门谢客的状态，没有了往常的热闹。为了丰富广大人民群众在疫情防控期间的精神文化生活，充分发挥博物馆文化展览在传播知识、解读文化、弘扬精神方面的积极作用，根据国家文物局关于“鼓励各地文物博物馆机构因地制宜开展线上展览展示工作”的部署安排，柳州市博物馆在博物馆网站和公众号、服务号推出“柳州市博物馆全景线上展厅”和“柳州市博物馆在线馆藏文物赏析”两个系列线上展览，应用最先进的全景 VR 技术将柳州历史文化馆、柳州少数民族风情馆、古代扇面书画艺术馆、古代青铜艺术馆、古生物化石馆、古代碑刻艺术馆六大基本陈列和“八桂烽火 涅槃新生——广西革命文物展”及文创展示中心，均通过全景线上展览形式呈现给观众，丰富参观体验感，用另外一种方式来服务大众，让公众换个方式走进博物馆。

四、地市级博物馆数字化建设过程中存在的问题和困难

城市发展水平越高，博物馆的发展水平越高，目前，许多地市级博物馆的数字化建设工作因地域、人力、物力、财力的制约及观念落后，呈现出一种发展不平衡的状态，大多数地市级博物馆数字化仍存在不少问题。

（一）柳州市博物馆数字化建设中遇到的瓶颈

柳州市博物馆数字化建设从 2005 年开始，早期只是建设和维护本馆官方网站，随着微信公众号、抖音等新媒体的兴起，博物馆也陆续开设了本馆的微信公众号和微信服务号。2018 年 8 月 27 日，柳州市博物馆数字化保护项目开始实施，项目从陈列设计、系统框架建立以及后台数据库程序设计等方面着手，致力于将一个全新面貌的博物馆及博物馆的文物资源共享给广大人民，让更多观众感受柳州市博物馆的独特文化

魅力。但在项目实施过程中也遇到不少瓶颈，如文物数量多，建立文物藏品数字化管理系统、文物数据信息采集工作量大，后续深入解读、完善文物信息工作任重道远；场馆老旧，部分新的导览设施及数字展示设备因空间限制，难以实施；缺少专业信息工作人员；资金不足，办公设备老旧，与新设备对接困难等。

（二）地市级博物馆数字化建设中遇到的普遍困难

1. 缺乏成熟的理论体系

博物馆数字化建设不是一蹴而就的，而是一项复杂且漫长又在不断更新发展的系统工程，需要有一整套切实可行的理论指导体系，以及为未来数字化工作发展预留的空间，这是确保数字化建设发挥实效的先决条件。目前，各博物馆因为缺乏清晰和统一的程序格式，对数字技术应用公司背景及技术使用相关成本等方面了解较少，数字化建设带有一定的自发性、盲目性和随意性，缺乏宏观规划布局，影响了数字化管理模式的稳定和实效，造成极大的资源浪费。

2. 资金来源渠道单一

数字博物馆建设对软硬件技术有较高的要求，不仅要有全馆覆盖的网络，运算速度、感应灵敏的服务器，还需要有安全稳定的系统，无论是数字化的开发、运营、维护还是服务，都需要持续稳定的资金保障，但区内博物馆数字化建设的经费多为政府支持，投入力度并不大，仅有少数区内国有博物馆申请到数字化建设的专项经费。多数地市级博物馆，特别是中小博物馆，很难挤出更多资金用于数字化项目建设，而小规模的资本投资也无法打造出预期的效果。

3. 专业人才匮乏

信息技术是博物馆建设中的一支新生力量。许多博物馆都设置了专门的信息部门，但随着博物馆所肩负的任务越来越多元化，就需要博物馆从业人员不仅要有专业的文博知识，还要对信息化技术有所涉猎，然而，目前大多数地市级博物馆缺乏此类专业技术人才，难以了解、掌握最新、最适用于博物馆的信息化技术。

五、关于地市级博物馆数字化建设的几点建议

（一）促进博物馆数字化建设标准化

标准化是建设数字化博物馆的基础工作，地市级博物馆需要制定数字化博物馆建设长期发展规划，积极对接国家文物局《文物数字化保护标准体系框架指南》《数字化保护利用实施导则》等研究编制成果，积极与区级大数据中心对接，建立健全与信息化建设相适应的管理制度、运行方式、政策措施，突出博物馆的专业特色，结合自身

制定数字化博物馆长期整体发展规划及实施方案，合理进行工作布局和规划，从而保证更加全面的公众服务。

（二）力求博物馆数字化建设合作多元化

2015 年 3 月实施的《博物馆条例》中指出：“国家鼓励设立公益性基金为博物馆提供经费，鼓励博物馆多渠道筹措资金促进自身发展。”当地政府可以在财政保障博物馆基本运营经费的前提下，积极引导、促进本地社会力量、企业参与博物馆数字化项目的建设，博物馆自身要“走出去”，积极探索更多发展模式，如加强与优秀信息技术企业合作，本地技术企业可以对行业博物馆数字化进行技术支持，为博物馆提供一系列的数字博物馆解决方案，在网站建设、移动应用等方面给予博物馆相关的帮助，博物馆则通过自身宣传平台和社会资源，扩大企业在数字化领域的影响，双方合作共赢，利益共享。

（三）培养专业技术人才复合化

一是拓宽博物馆技术交流平台。当今社会处于一个信息大爆炸的时代，技术变革日新月异，博物馆从业人员不论是在时间、精力，还是在新鲜资讯的接收上，都远不如专业的信息技术领域从业人员；而相关企业研发出适用于博物馆应用场景的技术，也苦于无法精准定位客户、了解客户的需求。政府可积极填补双方之间的交流沟壑，搭建相关博物馆信息技术推介平台，促进技术公司与博物馆直接交流，使博物馆了解更多的新科技新技术，企业也获得更多的客户反馈，供需双方精准对接。

二是加强专业人才培养。博物馆数字化相关工作所需人才为典型的复合型人才，且博物馆与信息专业跨度较大，拥有丰富的文物知识与专业能力现代化的人才更是凤毛麟角。目前，许多地市级博物馆的数字化建设仍处于起步状态，急需能准确解读文物信息又能熟练运用数字化技术的专业人才，政府应搭建博物馆数字化人才培养平台，通过线上线下相结合的专题培训，尽快培养出一批既懂博物馆又懂信息技术的复合型人才。博物馆从业人员也不能闭门造车，在平日对文物研究的同时，要主动学习，优化业务流程，提高利用信息化和数字化工作的意识。

三是鼓励成果共享。政府引导，行业协会牵头成立数字化相关成果、经验分享平台，鼓励大馆带动小馆，发扬开放风气，定期开展馆际间、企业间交流会，加强信息技术引进，资源共享，提升地市级博物馆整体数字化水平。

六、结语

将数字化信息技术融入博物馆建设，打破了博物馆繁复琐碎的传统管理展示方式，大大提高了博物馆的文物保护、文物研究、信息检索提取的效率，能更好地开展业务工作；新奇的、多元化的展陈效果，多平台的宣传交流技术能拉近观众与展品的距离，增加观众了解博物馆相关资讯的便捷性与扩展性；政府、社会及博物馆自身应加强博物馆数字化建设的探索，使博物馆的文物收藏、文物研究以及社会公共服务职能得到充分体现，让博物馆更好地融入大众的生活，更好地传播当地的历史文化。

参考文献：

[1] 周继洋．上海博物馆数字化发展的问题与对策．科学发展，2021（1）：67—74.

[2] 王红梅．浅议现代博物馆的数字化建设．科技促进发展，2011（S1）：51-52+54.

[3] 刘梅．博物馆数字化建设探讨——以广西民族博物馆为例．桂林博物馆文集（第三辑），2016（0）.

[4] 刘冬．史前文化陈列的数字化展示与文物数字化保护研究——以柳州市博物馆“生命之旅——古生物化石及柳州史前文化”为例．桂林博物馆文集（第三辑），2016（0）.

[5] 袁俊．关于智慧博物馆几点思考．桂林博物馆文集（第三辑），2016（0）.

[6] 吴力斌．新技术环境下如何让博物馆文物“活”起来．中国纪念馆研究，2018（2）：74—78.

民俗文化在博物馆中的展示设计研究

——以桂林博物馆“画里人家——桂林民俗文化陈列”为例

阳燕香

【摘　要】民俗文化类展示与历史类展示有所不同，历史类展览具有高叙事性，而民俗类展览只有通过不同的展示设计手段，才更具有趣味性和参与感，更具有吸引力。本文以桂林博物馆“画里人家——桂林民俗文化陈列”为例，通过研究桂北民俗文化在桂林博物馆中的展示设计空间和界面设计等表现形式，探索一条博物馆民俗文化展示的新路径。

【关键词】博物馆　地域特色　民俗文化　展示设计

【作　者】阳燕香　桂林博物馆　馆员

桂林是一个多民族聚居地，有壮、瑶、苗、侗、回、汉六个世居民族，各族人民在这里共同创造了丰富的物质文明和精神文明，具有地域特色的民居建筑、服饰、节日庆典、歌舞音乐、饮食文化等构成了桂林绚丽多彩的民俗文化面貌。为全面、多角度讲述桂林各民族的衣食住行娱等地域特色，桂林博物馆在新馆特别推出了“画里人家——桂林民俗文化陈列”基本陈列。该陈列在展示设计上合理运用空间规划、色彩运用、光源照明、结构层次、文字说明、实物展品、辅助展品及现代技术、材料、工艺等，将藏品与场景复原进行有机结合，将地方民俗文化融入到展厅设计中，起到传承和保护传统民俗文化的作用，充分显示了桂林的地域特色和文化魅力。

一、博物馆民俗文化展览展示设计概述

展示设计是指在既定的时间和空间范围内，运用艺术设计语言，通过空间与平面的精心创造，使其产生独特的空间氛围，不仅包含有解释展品、宣传主题的意图，还

使观众能参与其中，达到两者完美沟通之目的的创作过程。[1] 博物馆展示属于一种特殊的展示设计形式，它必须要在博物馆这一特定的空间内，以文物标本为基础，配合适当辅助展品，按照一定的主题、序列和艺术形式组合，是一个进行直观教育、传播文化科学信息和提供审美的展品群体。[2] 博物馆展示是博物馆与观众沟通的桥梁，也是博物馆"文化走出去"的窗口，是博物馆特有的语言。博物馆展示设计之所以不同于其他的商业展示设计，首先在于，博物馆的非营利性决定了博物馆的展示最终不以商业销售与商业纯粹利润为目的。其次，博物馆展示设计更注重服务与沟通的艺术，希望参观者接受所传达的信息，是人与物的关系、人与人的关系和人物与时空的关系，它的基础条件包含陈列大纲、展品、场地空间、设备材料与工艺等，随着科技的进步，科学与数字等多媒体展示手段也成为展示设计的基础和条件。博物馆设计必须强调设计语言、设计形式与传达内容的一体化，始终遵循有利于观众参观和学习、有利于陈列设计和布展、有利于展品保护的原则。简言之，博物馆展示设计要突出藏品的陈列主题，根据陈列主题进行内容的整体构思，有效利用各种艺术手段和现代科学技术对馆内藏品进行陈列展示，提高展览的观赏价值。[3]

根据博物馆各个展览的定位，观众需求、陈列主题及展品的不同，博物馆展示需要有不同的展示设计。如博物馆历史类展览多是以传世文物为展品，彰显的是历史人文内涵，而民俗文化展则是以民俗文化相关藏品为依托，反映出各民族的民俗文化。与历史类展陈相比，民俗文化陈列起步晚，尚处于理论研究落后的现状。但民俗文化展以地域民俗文化为基本内容，可利用的资源相对于历史类展陈会更为丰富，展示形式也更容易创新。

随着我国博物馆事业蓬勃发展、日益繁荣，展示设计也在日臻完善。以馆藏传世文物作为展品的传统历史类陈列已经趋于专题化，出现了以传世文物类别等为主推出的专题陈列，如馆藏书画、陶瓷器、玉器展等。与此同时，随着国际博协对博物馆概念的更新，博物馆的展陈范围逐步扩大，这也为博物馆的民俗藏品提供了理论依据。根据《2018 年度全国博物馆名录》，自从 1986 年中国第一个民俗博物馆——苏州民俗博物馆正式开馆后[4]，全国备案的民俗博物馆已有 224 家，各地民俗文化陈列更是多不胜数。目前，民俗文化陈列已成为一种博物馆陈列的新形式。从设计角度来看，民俗文化陈列对民俗事象的展示方式、空间特性等方面有别于主流的传统陈列。民俗文化

[1] 孙淦：《展示设计专业教学问题的剖析》，载《艺术研究》，2011 年第 2 期。

[2] 王晓亮：《博物馆展陈设计的系统要素研究》，南京师范大学硕士学位论文，2012 年。

[3] 周权虎：《浅析小型博物馆展示设计手法》，载《艺术设计》，2016 年第 9 期。

[4] 吴芙蓉：《民俗博物馆发展刍议》，载《东南文化》，2013 年第 3 期。

陈列展示的是民俗事象，目的是对地域民俗的传承和保护；与传统历史类主题陈列的价值不同，民俗文化类陈列更注重地区民俗的活态保护及民众精神世界的表达。此外，地域特色文化展示也被广泛应用在民俗文化陈列中，策展者从地域特征的发掘和形式进行研究，将当地具有代表性的自然景观、人文景观中的物质和非物质文化提炼，用语言和视觉符号应用于博物馆展示设计中。民俗文化展览展陈的独特性，也使其在有限的展示空间内，能更好地向广大观众展示地方民俗文化中蕴含的文化内涵。

二、“画里人家——桂林民俗文化陈列”展示设计基本情况

“画里人家——桂林民俗文化陈列”是桂林博物馆的基本陈列，也是最受观众欢迎的展览之一。桂林作为全国首批历史文化名城、著名旅游城市和少数民族聚居地区，有着深厚的历史文化底蕴、山水文化积淀和民族文化传承。为了积极响应中共桂林市委、市政府提出的“文化立市”战略，充分发挥博物馆对文物的整合功能，利用桂林博物馆的馆藏优势传承地方传统文化，引领区域文化，弘扬区域精神，搭建多元文化交流的综合性平台，2012 年，桂林博物馆借新馆建设契机，启动了新馆基本陈列“画里人家——桂林民俗文化陈列”内容大纲的撰写项目。

陈列内容撰写人员、设计人员在撰写大纲前通过充分了解桂林民俗文化背景，深入探究其文化底蕴，提取精神内涵，找出地域文化特征，再通过收集、采访、走访、摄影、征集、筛选等方式将“画里人家”需要展示的文字、实物、口传、影像、图片材料等进行收集，获得第一手材料，对桂北民俗的特征及展示内容进行梳理。内容大纲主创人员认为，桂林是著名的风景旅游城市和历史文化名城，也是个多民族聚居地。长期以来，桂林人民结合所处自然环境，因地制宜，形成了多元的民族文化和纯朴自然的民俗民风。反映桂林民俗文化的陈列，必须要以反映桂林六个世居民族的传统文化（吃、穿、住、行、娱）为主要内容，撷取其中最典型的居住建筑和环境、最有代表性的老字号等具体事项，以博物馆室内陈列展览的方式，向观众呈现出桂林浓郁的地方民风民俗。通过多次讨论，最终确定了陈列大纲的大致框架：陈列由序厅、前言、四个内容部分和结束语组成。每一部分再细分为两至三个单元，每个部分、每个单元主题不同、重点不同。主题序厅在整个陈列里主要起到铺垫和引导的作用，简单介绍展览题目，使观众有个心理预期。四个部分共九个单元，内容依次为民居文化、生产生活概况、传统街市、风味小吃、节庆习俗、戏剧曲艺、民族服装、背带、银制饰品。陈列的基本内容和基本方式是展品实物配合场景复原及展柜展出为主，以背景照片、图表、文字说明、线描图画等为辅助展示手段，并适当结合多媒体影视、互动交流项目、电脑触摸屏等现代科技手段。该展览应将桂北民俗传统文化背后隐藏的本地习俗、

情感思想、人文风情等与现代设计融合在一起，充分体现出桂林的地方特色，同时又要具有辨识度，要具有“外地人看了新鲜，本地人看了亲切”的效果。最终，陈列内容由馆内专业人员撰写，专业展示公司负责形式设计与施工，从前期策划、内容大纲撰写到设计施工，实现社会协作化，内容人员与形式人员通过各个环节相互配合，使展示行业化、专业化、标准化。“画里人家——桂林民俗文化陈列”于2016年下半年完成布展。之后又经过不断深化、完善，于2017年5月18日国际博物馆日，与桂林博物馆其他基本陈列一起正式对外开放。

三、“画里人家——桂林民俗文化陈列”展示设计分析探讨

截至目前，“画里人家——桂林民俗文化陈列”对外开放五年多，通过观众的反映来看，桂林博物馆的民俗文化陈列是成功的。下文通过分析、探讨该展览展示设计中的一些问题，分享设计想法，希望对今后“画里人家”展览内容的提升和其他类似的原创民俗文化类展览的策划起到一些借鉴作用。

（一）展示空间设计分析

1. 展示空间功能分析

展示空间是博物馆展览叙事的重要部分，它既是叙事的平台，也是叙事的容器，更是叙事的内容之一，通过空间制造氛围，引导观众沉浸其间，理解主题，引发观众的共鸣。

传统博物馆展示以藏品为对象，展示空间以藏品的静态形式而存在。“画里人家——桂林民俗文化陈列”不同于传统展示，它以有形的场景复原和无形的技艺、精神文化为主要内容进行展示，是在空间里运用特别多的语言符号和语境来传递的无形文化，是抽象到具象的展示过程，具有历史价值、精神文化价值、艺术价值和教育价值。

“画里人家——桂林民俗文化陈列”位于桂林博物馆三层北侧，展厅面积共1720平方米，分为高低两部分展厅，其中高展厅700平方米，层高为14米，低展厅1020平方米，层高为6米。以桂北民俗文化为主题特色的陈列，既具有综合性博物馆的功能特色，也反映了地域特色民俗文化的特殊性展示布局设计，是观众认识和了解桂林丰富的民俗文化的重要窗口。陈列以桂林博物馆特色馆藏——桂林世居民族的银饰、服饰、背带、生产生活用具等民俗文物资源为依托，结合民俗活动复原场景，展出馆藏民俗类文物218件/套，分为“和谐家园”“市井画卷”“斑斓彩衣”三个部分，以介绍桂林多民族的传统民俗文化为主要内容，从衣、食、住、行方面分别展示各民族

的居住与环境、染织与服饰、生产生活方式、民间工艺、节日、人生礼仪、歌舞戏剧、宗教信仰等，展现桂林民俗文化的独特风采和魅力，具有多样性和统一性。

“画里人家”展示空间以人为本，注重人的情感，将藏品与非物质形态结合展示，通过图文说明、场景、藏品等来呈现，加强了观众对桂北民俗文化的正确认识。

2. 场景复原空间分析

首先，对民俗文化所要诠释的内容，通过设置空间情境来呈现，还原情景，营造意境，能让观众身临其境，产生情感上的互动。如“画里人家”对桂林老字号米粉店的场景复原，重现了桂林老字号“味香馆”米粉店冒米粉的场景，场景内的雕塑人物及冒米粉用的锅碗瓢盆、配料等，能让观众产生似曾相识的感觉，特别是对“味香馆”熟悉的老一辈观众易产生共鸣。

其次，民俗文化的展示必须通过系统化、多样化的载体来进行综合设计，这也是民俗文化展示设计的关键。桂林博物馆的“画里人家——桂林民俗文化陈列”主要是通过图文版式和实物复原实现的。图文版式注重民俗文化符号的灵活应用，如为第三部分“斑斓彩衣”展板配合服饰、背带的展示，运用纺车、纺线、梭子等纺织工具线描图来点缀，辅助元素既突出文物，又呈现浓郁的少数民族特色。实物复原展示是必不可少的，主要通过原本的实物或仿制实物来表达场景的真实性，展示的实物需要和展示空间匹配，找准表现手法和表现形式，体现整体空间环境的协调。如“画里人家”高展厅有 14 米高，如果放置缩小比例的建筑模型，展示空间就显得过于空旷，征集整体建筑进行拆解再运往展厅又不现实，因此找了本地匠人在宽阔的场地上 1:1 复原“桂北汉族民居”“干栏建筑”“桂江红帆船”等建筑和运输工具，吸引了大批观众的眼球。

3. 空间环境营造

不同的民俗文化进行不同的空间配置陈列。根据功能需求，“画里人家”展示空间分为静态展示、动态展示、互动参与等。因展厅一个高一个低的走向特殊性，空间上采用前高后低的设计形式，根据空间作出对应的展示规划，高展厅展示“桂北民居”“干栏建筑”“桂江红帆船”“龙脊”等场景；高展厅到低展厅过道里，利用坡道展示了“古法造纸”的工具及工艺技法；低展厅里，利用狭长空间还原老桂林街道及老字号、小摊等场景，旨在复原老桂林的生活情境。

“画里人家”突破传统的通柜、展示柜固态展示，应用 1:1 比例高层建筑、雕塑、图文、音频、影视结合等多层次、多角度、多形式进行空间环境的营造。

4. 活态互动体验空间

“画里人家”各个展项具有自身的活态性，单纯依靠场景复原让展示显得单一空洞，不能将文化底蕴灵活呈现于观众面前。利用展厅现有场景进行对歌、织布、制作传统美食等活态展演，让观众参与其中，增加互动体验。“画里人家”目前已经进行了“三月三”对歌等活动，使人们体验到桂北民俗文化的魅力。

（二）展陈要素分析

1. 参观动线分析

博物馆的参观活动不是一个静态的结果，而是一个动态变化，一个和知识生产、思维构建发生联系的过程，设计观众参观动线时应该注重人性化，从观众的生理、心理特点和参观规律出发，科学地规划展览空间，展线长短，展项的高度、视角与空间的位置，展品的密度，展品的信息层次，需满足人体工程学的基本要求，符合人体体验舒适度。

“画里人家——桂林民俗文化陈列”展示设计体现出“以人为本，服务至上”的设计理念，关注观展行为、心理、生理、情感等需求。在参观线路设计上，做到合理布局、节奏流畅、动静结合。展厅设置“穿过式”参观动线，设进、出两个口，按顺时针方向观展，左进右出，符合观众日常参观习惯；主展线和副展线互为补充，空间规划、灯光使用、色调、装饰、主要信息传播点、文字字号字体、展品组合、展品展示形式、展板位置、互动项目的设置等均根据观众的生理、心理特征，认知规律和行为习惯来进行调整，避免堵塞、反复现象，符合观众愉悦参观的需求，让观众在观展过程中有所收获。（图 1）

2. 展示照明分析

展览的照明设计是展示空间设计的重要部分，是营造展厅空间氛围、塑造展品形象、提升展示效果的有效手段。照明设计要满足观众参观的基本需求、保护文物的需求，营造和谐的光环境，可分为自然光照明、人工照明以及两者的结合。

“画里人家——桂林民俗文化陈列”以人工照明为主，在展示空间的照明设计和应用上符合《博物馆照明设计规范》要求，既有利于各类文物的保护，又能更好地表现文物的体积、质感、色彩。展厅采用知名品牌的 LED 专用射灯、筒灯等灯具。展柜内部全部采用有利于文物保护的无冷光源和无紫外线的 LED 展柜灯具，灯具均配置有节能型电感镇流器，且符合国家安全标准。展厅所有灯具均设置安全保护措施，有可燃材料的区域全部采用具有阻燃标识的灯具，除一般照明外，展厅同时设置了应急、值班和警卫照明。灯具安装疏密有度，根据展品的不同，采用分区、分组、单灯控制等综合控制手段。柜外和柜内灯具相互补充，合理配置。所有展厅配备防眩光装置，在展柜的玻璃面上避免产生反射眩光，营造出丰富、柔和、恰当、怡人的光照视觉环境，给观众提供舒适的展示空间和良好的观展体验，体现了“以人为本”的设计理念。

“画里人家——桂林民俗文化陈列”对展项的照明设计采用一般照明和重点照明两种形式。对于需要重点展示的场景和文物，一般采用嵌入式射灯从顶部提供重点照

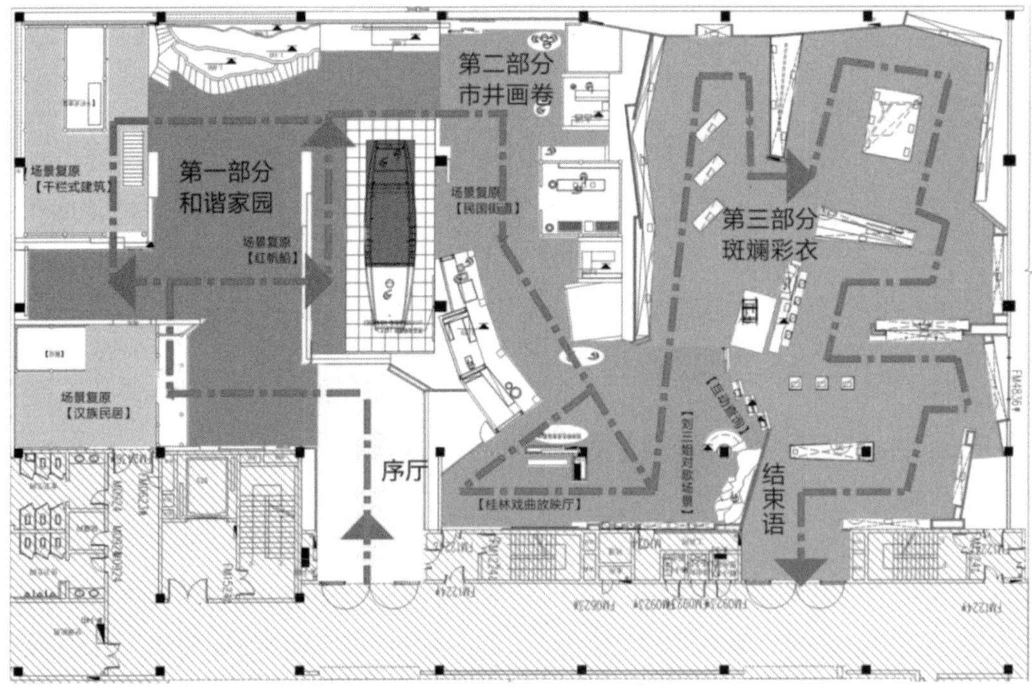

图 1 “画里人家——桂林民俗文化陈列”展线平面图

图 2 “桂江红帆船”场景复原照明实景图

明，以突出展项，同时采用灯箱板提供柔和均匀的环境照明，很好地展现了展项的形体、尺度、质地、色彩、工艺等，通过基础照明、辅助照明、重点照明、层次照明等合理布局来营造恰当的展示空间和意境，带给观众强烈的整体感、真实感与沉浸式体验，使展品所承载的文化价值能够有效地被观众认同。

如“桂江红帆船”场景复原，通过灯光、音响设计，模拟黎明时分，平乐水上人家在红帆船上生活和贸易的场面。为展示船身细节和船舶停靠码头的场景，这一区域的地面做了抬高处理，并在玻璃地面加蓝色水影灯光来模拟江水粼粼的效果，将船身的一半镶嵌在玻璃中，通过一束暖色光源来模拟日落黄昏时刻的整体环境，以光的冷暖呼应来丰富光照层次，增加场景的真实感。（图 2）

3. 展示界面设计分析

（1）立面展示界面设计分析

“画里人家——桂林民俗文化陈列”立面展示由场景复原、展柜、展墙、展板、多媒体等组成。使用了油画布喷绘、艺术墙面、石材地面、古建复原、仿真塑形、雕塑、半景画、异形悬挑展柜、台上柜、四面展柜、沿墙通柜、投影等多种表现形式。合理运用现代技术、材料、工艺和表现手法，为文物展品营造合适的陈列空间和环境，每件文物展品或辅助展品都摆放在妥当位置，并以恰当的形式被说明或诠释。声光电等科技手段的运用是为了更好地衬托文物展品，最大限度地展示桂北民俗文化的魅力，给予观众美的享受。

（2）平面展示设计分析

平面展示设计主要包括前言展板、主体部分结构层次文字说明展板、结束语展板、延伸信息展板、文物基本信息说明牌等内容版面。“画里人家”陈列的内容版式设计重视文字表达的规范和形式的丰富。不同结构层次的文字说明在字体、字号上有变化，字号逐级递减；同一层次的字体、字号前后保持一致；图文说明清晰；段落排版注意首行空两格，第二行以下要顶格写；等等。版式设计考虑在保持整体和谐的基础上求变化，追求统一性、丰富性和个性化的效果；色彩的使用紧扣主题和内容，在基调一致的基础上求渐变；展板背景弱化，起辅助作用，不喧宾夺主；材质的选用根据内容来定，工艺制作讲究，摆放形式丰富。总之，极力使图文版面设计精致美观，富于特色，可读性强，更好地传情达意。

“画里人家——桂林民俗文化陈列”中，一级展板的背景板由两块桂林老建筑中具有沧桑感的旧门板切割拼接而成，显现出古朴的木纹色，左边为土黄色底、白色中英文字的“部分说明”，右边用立体亚克力材料制作中英文标题，两块木板下方交接处镂空矩形，以黑白木刻画相衬，使用的材质和设计元素原始自然，紧扣陈列主题。二级展板利用长方形支架挑悬于展厅相应位置，以深灰色为主体颜色，以主题相关的黑白画为背景，配以白色文字、白色建筑线描解剖图，图片喷绘在展板上，并以精致的铝线条收边。展板排版新颖，形式富于变化，层次丰富。三级展板在木纹展墙和灰色粗糙肌理硅藻土造型墙上，以木纹色和灰色为背景色。延伸展板图文并茂，文字采用竖排版，形式丰富。（图 3）

图 3　一、二、三级展板及延伸展板

其次，在“画里人家——桂林民俗文化陈列”展中，运用主次、均衡、对比、呼应、衬托等手法，使文物展示更具丰富性和艺术性。如“看山寨母亲怎样背娃崽”这一展项中，使用嵌入式方法，将“背带绣片”嵌入到图文展板中，使文物与展板形式设计融为一体，让文物展示更具艺术性。（图 4）

此外，根据陈列主题和内容，妥当运用色彩和地域文化元素，准确表达展览主题和核心内容。如在展览第三部分中，为配合服饰、背带的展示，背景展板运用纺车、纺线、梭子等纺织工具线描图来装饰点缀，辅助元素能突出文物，呈现浓郁的少数民族特色。

图 4 “看山寨母亲怎样背娃崽”展板设计

（3）多媒体展示设计分析

随着数字影像技术的发展，声光电等多媒体技术和成像技术使用普遍，多媒体项目具有互动性和趣味性强、操作简便、容易维护的特点，成为博物馆展示的一种重要手段。

“画里人家——桂林民俗文化陈列”充分考虑到了互动性，在不影响文物安全的前提下，将趣味性带入到陈列展览中。根据不同年龄、不同文化层次、不同观展目的和不同观展方式，设置多项展览互动项目，包括多媒体演示互动、桂林民俗多媒体体验中心、“刘三姐”放映区、“桂林民俗”互动体验区、手机二维码扫描互动、智慧导览系统互动等，全方位展现桂林的风土人情和民俗文化，引导观众积极参与互动，桂林居民传统的生活状态、繁华的商业活动、民俗风情的演绎，尽可从中得到解读。观众可根据自身情况选择自己喜欢的方式了解桂林民俗文化，互动项目设置不仅丰富，还满足了观众在动手体验中获取知识的需求。（图 5）

图 5　多媒体体验中心休息区

四、结语

“画里人家”是以桂北民俗文化为主题特色的陈列，把文化传承、旅游休闲、互动体验和宣传教育功能有机结合，展陈内容丰富、展示手段多样，并具有地方文化特点。该展陈也反映了民俗文化陈列展示设计的特殊性，打破了展示的单一性，如利用少数民族的生活环境，复原了在高山、平底、河流各自对应的干栏建筑、汉族民居、桂江帆船三种居所，将展厅空间的劣势转为优势，既能贴合陈列大纲内容，又能展现出桂北少数民族生活的三种地势环境；同时也探讨了展示艺术与空间关系以及展品文化、博物馆展示空间形式的意义（该展览复原场景及辅助图版数量统计见表 1）。

表 1 “画里人家——桂林民俗文化陈列”复原场景及辅助图版数量统计表

序号	辅助展示	数量（单位：个）
1	复制图：馆藏书画复制	1
2	图版：平地华屋	1
3	1:1 建筑复原场景：桂林汉族民居	1
4	图版：依山而居	1
5	半场景及巨型图片：龙脊梯田	1
6	1:1 建筑复原建筑场景：干栏建筑	1
7	1:1 实物复原场景：平乐桂江红帆船	1
8	图版：水上人家	1
9	图版及半场景：古法造纸	1
10	场景复原：长街短巷	1
11	雕塑：9 组	13
12	图版：桂林老字号	1
13	仿真模型：桂林传统小吃	1
14	半场景及雕塑：六塘麻布制作	1
15	图版：侗族女子盛装	1
16	图版：看山寨母亲怎样背娃崽	1
17	线描图版：背带的形式	1
18	壁挂视频：水上人家	1
19	多媒体放映室：桂林民俗多媒体展示中心	1
20	场景、壁挂视频：刘三姐对歌	1
21	多媒体触摸屏及壁挂视频：桂林民俗	3

通过对“画里人家——桂林民俗文化陈列”展示设计进行梳理与分析研究，再结合别馆民俗文化展示的经验，在深度分析区域民俗文化及其展示模式特点的基础上，我们认为在改进民俗文化展示设计理念，探索区域民族民俗文化展示、互动体验及文化传承的新路径上，可提出以下几点：

第一，在内容上，综合地域民俗文化，可增加具有地域文化特色的内容，如民俗工艺、宗族观念、自然崇拜等，突出本土文化符号，体现文化底蕴，体现地域民俗文化特色。

第二，在展示设计上，应考虑整体的展陈风格，提取地域文化符号，加强地域性和独特性，营造具有地方特色的展陈。

第三，利用多媒体、版式设计、场景设计、视频、现场讲解、社教活动等多重手段展示民俗文化，让文物“活”起来，持续履行和发挥博物馆的教育职责和传播功能。

浅谈博物馆融媒体海报设计

——以桂林博物馆微博为例

陈明霞

【摘　要】随着互联网信息技术的发展，当今社会已经进入融媒体时代，众多博物馆也开始依托融媒体开展宣传工作，尤其在抗击新冠肺炎疫情时期更是如此。在这期间，博物馆海报通过多平台的宣传，取得了良好的社会引导效果，获得了大众的认可和追捧。同时，博物馆的自身属性以及融媒体平台的特点，都对海报设计提出了新的要求。如何让海报设计得更有针对性、美感，这是大家值得思考的问题。本文通过介绍桂林博物馆官方微博上的海报，以海报的色彩、文字、版面构图为切入点，来把握博物馆海报设计中的传统形式和创新特色，并分析博物馆海报设计中的问题，探讨博物馆海报设计的未来发展方向。

【关键词】海报设计　色彩　文字　构图

【作　者】陈明霞　桂林博物馆　馆员

融媒体时代背景下，博物馆的宣传方式和途径得到了极大的拓展，宣传效果得到了显著的提升。海报，作为博物馆宣传的重要手段之一，自然也获得了在多平台多渠道上展示的可能。这种创新的模式可以将博物馆海报的内涵更充分地传达给观众，也对博物馆海报的设计提出了更高的要求。如何丰富博物馆海报设计的表现形式，拓展博物馆海报设计的创新思维，让博物馆海报设计更贴近人们的生活，让博物馆海报设计的内容更容易被人们接受，成为了摆在博物馆人面前亟须解决的问题。本文通过介绍桂林博物馆官方微博上的海报，整理和分析博物馆海报设计发展现状，总结出基本理论、应用方法和实施方式，探讨相关特点和存在的问题，在反思融媒体时代博物馆海报设计现状的基础上，梳理了融媒体时代背景下博物馆未来海报设计的发展方向，对博物馆海报未来的发展路径进行一些分析和预测。

一、相关概念和现状

（一）融媒体

融媒体是充分利用媒介载体，把广播、电视、报纸等既有共同点，又存在互补性的不同媒体，在人力、内容、宣传等方面进行全面整合，实现“资源通融、内容兼融、宣传互融、利益共融”的新型媒体宣传理念。融媒体的整合属性，决定了博物馆宣传中出现多平台兼容、多技术结合的新趋势，也对博物馆宣传提出了即时性、交互性、精准性、非线性等新要求。

（二）海报

海报又称招贴，是一种信息传递艺术和一种大众化的宣传工具，是向公众介绍和报道有关文化、娱乐、体育等活动的一种事务文书。1866 年，法国的朱尔斯·谢雷特在巴黎他自己的印刷厂制作出第一张彩色的平版招贴，象征着世界现代招贴的产生。海报作为视觉信息的重要载体，在宣传中发挥着不可估量的作用。在不同的时代背景和趋势下，海报反映了每个时期的政治、经济和文化活动，是人类认知行为的一面镜子。

海报种类众多，从内容上，可以大致划分为文艺类海报、体育类海报和报告类海报；从使用目的上，可以大致分为商业类海报和非商业类海报等。博物馆作为文化和旅游部门下属的公益性单位，博物馆海报具有明显的文艺性和非商业性，普遍以传统文化风格为主，其文字形式也具有一定的特殊性和专业性。

（三）疫情下的博物馆海报

2020 年 1 月，新冠肺炎疫情暴发后，在政府的协调下，疫情防控工作有序开展，人们的生活方式也极大改变，线上工作和生活成为一种常态。在这种情况下，民众对线上信息的需求剧增，各媒体和博物馆都加大了线上宣传内容的建设，包括在线陈展、在线讲解等。海报作为一种重要的传播形式，传播速度快，受众范围大，对宣传工作起到了很大的推动作用。因此，许多新闻媒体、文博单位都积极参与海报的设计和线上制作。例如，由微博联合国家文物局官方微博及海内外多家文博机构开展的“文物系荆楚 祝福颂祖国”接力活动，在短短一个多月的时间内，一百多家文博单位积极响应，精选文物，制作主题海报，传递祝福，为抗击疫情汇聚精神力量。此外，中国文博、文博头条等还开展了“全球抗疫第一线”的话题接力活动。这一话题接力活动宣扬了我国在疫情面前有担当有作为的形象，用民族的力量、传统的力量为全世界各个国家的人们送上祝福，鼓舞了人们共同抗击疫情的斗志，取得了良好的社会效果。当然，除了疫情期间的主题海报，还有二十四节气、中国传统节日等多种类型的主题海报，作品风格多样，类型丰富。

二、桂林博物馆微博海报设计案例

博物馆自身的特殊性，决定了博物馆海报不同于一般意义上的文艺类和非商业类海报，其大多都以文物为基础，围绕藏品来设计和拓展。这既是优点也是缺点。优点是区别于其他海报，博物馆海报拥有自身的独特性和文化背景；缺点是在海报的设计上有局限性。尤其是涉及特定主题内容的设计，像新冠肺炎疫情防控宣传、节气和节日等文化科普类相关海报，都会对海报主题、内容、文字、色彩以及构图等海报设计要素进行一定的筛选和处理，进而让这些海报设计能更加贴合需求。下文就以桂林博物馆官方微博上的一些海报为例，来展示博物馆海报设计的过程和效果。

（一）“文物系荆楚 祝福颂祖国”微博接力活动

2020年疫情暴发的时期，为防止疫情扩散蔓延，各大博物馆紧急闭馆，工作人员居家办公。在这种情况下，微博联合国家文物局官方微博及海内外多家文博机构开展了“文物系荆楚 祝福颂祖国”接力活动。博物馆设计人员在摸索相关藏品的内容和透彻理解领导意图的过程中存在一些偏差，自我设计创意和领导理念需求的碰撞，导致了在海报设计时出现反复修改的情况（图1）。尤其是受到藏品大小的局限，设计人员

图1

图 2

图 3

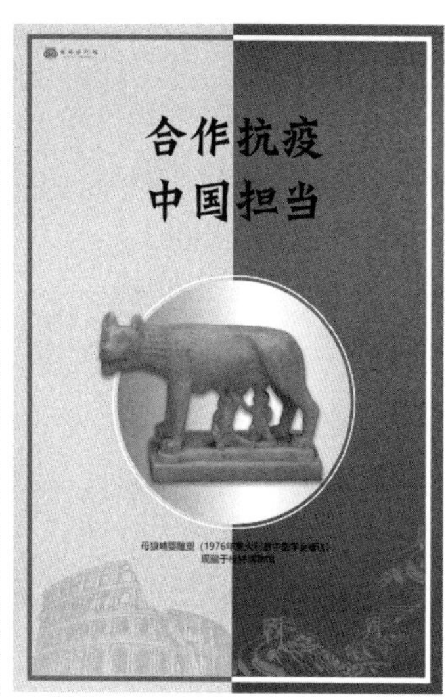

图 4

只能在色彩和文字上做文章，在几种色彩和文字内容中多次讨论，最后综合意见设计出最终版（图 2）。因为藏品本身的出彩度极高，海报便极大保留了藏品的原貌，仅仅通过调整版面构图和文字的排列方式，观者能够一目了然，清晰地感受到海报的意图，从文化视觉素养和创新方面反映文博人的人文情怀和团结精神。

（二）“全球抗疫第一线”微博话题活动

2020 年 3 月，中国文博、文博头条等开展的“全球抗疫第一线”话题祝福接力活动开始，各文博单位积极响应。桂林博物馆微博小组根据领导指导选好藏品，围绕主题挖掘意大利的文化背景、意义等相关信息，并经多种途径获取基础素材，设计出了第一稿（图 3）。由于初期对于意大利历史底蕴和文化背景认知的不足，在抗疫期间蓝色口罩给人很深的印象，便使用大面积的蓝色作为背景色来突出藏品，并选取意大利著名建筑罗马斗兽场与中国的万里长城作为背景元素。但是效果并不理想，整个画面没有质感，图案很单一，无法充分地突出两国之间的关联。因此多次修改，最后结合领导的指导意见和设计人员的审美创意完成了最终的海报设计（图 4）。

（三）二十四节气海报

二十四节气是中国传统文化的鲜明标识，是中华民族智慧的体现。如何将传统节气与博物馆产生碰撞，将博物馆藏品与传统节气有效结合，对博物馆的设计人员来说是一个考验。因此，在设计海报之前，首先要了解传统节气的文化底蕴，以及选用文物的意义和处理方式，其次进行有效的结合并创作出比较理想的海报作品（图5、图6），最终完成了立春、立夏、立秋、冬至、立冬等节气的海报设计，对中国传统文化和馆藏文物都进行了很好的宣传。

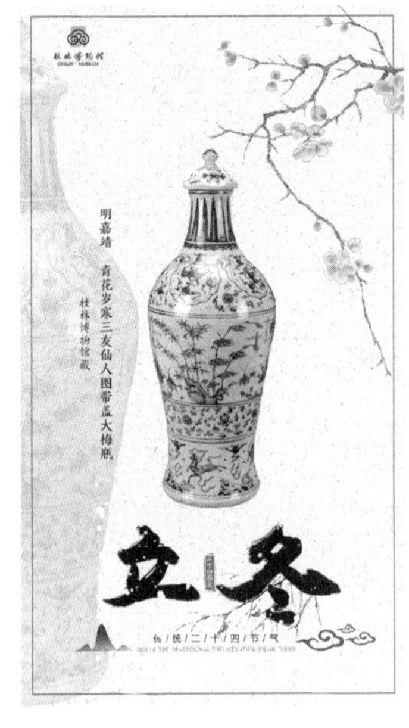

图5

图6

（四）传统节日、节假日海报

节日性质的海报设计，首先，按照节日的内容来设计海报的框架；其次，根据节日特有的元素去配对、整合设计主题风格；再次，选取合适的色彩与文字，把文物按照大小、位置布局合理，形成一张图案；最后经过设计处理，形成一张和谐且有意义的海报，例如重阳节、元旦节（图7、图8）。

图7

图8

（五）红色文化海报

红色文化类型的海报设计对博物馆来说其实是个难点。这类主题海报方向明确后，需要挖掘其背后的历史背景来进行合理设计，这是设计人员的一大短板。所以，要做好一张红色文化类型的海报并不简单，设计人员必须在了解藏品及其背后历史文化信息的基础上，再根据主题搭配合理的素材和确定大致的色调，这样才可以很好地开展设计工作（图 9、图 10）。

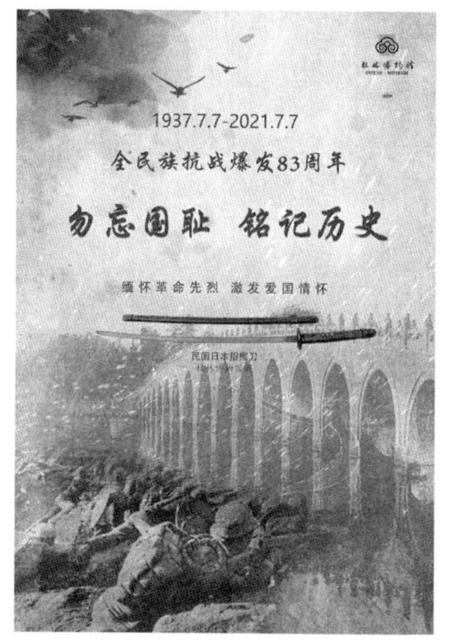

图 9

图 10

三、融媒体下博物馆海报设计的特色

融媒体背景下，博物馆能够通过广播、电视、网络多渠道整合进行宣传，极大提升了博物馆宣传的力度和广度，但也对博物馆宣传提出了即时性、交互性、精准性、非线性等新要求。在这种情况下，博物馆海报设计也出现了类似的特性，带有很明显的数字化和网络化特色。博物馆海报设计基本依托数字化网络平台进行传播，可以很便利地表达出设计的意图；能够非常便捷地传播和转发，实现博物馆海报宣传的即时性；大众通过微博、微信等网络平台，能够迅速反馈对博物馆海报的意见，通过点赞和评论表达对海报设计的喜爱，达到一定的交互性；平台渠道的多样性，交互信息的搜集和分析，能够获取社会大众不同的审美喜好并进行群体划分，设计多版本海报以适应不同人群的需求并精准定点发送给相应群体目标，实现宣传的精准性；同时，不同于传统媒体线性传播的特点，融媒体下博物馆海报可以非常便利地进行跳转和移动，使得大众能迅速选择感兴趣的信息，达到非线性宣传的目的。

博物馆海报设计的画面效果是设计师向观者传达的重要信息，是社会大众能够准确获取事件内容和历史文化的保证。融媒体下的博物馆海报有三个方面的传播优势：第一，形式生动、图文并茂，多平台展示，容易激发社会大众的注意；第二，海报语言经过艺术处理、言简意赅、容易记忆，海报传播方便快捷，容易形成牢固印象；第三，在发挥观赏性功能时，通常都以软性化方式进行，易于使社会大众接受和认同。

博物馆海报设计涵盖图形、文字、色彩、版面构图和许多其他元素。传统博物馆海报以文物表现为主，主要运用传统平面设计技巧来探索二维平面。融媒体博物馆海报设计以平面设计为基础，在传统设计上进行一种新的探索，博物馆设计人员开始注重一些创新的表现形式，并结合融媒体多平台技术和优势。虽然这些创新形式还处于发展的不成熟阶段，但是在未来，它必将成为博物馆海报的主流表现形式。

（一）色彩的选择

在所有视觉艺术中，第一印象通常是色彩。色彩是信息传播的一种手段，选择正确的色彩，可以有效地表达设计人员的想法，从而达到锦上添花的效果。在搭配正确的色彩之前，设计人员需对色彩心理学有一定的了解，或者是设计人员本身的色感极好，可以快速选择适合的色彩搭配。人们对色彩在不同环境和认知下有特定的印象，是大量视觉经验积累的结果。

色彩是海报视觉三大元素之一，是最为直观的元素，其所营造出的不同色彩可以广泛影响人们的情绪、认知与行为。如红色代表激情、热烈、危险；橙色代表阳光、亲和；绿色代表自然清新、健康、青春活力；蓝色代表平静、严谨、理想、独立；黑色代表权威、庄严、低调；紫色代表优雅、浪漫、神秘；黄色代表活泼、警告；淡黄色则代表天真、浪漫等，不同颜色的使用可以营造不同的情感氛围。日本著名平面设计师田中一光认为，海报是一张充满信息的纸，在创作上更要求表现手段浓缩化和具有象征性。而色彩则是象征性表达的手法之一，其所营造出的轻重、膨胀、收缩等感觉，常起到渲染情感氛围的作用，影响人们的情绪。

根据观察各博物馆发布的海报，发现其中所运用的颜色是多种多样的，包括红色、蓝色、绿色、黑色和灰色。但在大多数海报中，白色、黄色和蓝色的使用频率较高，其次是冷暖色、深色系和浅色系，无彩色系相对较少。博物馆海报旨在传达一种流动、宁静和素雅的品质，因此大多数博物馆海报用低饱和度的颜色，柔和的颜色能突出文物，并体现了悠久的历史和博大精深的文化内涵。比如，白色象征着高雅、纯洁、光明等，这些特点运用在海报设计中会让整个海报显得非常干净、简洁，更能突出海报的特点和重点，会使人情绪易平静与舒适，能引起大众的联想与感受。白色对文物的刻画处理，极大地增强了观者对海报的直观视觉感受并突出主题，因此白色在海报上的使用频率较高也是有一定道理的。而消极方面，白色可能给人冷漠的感觉。心理学上，蓝色是大众最容易接受的颜色，给人一种舒适、安静、安稳的感觉。因此不难发现，很多海报的设计用色也是选择蓝色，在蓝色背景下突出其宣传形象和元素，整个画面更有利于观众的视觉停留和思考。

海报配色不仅要理性分析，其设计创作效果也要追求整体的和谐统一。而海报设计为了使海报中的文物形象不突兀，一般都会使用安全的相近色或者常用的套用色，提取文物自身色彩中占比面积最大的颜色做主色调，使得海报色彩、画面统一协调。

当然，也有一些海报不仅仅追求自然本色，也会运用其他色彩来达到视觉效果。如图 11 中的画面包含红、蓝两种高纯度颜色，以线、面的形式分布，为了让画面协调，更是为了突出主体，背景选择用大面积的色彩衬托，效果突出。如在制作“全球抗疫第一线”系列海报中，涉及世界各国共同抗击疫情主题图，也是根据不同国家的文化背景、人群年龄、性别等特点来选择不同的颜色，再结合相关文物制作出一张张能产生共鸣的海报，吸引社会群体对疫情的关注，鼓舞大众战胜疫情的信心。又比如红色在一些东方国家被看作喜庆的颜色，而西方国家通常意味着警示、危险等。因此，设计人员在运用色彩时需全面考虑各地的文化差异，设计出更贴切主题的海报，快速地抓住人们的眼球。

图 11

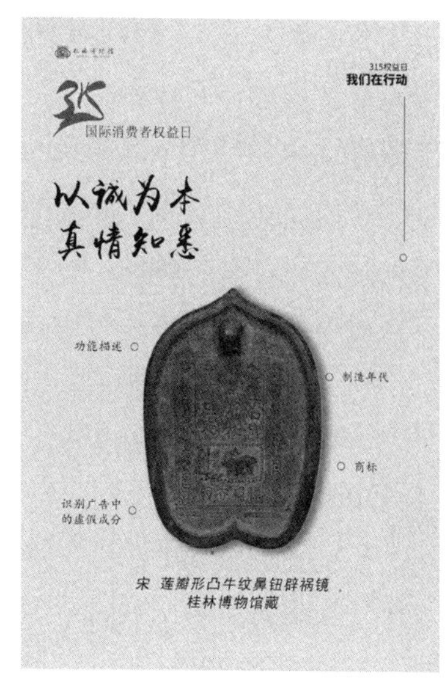

图 12

（二）文字的运用

文字是博物馆海报设计的重要组成部分之一。文字设计不仅能将海报的主题一目了然地展现给观众，而且文字已经融入到画面的整体设计中，成为海报形象的一部分。“文艺复兴时代创造了对称式的文本编排方式（文本居中对齐），并一直被广泛应用到 20 世纪。新的文本编排方式不同于之前，它开始尝试根据文本的功能来发展版面的外在形式。”[1]

如今，博物馆设计人员有大量的字体可以选择。面对文字信息较多的海报设计版式，设计人员能更有效地规范海报信息的整体分布以及海报版式的整体布局，这既可以使画面更加均衡美观，又可以使信息层次清晰易读。在设计中如何运用好字体取决于设计人员本人的审美意识和艺术创造力。设计人员竭尽全力，是为了在视觉上吸引观者的注意力，让他们成功地感知信息，能够顺畅地阅读设计的核心内容。（图 12）

海报文字颜色明亮柔和，不是特别强烈。在海报字体的选择上，主要体现字体与

[1]［瑞士］约瑟夫・米勒 – 布罗克曼：《平面设计中的网格系统》，上海人民美术出版社，2016 年，第 20 页。

文物、主题、内容等的关联性，因此多选用书法，可以更好地展示悠久的历史和博大精深的文化，能准确地表达古代文物的真实感和突显古代文物的艺术神韵。而现今的一些字体设计，或多或少会与此有些出入。当然，有些字体可能从文物上提取而来，理论上更能衬托文物的历史感，然而并不是每个观者都是专业出身，如大多数人都看不懂甲骨文、金文，如果不能令大多数人看得懂，那就失去了海报宣传的意义和价值。

（三）版面构图的技法

设计之美在于有序、对称、清晰。对称创造平衡，平衡创造和谐稳定之美。博物馆海报大多是左右对称的中式设计，通过感受视觉上的平衡感来达到内心的愉悦和满足。这正如约瑟夫·米勒·布罗克曼提到："古希腊人发现了黄金分割，并发觉人体本身也蕴含着这样的比例关系。建筑师、画家和雕塑家也崇尚将这种比例，并运用到他们的创作之中。"[1]

版面设计是图文在版面上的排列组合，实现了传递和满足审美需求的功能。图片和文字是被设计的对象，其目的是达到足够的审美需求。对一个合格的设计人员来说，一个好的版面设计体现了其对各种视觉极其准确的把握。版面通常有图形和文字两种，文字在版面设计中占有非常重要的地位。其中，文本可以按大小比例大致分为六个级别，并且文本层次关系的梳理对布局层次的建立起着至关重要的作用，而建立层次关系的目的是让观者能够一目了然。

设计人员需要寻找文字排版设计的灵感，运用各种形式的图形排版技法：

1. 横幅构图

具体格式有左栏和右栏（分为两栏、三栏）、整页统一排版、斜线排版（正文、彩条斜行）三种，横幅构图最为常见。

2. 垂直布局

具体布局有上下装饰（色条或两种连续图案）、上下几段处理、完整版构图、斜构图四种，均为常见构图。

3. 正方形构图

常用的具体构图有边框构图（色条或图案）、自由式构图、呼应式构图三种类型，这种构图比较少。

版面构图的选择基于四个原则：一、印版类型（构图）必须独特才能吸引眼球；二、色彩鲜艳，引人注目，视觉冲击力强；三、文字必须简洁，便于观众理解；四、既要适合远看效果，近看又耐人寻味。如图 13，通过画面构图突出文物，一般是单独

[1]《平面设计中的网格系统》，第 158 页。

抠出文物作为素材，保留了文物的原貌，并结合色彩和文字来调整图片的布局，最终完成海报。这种风格的海报，宣传目的一目了然，使观者能了解其中文物。文物附带基本信息，成为了一种“经典组合”，是许多博物馆常用的海报风格，经久不衰。然而，对于观者而言，长期接触一种特定的海报风格会导致审美疲劳。对那些长期从事文化海报设计的人员以及经常访问博物馆微信、微博和网站的人来说，更是如此。因此，多种模式的版面构图的交叉设计和使用，无论对设计人员，还是对观者来说，都是必要的选择。这就要求博物馆设计人员在符合文物特点的情况下，多思考、多研究，将更多的版面构图方式融入博物馆海报设计中来。毕竟求创新、求变化、求突破，一直是设计人员们永恒的内在追求。

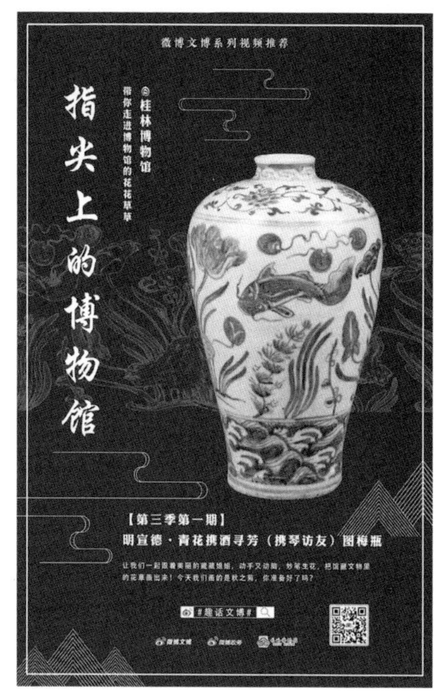

图 13

四、博物馆海报设计的问题和不足

当今博物馆海报的设计仍未成熟，依旧处于探索阶段，具有极高的探索性与发展可能性。在融媒体的加持下，虽然博物馆海报设计有了长足的发展，取得了不俗的成绩，但是依旧存在很多问题。

（一）文物内涵不够突出

博物馆本身作为一个宣传历史和传统文化的单位，其海报设计的主要目的是宣传馆藏文物及其背后蕴藏的历史文化和传统美德等信息，增强大众的民族自豪感。而海报设计要求一目了然，能够让浏览者直观获取其中的信息，因此对内容的准确性和深入度有着极高的要求，博物馆藏品研究需要做到深入和细致。但是，现今博物馆中，藏品的信息主要还是基本内容，背后的历史文化内容挖掘得不够深入，这也就造成了博物馆海报只是更多地展示文物，并没有能够展示更多信息。

（二）宣传渠道单一，均等化程度低

中共中央办公厅、国务院办公厅印发《关于加快构建现代公共文化服务体系的意

见》指出保障特殊群体基本文化权益，将老年人、未成年人、残疾人、农民工、农村留守妇女儿童、生活困难群众作为公共文化服务的重点对象。而博物馆海报虽然依托融媒体，有了多平台、多渠道宣传的可能，能够极大拓展了宣传范围，但是博物馆海报多数仅是通过微博、微信等网络平台的活动和互动进行宣传，渠道相对单一，融媒体优势无法得到有效发挥，了解的民众依旧是少数，特殊人群更加难以获得相应服务和获知宣传信息。

（三）设计时间不足，内容契合度不够

博物馆海报主要依托微博等平台进行，制作多是以活动联动和领导安排为主，基本属于应急任务，设计时间短，设计人员无法进行更多的创新性思考，对文物也知之甚少，无法深入体会文物特点以及背后蕴藏的历史文化含义，大多只能使用常用的版面和背景进行文物嵌套设计，与主题的契合度不够高。

（四）设计形式比较传统，无法发挥融媒体优势

博物馆海报虽然依托融媒体平台，但其设计主要还是类同传统海报的平面和静态形式，没有出现立体和动态的新媒体海报形式，无法真正发挥融媒体视觉、听觉甚至触觉的体验，展示效果不够突出，新媒体、新技术、多渠道的特点无法体现。

（五）人才缺口严重，分工不够明确

融媒体下的博物馆海报设计涉及多个学科知识，需要各方面的人才协同合作，其中包括美术设计人员、藏品研究人员以及信息技术人员等，各类人才的数量直接决定了博物馆海报设计的水平。同时，很多博物馆简单地将海报制作工作交给设计部门或信息部门，他们需要完成从主题确定、藏品选择、艺术设计和上线发布等一系列的工作，藏品理解不足和设计时间的压缩直接导致海报设计缺乏特色，大同小异。

五、博物馆海报设计未来发展的方向和建议

疫情期间，博物馆制作了相关抗疫海报，让观众重新认识了博物馆，也开始了解博物馆海报。博物馆设计的海报从实际出发，结合馆藏文物，充分表现了博物馆的文化内涵和历史底蕴，不仅贴近我们的现实生活，而且在网上也取得了良好、积极的反响。但从创新的角度来看，文物的使用局限在图案嵌套的模板中，可能会对设计人员的思维产生一定的限制。如何在文物的基础上创新，充分利用融媒体多渠道、多平台、新技术的优势，制作一张精美、特别、吸引大众的优秀海报，这是值得我们深思且要

解决的问题。

（一）提升博物馆设计人员的艺术审美和敏感度

优秀的海报设计一方面需要能够解读海报的内容，另一方面，需要发挥设计人员的艺术创造力，将抽象的概念转变为具体的形象，不同的海报可能有完全不同的解释，体现了设计人员的艺术审美和敏感度。因此，设计人员需要不断自我完善、扩宽视野，培养艺术细胞，让灵感如泉源般生生不息，以完成具有创造力和审美情趣的海报设计。而博物馆海报设计人员主要以文物为基础，根据海报需要的内容合理地选择颜色和字体进行搭配，确保每种设计都有独特的画面，每种设计都有适合它的字体和颜色，以此锤炼自己的艺术审美和敏感度。通常来说，设计中为了突出文物，会使用放大的粗字体作为标题，并选择相邻色、对比色等颜色来配合和统一海报的视觉画面。字体调整的大小，相邻色或对比色的挑选，无一不是设计人员艺术水平的体现，合理的选择可以确保文物形象突出但又不突兀，还可以清晰地表达设计意图。

（二）加强博物馆文物研究水平

博物馆的性质决定了海报围绕文物进行设计，只有了解文物，掌握其背后蕴含的历史文化知识和传统美德等信息，才能设计出既符合审美又贴近主题的海报。因此，博物馆研究的深度和广度，直接决定了博物馆海报设计的优劣，这也对博物馆的研究水平提出了很高的要求。由此可见，博物馆应当狠抓藏品研究，尤其涉及本土文化的东西要重点研究，为博物馆海报设计打下基础，让海报设计的表现力更为生动，能更好地吸引大众宣传文化。

（三）突破传统模式，寻求海报设计新形式

博物馆海报设计大多数仍属于传统海报的范畴，以静态和平面形式为主，模式比较老旧，未能更好地利用网络新平台、新技术的优势，已经无法满足社会大众的审美需求。因此，依托新媒体平台，使用信息新技术，制作动画形式的 GIF 格式图片或者短视频海报等动态海报，成为博物馆海报未来发展的趋势和方向。

（四）拓宽宣传渠道，发挥融媒体优势

融媒体背景下的博物馆海报，更多还是利用微博、微信等网络平台进行传播和宣传，虽然极大拓展了宣传的广度，但是融媒体下的传统媒体传播手段却基本弃之不用，浪费了传统的宣传渠道，某种程度上也流失了部分仅适用传统媒体的观众，尤其是特殊群体。因此，依托未来动态海报的设计，因本身具有声、光、动态影像等元素，能

够有效地拆分并进行广播和电视播放，满足更多民众的需求，拓宽宣传渠道。同时，也需要将博物馆海报宣传拓展到抖音等网络媒体。

（五）充实设计人员的知识储备，创造良好的设计环境

博物馆设计人员基本都是非文物和博物馆相关专业，对文物缺乏了解，对其背后蕴含的文化底蕴有时难以理解透彻，设计容易浮于表面，甚至在方向上出现错误，设计出与文物、主题内容毫无关联的海报。因此，博物馆设计人员不但要提高艺术审美和敏感度，同时也要兼顾了解文物，这都需要投入大量的时间和精力。同时，博物馆海报设计临时性和任务性很明显，比如疫情期间的海报几乎是两天一更新，时间的紧迫直接影响了设计人员对文物的了解和艺术再创作，更多只能进行浮于表面的模板化设计，海报吸引力不足。由此可见，要提升博物馆海报设计的水平，必须为博物馆设计人员创造良好的学习和设计环境，给予时间去培养和设计。

（六）加强人才培养，推动协同合作

博物馆的工作具有相当的专业性，海报设计更是横跨多学科知识，涉及文物研究、艺术设计、多媒体制作和多平台发布等，这都离不开具备相关行业知识的专业技术人才的支撑。因此，博物馆如果要给社会大众提供优质的海报宣传体验，人才的培养和引进刻不容缓。

博物馆的专业性也决定了部门分工明确，博物馆设计部门不太可能有专属的文物研究人员，中小博物馆更是如此。但是，海报设计是以内容为核心，为内容服务的，需要内容生产者与设计人员充分沟通，相互促进，达成共识，才能呈现出最好的效果。内容生产者对文物的解读、内容的解释是设计人员设计过程中的一个重要部分。因此，这就决定了海报设计的工作需要各部门协同合作，尤其是文物研究部门需要提供深入翔实的文物资料，如果仅是简单地将海报设计任务丢给设计部门，出来的效果可能会大打折扣。

六、结语

海报作为一种设计艺术，取自生活，但更高于生活。实际上，海报设计并没有好坏之分，也不分对错，更没有固定的框架和统一的标准，是设计人员灵魂深处情感和智慧的共鸣，强调艺术的感染力和生命力。因此，无论海报主题是涉及展览活动、热点时事的宣传，还是中华文化、传统美德的传承，设计人员都在努力地创作出更美观、更贴近主题、更让人产生共鸣的海报。而对博物馆海报来说，主题的选择离不开文物

的支撑，色彩、文字、版面构图的选择体现了对理性、直观表达的追求以及对艺术感染力、生命力的向往。本文选取桂林博物馆官方微博发布的近两年的一些海报进行实例分析，结合当下的文化审美，探讨博物馆海报设计未来发展方向。博物馆只有紧扣文物内涵，挖掘历史底蕴，发挥融媒体多渠道优势，发展动态海报，推进协同合作以及人才培养，才能设计出优秀的海报，提升博物馆宣传的力度，拓展博物馆宣传的广度。我们也相信未来的博物馆海报设计会更加优秀。

参考文献：

[1] 卢小雁，丁建辉：《广告设计基础》，杭州：浙江大学出版社，2004年。

[2] 善本出版有限公司编著：《今日色彩商业设计中的色彩搭配》，武汉：华中科技大学出版社，2018年。

[3] [瑞士] 约瑟夫·米勒·布罗克曼著，徐宸熹、张鹏宇译：《平面设计中的网格系统》，上海人民美术出版社，2016年。

[4] 刘苏漪：《中国传统色彩在现代平面设计中的运用——以“中国红”为例》，载《长春师范大学学报》，2015年第6期。

[5] 李巍，张雪：《招贴广告新视角》，重庆出版社，2001年。

[6] 谭小荣：《从概念到实物——“生肖寄语金属书签系列”产品研发思考》，见桂林博物馆主编：《桂林博物馆文集》(第2辑)，桂林：广西师范大学出版社，2020年。

[7] 单霄：《海报设计在博物馆教育中的应用》，载《神舟民俗》，2016年第15期。

[8] 张文蕊：《浅谈海报设计在博物馆中的应用》，载《环球人文地理》，2014年第12期。

浅谈少数民族文物名称的英文翻译

——以桂林博物馆藏西南少数民族银饰为例

田　甜

【摘　要】西南少数民族银饰是重要的民族文化符号，蕴含着西南少数民族的文化特点。研究西南少数民族银饰对我们了解西南少数民族的历史文化、宗教信仰和传统习俗具有重要意义。传承和弘扬少数民族文化精华对促进实现人类命运共同体具有较强的现实意义，如何通过精准的英文用词、丰富的英译文本内容和基于不同文化背景下多维度、广视角的翻译来提升西南少数民族文化的传播广度和深度，增强观众对西南少数民族文化的认知度和认同度，是笔者一直以来潜心研究的课题。本文将从西南少数民族银饰的种类、工艺、功用、纹饰、年代、文化内涵等多个方面对西南少数民族银饰名称的英文翻译进行初步探讨，力求能使观众对西南民族的文化产生全面深入的了解和共鸣。

【关键词】少数民族　文物　英文　翻译

【作　者】田　甜　桂林博物馆　馆员

一、前言

中国是一个多民族国家，少数民族文化在中华民族的优秀传统文化中占有重要地位。新中国成立以来，我党在促进少数民族的文化传承、加大对少数民族文化的保护力度上做出了巨大的努力，也取得了丰硕的成果。随着我国综合国力的提升，中国文化的国际影响力不断增强，从文化大国转变成文化强国已经成为实现中华民族伟大复兴的迫切要求。少数民族文化是中华文化不可分割的一部分，是民族凝聚力、生命力和创造力的重要源泉，是向世界展现美丽中国的一张名片。有史以来，我国的西南地区都是多民族聚居地，一代又一代的少数民族群众创造了无尽的民族文化瑰宝。桂林作为西南地区少数民族聚居地之一，有着丰富的民族文化资源，少数民族文化特色鲜明，极具代表性，做好少数民族文物及文化的宣传工作，对讲好桂林故事，塑造桂林的国际旅游胜地形象，推动桂林打造世界级旅游城市的意义重大。

博物馆是国家软实力的象征和地域文化的标志，站在中国文化战线的最前端，随着中华文化“走出去”战略的全面实施，博物馆在对外宣传和展示中华优秀传统文化、构建中国特色话语体系中扮演着越来越重要的角色。目前，我国许多博物馆都为馆藏文物、展览说明、导览及服务设施等提供了多语种文本翻译，在对外交流中起到了积极的作用。我国博物馆展览的外文文字说明大多包含前言、单元说明、重点文物介绍和结语等，但当前多数展品的介绍仅配有直译名称和年代的中英双语说明牌，虽然在“信”方面已经合格，但总觉“言不尽意”，因此，对文物名称进行准确、到位、有效的翻译，从而传递出其所包含的文化信息，显得尤为重要。

英文是主要的通用语言之一，也是世界上使用最广泛的语言，在当今国际文化交流中起着不可替代的作用。文物作为文化的载体，准确、通顺、优美的英文翻译在国际文化交流中是至关重要且不可或缺的基本要素。本文将以桂林博物馆藏西南少数民族银饰名称的英文翻译为切入点，探讨如何在跨语言、跨文化交流的背景下，更加高质量、高效率地对民族文物的名称进行翻译。

二、博物馆文物名称翻译现状

文物翻译属于说明文文体，其指向性决定了它必须具备独特的文化内涵、民族属性和地域特点。文物名称翻译作为文物翻译的重要组成部分，在遵循一般文物翻译规律的同时，也蕴含了自身的特点、规律和要求。随着近些年国际文化交流需求层次的与日俱增，我国文物翻译工作存在的短板与日俱显，笔者认为当前工作主要面临以下现状。

（一）受限于有限的人力物力

中华文明源远流长，博大精深，传承至今，自成体系。西方文明则主要由古希腊罗马文化、日耳曼文化、基督教文明等几大文化与文明交汇而成。文化背景的巨大差异使东西方观众在参观同一件展品时会产生不同的感受。对大部分以英语为母语的观众而言，在不了解特定词语所蕴含的文化元素的情况下，简单的名称说明牌并不足以使其了解文物的真正含义。然而限于人力物力，多数博物馆机构的展览难以对所有展品进行全面、有效、直观的翻译，大多展品仅提供较为简单的英文名称，实属无奈之举。

（二）学科交叉导致专业水平不足

文物翻译不同于普通翻译，它除了要求译者有较高的翻译水平外，也要求译者拥有一定的文物历史知识储备。文物名称是文物主要内容和特征的高度概括，讲究“观其名而知其貌”，翻译难度较大，对译者的相关知识储备要求较高。目前，我国大多数译者为英语专业出身，缺乏相关行业的背景知识，而多数文博方面的专业人才，受时间、精力所限，又难以具备娴熟的英语翻译能力，从而导致文物翻译的整体水平有限，甚至出现了一些错误。例如，在桂林博物馆“靖江遗韵——桂林出土明代梅瓶陈列”大纲的英译初稿中，开光被误译成了 godblessing，然而此处的开光，指的是瓷器纹饰中的一个样式，意为在瓷器的某些部分画出边框，并在边框中绘以图案，应译为 a reserved blank space。还有，在桂林博物馆“翰墨华章——馆藏明清书画精品展”大纲英译初稿中，清初四王中的“四王”被误译成了 four kings，实际上，此处四王指的是清朝初期以王时敏为首的四位著名王姓画家，后更改为 four Wangs。

（三）翻译的多元化导致了文物翻译的不统一性

翻译的多元化导致同一事物的译法存在多样性，难以形成统一的标准，不利于对文物的宣传和理解。文物翻译本身就是一个复杂的过程，必然会受到社会背景、展览目的、观众需求等多方面的深刻影响。同时，每一件文物都具有独特的民族属性和地域特点，文化的差异产生了词汇的不对应性。如“高士”一词属于华夏文明中的专有名词，指的是具有高度文化修养，且志趣高雅、品行高尚、超脱世俗的文人，暗含中国古代的隐逸文化，有着多重文化内涵，英语中并没有对等词汇。高士题材被广泛使用在我国的国画和陶瓷绘画中。桂林博物馆就藏有多件以文人高士为主题的青花瓷梅瓶。关于高士的翻译，目前尚无统一标准，常见的翻译有以下几种——profound scholar、literatus、cultural figure 等，这些译词大多突出的是高士的文人属性，无法表达出其隐逸超脱的高尚品行和情操，而直接使用 recluse 对其进行翻译，突出的是其隐士身份，又无法表达出文人属性。在最近的展览中，大都会艺术博物馆将其翻译成 scholar-recluse，表达出其文人和隐士的双重身份，然而又无法传递出高士高洁的品行和高雅的志趣，让人觉得仍然有些美中不足。类似情况还有很多，将一个词所蕴含的文化信息在标题中完全翻译出来显得冗长繁杂，而简单的翻译又无法传递出文物包含的深层文化属性。信息的删减和保留，就取决于文物所在的综合环境以及译者对文物的理解。因此，不同环境和不同译者对于文物所蕴含的文化信息的取舍，产生了文物翻译的不统一性，也为文物名称翻译工作增加了难度。

（四）时代的发展为少数民族文物翻译带来新的契机

翻译的标准及特点是随着时代的发展而不断变化的，文物翻译也是一个动态发展的过程。随着我国综合国力的不断增长，中国的国际影响力不断提升。在国际上，“中国热”在世界各地不断升温。过去，国外博物馆对于中国文物的翻译较为简单，很多博物馆的官网上，仅对器物的分类属性进行翻译，如用于陈设的瓷瓶，将大部分样式都统一翻译成 vase，没有对其器型、釉色和图案进行翻译。如今，西方的一些知名博物馆网站上开始遵从中国对瓷器的命名规则，按其完整的中文名称，从釉色、图案、工艺、纹饰、器型等方面进行了全面的翻译，例如在大英博物馆官网上，我们不仅可以看到与国内瓷器名称对等的英文翻译，还可以看到许多长篇的解释说明。在国内，国人的文化自信逐步增强。同时，随着国人教育水平和文化素养的提高，越来越多的英语专业和文博专业的从业者开始互相关注，在中华文化复兴的大背景下，一些译者开始对文物翻译产生了新的思考。少数民族文物作为其文化的载体，体现着我国多元一体的民族格局，如何做好少数民族文物的翻译工作，成了越来越受关注的新课题。

三、西南少数民族银饰名称翻译实例

（一）西南少数民族银饰特点

要做好少数民族银饰的翻译工作，首先要了解其综合特征和文化内涵。我国许多少数民族都有佩戴银饰的习惯，在西南少数民族的观念中，银饰不仅可以驱邪避凶，还是富有、美丽的象征。“以银为结，以银为彩，以银为荣，以银为贵”的传统观念，促使少数民族在银饰制作上追求“以大为美，以重为美”的审美趣尚。西南少数民族银饰种类繁多，琳琅满目，按种类可分为头饰、耳饰、项饰、胸饰、镯、戒以及装饰衣物的银片、银花等。这些银饰的制作工艺十分复杂，有镶嵌、錾花、镂空、花丝、锻造、点珠等金工技法。银饰的纹饰也极具特点，这些纹饰根植于民族文化的土壤，有着极其丰富的文化内涵。少数民族银饰名称通常由属性名与通名两部分构成，具体而言，就是“民族 + 纹饰 + 工艺 + 种类”构成了一个完整的首饰名称，英文名称按中文命名规则对其进行直译，并根据英语习惯对修饰词进行重新排序。按公共标识语的翻译原则，少数民族银饰名称同样也应达到规范统一、信息准确、行文简练等要求，同时进行适当的翻译补偿。

（二）桂林博物馆藏少数民族银饰名称翻译实例

1. 少数民族名称翻译

我国少数民族的英语翻译以汉语拼音的音译为主，少部分以其本民族发音音译或因其他历史渊源翻译而成。西南少数民族，尤其广西少数民族的英文翻译均为汉语拼音直接音译而成。“民族”二字属于外来词，过去许多地方习惯把“民族”翻译成nationality。然而nationality多指国家层面的民族，单用于我国各民族的翻译并不符合我国国情。中央民族大学曾经的英文校名为Central university for nationalities，后因该译名容易产生歧义，遂改为Minzu University of China。在桂林博物馆老馆展厅中也出现过这样的翻译，搬迁新馆后已纠正过来。我国少数民族群体的翻译可采用ethnics，ethnic group，ethnic minority等，例如，壮族可翻译成Zhuang ethnic group或者Zhuang ethnic minority。同理，侗族可翻译成Dong ethnic group或者Dong ethnic minority。此外，一些少数民族内部的分支，也应详细地将其翻译清楚，如盘瑶，可译为Panyao ethnic group（a branch of Yao ethnic group）、东山瑶可译为Dongshanyao ethnic group（a branch of Yao ethnic group）、黑衣壮可译为Zhuang ethnics in black suit（a branch of Zhuang ethnic group）。在口语中，也可采用“民族名 + people”的方式进行翻译，如壮族，可翻译成zhuang people。

桂林博物馆目前收藏有少数民族银饰八百多件（套），涉及中国南方多个少数民族，以桂林六个世居民族为主，共包括汉族、壮族、瑶族、苗族、侗族、回族、哈尼族、水族、仡佬族等。除了银饰，展厅中的服饰和背带也来自各个少数民族，其中，苗族和瑶族的物品来自多个不同分支，翻译时需注意前后格式，形成统一规范。

2. 纹饰的翻译

中国传统纹饰讲究“图必有意，意必吉祥”，西南少数民族银饰也遵循了这一特点，其纹饰种类繁多，寓意丰富，是多文化交流的载体之一。对于纹样的翻译，目前通过大量的研究和实践，业内已形成较为统一的规范，在仔细核对好纹样后可直接按规范进行翻译。翻译时需要注意的是纹饰的形态。人们常用pattern和design来表示纹饰，虽然两者都有图案的意思，然两者仍有一定的区别。pattern一般指简单的重复图案，也指由一些相连图形拼成的较大图案。而design则强调设计的完美或有秩序。同时，翻译时应注意纹饰的形式，如果纹饰为平面绘制图案，可用painted；如果纹饰兼具平面图案和立体图案，可用designed；如果图案是刻划而成，可用carved，立体突出的，则用protrusion。例如，将馆藏侗族乳钉纹银发簪中的乳钉纹翻译成milk nail pattern是不准确的，正确翻译应为nipple protrusion。

此外，由于词汇的不对等，应适当予以补充说明。例如，“如意”属于中国文化专项词汇，一般直译为汉语拼音ruyi，但是这样翻译无法体现出其称心如意的寓意，不了解中国文化的观众无法明白其真正含义，因此，遇到这类纹饰应适当加以解释。还有一些图案采用谐音的方式来传达吉祥的寓意，例如，“鱼”通“余”，在民俗文化中象征着年年有余、富贵有余；“鹿”通“禄”，“蝠”通“福”，“葫芦”通“福禄”等，都是少数民族银饰中常用的纹饰。在有条件的情况下，可加以简单的注释说明。

桂林博物馆藏西南少数民族银饰的纹饰多有龙凤纹、生肖纹、鸟兽纹、花草纹、几何纹等。龙纹是中国最传统的纹饰之一。根据李奭学教授及其学生林虹秀的考证，西方对龙的翻译最早出现在马可·波罗的东方游记中，他将元朝宫殿装饰的龙称为dragon。16世纪，利玛窦和罗明坚共编的《葡汉辞典》，书中将龙翻译为bicho/bichinho（虫）。随后在利玛窦晚年用意大利文撰写的《中国传教史》中，有章节将中国龙翻译为dragone。西班牙人门多萨则将龙翻译为bicha-serpens，意为“如蛇的大虫”。可见此时，欧洲人对于龙的概念是困惑而模糊的。在利玛窦完成《中国传教史》之前，同为意大利耶稣会中的传教士龙华民，将龙译为dracō，1602年左右，他在《圣诺撒法始末》中，在《葡华字典》另加注释，将拉丁文dracō变为毒龙或猛龙，蛟或龙的欧译及dracō的中译可能因此在历史上正式定调。此后，无论是葡萄牙传教士曾德昭所著《大中国志》，还是德国耶稣会士基歇尔所著《中国图说》，皆沿用了dragão、dracō等词来对中国龙进行翻译。1815年，英国传教士马礼逊首次将《圣经》翻译成中文，深受之前耶稣会传教士的影响，他在史上首部《华英字典》中将龙翻译为dragon，其《启示录》和《新遗诏书》中的古“蛇”，便以“龙”译之。之后，中国典籍中的龙和《圣经》中的dragon便开始互译为彼此，中国龙和欧洲dragon被混为一谈，形成根深蒂固的共识。目前国内对龙的主流翻译为dragon，然而近年来越来越多的人对这个翻译产生疑问。因为龙与dragon无论在形象还是在内涵上都有着很大的区别，认为将龙翻译成dragon影响中国形象的对外传播，所以许多学者主张将龙音译为loong。实际上，loong的译法并不是今天才有，早在1814年，在英国传教士马希曼所著的《中国言法》中，便把“龙”注音为loong。对龙的翻译，很早以前就有了争论。1923年，上海商务印书馆出版的《the Chinese Dragon》中指出中国龙和欧洲dragon的本质区别，并认为将中国龙翻译成“dragon”是将其贴上污名化的标签。此后，不断有学者和翻译家对此翻译提出质疑。而真正促使人们普遍关注“译龙问题”的事件，是2005年龙落选奥运会吉祥物。多家媒体对是否要给龙“正洋名”展开了调查，多位政协委员和人大代表也提交了更改中国龙英文翻译的提案，许多国内的机构和企业开始采用Loong这个译法。与此同时，也有一部分声音认为，受中国文化的影响，越来越多的西方人对中国龙的形象和内涵有着清晰的认知，继续沿用dragon的翻译无伤大雅。然而将中国龙翻译为dragon已历经几百年，想要更改并非易事，因此目前对龙的翻译仍处在争议中，主流依然以采用dragon来翻译为主，桂林博物馆对龙纹的翻译也是使用dragon一词，建议应持续关注时事的发展和变化，顺应时代发展的要求。凤凰在英语中对应的词为phoenix，源于希腊语，译为红色。在希腊神话中，phoenix是一种生活在阿拉伯荒漠的神鸟，体大如鹰，有金红两色的羽毛，鸣声悦耳，可浴火重生，有着不死和重生的寓意。中国凤凰是中国古代传说中的百鸟之王，和龙一样被视为汉族的民族图腾，代表着高贵、祥和之意。据《山海经》记载，凤凰二鸟的形状像是普通的鸡，全身上下都有五彩斑斓的羽毛，头上的花纹是“德”字的形状，翅膀上的花纹是“羲”字的形状，背部的花纹是“礼”字的形状，胸部的花纹是“仁”字的形状，腹部的花纹是“信”字的形状。东西方文化中，凤凰和 phoenix 在外形和某些传说上有不少共同点，内涵上却有所区别。20 世纪 40 年代上海出品的龙凤牌香烟，其英文名是 Loong Voong Cigaratte，其中凤被翻译成 Voong。当今习惯将凤翻译成 phoenix，则源于郭沫若的《凤凰涅槃》一诗，当代许多主流的英汉、汉英词典，也都强化了这样的词汇等价关系，然而也有一些声音认为应该将凤凰和 phoenix 区分开来。

十二生肖是中国文化专有项，英文翻译为 Chinese Zodiac Signs，包含了鼠（rat）、牛（ox）、虎（tiger）、兔（rabbit）、龙（dragon/loong）、蛇（snake）、马（horse）、羊（sheep）、猴（monkey）、鸡（rooster）、狗（dog）、猪（pig/boar）十二种动物。桂林博物馆收藏了多件以十二生肖纹为主题的银饰，例如苗族十二生肖錾花六穿银排圈，可翻译为 six-loop silver neck ring with chased Chinese Zodiac Designs from Miao ethnic minority。动物纹和花草纹是银饰中常见的图案，正如前文提到的，中国传统纹饰讲究“图必有意，意必吉祥”，因此，每一种动物或花草都有自身的吉祥含义。在有条件的情况下，建议能够在说明牌上简短地标注出该动物或花草的寓意。例如，侗族鱼纹玉坠银腰链，可翻译为 silver fish-shaped waist chain with jade pendant from Dong ethnic minority（fish means an increase in prosperity）；壮族錾花牡丹兰花银耳环可翻译为 Silver earings with chased peony and orchid design from Zhuang ethnic minority（peony means wealth and rank，orchid means nobleness and purity）。简单的注释能够使翻译信息更加完整，从而传达出银饰的文化内涵。需要注意的是，一些展览受版面设计和展览目的所限，在翻译前后，应与展陈设计人员做好沟通工作。几何纹是由几何图案组成的有规律的图案，常作为辅助性的装饰纹样。桂林博物馆藏少数民族银饰中有大量几何纹样，包括连珠纹（beads chain design）、网纹（reticulated design）、雷纹（thunder ang lightning design）、绳纹（rope-shaped）、乳钉纹（nipple protrusion）、涡纹（spiral pattern/whorl circle）、鳞纹（scale pattern）、夔纹（Kui pattern）、环带纹（wave pattern）等等。翻译时，需注意图案的具体形态，区分出平面和立体。例如：侗族镂空乳钉网纹银手镯可以翻译为 Silver bangle with hollow-carved reticulated design and nipple protrusions from Dong ethnic minority，侗族绳纹银项圈可翻译为 Rope-shaped silver neck ring from Dong ethnic minority。对银饰而言，纹饰是最直观醒目的文化符号，因此，对纹饰的翻译，应当精益求精，力保准确无误。

3. 工艺的翻译

西南少数民族银饰工艺十分复杂，一件银饰往往使用到多种工艺，因此，工艺词语的翻译以其主要工艺技术为准。桂林博物馆藏少数民族银饰包含了多种传统金工技法，金工技法的翻译亦属于专业术语翻译，在专业词汇的使用上一定要严谨推敲。目前，金工技法方面的专业术语英汉互译已经相当成熟，比较容易造成错误翻译的原因，主要是译者对金工工艺本身的不了解。例如，錾花工艺是使用一整套具有各种基本图形的錾子，通过锤击錾子，使金属表面呈现凹凸花纹图案的一项工艺。錾花是一项古老的工艺，18 世纪欧洲英、法等国都已有很好的錾花制品。在桂林博物馆展厅中，瑶族錾花银手镯被翻译成 flower-carving silver bracelet from Yao minority。flower-carving 意为雕花，雕花与錾花属于不同工艺，此处为翻译错误。在《珠宝首饰英汉汉英词典》中，錾花的英文翻译为 chase，这件银饰的正确翻译应是 silver bracelet with chasing designs from Yao ethnic minority。

桂林博物馆银饰种类繁多，涉及的工艺复杂而多样，主要有镌刻、錾花、浮花、花丝、绕丝、拉丝、镶嵌、景泰蓝、镂空、焊接、焊花、抛光、锻造等，但是根据首饰命名原则，许多工艺在命名时不需要体现出来。下面，笔者将以桂林博物馆展厅所展出的银饰说明牌为例，列举翻译其主要工艺。镌刻历史悠久，起源于公元前 2000 多年，是用锋利的工具在金属和宝石等硬质材料的表面划刻出线条、图案、文字等的一项工艺。镌刻的英文翻译为 engraving。馆藏银饰“儿童寿字人物帽花”中的“寿”字采用的就是镌刻工艺，可翻译成 beanie badge with figure designs and engraving Chinses character “shou”（longevity）。浮花是从金属片材背后敲击从而使金属表面呈现凸纹的工艺，英文翻译为 embossing。例如馆藏苗族蝴蝶形肚兜银链中的蝴蝶吊坠采用的就是浮花工艺，因此这件银饰可翻译为 silver chain for bellyband with embossed butterfly-shaped pendants from Miao ethnic minority。花丝（filigree），又称金银丝细工或累丝工艺，是用单根的、扭缠的或者纺织的金属丝制作金属装饰品的一项工艺。花丝工艺是一项传承悠久的手工技艺，历来深受宫廷喜爱。民间首饰也多有采用。镶嵌（setting/inlaid）是将宝石镶在金属底座上，镶宝首饰统称为 gem-set jewelry。对于一件具体的镶宝首饰，通常在名称上要反映出所镶嵌的宝石和使用的镶嵌材料，如苗族蝶形嵌珠银发簪，可翻译为 butterfly-shaped silver hairpin inlaid with gems from Miao ethnic minority。景泰蓝（cloisonne）指的是在金属底座上用金属丝组成一定的图案，而后将有色的釉粉料填充在金属丝之间再加热熔结。中国景泰蓝制作工艺精细复杂，具有独特的民族风格。景泰蓝工艺在少数民族银饰中也十分常见。对其进行翻译时，可采用“工艺 + 主材料 + 首饰种类 + 民族”的方法，如侗族景泰蓝银耳环，可翻译为 cloisonne silver hairpin from Dong ethnic minority。镂空是雕刻技术的一种，指在物体上雕刻出穿透物体的图案或者文字。《珠宝首饰英汉汉英词典》中，将镂空翻译为 openwork。如侗族镂空乳钉纹银手镯可翻译为 openwork silver bangle with nipple protrusions from Dong ethnic minority。

总而言之，首饰的加工工艺十分复杂多样，译者在对银饰进行翻译前，一定要对相关专业术语进行学习和了解，翻译时，需要对比文物的实物或者高清图片，不可见字译字，导致信息错误。

4. 银饰的种类

西南少数民族种类较多，从头到脚，无处不饰。按种类来说，少数民族首饰种类大部分与汉族传统首饰类似，然而各民族首饰具有不同的特点，翻译时应注意其具体特征，避免出现翻译错误。例如，桂林博物馆展厅中，将插针翻译成 pin。经查证，插针属于发簪类，只是造型上相较简单，而 pin 用于表示首特点饰时，意思为别针、扣针，与插针的种类不相同，由于英文中没有插针的对应词汇，因此建议将插针翻译为 hairpin。文物展品翻译有一个独特的优势，因其名称和实物通常同时出现，所以即使语义有所不足，观众也能够通过实物感受到器物间的微妙区别。

在桂林博物馆“画里人家——桂林民俗文化陈列”中，以佩戴部位对银饰进行分类，分为头饰（head ornament）、胸颈饰（chest and neck ornament）、手饰（hand ornament）、衣背饰（clothing and back ornament）、腰坠饰（waist pendent）等。头饰可分为发饰（hair ornament）和耳饰（ear ornament）。发饰具体细分为发钗 / 簪 / 插针（hair pin）、发夹（hair slide）、花梳（comb）、帽花（beanie/hat badge）、头冠（crown）、头盔（helmet）、银角（silver horn）等。耳饰具体可分为耳环（earring）、耳钉（ear stud）、耳夹（ear clip）、耳坠（ear drop）、耳钳（ear screw）等，其中耳环可分为环形耳环（hoop earring）、挂穿式耳环（pierced type earring）。胸颈饰可分为胸饰（chest ornament）和颈饰（neck ornament），胸颈饰分为胸牌（breastplate）、项链（necklace/necklet）、项圈（neck ring）、排圈（looped neck ring）、吊坠（pendant）等。需要注意的是，necklace 和 necklet 指的是柔性的项链，其中 necklace 大多不是紧贴颈部，而是较长的；necklet 则是指较短的，紧贴颈部的项链；neck ring 指的是刚性颈饰。手饰分为手镯（bangle）、手链（bracelet）和戒指（finger ring）。衣背饰（clothing and back ornament）有背托（back buckle）、背吊（back pendent）、纽扣（button）等。腰坠饰有腰链（waist chain）、肚兜链（the chain of Chinese-style chest covering）等。此外，还有腰刀（knife）、烟杆（tabacco pipe）、烟盒（tabacco case）等。

日常首饰的分类中西方大体相同，少数特有的种类可通过研究其外形和功能，以及对比参考异文化中类似物品，来确定其翻译。

5. 年代的翻译

年代是在文物名称说明牌中必出现的一项信息，一般被视为补充信息进行独立整理，换行标识。我国对年代的标注习惯于使用朝代、年号和纪年数字，不标示公元纪年，这种标注方式对于西方观众而言相对陌生，因此，在翻译时应注意年代音译，后补充具体公元纪年，以方便西方观众在其熟悉的时间体系中了解相应的时间概念。例如，清代应翻译成 Qing Dynasty（1644—1912），晚清可译为 late Qing Dynasty（1840-1912），民国应译为 the Republic of China（1912—1949）。涉及具体年号的，可以按照年号 + 朝代 + 公元纪年的方法进行翻译，如明嘉靖应翻译成 Jiajing Reign of Ming Dynasty（1522—1566），而“现代”这个概念因其接受范围较广，因此可以直接译为 modern time，不需要专门标注公元纪年。桂林博物馆藏少数民族银饰的年代包含了清代、民国和现代，可按具体情况对其年代进行翻译和注释。

（三）关于少数民族文物名称翻译的几点思考

1. 正确把握翻译规则，灵活运用翻译方法

在翻译过程中，正确规范地把握好翻译方法和规则，注重译文的准确、完整和通顺，同时将直译、意译、音译以及各种方法相结合。英语译文的浏览对象主要为西方观众，鉴于东西方观众在文化背景和思维方式上的差异，译者在翻译时应具备跨文化的意识，合理运用“归化”和“异化”策略。对于文化专有项，译者可以在原有的信息上稍作延伸和扩展，以便让不同文化背景的观众更好地了解文物信息，需要注意的是，在加注的过程中，要注意句式的长短，保证行文简洁明了。

2. 重视专业人才的引进与培养

对译者而言，打铁还需自身硬，专业翻译人员在进行文物翻译前应做好准备工作，充分了解文物相关背景知识，避免出现对文物本身的不了解而造成的翻译错误。平时应多查阅资料，积累更多文物知识和掌握文物翻译的前沿动态。对博物馆而言，随着国家文化“走出去”战略的开展，博物馆担负起了传承城市文明和国家文明的神圣使命，专业人才的配备是开展国际交流业务的必要基础，博物馆应重视对这类人才的引进与培养。然而，不管个人还是单位，应当意识到，文博行业的专业知识积累是一个长期的过程，因此专业人才的培养不应仅限于要求外语专业人员加强文博专业知识的储备，同时也应鼓励文博专业的人员提升外语水平，做到二者“双向奔赴”。

3. 通过加强交流合作来弥补自身的不足

一个单位的人力和物力是有限的，而社会群体的力量是无穷的。在这个快速发展的时代，只有通过加强对外交流合作，才能取得进步和发展。不论是个人还是单位，应采取“走出去，引进来”的策略，加强与外界的交流与合作。一方面不应闭门造车，要主动迈出沟通合作的步子，为人才培养提供机会和保障；另一方面，单位可以通过引进社会志愿者或者外籍顾问等方式，有效利用社会资源来填补本单位在人力物力上

的空缺。

4. 充分利用互联网技术优势了解前沿信息

在信息时代，互联网是获取文物翻译信息的重要渠道。博物馆是最权威的文物收藏研究机构。随着全球一体化的进程的加深，全球各地的重量级博物馆都精心建设有自己的官方网络平台，并为其配备了多语种浏览服务，翻译人员可以通过互联网掌握各大博物馆文物的最新动态。许多权威专业书籍和杂志都配有电子版，为译者提供了便利的查阅条件。此外，译者也可以通过互联网平台与专业人员或同好者进行交流讨论，在吸取别人优秀经验的同时也可以发表自己独特的观点。

四、结语

综上所述，文物是文化的载体，少数民族文化是我国文化多元化格局的重要体现，少数民族文物英译的过程实际上是传播中华文化、讲述美丽中国故事的过程。研究文物名称翻译，离不开对文物本身的研究，译者在进行文物翻译时，需要有针对性地查阅和积累相关文物的背景知识。在保证译文可读性的基础上，译者除了对原文信息的爱护和保留符合当前时代发展的要求，还应从不同文化背景观众的角度出发，以传播优秀中华文化为目的，合理运用“归化”和“异化”原则，扎实做好文物翻译工作。

浅谈博物馆展览内容策划中的学术研究

朱　莉

【提　要】本文通过阐述学术研究对于博物馆展览内容策划的重要性，进而提出博物馆展览内容策划中的学术研究范围及特点，探讨加快学术研究成果转化为展览内容的有效方式，从而推动博物馆学术研究与展览之间的良性互动。

【关键词】博物馆　学术研究　展览内容策划

【作　者】朱　莉　桂林博物馆　馆员

学术研究与博物馆业务工作是息息相关、密不可分的，也是博物馆各项业务工作开展的基础条件。博物馆开展的陈列展览、讲解服务、社教活动、文创产品开发等主要业务，都离不开学术研究的支撑。其中，陈列展览是传播文化知识、弘扬特色文化的重要窗口，它是面向大众展示博物馆藏品的载体之一，同时也是折射博物馆学术研究水平的一面镜子。如果陈列展览的内容不以科学严谨的学术研究作为指导和支撑，那么传递给观众的思想、观念和认知可能会出现偏差，甚至误导观众，从而造成不良的社会影响。

目前，博物馆开展的学术研究很多，内容辐射博物馆的各项业务工作。其中，关于陈列展览业务工作方面的研究也很多，例如对展览的策划及实施环节的研究等。博物馆展览可分为基本陈列和临时展览，基本陈列由于投入了较为充足的时间、人力、物力，因而能够进行充分的学术研究。而临时展览往往由于时间、人力等方面的局限，时常会出现这样的现象：预设的展览主题和结构框架在策划上很完美，也具有较强的社会意义，然而在查找和收集到的研究资料中，却发现能够直接应用于展览主题、支撑展览完成内容框架演绎的研究成果并不够充足。在这种情况下，如果筹备时间紧迫，我们就只能向现有研究资料妥协，重新更换展览选题，并根据现有的学术研究成果重新构建展览框架，这在很大程度上制约着展览向更高层次发展。

一、学术研究是博物馆内容策划的基础

陆建松在《博物馆展览策划：理念与实务》一书中谈到："策划一个博物馆展览，首先要对展览选题进行思考和评估，确定该选题对观众是否有意义；其次要思考是否有足够的学术支撑。"可见，学术研究是策划、举办展览的基础条件之一。无论是基本陈列还是临时展览，都必须依托丰硕的、高质量的学术研究成果，这样才能从根本上提升展览品质。

一方面，学术研究是展览内容设计的可靠依据。展览中涉及的所有思想、观点和语言表达，都应来源于学术研究。因为展览主题的提炼、展览框架的构建以及展览中所有的文字编写，例如展览的前言和结束语、各部分或单元说明牌文字、延伸拓展说明牌文字、展品说明牌文字等，都需要在学术研究成果的基础上进行编写，这样才能确保展览内容的准确性、权威性、学术性。如果没有扎实的学术研究做基础，展览的主题思想、内容框架和说明文字都会成为无本之木、无源之水。因此，博物馆展览的内容策划，首先必须对与展览主题有关的学术研究资料进行全面、系统和深入的分析和研究，才能为揭示展览主题、构建展览框架、演绎展览内容、编写展览说明文字提供可靠依据。

另一方面，学术研究是展览形式设计的创作基础。博物馆展览形式设计是有学术研究依据的创作，这是它与普通的艺术创作最重要的区别。形式是服务于内容的，在展览中，所有设计灵感和创作元素，都来源于展览主题和内容。而展览主题和内容又是以学术研究成果为依据的，因此，服务于内容的形式设计也应以学术研究成果为创作基础，这样才能做到形式与内容的统一。例如在叙事性展览中，当实物展品的局限性难以表现展览故事的完整性，不能充分地揭示展览主题或表达展览内容时，我们通常会借助图表、沙盘、模型、雕塑、绘画、视频、动画、场景等辅助手段进行补充展示，而这些辅助手段都需要依据真实的学术研究成果进行设计，这样才是表达准确、运用恰当且真正服务于展览的形式设计。

2016年，南京博物院举办国际交流展"法老·王——古埃及文明和中国汉代文明的故事"，其内容和形式都很新颖，这与他们在筹备期间对展览主题和内容做了大量深入研究不无关系。南京博物院院长龚良称之为"近年来南博规格最高、展品最为精美、办展难度最大、获得各方支持也最多"的展览。展览用对比的方式呈现埃及的"法老"与中国汉代的"王"，在形式上以蓝色和红色将展览空间分为两部分布局，精选加拿大皇家安大略博物馆的古埃及文物110件，以及南京博物院、徐州博物馆、扬州博物馆

等馆藏汉代诸侯王陵文物140件，文物之间通过“不朽”“生活”“权力”“生灵”四个单元叙述，呈现了中国汉代和古埃及文明中的葬俗、配饰、日常饮食、农事、战争、动物神灵观念等多个方面的异同，让东西方文化在同一空间里进行对比、碰撞和交融。据笔者了解，这个展览打破了博物馆常规的策展工作机制，引入了近年来在国际展览中推行的策展人制度，展览从筹备到实施花了两年多的时间，其中很大一部分时间都用于展览内容的策划和设计上，而这一环节的主要任务便是开展与展览内容相关的学术研究。

学术研究是支撑博物馆展览的一个重要基础，无论是展览的内容设计，还是形式设计，都离不开扎实的学术研究。其中，它对展览内容的影响可能更为直接和明显，因为展览内容首先是在学术支撑的基础上确定下来的，之后服务于其的形式也都源于这个已经被确定的内容。

二、博物馆展览内容策划中的学术研究范围及特点

博物馆展览内容策划中开展的学术研究大致分为两个方面：一是围绕藏品开展的学术研究，二是围绕展览主题和内容开展的相关学科的学术研究。

一方面，藏品研究是展览内容策划中最根本的研究。因为藏品是一个展览的重要组成部分，所以对任何类型的展览来说，藏品研究都是必不可少的。藏品研究是对个体藏品或某一类藏品开展，包括藏品名称、时代、来源、工艺、历史背景、文化内涵等方面的研究。它既要对藏品进行个体的单项研究，还要进行群体的综合研究，即对某一类文物，或某一时代文物，或某个墓葬出土的文物进行研究，并结合地域文化进行横向和纵向的对比，从而挖掘出其中所蕴含的文化信息。藏品研究的成果主要用于展览中的展品说明，对其研究的深度和广度也因观众的需求不同而有所区别。

另一方面，展览内容策划中的学术研究不应仅仅局限于藏品研究这一微观层面，其范围应是更为广泛而宏观的，包括与展览主题相关的背景研究、理论研究、学科研究、历史文献资料研究等，并从较高层次提出某些学术思考。这方面研究涉及的范围相当广泛，有时会涉及多个学科，例如举办古生物化石类的展览，除了涉及历史学、考古学等人文类学科的研究，还会涉及地质学、生物学、气候学等理工科类学科研究。这方面的研究成果主要用于展览主题和思想的表达、展览框架构建以及展览内容的讲述和演绎等。尤其对叙事型的展览来说，这个方面的研究是不可或缺的。

2019年，由中国文学艺术界联合会、中国国家博物馆主办的文化大展“隽立千古——《红楼梦》文化展”，不仅展现了各种各样的《红楼梦》的版本、续本及译本和《红楼梦》有关的出版物，还通过展示中国文学发展简史的方式来表现《红楼梦》的文

学地位。展览的第一部分展示了先秦古籍《山海经》、魏晋南北朝小说《世说新语》、元代戏本《牡丹亭》以及唐诗宋词相关字画等文物，并在文物的说明牌文字中阐明它们对《红楼梦》创作产生的影响，通过以小见大的方式构建出中国古代文学的发展脉络，由此引出《红楼梦》产生的时代背景。例如，这一部分展示的清代郑簠书《题破山寺后禅院》的说明牌文字为："唐代文学的最高成就是诗歌，宋代文学的最高成就是词，《红楼梦》对于唐诗宋词撷英随处可见。《题破山寺后禅院》是唐代诗人常建的一首题壁诗，抒写清晨游寺后禅院的观感，其中'曲径通幽处'一句，为宝玉用于为大观园题写的第一个匾额。"这段说明牌文字不仅体现了对《红楼梦》内容本身的研究，还涉及了中国文学发展史的内容，并且阐明了这两者之间的联系。

无论就展品本身的微观研究，还是就展览主题涉及领域的宏观研究，都是一个漫长积累、不断发展的过程。这些研究要想真正应用到展览内容中去，还需要经历以下几个阶段的打磨：第一阶段是全面收集，即对展览主题相关的研究资料进行穷尽式的搜索，尽可能多地掌握学术研究成果；第二阶段是科学筛选，即对研究资料去粗取精、去伪存真，选取研究成果的精髓部分，撷取业内普遍认可的权威论断；第三阶段是思考研究，随着掌握资料的不断丰富，我们对展览主题的思考也在逐渐加深，进而开展更为深入的学术研究。只有经历这样几个阶段形成的研究成果，才能最终真正应用到展览内容中，才能成为博物馆打造优秀展览的科学支撑。

三、如何加快学术研究成果向展览内容转化

我们在前面讨论过，围绕博物馆展览内容开展的学术研究具有较强针对性且范围相当广泛，其形成过程也是相当漫长的，因此，这类研究工作需要花费大量时间和人力。在实际工作中，大多数临时展览筹备的时间往往只有一两个月，其中还要除去展览设计制作以及布展的时间，那么真正留给学术研究的时间往往是很少的，而学术研究也并非一蹴而就的事情。所以，如果在展览选题期间才开始着手研究，那么往往难以保证在有限的时间内，获取足够支撑展览的研究成果并完成将其转化成展览内容的过程。这就产生了目前展览内容对学术研究成果的依赖和学术研究成果难以在较短时间内有效转化成展览内容的矛盾。如何加快学术研究成果的有效转化，为展览所用，是解决这一矛盾的关键所在。因此，接下来我们将探讨何如加快学术研究成果向展览内容转化这一问题。

（一）有针对性地开展围绕展览内容的学术研究是基础条件

围绕博物馆展览内容策划而开展的学术研究与高等院校开展的学术研究是有所区

别的，高等院校的学术研究选题更为广泛，多以研究的前瞻性、创新性为主要特点，而围绕博物馆展览内容的学术研究是服务于展览的，其最主要的特征是适用性。因此，要想提高学术研究成果的转化程度，首先要针对展览主题和内容开展学术研究。

既然学术研究是展览的基础和支撑，那么依照常规来说，博物馆的学术研究应是先于展览的，那么，在展览选题确定之前，我们如何准确把握学术研究的方向呢？

针对这个问题，我们可以结合博物馆展览的选题思路来进行逆推。博物馆展览以馆藏品作为展品支撑、向公众传播地域文化，它是面向广大观众的，所以，一个成功的展览选题，往往是体现馆藏特色和地域文化且符合观众兴趣的。由此可推知，博物馆学术研究的选题要想适用于展览内容需要综合考量以下四个因素：一是以博物馆藏品为依托，二是结合地域文化，三是结合社会关注的热点话题，四是满足观众的兴趣和需求。

浙江省博物馆在 2021 年三八妇女节推出的女性主题展览“丽人行——中国古代女性图像云展览”，展示了 32 家博物馆的 1000 余幅女性题材绘画，展品虽然都是古代绘画，但这不是一个简单的艺术展，而是一个关注女性问题的展览，具有重要的社会意义。展览选取古代绘画作品中的女性形象作为展览的叙事主体，以当代的、开放的视角，探究古代女性的社会生存环境、日常生活状态以及内心状态。女性问题在新时代背景下是备受关注的社会热门话题，因此，近年来国内外博物馆推出了许多聚焦女性问题的主题展览，也开展了许多相关方面的研究。这类展览的举办，不仅需要针对女性某一方面或多个方面的问题开展研究，还需要对女性与展品之间的内在逻辑进行研究。这个展览的策展团队在针对主题内容开展相关学术研究时，对中国古代女性图像中各个元素的象征意义进行分析和解释，并将图像复归于原境中，从而探究中国古代社会中不同时代女性的形象和境遇。他们在研究的过程中，借助了图像学的研究方法，自主编撰了一套中国古代女性图像主题的结构性主题词表，这不仅为举办女性题材的展览提供了参考思路，也为研究中国古代女性形象提供了一个新的方法。

要加快学术研究成果向展览内容转化，首先必须要重视学术研究对展览工作的重要性。同时，还需要营造出良好的研究氛围，让更多的文博工作者积极投入到这项研究中来。可以通过设立学术研究委员会、推行项目课题申报制度等方式，合理规划与展览内容相关的研究工作；还可以不定期召开学术研讨会，邀请各地博物馆、高校、研究所等机构的科研人员共同参与研究，集思广益，借鉴同行经验，吸纳社会力量，扩大研究领域。

（二）灵活且准确地转化学术研究成果是终极目标

展览是博物馆与大众沟通的一座桥梁，博物馆的学术研究成果最终要通过展览输出给大众。学术研究可以有效提升展览的知识性、思想性、学术性，提高展览品质，也是博物馆打造品牌展览的重要支撑。学术成果转化为展览内容受限还有一个重要原因是有些研究成果的表达深奥难懂，如果直接照搬到展板上，观众不容易理解。而博物馆担负着普及知识、传播文化的责任和使命，这决定了展览的表达方式必须通俗易懂。

对因艰深晦涩而无法直接在展览中体现的研究成果，我们需要先将其灵活转化成容易被观众接受和理解的内容或形式，平衡好严谨深奥的学术术语和观众接受度之间的关系。在文字的表达上，可以把学术研究中的理论阐述在易于理解的基础上，换成简洁、通俗的文字加以叙述。在内容的表现形式上，可以通过图像、模型、视频等辅助方式把深奥的学术原理生动直观地呈现给观众。

此外，还可以开展与展览配套的社教活动，将展览中难以转化的研究成果输出。针对不同群体设计符合其认知水平的知识讲座、研学活动，打破展览语言的局限，扩大展览的受众群体。例如南京博物院就其特展“万水千山——南京博物院藏历代山水画迎春特展”开展了多场针对青少年群体的研学活动，如“孩子们看得懂的山水画——‘万水千山’特展儿童导览”等。活动从时代背景、作者生平、中国画的构图和笔墨技巧、名画细节等多个方面解读展览中的山水画，将抽象的艺术研究语言通过充满趣味的研学活动传递给孩子，让他们感受中国传统文化的魅力，也激发青少年对祖国河山的热爱之情。

无论以何种方式转化学术研究成果，确保其准确性是前提和关键。这要求利用者对研究资料有深入的理解，并且自身也需具备一定研究水平，只有这样才能提炼出其核心观点，并在各种形式的转化过程中把握住正确的方向。这无疑对展陈工作人员的学术研究素养提出了更高的要求。

四、余论

如何让博物馆中的文物活起来，让展览中的文物说话，一直以来都是文博展陈工作人员不断思考和探索的课题。在长期的展陈工作实践中，我们可以肯定的是，学术研究是博物馆举办展览的重要支撑和核心力量。如果观众无法从展览中了解更多文物背后所承载的故事，不能与文物、与历史产生情感上的共鸣，那么这样的展览出现在博物馆里往往是令人遗憾的。如今，各种技术手段的广泛运用，使博物馆的展览比以前更具趣味性和互动性，而真正能够提升展览思想性、知识性及科学性的关键因素，始终是足够丰硕的学术研究成果。因此，我们需要在博物馆里营造良好的学术研究氛围，有针对性地开展适用于展览内容的学术研究，转变学术研究理念，灵活准确地转化研究成果，让学术成果的表达科学准确且通俗化，让更多优秀的学术研究成果转化为展览内容呈现给公众。只有这样，才能在展览中生动地为观众讲好历史故事，让观众能够从展览中真正汲取知识、感知文明。

此外，一个将大量优秀学术研究成果成功转化为展览内容的展览，其表达必定兼具科学性、学术性和通俗性，那么它也完全可以视为一个优秀的研究成果，成为今后举办展览的重要参考和学术支撑。这就使学术研究与展览之间形成了良性互动关系，不仅让学术研究为博物馆展览服务，也让展览成为博物馆学术研究成果的重要组成部分。

参考文献：

[1] 陆建松 . 博物馆展览策划：理念与实务 [M]. 复旦大学出版社，2016.

[2] 张丽 . 重视学术研究 打造精品展览 [J]. 文物世界，2014（4）.

考古学研究

Archaeological Research

广西阳朔县老鸦山古墓葬发掘简报

桂林市文物保护与考古研究中心　阳朔县文物管理所

老鸦山古墓葬位于广西桂林市阳朔县阳朔镇矮山村老鸦山南面缓坡地上（图 1）。矮山村一带为发育典型的岩溶山地，孤峰林立，是一处山间盆地，地势比较平缓，遇龙河自西北向东南流至阳朔大榕树景区和月亮山景区一带，与金宝河汇合，遇龙河流向改变为自西南向东北流，途经矮山村小学西面，遇龙河流向改变为自南向北汇入漓江，因此，从大榕树景区至漓江汇合口，形成遇龙河河湾区域。矮山村距漓江直线距离约 3 公里，老鸦山在矮山村北面，直线距离约 600 米，中间间隔社公山，墓地就在老鸦山和社公山之间缓坡地上。老鸦山古墓葬西距遇龙河约 500 米，北靠老鸦山，东邻阳朔县阳朔镇第二中学，南距社公山 300 米。

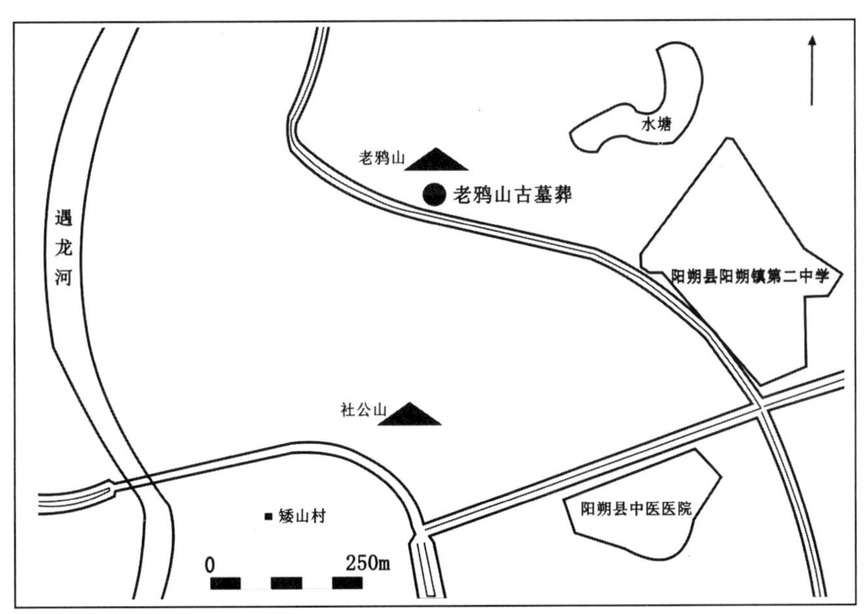

图 1　阳朔老鸦山古墓葬地理位置图

老鸦山一带分布有乐响古墓群和高田龙盘岭古墓群，2005 年桂林至阳朔高速公路修建期间，龙盘岭区域抢救性发掘汉至南朝时期土坑墓、砖室墓、石室墓等古墓葬 28 座，乐响抢救性发掘汉晋时期穹隆顶石室墓 5 座。[1]

2018 年 1 月 18 日，阳朔县在新城区林溪路北段老鸦山旁修建公路，暴露出土 1 座古墓葬，受阳朔县文化新闻出版广播电视体育局委托，桂林市文物保护与考古研究院对老鸦山施工现场开展调查勘探，勘探确认老鸦山区域公路施工涉及 3 座古墓葬，并随即对其开展抢救性考古发掘工作，考古发掘至 2018 年 1 月 28 日结束。经发掘确认，其中 2 座属于东汉时期砖室墓，1 座明代砖室墓。3 座古墓葬出土一批随葬品，特别是 2 座东汉砖室墓，结构基本完整，为研究地方汉晋时期历史提供了重要的考古资料。

3 座古墓葬编号分别为 M1、M2、M3，自东向西依次排列（图 2），古墓葬相互距离在 20 米至 30 米之间，其中 M1 和 M2 相距约 28 米，M2 和 M3 相距约 21 米。3 座墓葬均为砖室墓，不见封土堆。发掘显示，3 座古墓均曾被盗掘，破坏严重，出土随葬品多见于墓葬填土内且数量较少，特别是 M1 和 M3，随葬品原位置已发生移动。虽如此，依据残存墓葬结构部分，初步判断 3 座墓葬基本形制特征。现将老鸦山发掘的 3 座古墓葬相关考古资料如下报告。

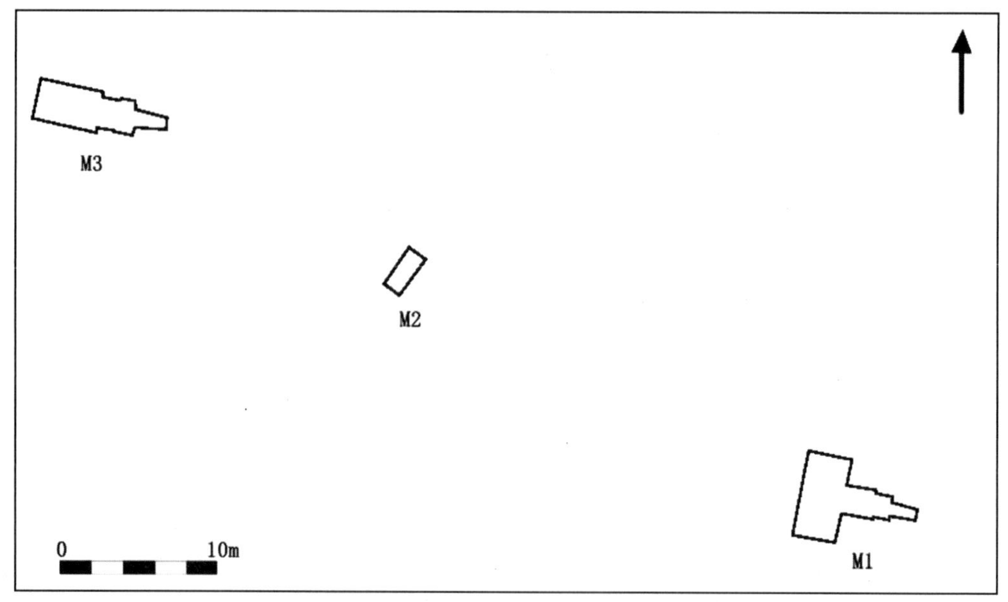

图 2　阳朔老鸦山墓葬分布位置图

[1] 广西文物考古研究所、桂林市文物工作队等：《2005 年阳朔县高田镇古墓葬发掘报告》，见《广西考古文集》（第 3 辑），北京：文物出版社，2007 年，第 132—225 页。

一、M1 形制特征和随葬品

（一）墓葬形制

M1：T形砖室券墓，由墓道、封门、甬道、前室、后室组成。方向为104°，全长为8.5米、宽5.5米、高2.2米。（图3）墓口开口位于耕土层下，打破生土，先挖墓框，后砌砖。墓道为斜下延伸的土质台阶，长约3米，宽约0.7米，地表台阶至甬道高约1米，共有6级台阶，最低台阶至封门底之间为斜坡道。封门修建于甬道且占据整个甬道，宽约1.5米，残高1.2米，单砖纵横错缝平砌。甬道较短，与封门共处，甬道宽度略窄于前室，长约0.7米，宽约1.5米，高1.3米，券顶已坍塌，甬道壁为双砖横向错缝平砌，起券处为单砖纵向错缝平砌，券顶为楔形砖，有铺地砖，单砖横向错位平铺，墓壁为两横一竖错缝平砌。前室长约2米，宽约1.7米，高约1.6米，墓壁为两横一竖错缝平砌，起券处为单砖纵向错缝平砌，前室墓地铺地砖，为双砖纵横平铺。后室为横向布局，南侧西墓壁破坏严重，东墓壁残留转角痕迹，南侧铺地砖严重破坏，仅近东墓壁残留铺地砖痕迹。甬道、前室、后室铺地砖处于同一水平面，后室墓地铺地砖与前室一致，为双砖纵横平铺，两组双砖构成一组，个别为三砖平铺，为平砖顺砌与侧砖丁砌组合砌法。（图4）墓室用砖为青砖。墓壁及起券墓砖为青色长方形砖，有两种：一种墓壁内侧装饰绳纹，墓壁外侧装饰“×”形纹和“米”字纹，长32厘米，宽17.5厘米，厚5厘米（图5）；另外一种墓壁内侧为素面，墓壁外侧装饰“×”形纹和“米”字纹，长31厘米，宽17厘米，厚5厘米。券顶为楔形子母砖（又叫楔形砖），青灰色，单面饰粗绳纹，长33厘米，宽17.5厘米，厚4~5.5厘米（图6）。

图3　M1正射影像图

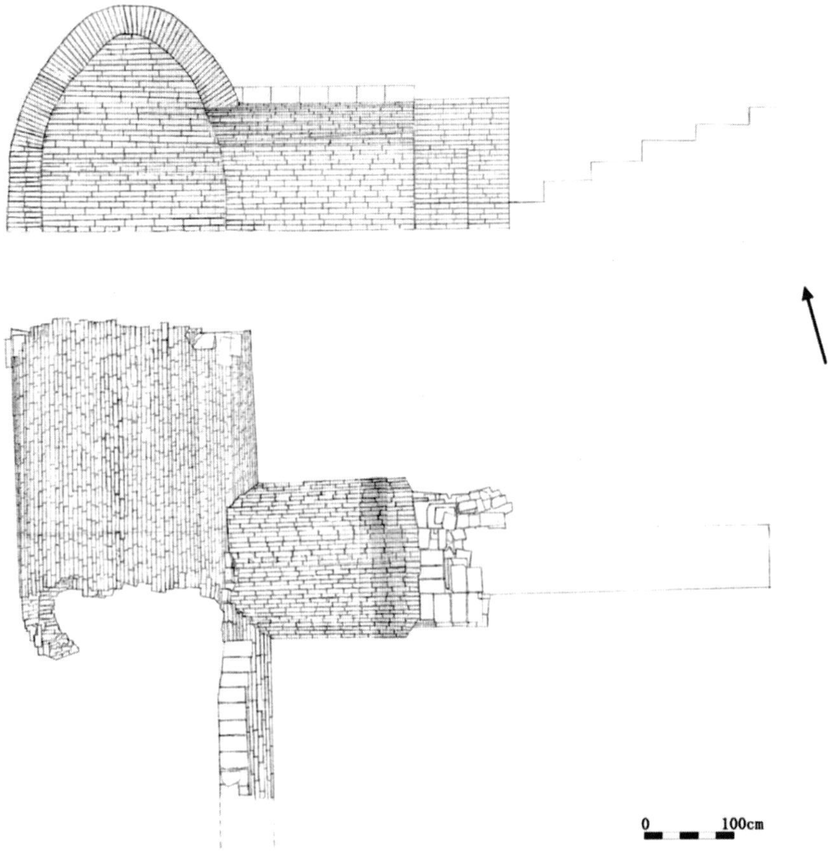

图 4　M1 剖面、平面线图

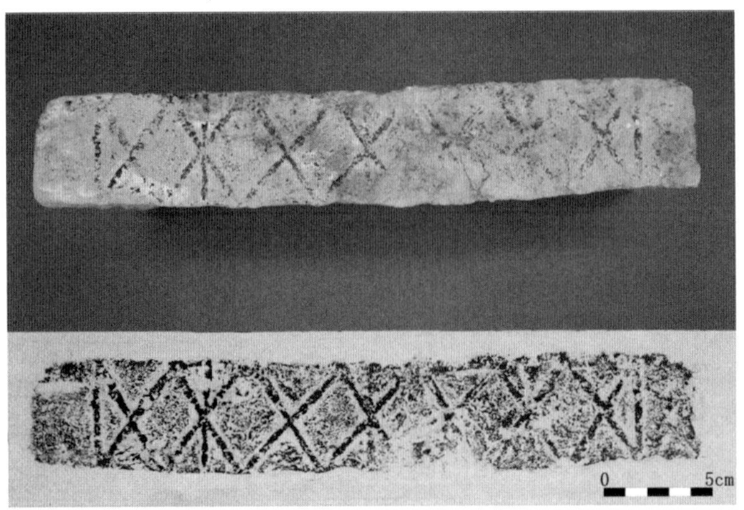

图 5　M1 墓砖纹样图、拓片

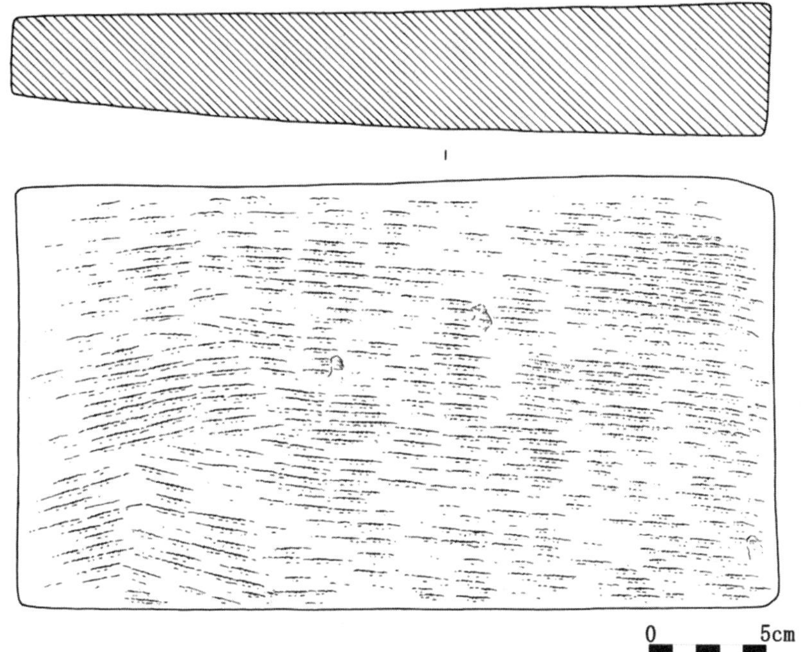

图 6　M1 楔形砖线图

（二）随葬品

随葬品主要出土于墓内填土，个别出土于墓室地面，有素面陶纺轮 1 件，单弦纹陶纺轮 1 件，多圈弦纹陶纺轮 1 件，环首铁刀 1 件，铁刮刀 1 件及素面或方格纹罐类陶片若干，残陶碗 1 件。

1. 圈足陶碗

1 件，标本 2018GYYLM1：6，泥质灰胎，釉剥落，器口和足口已残，器壁可见旋刮痕迹。（图 7）

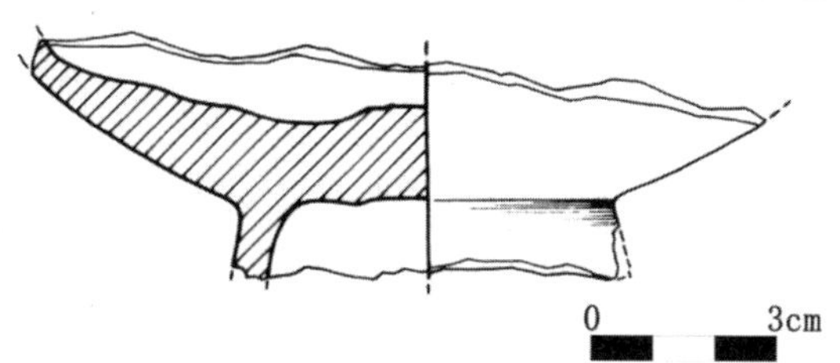

图 7　M1:6 圈足陶碗底部图、线图

2. 陶罐

为素面或方格纹陶片，夹砂黄陶，黄胎，方格较粗，已碎成5小块，出土于M1墓室底部西北角。可见口沿为有敞口，尖圆宽凸唇，子母口状，或敞口、尖圆宽厚凸唇。（图8）

图8　M1陶罐残片

3. 陶盘口器

1件，为口沿残片，夹砂灰陶，尖宽凸唇，浅盘口，口外侧内收。

4. 陶纺轮

共3件。标本2018GYYLM1：1，算珠形，夹砂灰陶，素面，中间穿孔，高2.5厘米，宽3厘米，孔径0.5厘米；标本2018GYYLM1：2，算珠形，夹砂灰陶，中间穿孔，上下器表各装饰1道凹弦纹，高2.5厘米，宽3厘米，孔径0.5厘米；标本2018GYYLM1：3，算珠形，夹砂灰陶，中间穿孔，通体弦纹，上下器表各装饰有6道凹弦纹，高2.5厘米，宽3厘米，孔径0.5厘米（图9、10）。

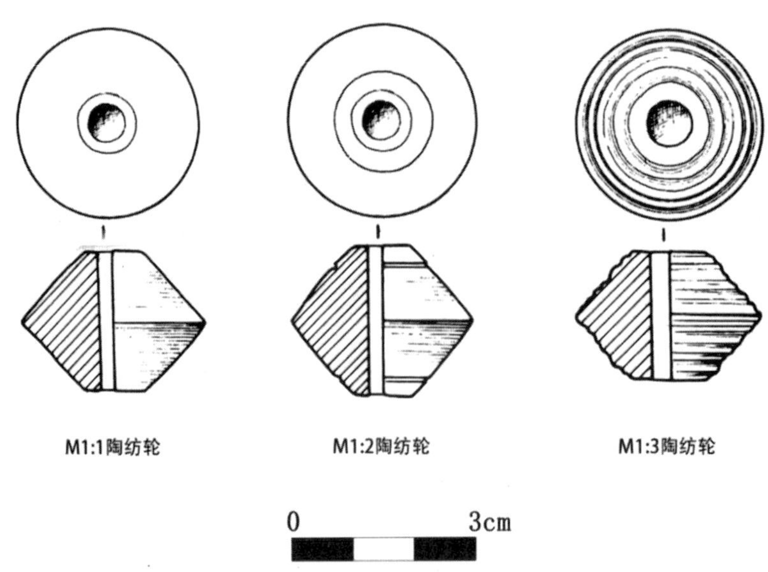

图9　M1:1、2、3陶纺轮线图

图 10　M1：1、2、3 陶纺轮

5. 铁环首刀

共 1 件，标本 2018GYYLM1：4，器表锈蚀较为严重，刀尖残。环首截面为圆形，刀背平直，刀刃微斜弧，环首至刀刃尾端向上微斜收，刀背至刀刃截面为细长三角形。残长 16.2 厘米，残宽 1.5—2.2—3 厘米，厚 0.1~0.2 厘米，环外径 3 厘米，内径 1.5 厘米。（图 11）

6. 铁刮刀

共 1 件。编号 2018GYYLM1：5，略残，器物锈蚀较为严重，一侧平直，一侧尖，刀背直，刀刃外弧，向刀尖处斜收。长 12 厘米，残宽 0.4~2.3 厘米，厚 0.1~0.3 厘米。（图 12）

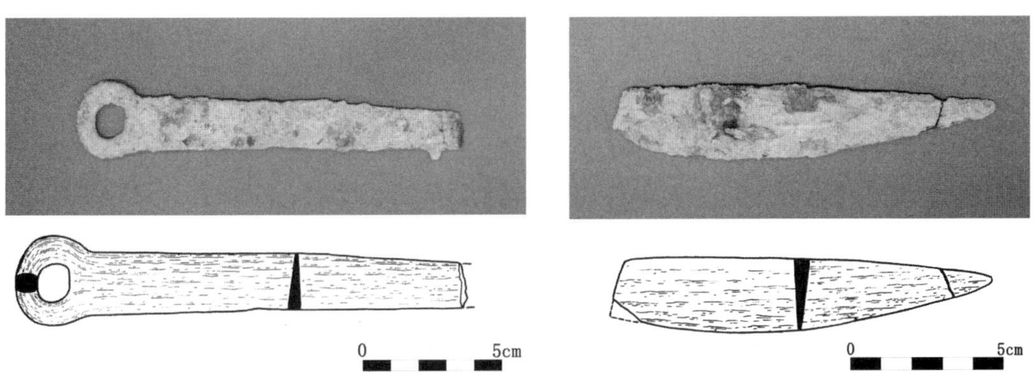

图 11　M1:4 铁环首刀及其线图

图 12　M1:5 铁刮刀及其线图

二、M2 形制特征和随葬品

（一）墓葬形制特征

长方形竖穴砖室墓（图 13），不见墓道和甬道，墓室前部有明显盗洞。墓向为 215°，全长为 2.8 米，宽 1.3 米，残高 1 米。墓穴营建简单，先挖长方形土坑墓穴，然后在土坑砌墓壁和券顶，券顶已塌，可见券顶坍塌痕迹。墓壁为单砖横向错缝平砌，起券处为单砖纵向错缝平砌。墓地铺两条一层墓砖，作木棺垫底枕木用，棺木已朽，人骨保留较为完整，脚掌骨不存，为仰身直肢葬，近见棺木内残留黑灰色草木灰，颅骨底有石灰垫底。（图 14）出土铁棺钉 8 件，镶蓝宝石戒面银戒指 1 件。墓砖为长方形青灰色砖，素面，长 28 厘米，宽 14.5 厘米，厚 4.5 厘米。

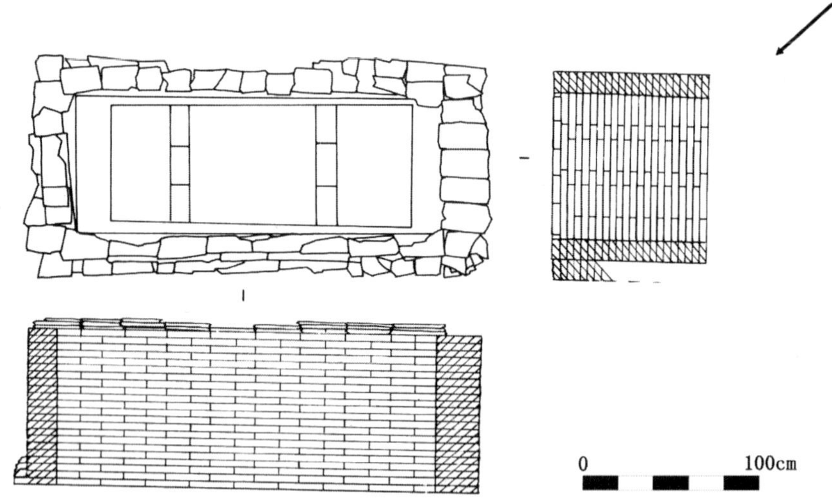

图 13　M2 平、剖、立面线图

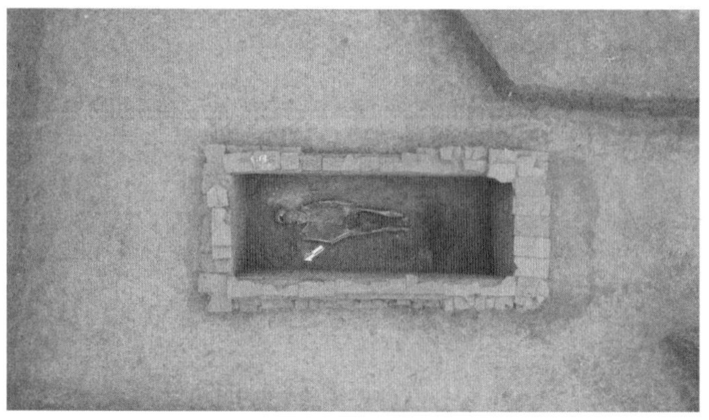

图 14　M2 正射影像图

（二）随葬品

1. 铁棺钉

共 8 件。标本 2018GYYLM2：1，铁，锈蚀严重，微弯曲变形，四方锥形，上宽下尖，横截面为正方形，纵截面为细长三角形。长 22.6 厘米，头宽 1.5 厘米。（图 15）

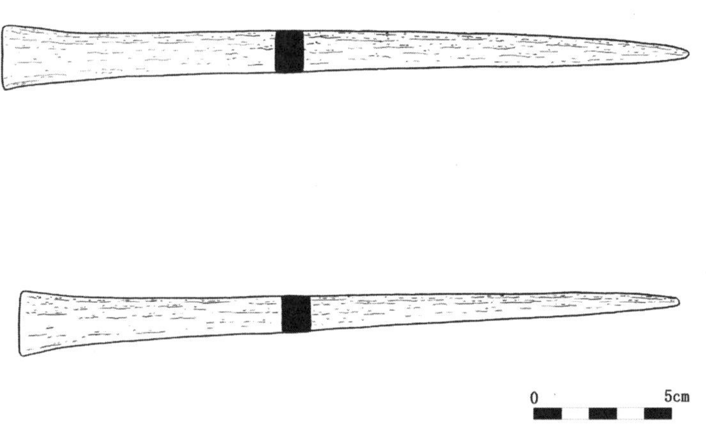

图 15　M2:1 铁棺钉线图

2. 戒指

共 1 件。标本 2018GYYLM2：6，指环为银质，戒面为蓝色宝石，指环直径 1.6~1.9 厘米，厚 0.1 厘米，戒托直径 1 厘米，厚 0.5 厘米，戒面微椭圆形，长 0.9 厘米，宽 0.8 厘米。（图 16）

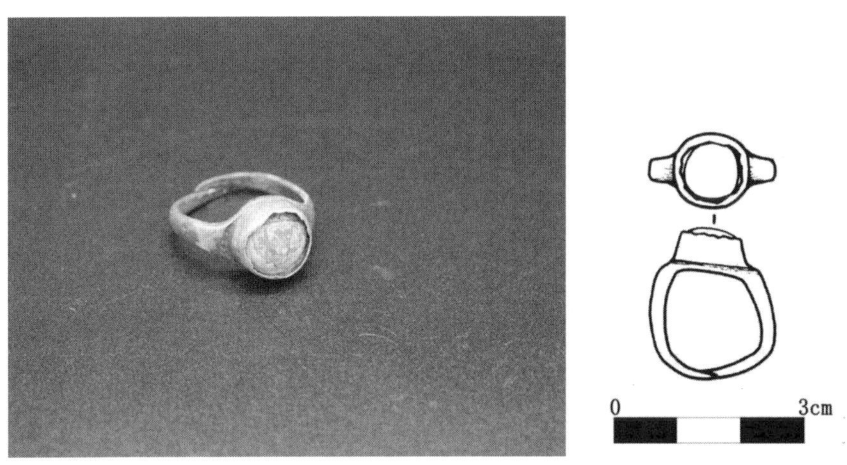

图 16　M2:6 戒指图版、线图

三、M3 形制特征及随葬品

（一）墓葬形制特征

“土”字形砖室墓（图 17），被盗且破坏严重，封土堆已不存，有多个盗洞，盗洞内填土出土现代矿泉水瓶，甬道和后室券顶坍塌。但整个墓结构清楚，先挖墓道和土坑墓穴，后用砖砌筑墓壁，起券处为平砌砖竖穴墓室组成，墓向为 98°，全长为 9 米，宽 2.6 米，高 1.9 米。由墓道、封门、甬道、前室、后室组成。墓道为斜坡式墓道，长约 1.5 米，宽约 1 米，坡度约 20°，墓道宽度窄于甬道。封门已不存，墓壁为两横一竖错缝平砌。甬道长约 1 米，外宽约 2.4 米，内宽约 1.2 米，残高约 1.3 米，甬道的券顶和地砖已不存，可见起券处为单砖纵向错缝，甬道内宽与前室一致，外宽于前室，甬道高度高于前室，与前室、后室保持一个水平面，较墓道深内口深度。前室长约 2 米，外宽约 2.1 米，内宽约 1.1 米，高约 1.5 米 ，前室高度低于甬道和后室，外宽小于甬道和后室，墓壁和券顶保留完好，券顶单砖纵向错缝平砌。后室长约 5 米，内宽约 2 米，外宽约 3 米，高约 2.4 米。后室高度和外宽均大于甬道和前室，大部分券顶坍塌，近前室处保留券顶，墓壁保留较好，铺地砖局部保留完好。券顶为单砖纵向错缝平砌，后壁残高，为两横一竖错缝平砌。（图 18）墓砖有长方形砖和楔形砖，长方形砖有四种，均为青灰色，其一为单面饰粗绳纹，长 33 厘米，宽 17.5 厘米，厚 5 厘米；其二为素面砖，长 33 厘米，宽 16.5 厘米，厚 5.5 厘米；其三为侧面文字，“大工（水纹）米字纹”，长 31 厘米，宽 16 厘米，厚 4.5 厘米；其四为单面饰中绳纹，侧面“米”字纹，长 33 厘米，宽 17 厘米，厚 4.5 厘米（图 19）。楔形砖有两种，其一为单面饰绳纹，长 32 厘米，宽 17 厘米，厚 4~5.5 厘米（图 20）；其二为素面，长 32.5 厘米，宽 17 厘米，厚 4.5~5.5 厘米（图 21）。

图 17　M3 正射影像图

图 18　M3 平、剖、立面线图

图 19　大工（水纹）米字纹、米字纹砖拓片

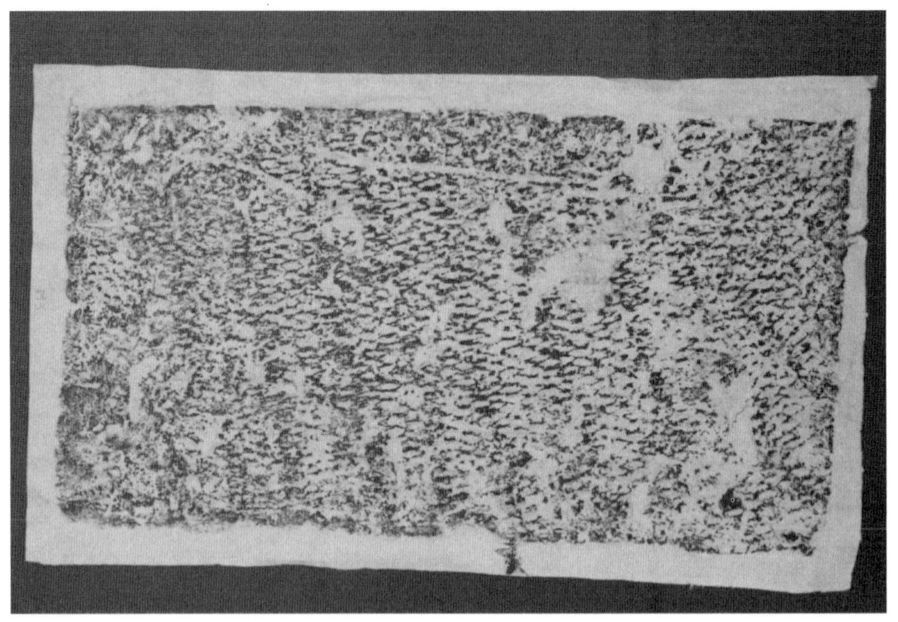

图 20 楔形砖单面饰绳纹拓片

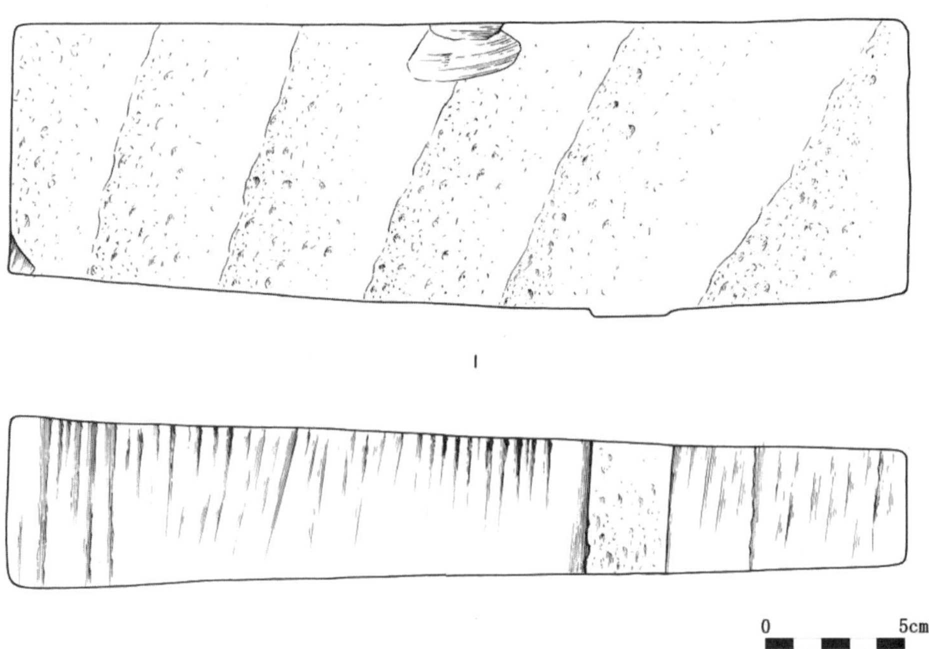

图 21 素面楔形砖线图

（二）随葬品

出土素面铜手镯 2 件，串珠 12 件，陶片若干。

1. 陶器

主要为罐类，可见口沿为敞口尖圆唇，宽凸唇，有素面，也有方格纹。

2. 铜手镯

共 2 件。标本 2018GYYLM3：1，表面锈蚀，细圆环形，截面为圆形，外径 6.7 厘米，内径 6 厘米，高 0.5 厘米。（图 22）

3. 串珠

共 12 件。灰白色，玉石材质，风化严重，仅 1 件保留完好，其余裂开两半。标本 2018GYYLM3：2，小圆球形，中间有穿孔。（图 23）

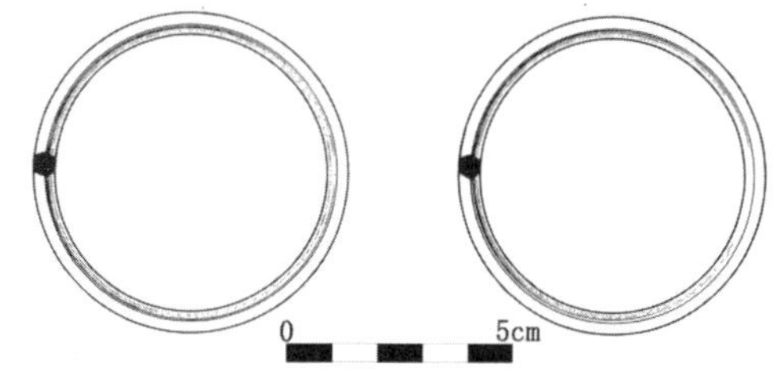

图 22　M3：1 铜手镯图版、线图

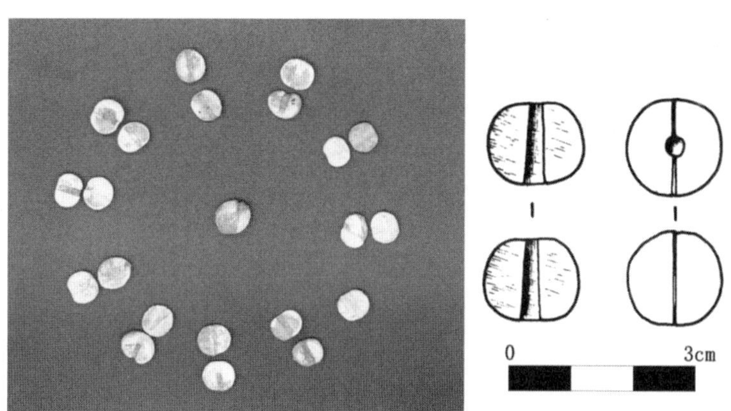

图 23　M3：2 串珠图版、线图

四、墓葬时代判断及认识

阳朔老鸦山墓地发掘 3 座古墓葬，均为砖室墓，其中 M2 单砖平砌营造方式及墓砖特征见于平乐县木棺汀明代墓葬，颅骨下垫石灰习俗也基本一致，随葬的银质戒指也在平乐木棺汀发现，判断 M2 为明代中晚期[1]。

M1 铺地砖特征与广州汉墓第四式（墓 5077）基本一致[2],M1 砖室墓为 T 形结构，根据广西文物保护与考古研究所谢广维提供的资料，合浦汉墓也常见发现，但合浦发现的 T 形墓为双墓道连体双室结构，严格意义属于两座墓葬，只不过是合葬类型，两个墓室相互连通，属于合葬连体墓葬类型。阳朔老鸦山发掘 M1，仅在其中一个墓室发掘出一条墓道，另外一个墓室的南侧则遭严重破坏，发掘期间未见痕迹，从中国南方汉—孙吴时期砖室墓基本结构可知[3]，该时期并没有单独墓道的 T 形墓，因此，M1 墓葬理应属于东汉后期双墓道连体双室墓。M3 墓葬结构在合浦汉墓中见有出土，差异在于尺寸以及营造方式不同。

由于 M1 和 M3 被盗及自然破坏原因，随葬品不多，仅残剩破碎的陶器，可辨别器类为罐或盘口器，总体特征不明显，但能够确定属于典型东汉晚期陶器，因此，M1 和 M3 属于岭南东汉后期典型砖室墓。同时，M1 和 M3 的墓砖为青灰色长方形砖和楔形砖风格，桂林区域常见，有别于合浦及贵港一带汉墓，代表桂东北区域汉代砖室墓的基本特征。而 M1 的墓葬结构，属桂东北区域首次发现的双墓道连体双室墓，为研究桂东北东汉后期的墓葬习俗提供重要考古资料。另外，M1 出土圈足器，具有成熟瓷器的基本特征。

执笔：苏勇

参与发掘人员：周有光、贺战武、刘芸、黄义兴、赖冬红、秦婕

线图绘制：张小波、刘芸

图片拍摄：苏勇

---

[1] 广西文物考古研究所：《2005 年平乐县木棺汀发掘报告》，见《广西考古文集》（第 3 辑），北京：文物出版社，2007 年，第 226—315 页。

[2] 中国社会科学院考古研究所、广州市文物管理委员会、广州市博物馆编：《广州汉墓》，北京：文物出版社，1981 年，第 376 页。

[3] 龚量：《汉—孙吴时期我国南方地区砖室墓形制类型初探》，载《东南文化》，1986 年第 2 期。

桂林叠彩区大河乡冷水岭被盗古墓抢救性发掘清理简报

桂林市文物保护与考古研究中心　桂林市靖江王陵文物管理处

一、地理位置

被盗古墓位于广西壮族自治区桂林市叠彩区大河乡新民村委山底村东约 500 米的一个叫冷水岭的小丘陵上。墓葬以西 134 米处为桂林绕城高速公路 S2201，墓前即为水泥乡道（江头村通往桂林福扬商贸有限公司仓库之间），以东 3 公里为尧山山麓，

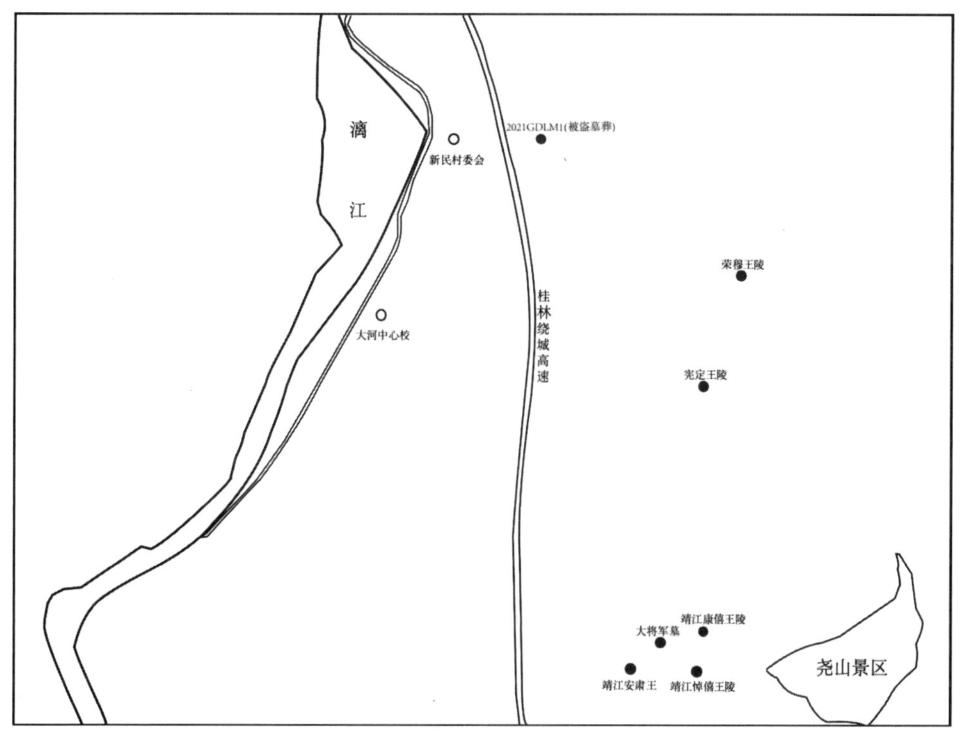

图 1　2021GDLM1（被盗墓葬）地理位置示意图

图 2 2021GDLM1（被盗墓葬）航拍图

东南 5~6 公里处即为靖江王陵核心保护区。墓葬地理坐标为北纬 25°20′9.62″，东经 110°20′42.81″。

冷水岭为一座低矮的小丘陵，东西长约 280 米，南北宽约 30~60 米，山顶高出旁边乡道 4~5 米。岭南约 80~100 米处有一条宽约 2 米的小溪，自东往西蜿蜒。冷水岭周围北面和西北 200~400 米处亦有类似的土丘分布。

被盗墓葬位于冷水岭西侧岭头。据当地村民叙述，在冷水岭西侧岭头南麓原有两处类似墓葬封土高起的土堆，后耕地取土被毁，未曾见有石人、石马；岭头南麓原见立有高 1.5 米以上的石碑，在 20 世纪 80 年代被运走用作水利设施建设。

二、发掘背景

2021 年 5 月，桂林市叠彩区大河乡新民村委村民在冷水岭的西侧开垦土地，种植桉树。5 月下旬在用挖掘机挖掘西侧岭头时，碰到了砌筑密集的石块和青砖，部分砖面暴露。村民因怀疑是墓葬，随即暂停挖掘，仅在岭西的南麓和北麓种植了桉树。6 月 2 日，桂林市文物保护与考古研究中心根据公安部门报告，桂林市叠彩区大河乡新民村委山底村冷水岭上暴露的一座砖室墓被盗，桂林市文物保护与考古研究中心立即派出工作人员与公安及村委干部在现场开展调查工作。

现场勘查发现，冷水岭西侧岭头有一砖室结构墓葬。该墓葬呈现被盗挖迹象：墓葬前空地可见散乱丢弃的石块和青砖，墓门已被打开一半，墓门前一块长方形大石板已被推倒在地，另一块大石板仍竖立于门前；石板后的封门砖大部分已被拆除，封门顶部的青砖券拱局部被破坏；墓室内近墓门处淤泥有明显的盗掘翻动痕迹，室内远处淤泥基本未被扰动；墓室两侧壁龛内泥土有明显扰动迹象，龛内空无一物。

整体来看，墓葬被盗掘破坏明显，墓内保存情况不明，如不及时开展清理工作，墓葬将会面临二次破坏。在向上级部门汇报，并与公安、村委协商后，桂林市文物保护与考古研究中心联合桂林市靖江王陵文物管理处考古人员，当即组织民工对该处被盗墓葬开展抢救性清理发掘，并对墓葬周边土岭进行考古勘探，同时安排人员在发掘人员撤场后对其进行值守。该处被盗墓葬的抢救性清理发掘工作由 2021 年 6 月 2 日开始，至 6 月 5 日结束，为期 4 天，编号为 2021GDLM1（2021 年桂林大河乡冷水岭）（以下简称 M1）。

三、墓葬形制

通过对现场考古勘探发现，考古人员在被盗墓室北侧发现了与其并列的另一个墓室，两墓室左右并列，中间共用同一堵砖墙。初步判断，此次被盗墓葬 M1 实为一座左右单墓室并列的明代双室券顶砖室墓。

M1 墓葬形制为长方形双室券顶砖室墓（左右单墓室并列），坐东朝西，墓向 255° 。墓前封土已推平，墓碑不存。墓葬原有封土堆，已被破坏，顶上葬有民坟，残存的黄褐色粘土封土堆高约 0.6 米。M1 整个由青砖砌筑，白灰浆填缝，青砖封门，墓门前砌有料石墙，料石墙前矗立大石板，以石块封门。M1 整体宽 4 米，高 2.25 米，封门石板至墓室后壁总进深约 3.5 米，墓室下部青砖平砌，至 0.9 米高处起券，三券三伏，厚约 0.6 米。

M1 由左、右两个长方形砖砌券顶墓室并列构成，其中左墓室被盗，右墓室完整、未被盗掘。左右两墓室结构大小相同，墓室之间砖墙相隔，各起券顶。两墓室均保存完整，墓室前各有外、中、内三重封门墙。第一重外封门为切割规整的方形石块砌成的料石墙，整板石块墙高约 1.60 米，宽 1.38 米，厚约 0.7 米。其中用来堆砌的方形石块大小均匀，每块边长约 0.3 米，石块由下至上并列堆砌 5 层至墓顶，每层并列 4 块方形石块，石块间用黄褐色粘土填充，在接近墓顶堆砌的石块间隙用碎砖填充。第二重封门为竖立的整块或两块并排的长方形石板，整板石板墙高 1.35~1.7 米，宽 1.1~1.4 米，厚 0.10~0.13 米；第三重内封门为整板砖墙，砖墙整体高 1.4 米，宽 1.03 米。砖墙严格按照墓门大小叠砌，从下至上叠砌共计 16 层。第三重内封门砖墙后即为长方形墓室，

图3　墓门全貌（图中左右依次为右墓室、左墓室）

图4　M1 右墓室内景（自西向东方向拍摄）

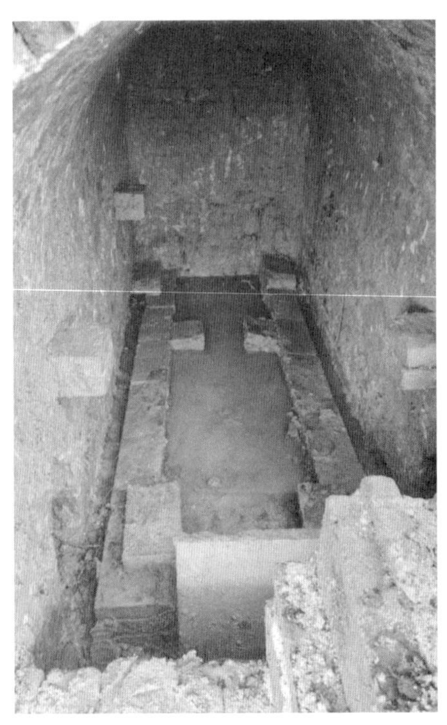

图5　M1 左墓室内景（自西向东方向拍摄）

墓室均为砖砌，砖缝之间用白灰浆填充，砖缝平直，墙面平整。

M1 左侧墓室被盗，墓室前砌有三重封门，封门堆砌形制与右墓室一致，被破坏的部分封门石块、石板、青砖被散乱丢弃在墓前空地，盗墓者暴力破坏掉第一重封门石块，移走第二重封门右侧石板，将石板后部分封门砖取出，直接从缺口处钻入墓室内进行盗掘。左墓室第二重封门由竖立并列的两块石板组成，石板大小较为一致。

左墓室平面呈长方形，长 2.74 米，宽 1.03 米，室内地面至券顶高 1.40 米。墓室两侧壁及后壁均为平砖错缝砌成，墓室内三壁及券顶均涂抹白色灰浆。墓室左侧墓壁厚约 0.6 米，右侧墓壁与右墓室共用一壁，厚约 0.7 米，两侧壁于距墓底 0.98 米处起券，券顶厚 0.65 米，为三券三伏结构。墓室两侧墓壁近墓门处各有一壁龛，壁龛形制大小较为一致，壁龛下部分呈长方形，上部分呈齿边三角形，造型较为别致，壁龛高 0.36 米，宽 0.28 米，进深 0.25 米，龛底与棺床砖面水平，距地面高 0.18 米，两侧墓壁的壁龛内均淤积黄褐色粘土，龛内或因被盗，未见出土物，龛内可见器物放置痕迹。近墓门右侧淤泥中发现一件梅瓶，与右龛内残留的器物痕迹一致，梅瓶应原放置于右龛内，后经流水搬动移位。后经查实，被盗的另一件梅瓶原放置于左龛内（发掘后不久，被盗梅瓶已被成功追缴）。

墓室正中有一长方形边框，边框后端直接与墓室后壁相连，边框其他三边由三层青砖平地叠砌，砖框长 2.16 米，宽 0.87 米，高于地面 0.18 米，长方形砖砌边框应用于放置棺木，为砖砌棺床。清理前，棺床内为夹杂红色漆皮碎屑的黑褐色淤土，出土有棺钉、铜钱等。清理后，砖砌棺床下直接裸露黄色生土，无铺地砖。棺床两侧与墓壁之间各留有一长条形排水沟，沟与墓壁平齐，沟底铺砖，排水沟长 2.42 米，宽 0.08 米，深 0.18 米。两侧墓壁距沟底高 0.65~0.75 米处，近墓门处和近后壁处向墓室中部各有一凸出结构，凸出的结构由上下两块长方形青砖横置，两块青砖一半嵌入壁内，一半向墓室内凸出。两侧墓壁凸出位置左右对称，同侧墓壁前后两组凸起间隔 1.11 米。

右墓室因被黄土植被掩盖，未暴露被破坏，故墓室前三重封门得以保存完整。第一重外封门为方形石块砌筑；第二重封门由整块长方形石板竖置；第三重内封门为整板砖墙砌筑。第三重内封门砖墙后即为长方形墓室，墓室内未有被盗和扰动痕迹，室内长有 10 余处白蚁窝，左右两侧壁龛内文物呈自然倾倒状。

右墓室平面呈长方形，大小形制与左墓室一致。右墓室长 2.74 米，墓室宽 1.03 米，室内地面至券顶高 1.4 米。墓室两侧壁及后壁均为平砖错缝砌成，墓室内三壁及券顶均涂抹白色灰浆。左侧墓壁与右墓室共用一壁，厚约 0.7 米。墓室右侧墓壁厚约 0.6 米，两侧壁于距墓底 0.98 米处起券，券顶厚 0.65 米，为三券三伏结构。墓室两侧墓壁近墓门处各有一壁龛，与左墓室壁龛形式稍有不同。右墓室壁龛形制大小一致，下部分呈长方形，上部分呈三角形，壁龛高 0.36 米，宽 0.3 厘米，进深 0.23~0.26 米，龛底与棺床砖面水平，距地面高 0.12 米，壁龛内各出土一件瓷梅瓶。

右墓室正中有一长方形边框，边框后端直接与墓室后壁相连，边框其他三边由二层青砖平地叠砌，砖框上涂抹白色灰浆，砖框长 2.15 米，宽 0.85 米，高于地面 0.12 米，长方形砖砌边框应用于放置棺木，为砖砌棺床。棺床正前方发现长圆木一截，圆木已碳化。清理前，长方形砖框内为黑褐色淤土，夹杂朱漆、杉木、编织物类碎屑，出土棺钉、铜钱。清理后，砖砌棺床下直接裸露黄色生土，无铺地砖。棺床左右两侧与墓壁之间各留有一长条形排水沟，沟与墓壁平齐，沟底铺砖，排水沟长 2.42 米，宽 0.10 米，深 0.12 米。两侧墓壁距沟底高 0.65~0.75 米处，近墓门处和近后壁处向墓室中部各有一凸出结构，凸出的结构由上下两块长方形青砖横置，两块青砖一半嵌入壁内，一半向墓室内凸出。两侧墓壁凸出位置左右对称，同侧墓壁前后两组凸起间隔 1.26 米。

四、出土遗物

考古人员运用传统发掘与现代科技相结合的技术手段对墓葬进行了清理，对整体现场信息开展航拍、照相、录像、测量、绘图、三维建模等多项工作，对出土文物进行了提取。

M1 左墓室被盗，墓室内堆积部分被扰动，考古清理出土酱釉陶梅瓶 1 对（其中 1 件考古现场出土，另 1 件属于被盗后成功追缴）、铜钱 38 枚、铁质棺钉 36 颗、陶方形砖 1 块等。

1. 陶梅瓶

2 件。无盖，保存完整，大小一致，尺寸为口径 5 厘米、通高 23 厘米、腹径 18 厘米、底径 9 厘米。梅瓶小口圆唇短颈，溜肩鼓腹，平底；外口至腹部施浅薄的酱釉，底部及下腹部不施釉，胎为红黄色。（图 6）

2. “洪武通宝”铜钱

38 枚。形制为方孔圆形，字体为楷书，直径为 2.3 厘米。

3. 方砖

1 件。方砖边长 38 厘米，厚 4 厘米。左侧墓室棺床正前方出土，正反面光滑，无明显篆刻和书写痕迹，性质不明。

4. 铁质棺钉

36 颗。锈蚀严重，长短不一，长约 4~7 厘米。

M1 右墓室未被盗掘，堆积保存完整，考古清理出土翠蓝黑花梅瓶 1 对（2 件）、铜钱 18 枚、铁质棺钉 50 颗、碳化圆木 1 截等。

图 6　酱釉陶梅瓶（M1 左墓室现场出土）

图 7　瓷梅瓶（M1 右墓室出土）

图 8　瓷梅瓶（M1 右墓室出土）

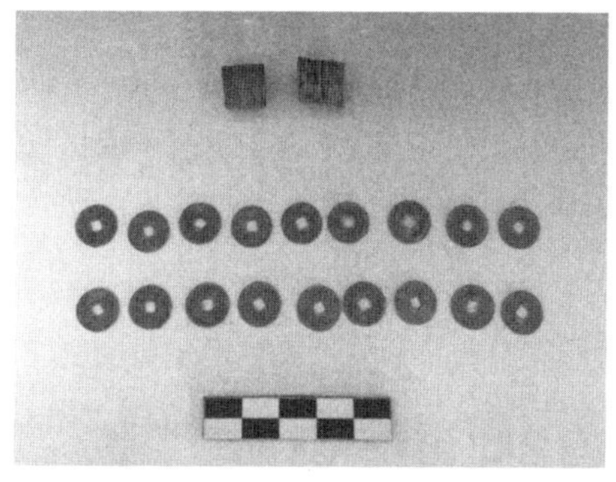

图 9　“洪武通宝”铜钱（M1 右墓室出土）

1. 瓷梅瓶

2 件。无盖，保存完整，大小一致，尺寸为口径 4 厘米，高 24 厘米，最大腹径 15 厘米，底径 8.8 厘米。梅瓶小口圆唇短颈，丰肩，腹长而饱满，平底内凹；外施翠蓝色高温釉，釉色深沉而透亮，釉下为手绘黑色缠枝花卉纹。（图 7、8）

2. “洪武通宝”铜钱

18 枚。形制为方孔圆形，字体为楷书，直径为 2.3 厘米。（图 9）

3. 碳化圆木

1 截。圆木长约 40 厘米，直径约 12 厘米。已碳化，性质不明。

4. 铁质棺钉

50 颗。锈蚀严重，长短不一，长约 4~7 厘米。

五、人骨保存情况

M1 两个墓室内渗水严重，白蚁泛滥，左右墓室内棺椁已不存，墓底淤土中残存部分朱漆棺木碎屑。两个墓室人骨保存状况极差，仅在墓室中部淤土中发现有部分肢骨，经长期泡水肢骨发黑酥化，已不能完整取出。根据肢骨出土位置和棺钉分布，左右墓室内墓主均为仰身直肢葬，墓主性别不详。

六、结语

M1 左右墓室均出土有梅瓶 1 对，梅瓶造型精美，制作工艺复杂，价格昂贵。在明代常常作为墓主身份的重要象征随葬于墓室内，明代丧葬制度等级分明，一般只有属于靖江王宗室的中上层人物才会有资格随葬精美的梅瓶。M1 右墓室壁龛出土的 2 件瓷梅瓶与 1982 年靖江王府奉国将军朱规琅夫妇合葬墓出土的明嘉靖 · 孔雀蓝黑花缠枝牡丹纹梅瓶（现收藏于桂林博物馆）较为一致。关于墓葬年代，从墓葬出土的“洪武通宝”和瓷梅瓶分析，该墓的年代约为明代中晚期。

墓室整个由青砖砌筑，墓室前用石块、石板、青砖进行三重封门防盗，墓室券顶为三券三伏，墓室内两侧及后壁均用白灰浆涂抹，墓室内用砖砌棺床用于放置棺木，墓地铺砖，两侧留排水沟用于墓室排水。左右墓室整体宽 4 米，高 2.25 米，墓室正面券顶上还砌有高约 0.2 米的砖墙，对阻挡墓室顶上向前坍塌的封土起到了一定的作用。从防盗、排水、防潮、防塌这些方面来看，墓室整体体现了极为讲究的构筑方式。据当地村民叙述，M1 墓前未曾见有石人、石马，岭头南麓原见立有高 1.5 米以上的石碑。依地面规制，该处墓葬无围墙和石像生，仅见有墓塚和墓碑，墓葬等级应属于中尉墓

（包括镇国、辅国、奉国中尉，以及靖江王宫媵，郡君、县君、乡君等女性宗室墓）[1]。

根据第二次全国文物普查资料，靖江王陵墓群原有各等级墓葬320多座，其分布范围东起灵川大圩镇铁山圩的流水山、西至七星公园以东的望城岗，北起灵川甘棠乡社山村老虎岭、南到雁山区柘木镇蒋家渡村大园岭，南北长15公里，东西宽7公里，总面积达100多平方公里。该墓以东5~6公里处即为靖江王陵核心保护区，靖江怀顺王陵，东南3公里处即为靖江荣穆王陵。该墓位于靖江王陵墓群分布偏北范围内，所以该墓位于桂林靖江王陵及宗室墓的总体分布范围之内。靖江王陵及其宗室墓有较为严格的等级标准。但该墓不见围墙，也不见石像生和享堂，也没有墓志和碑文佐证墓主与靖江王宗室的关系。但鉴于该墓地处靖江王墓及宗室墓分布的外围地带，构筑形制上较为精致，墓葬内有梅瓶出土，故初步认为该墓可能属于靖江王宗室墓。

综合M1的形制和出土器物、地理位置等情况，可初步推断该墓葬为一座明代晚期的双室券顶砖室墓（左右单墓室并列），墓主身份可能为靖江王宗室。

M1是目前桂林市内发现的唯一一座保存完整、出土梅瓶精美，经过正式考古清理的明代晚期双室券顶砖室墓（左右单墓室并列）。此次发现，对研究明代中晚期靖江王宗室墓葬形制提供了重要的实物资料。

执笔：刘芸

参与此次发掘的工作人员：贺战武、苏勇、张宗亚、刘芸、曾祥忠、张阳江、阳灵、钟嘉瑞

摄影：苏勇、张宗亚

[1] 漆招进：《从丧葬礼制看靖江王墓的陪葬青花瓷器》，载《南方文物》，2000年第4期。

广西灵川县江头村古建筑遗址考古勘探与试掘简报

灵川县文物管理所

一、概况

江头村位于桂林市灵川县九屋镇人民政府东北约 1 千米，距灵川县城约 20 千米。据《灵川县志》《周氏宗谱》等文献记载，灵川县建县（始建于唐龙朔二年，即公元 662 年）之时已有江头村（解放前称江头洲，解放后称江头村），该村至今已有 1000 多年历史。周氏始祖周秀旺及周本初、周本昌（籍贯湖南道州府营道县，即今湖南省永州市道县，是北宋著名文学家、哲学家、理学开山鼻祖周敦颐的嫡亲后裔）等人于明朝洪武戊申年（1368）“宦游粤西”，定居江头村，至今 600 多年。该村现有 180 多户、800 多人，全村 90% 以上居民姓周。江头村周氏家族秉承先祖治学之道，崇尚读书，热衷科举，可谓文教绵延，科第联辉。据周姓族人初步统计，周姓先后出现秀才 200 多人、举人 25 人、进士 6 人、庶吉士 6 人，出仕为官者 200 多人，其中七品以上官员 34 人。故历史上文人高官辈出，且颇有政绩，其中，有乾隆年间历任山西知县、浙江知县，在当地开办书院，爱民育士的周履泰；有道光年间官至代办两江总督事，被林则徐赞扬为“循良第一”的周启运；有咸丰年间的翰林院庶吉士，授职检讨，被誉为“桂林十才子”之一的周寇；等等。这些周氏族人告归故里后便建祠堂、造房屋、立牌坊、办义塾，以光耀先祖，佑启后人。

江头村现存的古建筑种类齐全，规模宏大，其类型包括民居、水井、祠堂、巷道、牌坊、桥梁、墓葬、庙宇、香火堂等，尤其是民居数量多、类型全。现存的江头村民居大多坐西朝东，明清、民国民居有 100 户之多，规划布局独特，建筑类型丰富，规模宏大，建筑装饰艺术丰富精美，是目前广西发现的明清文化底蕴最为丰富的古民居建筑群，是研究明清民居建筑文化和民俗文化的宝贵资源，具有重要的历史、艺术、科学价值。2006 年，江头村古建筑群被国务院公布为全国第六批重点文物保护单位。2012 年 12 月江头村被住建部、文化部公布为“第一批中国传统村落”，2014 年 3 月被评为“中国历史文化名村”。

江头村的村中和村周至今保存有大量的墓碑和记事碑，村东北面房屋后现存一座明万历四十六年（1618）墓葬，墓碑上刻有“明故显考周公尚泉墓记，公讳旺瑞，乃江头坊周奉春之长子也……”这是目前发现的最早的有关江头村的碑刻，显然，明代周氏族人已在江头村生活繁衍；而存放于江头村爱莲家祠内落款为“大清嘉庆拾七年壬申仲春月朔四日众兴户敬立”的“明故一世祖白公周志轩老大人白婆周姚氏老大孺人”合葬墓碑上记载：“始祖公乃周濂溪公之裔也。因宦游而卜居于灵岩江头洲，发配姚氏，所育二世祖长禄成、次禄荣，三世祖周奉迁葬地名大培，立乾山异向，今重命匠勒石为碑，永远祭扫，以志不忘。”此碑明确记载了江头村周氏先祖为宋代著名理学家文学家周敦颐的后裔。该村现存《周氏族谱》记载：启祖秀旺公于明弘治戊申年（1488）宦游粤西，先寄居龙胜县牛头寨，后迁入今地，迄今500余年。据传，该村初名“埋头寨”，寓埋头苦干、励志图强之意。这与“靖康之乱”后，宋室南迁避地桂林的历史背景相符。又传，秀旺公之父，年寿公葬于湖南，前人曾去湖南祭扫坟茔。后因周氏族人兴旺发达，“埋头寨”其名被废弃，今鲜为人知。[1]

为全面收集和摸清广西灵川县九屋镇江头村的历史信息，进一步了解江头村最早建村的历史以及建筑布局和状况，为下一步江头村古村落有效的保护和利用提供最有价值的资料，根据《中华人民共和国文物保护法》《广西壮族自治区文物保护管理条例》的有关规定及广西壮族自治区文物局对江头村古建筑群遗址进行考古勘探及试掘的要求，在自治区文物局的支持下，由灵川县文物管理所组织实施，广西文物保护与考古研究所相关专家现场指导，于2021年11月18日至12月3日对江头村古建筑群遗址进行了局部的考古勘探及试掘。

二、考古勘探及试掘

按照江头村古建筑群遗址考古勘探与试掘工作方案，本次考古勘探及试掘地点选取在村子中部且相对位置最高处（即明代民居遗址周边一带）进行（见图1）。

（一）勘探工作

为了解江头村古建筑群早期遗址的分布范围、面积及布局等，以便选取试掘地点，考古队先在明代民居遗址一带进行全面的勘探。由于周围现今大部分是道路、房屋等，勘探工作只能见缝插针，选取在能够勘探的地方采用梅花点布孔法进行勘探，共勘探面积约1500平方米，对地下的埋藏状况有了初步的了解。

（二）试掘工作

在勘探的基础上，选取了三个地点进行试掘。第一试掘地点位于明代民居1东约10

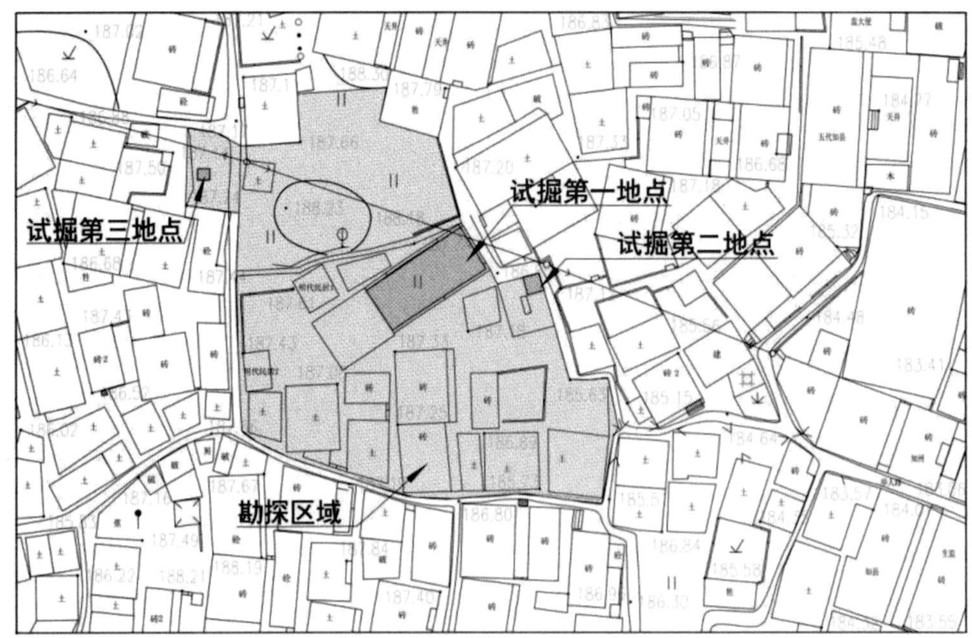

图 1　江头村考古勘探与试掘位置示意图

米处，是一座早已倒塌且废弃的房屋，现四周保存有高矮不一的房墙；第二试掘地点位于明代民居 1 西北约 60 米处；第三试掘地点位于第一试掘地点东南约 10 米处，北紧临香火堂（始建于清乾隆三十四年），也是一座早年已倒塌且废弃的房屋。因为四周都分布有房屋和残缺的屋墙，为了便于堆土，重要的是保证试掘工作的安全，试掘工作因地制宜，布方规格为 3×3 平方米，各探方之间留有 1 米宽的隔梁；第一试掘地点共布设探方 10 个，方向 60°；第二、第三试掘地点各布设探方 1 个，方向正南北；三处试掘地点共布探方 12 个，试掘面积 108 平方米。

（三）地层堆积

1. 第一试掘地点地层堆积

经试掘，对第一地点的堆积状况有了大致的了解。该地点的整个地势西高东低，地层堆积也呈现出西薄东厚的面貌，西部有的在①层下就出露生土。下面以 T7 为例，对第一试掘地点的地层堆积状况进行说明。

图 2　第一试掘地点布方情况

第①层，耕土层，灰黑色粘土，松散，堆积厚 13~28 厘米，出土物有少量青花瓷片等。

第②层，灰黄色粘土，土色偏暗，松软，堆积厚 15~32 厘米。出土有少量青花瓷片、硬陶片及“乾隆通宝”一枚。

第③层，黄褐色粘土，稍软，堆积厚 16~26 厘米，主要分布于发掘区东部的 T1、T2、T6、T7、T8。出土有青花瓷片、硬陶片等。

图 3　试掘工作场景

第④层，灰褐色粘土，稍紧，堆积厚 14~27 厘米，主要分布于发掘区东部的 T1、T2、T6、T7、T8。出土有少许青花瓷片、硬陶片等。

第⑤层，黄色夯土层，紧密，地势平坦，堆积厚约 18 厘米，主要分布于发掘区东部的 T1、T2、T6、T7、T8。出土有青瓷片、硬陶片及一枚“洪武通宝”铜钱。

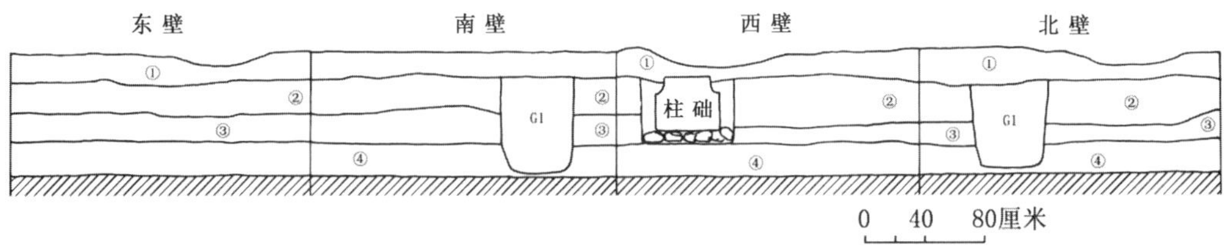

图 4　第一试掘地点 T7 四壁剖面图

2. 第二试掘地点地层堆积

第①层，灰褐色粘土，土色较杂，松散，堆积厚约 25 厘米，无遗物。

第②层，近现代房子的地板，灰黄色三合土，较紧，堆积厚约 18 厘米，无遗物。

第③层，灰褐色粘土，稍软，堆积厚约 26 厘米，无遗物。

第④层，黄褐色粘土，紧密，堆积厚约 55 厘米，无遗物。

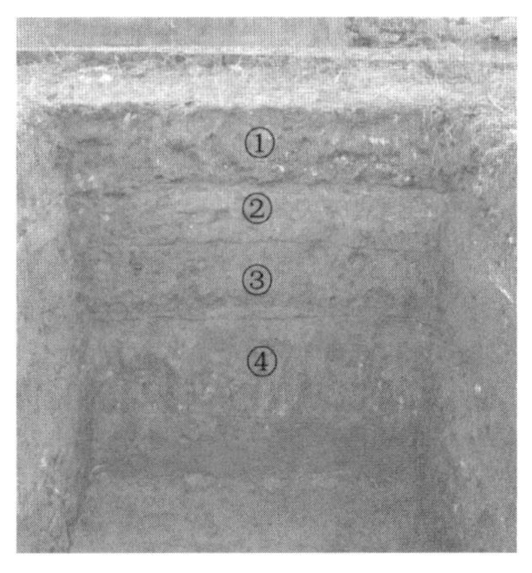

图 5　第二试掘地点 T11 西壁剖面

3. 第三试掘地点地层堆积

扰土层，为20世纪90年代房屋倒塌所致，土色较杂，灰黄色，较松散，含有大量碎瓦片及植物根系等，堆积厚约68厘米。

第①层，灰黑色粘土，松散，堆积厚8~16厘米，无遗物。

第②层，灰黄色沙粘土，松软，堆积厚11~28厘米，无遗物。

第③层，浅棕红色粘土，较软，堆积厚18~21厘米，出土有青瓷片及硬陶片等。③层下为生土。

图6　第三试掘地点T12西壁剖面

（四）遗迹

本次试掘只在第一试掘地点发现有建筑遗迹，主要为清代房屋的柱础、部分墙基和明代活动面。

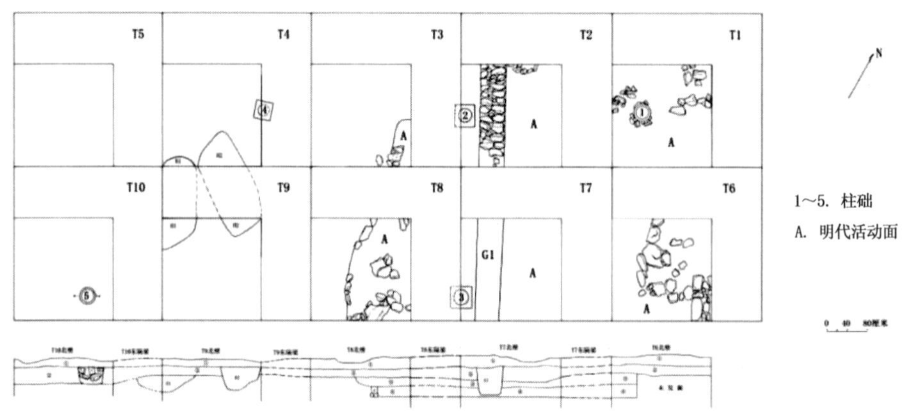

图7　第一试掘地点探方及遗迹分布图

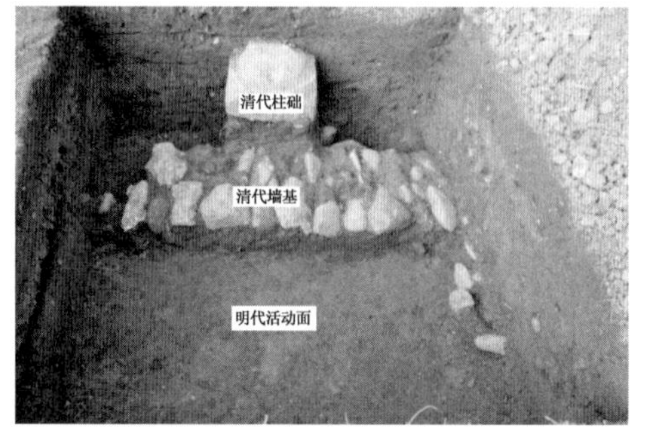

图8　第二试掘地点T2出露的遗迹现象

（五）遗物

本次试掘只在第一和第三地点出土有遗物，其中以第一地点发现的为多。遗物主要有陶瓷片和铜钱，以陶瓷片为主。

1. 第一试掘地点出土遗物

第一试掘地点的陶片多是陶罐、缸的口沿、腹部、底部残片，红褐胎居多，少量灰褐胎，有少量擂钵、器盖残片，质地坚硬。瓷片以青花瓷为主，灰白胎，可辨器型有碗、盘、杯等；另有少量青瓷片，红褐、褐色、黄褐胎，多为碗、罐的口沿、腹部、底部残片。由于出土的遗物绝大多数为残片，不能对器物进行分型分式，在此只按器类进行描述。

（1）青花瓷器

主要是青花瓷碗和杯两种。

青花瓷碗 16 件。2021GLJT2④：01，残，灰白胎。敞口，圆唇，斜弧腹，圜底，旋割的小圈足。圈足内未施釉，釉面洁白莹润。口沿内外均饰有淡蓝色青花一道，腹部饰青花婴戏纹。口径 13 厘米，底径 5.8 厘米，高 5.7 厘米（见图 9）。

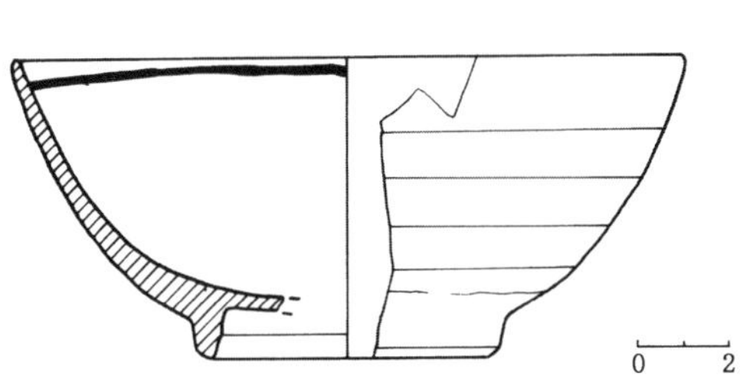

图 9　2021GLJT2④：01

2021GLJT6③：01，残，灰白色胎，除圈足触地处，通体施青白釉，釉面洁白莹润，口沿内外各饰有淡蓝色青花一道，上腹部饰青花珍珠地荷花纹，下腹部饰青花菊瓣纹，碗底饰有淡蓝色青花两道及一单个青花花朵纹，釉面上刻有作记号的文字和图案，圈足内外亦各饰淡蓝色青花两道，足底正中有淡蓝色青花方形印章一枚。敞口，圆唇，微外撇，斜弧壁，圜底近平，圈足触地内收。口径 14.4 厘米，底径 5.4 厘米，高 6.8 厘米（见图 10）。

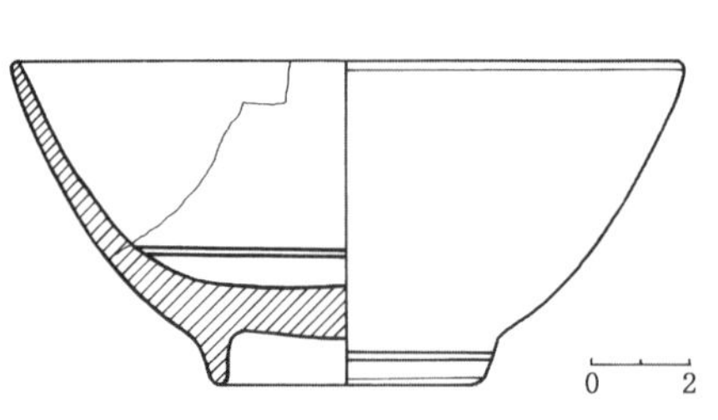

图 10　2021GLJT6 ③：01

2021GLJT6 ③：02，残，灰白色胎，除触地外，通体施青白釉，釉面洁白莹润，口沿内外各饰有淡蓝色青花一道，腹部饰上下两格青花灵芝纹及圈足，碗底饰有淡蓝色青花两道，釉面上刻有一“信”字，圈足内亦饰淡蓝色青花两道。敞口，圆唇，微外撇，斜弧壁，圜底近平，圈足触地内收。口径 14.2 厘米，底径 5.4 厘米，高 6.6 厘米（见图 11）。

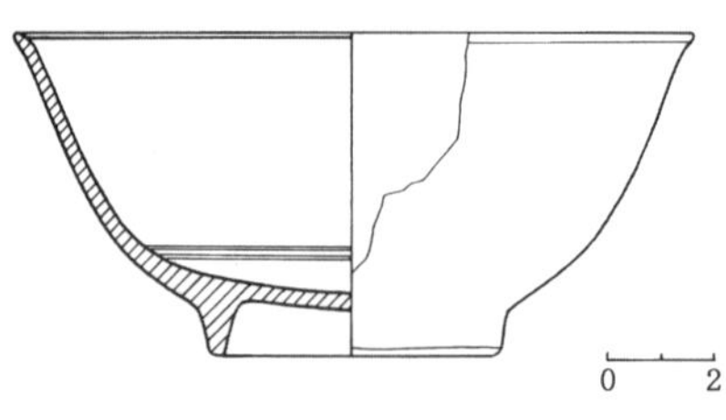

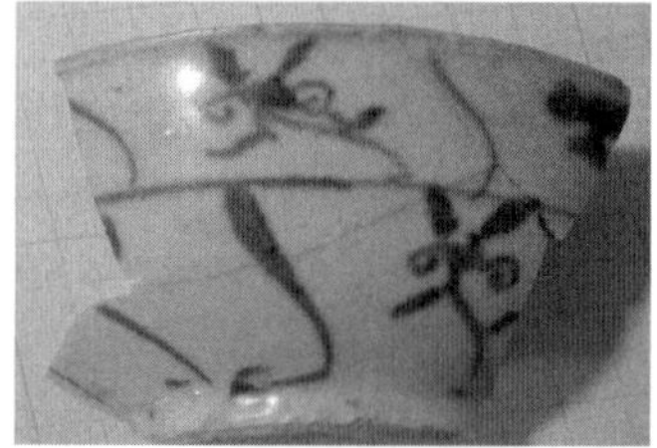

图 11　2021GLJT6 ③：02

2021GLJT6 ③：03，残，灰白色胎，除触地外，通体施青白釉，釉面洁白莹润，沿面有淡蓝色青花一道，腹部饰上下两格青花灵芝纹及圈足，碗底饰有淡蓝色青花一道及一单个青花灵芝纹，釉面上刻有一“金”字，圈足内亦饰淡蓝色青花两道，足底正中有淡蓝色青花方形印章一枚。敞口，方圆唇，微外撇，斜弧壁，圜底，圈足触地内收，有结痂现象。口径 14.4 厘米，底径 6.2 厘米，高 7.1 厘米（见图 12）。

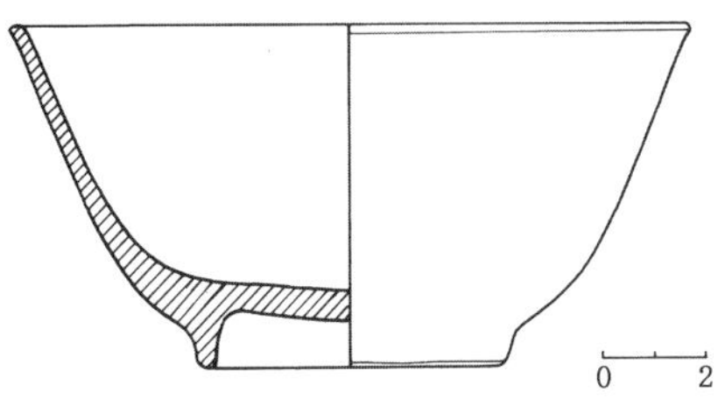

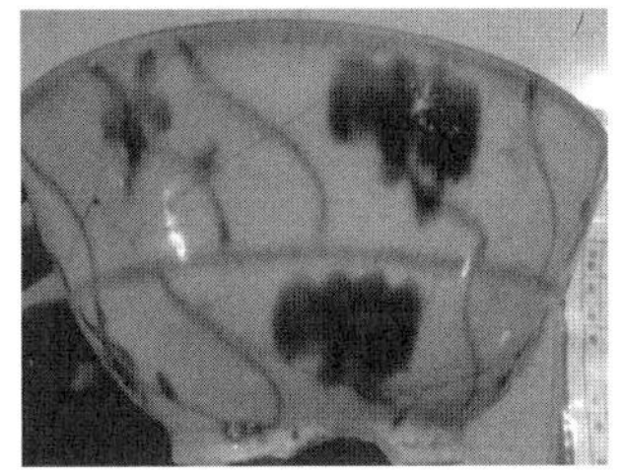

图 12 2021GLJT6 ③：03

2021GLJT6 ③：04，残，灰白色胎，施青白釉，釉面洁白莹润，沿面有淡蓝色青花一道，腹部饰上下两格青花灵芝纹，碗底饰有淡蓝色青花两道。敞口，方圆唇，微外撇，斜弧壁，圜底。口径 16.4 厘米，残高 6.3 厘米（见图 13）。

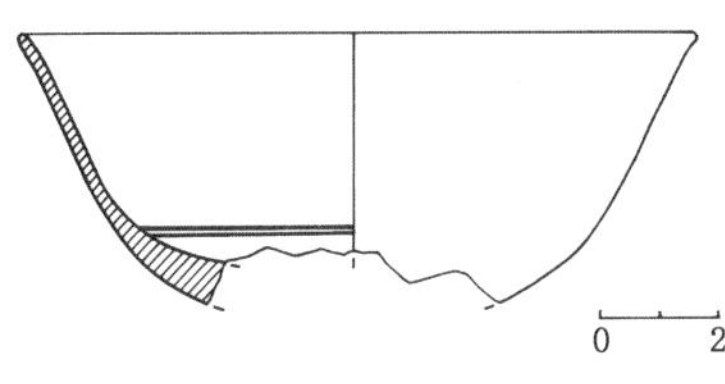

图 13 2021GLJT6 ③：04

2021GLJT6 ③：05，残，灰白色胎，除触地外，通体施青白釉，釉面洁白莹润，沿面有淡蓝色青花一道，腹部饰上下两格青花灵芝纹及圈足，碗底饰有淡蓝色青花两道及一单个青花灵芝纹，圈足内亦饰淡蓝色青花两道，足底有淡蓝色青花菱形印章一枚。敞口，方圆唇，微外撇，斜弧壁，圜底，圈足触地内收。口径 16 厘米，底径 7 厘米，高 7.5 厘米（见图 14）。

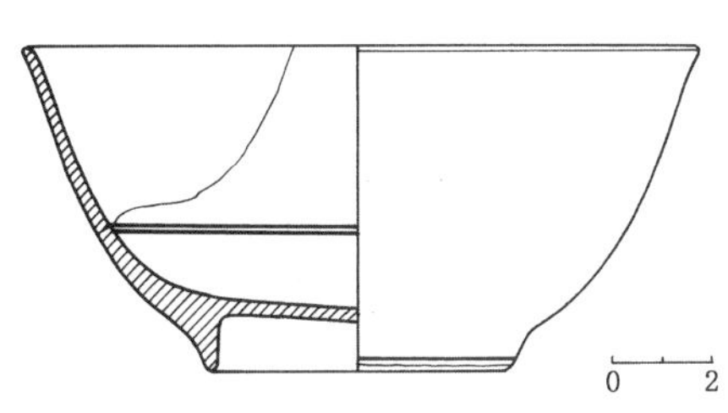

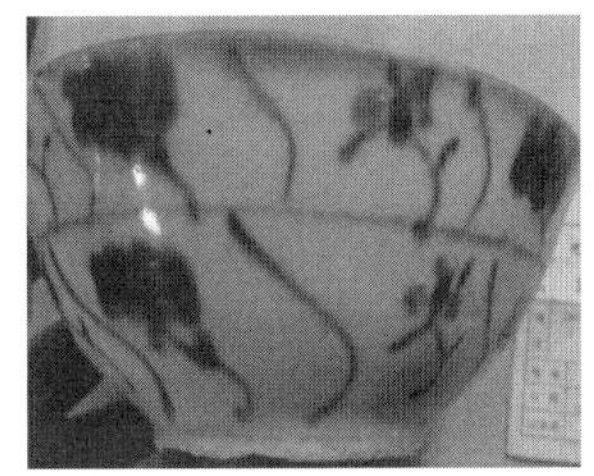

图 14 2021GLJT6 ③：05

2021GLJT6③：07，残，灰白色胎，除碗底有一圈宽 1 厘米左右未施釉外，通体施青白釉，釉面洁白莹润，腹部饰青花菊花点块纹。敞口，方圆唇，微外撇，斜弧壁，圜底。口径 15.8 厘米，残高 5.5 厘米（见图 15）。

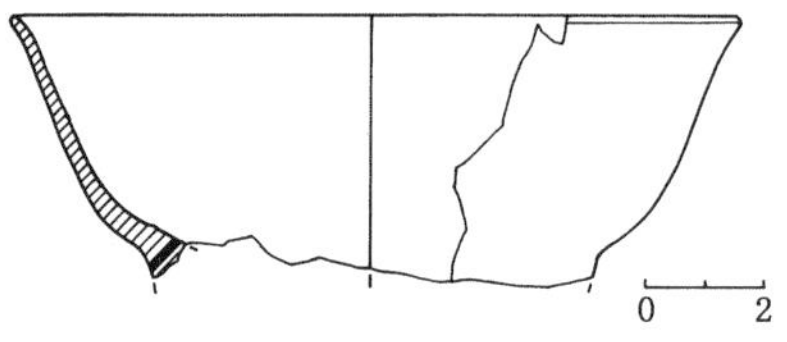
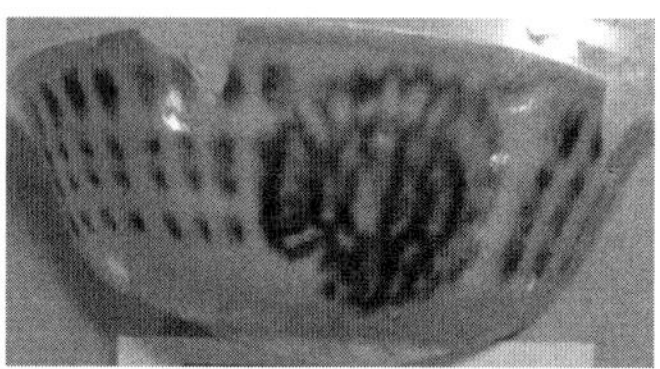

图 15　2021GLJT6③：07

2021GLJT6③：06，残，灰白色胎，除触地外，通体施青白釉，釉面洁白莹润，口沿内外及碗底各饰有淡蓝色青花两道，腹部饰青花蕉叶纹，圈足内外亦各饰淡蓝色青花两道，足底正中有淡蓝色青花方形印章一枚。敞口，圆唇，斜弧壁，圜底近平，圈足触地内收。口径 14 厘米，底径 6.2 厘米，高 7.4 厘米（见图 16）。

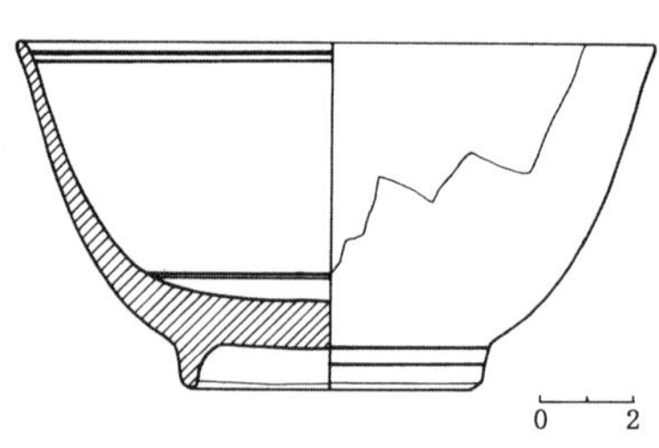

图 16　2021GLJT6③：06

2021GLJT6③：08，残，灰白色胎，除圈足内及触地外，通体施青白釉，釉面洁白莹润，腹部饰青花蕉叶纹，圈足内有旋割痕。敞口，圆唇，斜弧壁，圜底近平，圈足触地内收。口径 11.2 厘米，底径 5.2 厘米，高 5.6 厘米（见图 17）。

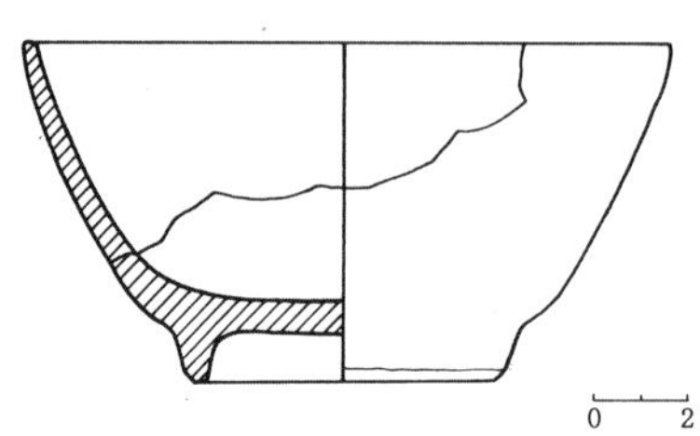
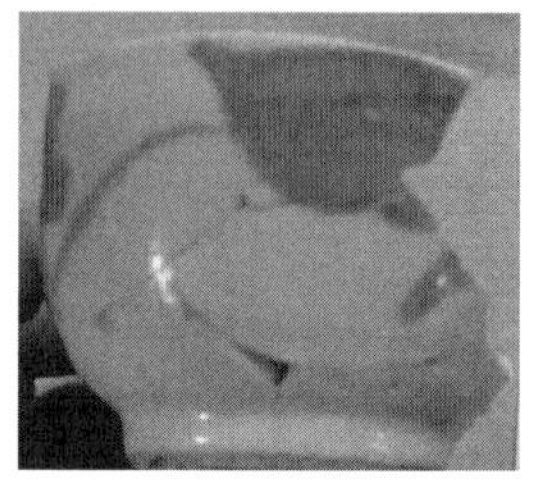

图 17　2021GLJT6③：08

2021GLJT6③：09，残，灰白色胎，除触地外，通体施青白釉，釉面洁白莹润，口沿内及碗底各饰有淡蓝色青花一道，腹部饰青花灵芝纹，圈足内外亦各饰淡蓝色青花两道，碗底及足底有淡蓝色青花纹。敞口，方圆唇，斜弧壁，圜底近平，圈足触地内收。口径 14 厘米，底径 6.6 厘米，高 6.7 厘米（见图 18）。

2021GLJT6③：10，残，灰白色胎，除触地外，通体施青白釉，釉面洁白莹润，沿外饰有淡蓝色青花两道，腹部饰青花花草纹，触地有结痂现象。敞口，方圆唇，斜弧壁，圜底近平，圈足触地内收。口径 12.8 厘米，底径 6.4 厘米，高 6 厘米（见图 19）。

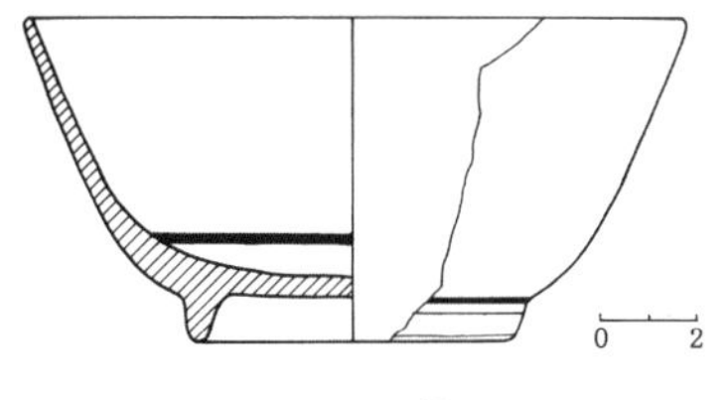

图 18　2021GLJT6③：09

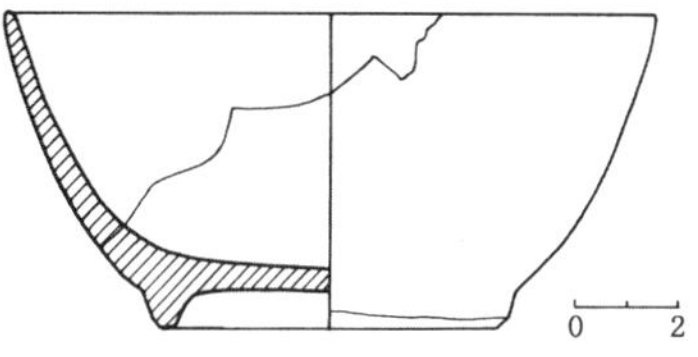

图 19　2021GLJT6③：10

2021GLJT2③：01，残，灰白色胎，圈足内局部及碗底有一圈宽 1 厘米左右未施釉外，通体施釉，腹部饰青花水草纹，内底正中釉下书淡青色“大”字。敞口，尖圆唇，斜弧壁，平底，圈足内收。口径 13 厘米，底径 6.7 厘米，残高 5.1 厘米（见图 20）。

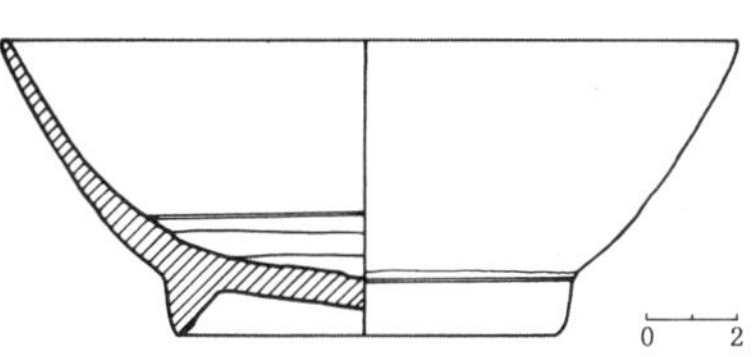

图 20　2021GLJT2③：01

2021GLJT10②：02，残，灰白色胎，通体施釉，内底有一圈宽 1 厘米左右未施釉，腹部饰青花菊瓣点块纹。敞口，尖圆唇，外撇，斜弧壁，平底，圈足内收。 口径 13 厘米，底径 5.3 厘米，高 5.6 厘米（见图 21）。

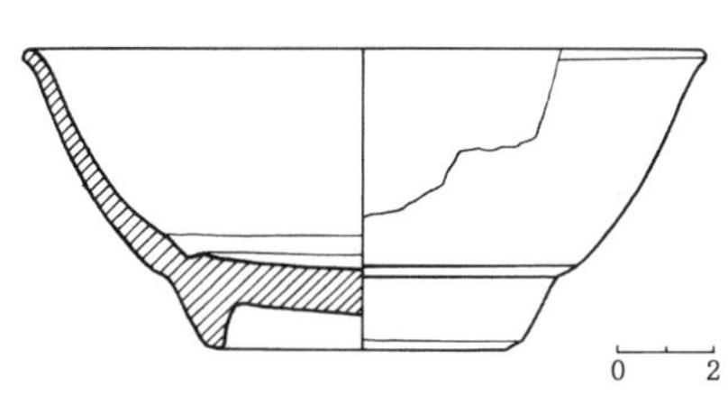

图 21　2021GLJT10②：02

青花瓷杯 3 件。2021GLJT6③：11，灰白色胎，除圈足内及触地外，通体施青白釉，釉面洁白莹润，口沿饰有淡蓝色青花一道，腹部饰青花灵芝纹，杯底饰有淡蓝色青花两道，正中釉下书淡青色变形的“干”字。圈足内有旋割痕。敞口，外撇，尖圆唇，斜弧壁，圜底近平，圈足触地内收。口径 5.6 厘米，底径 2.6 厘米，高 4 厘米（见图 22）。

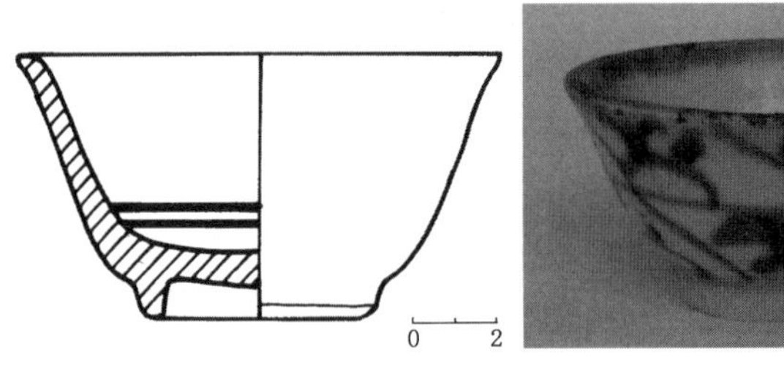

图 22　2021GLJT6③：11

2021GLJT4②：02，残，灰白色胎，除触地外，通体施青白釉，釉面洁白莹润，腹部饰青花纹，杯底釉面刻有一“三”字。敞口，尖圆唇，斜弧壁，圜底近平，圈足触地内收。口径 5.4 厘米，底径 2.2 厘米，高 3.6 厘米（见图 23）。

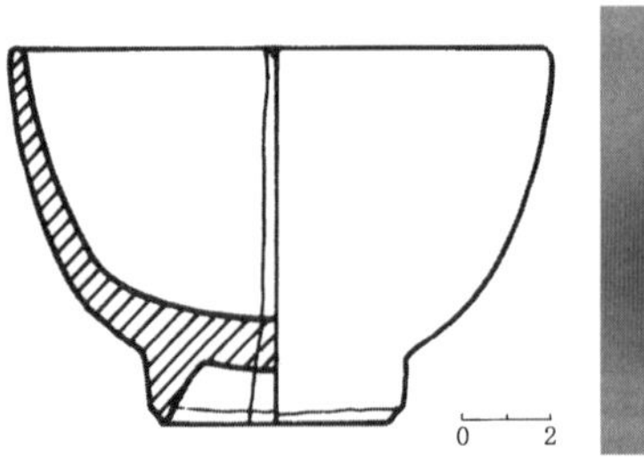

图 23　2021GLJT4②：02

2021GLJT10②：01，残，灰白色胎，除触地外，通体施釉，釉面洁白莹润，透亮，腹部饰青花兰花一株。敞口，圆唇，沿内下凹，斜弧壁近直，平底，矮圈足。口径 8.4 厘米，底径 3.4 厘米，高 4.6 厘米（见图 24）。

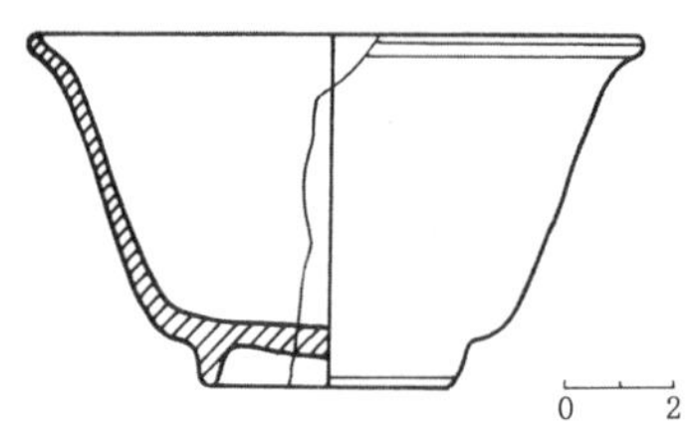

图 24　2021GLJT10②：01

（2）青釉瓷碗

共 3 件。2021GLJT2 ④：04，残，青灰胎，下腹部及圈足胎呈铁红色，施青釉，仅及内底，下腹部和圈足未施釉。敞口，圆唇外卷，弧腹，圜底，饼足，内底有五个支钉痕。口径 14.4 厘米，底径 6 厘米，高 5.7 厘米（见图 25）。

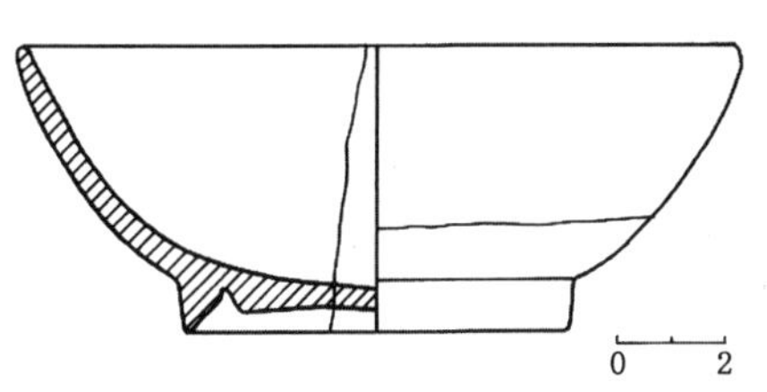

图 25　2021GLJT2 ④：04

2021GLJT2 ④：02，残，微敛口，弧腹，圜底，矮圈足。口径 11.4 厘米，底径 5.8 厘米，高 4 厘米（见图 26）。

2021GLJT2 ④：03，残，敞口，弧腹，圜底，喇叭形矮圈足。口径 11.5 厘米，底径 6.1 厘米，高 4.5 厘米（见图 27）。

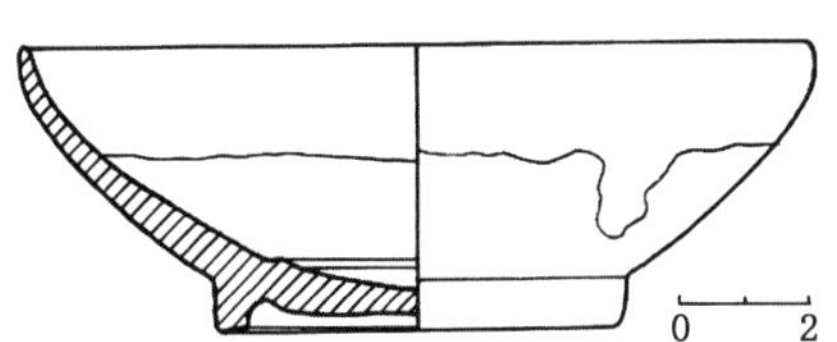

图 26　2021GLJT2 ④：02

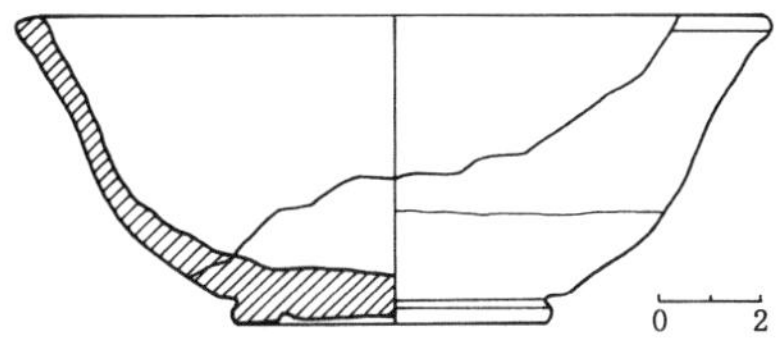

图 27　2021GLJT2 ④：03

（3）陶器

陶罐 1 件。2021GLJT6 ③：12，残，铁紫色胎，质硬，素面。敞口，尖唇，鼓腹丰肩，肩下装有一空心柄，流已残。口径 5 厘米，高 7.2 厘米（见图 28）。

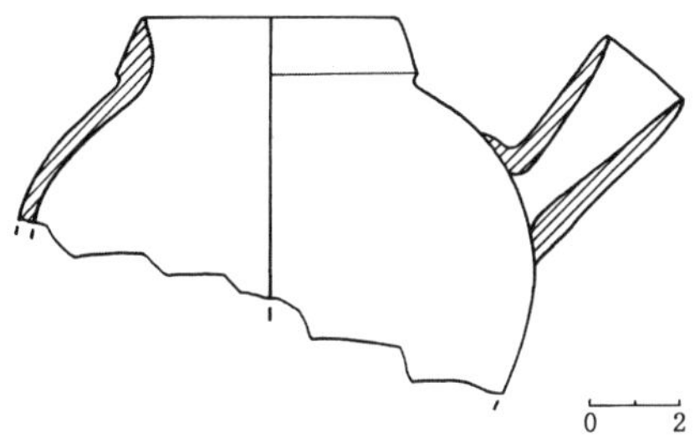

图 28　2021GLJT6 ③：12

器盖 3 件。2021GLJT4 ②：01，残，铁红色胎，质硬，素面，内壁不平，外有数道宽窄不一的旋割痕，盖内钮部下凹。敛口，平圆唇。口径 18.6 厘米，钮径 3.8 厘米，高 4.8 厘米（见图 29）。

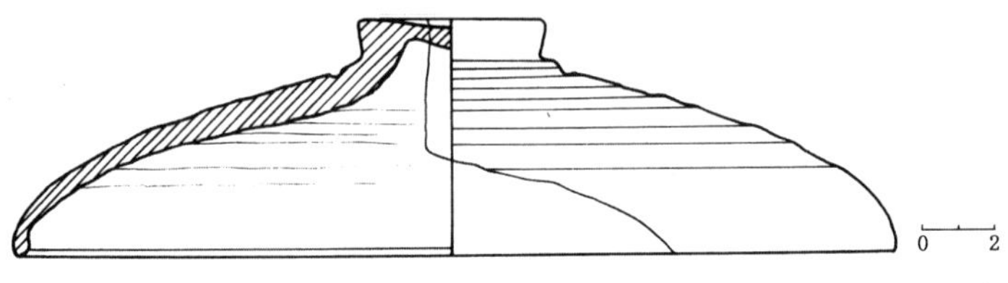

图 29 2021GLJT4 ②：01

2021GLJT2 ③：02，残，铁红色胎，质硬，素面，内壁不平，盖面凸起，外饰数道凹弦纹，钮顶微下凹，有旋割痕。钮径 4 厘米，残高 4.5 厘米（见图 30）。

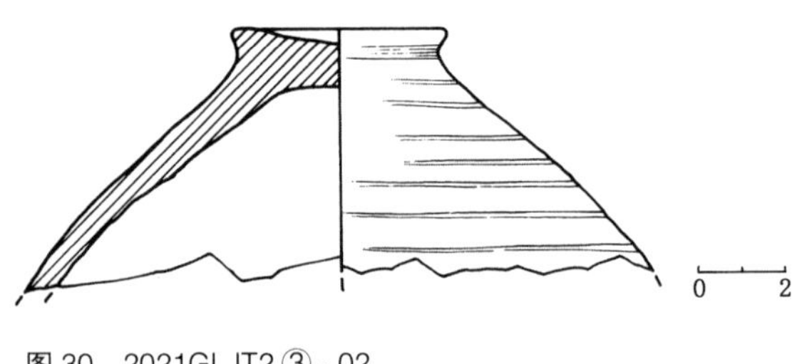

图 30 2021GLJT2 ③：02

2021GLJT6 ②：01，残，青灰色胎，质硬，素面，内壁光滑，盖面凸起，有数道凹弦纹，扁钮，钮顶较平，有旋割痕。宽平沿，上翘，圆唇。口径 9.2 厘米，钮径 2.1 厘米，高 2.1 厘米（见图 31）。

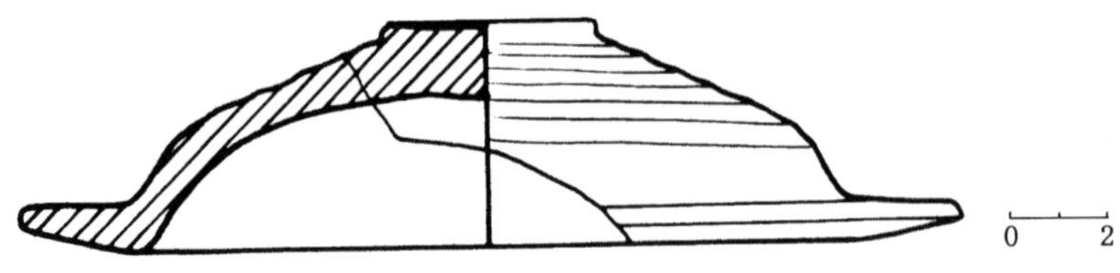

图 31 2021GLJT6 ②：01

擂钵 1 件。2021GLG1:01，残，铁红色胎，质硬，外素面，内有密集且较深的划痕。底径 8.2 厘米，残高 4.8 厘米（见图 32）。

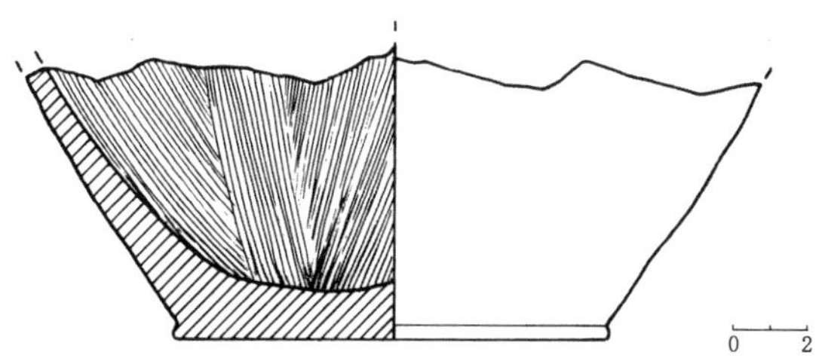

图 32 2021GLG1:01

（4）铜钱

共 2 枚，“乾隆通宝”和“洪武通宝”各 1 枚。“乾隆通宝”出自 T3 第②层，“洪武通宝”出自 T1 第⑤层。

2. 第三试掘地点出土遗物

第三试掘地点出土的遗物主要是陶瓷片，以青瓷为主。瓷器胎呈灰白色或青灰色。胎体一般较厚重，制作较粗糙。釉有青、青灰、青黄、淡青、月白、酱、黑釉及兔毫、玳瑁等窑变釉和点洒褐彩等。可见器型有罐、盘、碟、盏、执壶、杯等日用器，部分器物内壁有釉下印花和双鱼纹。

图 33 第三试掘地点 T12 ③出土遗物

三、收获与认识

1. 从此次江头村古建筑群遗址勘探结果看，这一片区域均有早期建筑存在，现多废弃。据村中老人回忆，江头村大部分的明代建筑于 1944 年被日本军队进村时烧毁，现在还能看到烧毁以前的明代建筑的墙垣、柱础 [2]。

2. 根据试掘发现的地层堆积及包含物，初步判明此区域的建筑年代。本次试掘的第一地点的①层为近现代堆积，②层为清晚期至民国时期堆积，③层为清早中期堆积，④⑤层为明代堆积。第三试掘地点出土的青瓷器从胎质、釉色和器型来看，与兴安严关窑的产品相类似，这些青瓷器应是兴安严关窑的产品，年代为宋代，因此第三试掘地点的③层为宋代堆积。

3. 试掘的第一地点有两个时期的房屋建筑。第一次房屋建筑为明代，房屋的建筑规模较小；第二次建筑的年代约在清早期，是在第一次建筑之上扩建而成，重建时因西部地势较高，东部较低处直接在原建筑之上填平；清代建筑规模较大，现存有三排柱础。

从试掘结果来看，江头村早在宋代就已有人类活动或居住，现地下还保存有明代的建筑遗址。由于试掘的面积小，加上受场地的限制，明代建筑的整体面貌不清，是否有宋代建筑尚不明确，希望今后能通过加大发掘面积来解决这些问题。

执笔：唐际红、苏凌晖、罗岚

绘图：朱建坤、蒋新荣

拍照：苏惠媛

参加试掘人员：李珍、覃玉东、朱建坤、朱兴荣、唐际红、苏凌晖、罗岚、苏惠媛、卢艳基

参考文献：

[1] 廖江：《河洛文化的南迁与影响———以江头洲村爱莲文化为例》，载《广西地方志》，2009 年第 2 期。

[2] 莫志东：《乡村古居民建筑群的特点和相应的保护措施——从广西灵川县江头村古居民建筑群谈起》，载《文物工作》，2002 年第 10 期。

广西贺县河东高寨墓地M4年代及文化因素分析

秦 婕

【提 要】《广西贺县河东高寨西汉墓》一文认为M4的年代为西汉时期。本文将该墓的出土器物与中原及长江中下游地区战国至西汉初期墓葬中出土器物进行比较，发现贺县河东高寨M4出土器物与中原及长江中下游地区的同时期墓葬中出土的器物在器物组合和器型方面有较多相同或相似之处，认为该墓的年代应为秦到西汉初期，墓主人为秦人的可能性较大。

【关键词】高寨M4　文化因素　秦到西汉初期

【作 者】秦婕　桂林博物馆　馆员

广西贺县河东高寨西汉墓，位于广西壮族自治区贺州市贺江东岸的铺门河东高寨汉墓群，其与铺门镇隔江相望。1975—1976年，考古队在贺县铺门公社河东高寨周围矮黄土岭上，清理了九座汉墓。关于该次清理的墓葬中的4号墓，《广西贺县河东高寨西汉墓》(以下简称“原简报”)中认为该墓的时代为西汉前期。[1] 因该墓出土器物的时代性特征较强，本文参考近年中原及长江中下游地区出土战国到西汉初期墓葬的材料，将M4出土的器物与上述地区进行对比，对M4的年代及族属再进行探讨。

[1] 广西壮族自治区文物工作队等：《广西贺县河东高寨西汉墓》，见《文物资料丛刊》(第4辑)，北京：文物出版社，1981年，第29页。

一、墓葬概况

（一）墓葬形制

高寨 M4 为竖穴土坑木椁墓，无墓道，规模较小。长 4.1 米，宽 2.8 米，深 3.1 米，方向 0°。坑壁经拍打夯实，较平直。坑内填黑粘土。椁室葬具已腐朽，只存部分灰迹或残断椁板，从墓底两端或两侧的沟痕分析，椁底原有枕木承垫。墓底近两侧壁处各有一条纵向垫木沟，深入生土 10~15 厘米。

随葬品前后分置。瓿、三足盒、熏炉、印章等体积较小的器物，多置墓室北端，罐、鼎、钫、釜类等体积较大的器物则置于墓室南端。

（二）典型器物简介

从原简报中列出的出土器物来看，高寨 M4 出土器物种类多样，但因原简报资料发表不全，不能完全了解高寨 M4 出土器物的数量及种类。因此仅选取对年代讨论有意义的典型器物进行如下简单描述：

1. 陶鼎 M4：32。浅圆腹，圜底，蹄足外撇，断面呈六边形，附耳长方形，盖顶有半环钮衔活环。口径 12 厘米，腹径 15.4 厘米，通高 16 厘米。

2. 陶盒 M4：8。敛口，深圆腹，圜底附圈足。盖如覆钵，附捉手，通体涂黑。口径 14.5 厘米，通高 15 厘米。

3. 陶蒜头壶 M4：30。残，口外形似蒜头，分十二瓣。颈细长，圆腹，平底。颈、腹部以黑彩绘叶状图案。口径 3.5 厘米，腹径 20.5 厘米，残高 24 厘米。

4. 陶盆 M4：40。敞口，宽沿外侈，折腹下收成大平底。饰瓦纹。口径 24.1 厘米，腹径 25 厘米，高 10.6 厘米。

5. 铜鼎 M4：44。大口，束颈，深腹，平底下附三角形扁直足。附耳作绞索状。原盖已碎。口径 23 厘米，腹径 25 厘米，通高 28.3 厘米。

二、墓葬年代讨论

将高寨 M4 随葬器物中具有断代意义的典型器物与中原及长江中下游地区战国到西汉初期墓葬进行对比（如图），进而进行年代及文化因素的讨论，对研究贺州地区乃至整个桂北地区秦、楚、越的关系具有一定的意义。下文将分别对秦、楚、越核心地区的墓葬与高寨 M4 进行对比。

（一）典型器物对比

1. 陶鼎（图：1、2），与湖南麦茶战国墓[1]A 型Ⅱ式鼎（M72：5）和阮水下游楚墓[2]B 型 Vc 式鼎（M466:13）相似，都为大平顶盖，盖面中心饰有一衔环钮，盖作母口，器身子口，微敛，两方形附耳略外撇。高寨 M4：32 陶鼎与阮水下游楚墓 B 型 Vc 式鼎（M466：13）更为相似的是，耳有方形穿孔，圆腹略鼓，圜底略平，足部都为三蹄足，粗短，断面为六边形，中空，稍外撇。

2. 陶盒（图：3—7），与西安北郊秦墓[3]Bb 型Ⅰ式陶盒（98 交校Ⅰ区 M5：2）的形制极为相似，都为敛口斜沿，子母扣，腹壁上部稍直，下部弧形内收，覆钵形盖较高，圈足形捉手，并且通高与口径相差无几；与河南泌阳秦墓[4]中出土的漆圆盒（M3:25）相较，除材质不同外，形状极相似；与阮水下游楚墓中出土的漆圆盒（M575：47）和云梦睡虎地秦墓[5]中出土的漆圆盒（M7：7）、（M11：1）相较，除材质不同外，高寨 M4：8 陶盒与其相似度极高。

3. 陶蒜头壶（图：8—10），与临潼上焦村秦墓[6]中Ⅱ式蒜头壶（M12：03）和西安北郊秦墓中 A 型Ⅳ式蒜头壶（01 中财 M87:3）相同，都为口部蒜头，且蒜头较胖，小口微敛，细长颈，肩较平，上腹弧形外鼓，下腹内弧收，平底。另，西安北郊秦墓中 C 型蒜头壶（98 交校 I 区 M27:5）[7]除假圈足与高寨 M4:30 的不同外，其口部蒜瓣形、细长颈、斜溜肩、鼓腹等特征都与高寨 M4：30 陶蒜头壶相似度极高。

4. 陶盆（图：11、12），与西安北郊秦墓中Ⅲ式陶盆（01 中财 M74：1）相较，二者相似，都为敞口，平沿，尖圆唇，上腹较浅，下腹斜内收，大平底。

5. 铜鼎（图：13—16），与浙江小家山 A 型Ⅱ式甗形鼎（M17Q：13）[8]相较，除材质不同外，其他均较相似，都为盘口，束颈，扁鼓腹，蹄足微外撇；与南越王墓后藏室出土的乙Ⅱ型①式铜鼎（G36）[9]、广州汉墓西汉早期墓异型Ⅰ式鼎（M1095:35）[10]形制相同，都为盘形口，束颈，垂鼓腹，平底，耳附于盘口直唇外，作双股绞索形半环状，底附三扁形直足，上宽下窄，足表面起棱线，尺寸与南越王墓中出土的乙Ⅱ型

[1] 湖南省文物考古研究所：《麦茶战国墓地》，见《里耶发掘报告》，岳麓书社，2007 年，第 323 页。

[2] 湖南省常德市文物局等：《沅水下游楚墓》，文物出版社，2010 年，第 92 页。

[3] 陕西省考古所：《西安北郊秦墓》，三秦出版社，2006 年，第 56 页。

[4] 驻马店地区文管会、泌阳县文教局：《河南泌阳秦墓》，载《文物》，1980 年第 9 期，第 19 页。

[5]《云梦睡虎地秦墓》编写组：《云梦睡虎地秦墓》，文物出版社，1981 年，第 28 页。

[6] 秦俑考古队：《临潼上焦村秦墓清理简报》，载《考古与文物》，1980 年第 2 期，第 48 页。

[7] 陕西省考古所：《西安北郊秦墓》，三秦出版社，2006 年，第 70 页。

[8] 浙江省文物考古研究所等：《绍兴越墓 绍兴越国王陵及贵族墓考古报告》，文物出版社，2016 年，第 80 页。

[9] 广州市文物管理委员会等：《西汉南越王墓》，文物出版社，1991 年，第 278 页。

[10] 广州市文物管理委员会等：《广州汉墓》，文物出版社，1981 年，第 137 页。

①式铜鼎（G36）相差甚小。

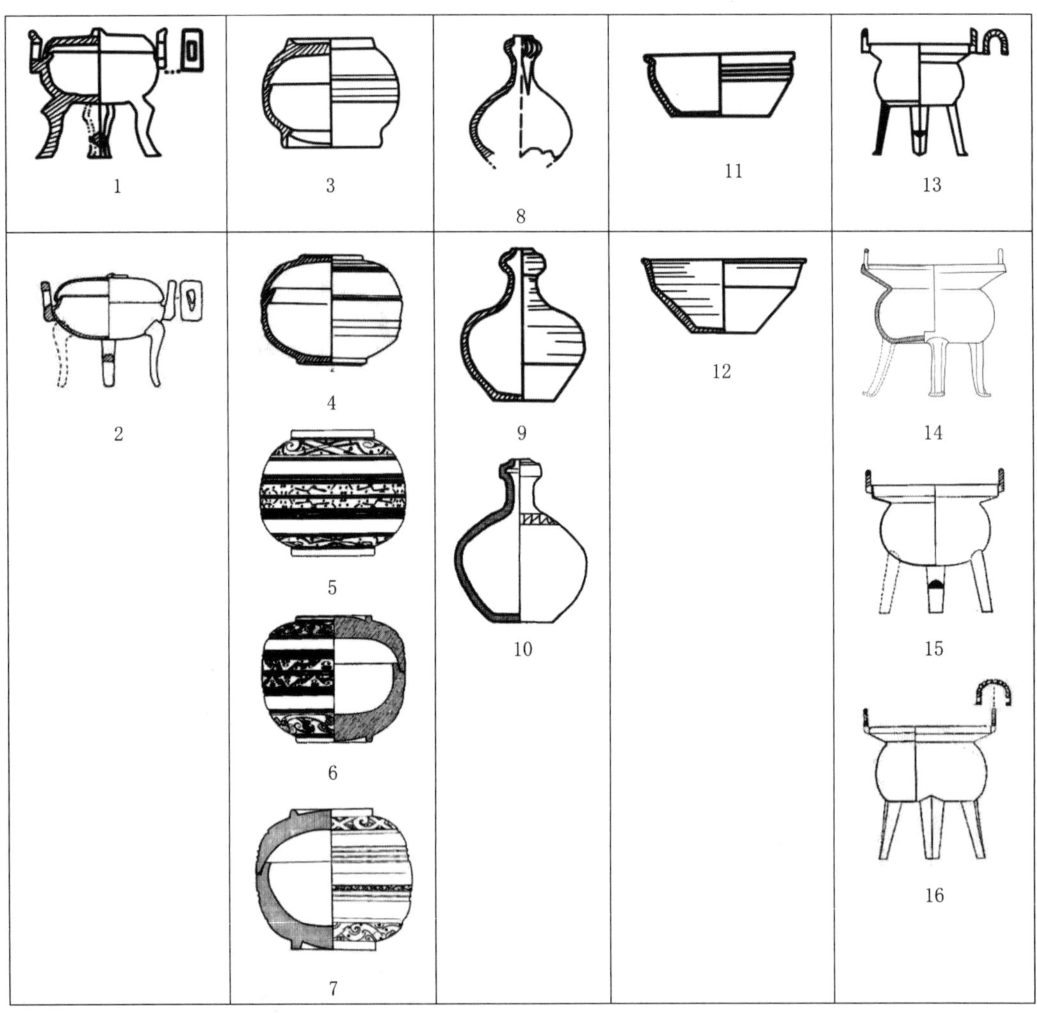

高寨 M4 典型器物对比图

1. 高寨 M4:32 陶鼎
2. 麦茶楚墓 M72：5 陶鼎
3. 高寨 M4：8 陶盒
4. 西安北郊秦墓 M5：2 陶盒
5. 云梦睡虎地秦墓 M7：7 漆圆盒
6. 云梦睡虎地秦墓 M11：1 漆圆盒
7. 泌阳秦墓 M3：25 漆圆盒
8. 高寨 M4：30 蒜头壶
9. 西安北郊秦墓 M87：3 蒜头壶
10. 临潼上焦村秦墓 M12：03 蒜头壶
11. 高寨 M4：40 陶盆
12. 西安北郊秦墓 M74：1 陶盆
13. 高寨 M4：44 铜鼎
14. 绍兴越墓 CXM17Q：13 原始瓷甗形鼎
15. 西汉南越王墓 G36 铜鼎
16. 广州汉墓 M1095：35 铜鼎

（二）年代讨论

1. 陶鼎

高寨 M4 : 32 陶鼎为楚式鼎，在湖南麦茶战国墓地中，以鼎和壶作为分期依据，把 A 型Ⅱ式鼎定为第二期，也与沅水下游楚墓、黔城战国墓[1]出土的该形制陶鼎年代相当，应为战国晚期晚段。

2. 陶盒

在西安北郊秦墓的分期中，Bb 型Ⅰ式陶盒定为Ⅰ段二组，因此确定陶盒的年代为战国晚期前段（约为秦昭襄王时期）。[2]

河南泌阳秦墓出土漆圆盒（M3:25），除材质外，与高寨出土陶盒（M4:40）相似度极高。漆圆盒（M3:25）在盒底用针尖浅刻“卅七年工左匠造”七字。[3]泌阳秦墓因 M3 出土的铜鼎上有“二十八年”、漆圆盒上有“三十七年”等秦始皇时期的纪年，推测 M3 的年代在秦代末年或秦亡不久。[4]

在云梦睡虎地秦墓中，因为 M7 椁室门楣上刻有“五十一年曲阳士五邦”九字，把该墓 M7 的年代定在秦代。而秦王的年号超过五十一年的，只有秦昭襄王的年号为五十六年，因而，M7 的入葬时间应为秦昭襄王五十一年（前 256）。而 M11 出土的《编年记》竹简，除记述了自秦昭襄王元年（前 306）至秦始皇三十年（前 217）间秦国的大事件外，还对墓主“喜”的事情作了详细记载，并记载其去世时间为秦始皇三十年。所以，M7 和 M11 这两座墓的年代为秦统一中国前后。[5]

沅水下游楚墓出土的漆盒（M575:47），仅见盒身。口微内敛，弧腹，圜底，矮直圈足。M575:47 漆盒下底有铭文：“十七年太后詹事丞□工师歊工季。”因“詹事丞”为秦国官职，故该器为秦器，从该墓随葬品的总体特征分析，M575 无疑为一座战国晚期楚墓，而战国晚期的秦国在位时间超过 17 年的秦王只有昭襄王和秦王政。从该墓的随葬陶器分析，认定 M575 为战国晚期晚段楚墓。[6]

高寨出土的Ⅰ式陶盒（M4 : 8）与这三座墓出土的盒形制相同，可推断其年代与之相当，应为战国晚期晚段至秦代。

---

[1] 怀化地区文物工作队等：《黔阳县黔城战国墓发掘简报》，载《湖南考古辑刊》（第 5 辑），岳麓书社，1989 年，第 63 页。

[2]《西安北郊秦墓》，第 355 页。

[3]《河南泌阳秦墓》，第 19 页。

[4] 同上，第 21 页。

[5]《云梦睡虎地秦墓》，第 68 页。

[6]《沅水下游楚墓》，第 767 页。

3. 陶蒜头壶

在关中地区的临潼上焦村秦墓中，根据M12所在的位置、墓主非正常死亡、器物刻文的小篆体、刻字中的“少府”为秦始皇设立的管理机构等因素，判断M12为秦始皇陵的陪葬墓，并推测是公元前208年春，秦二世与赵高杀死的秦始皇宗室或大臣。[1]因此，陶蒜头壶的年代亦为秦代。

在西安北郊秦墓中，A型Ⅳ式蒜头壶和C型蒜头壶，都划定为Ⅲ段四组，并且A型Ⅳ式蒜头壶与任家咀Ⅲ式蒜头壶（M283:1）[2]相同，因此该墓的时代推断为秦代。[3]

高寨出土的蒜头壶（M4：30），与临潼上焦村秦墓、西安北郊秦墓A型Ⅳ式蒜头壶和C型蒜头壶比对分析，依照上述两地对蒜头壶的年代判断，推断高寨M4出土蒜头壶为秦代。

4. 陶盆

西安北郊秦墓中Ⅲ式陶盆（01中财M74：1）划归Ⅲ段四组，年代均为秦代（约为秦始皇统治时期）。[4]高寨出土Ⅱ式盆（M4：40）与西安北郊秦墓出土Ⅲ式陶盆（01中财M74：1）相似，其年代应为秦代。

5. 铜鼎

绍兴越墓中的小家山M17，依出土器物组合和典型器物形式的分期，M17为战国中期早段。[5]因绍兴越墓中出土的鼎的材质为原始瓷，在此仅把小家山M17出土原始瓷鼎，作为越文化核心区出土越式鼎的样式参考，以此来判断高寨出土铜鼎（M4：44）样式为越式鼎。

西汉南越王墓后藏室出土的乙Ⅱ型①式铜鼎（G36），在形制上与高寨出土铜鼎（M4：44）相似。南越王墓因在墓主身上发现了“文帝行玺”龙钮金印，使得该墓的年代被确定在西汉初期。[6]

广州汉墓出土的异Ⅰ型铜鼎（M1095：35），年代判定为西汉前期。[7]

据此，高寨出土的铜鼎（M4：44）因形制与广州汉墓异Ⅰ型鼎相似度极高，时代至迟为西汉初期。

---

［1］《临潼上焦村秦墓清理简报》，第49页。

［2］咸阳市文物考古研究所：《任家咀秦墓》，科学出版社，2005年。

［3］《西安北郊秦墓》，第356页。

［4］同上。

［5］《绍兴越墓 绍兴越国王陵及贵族墓考古报告》，第176页。

［6］《西汉南越王墓》，第319页。

［7］《广州汉墓》，第137页。

三、高寨 M4 的多元文化因素分析

鉴于原简报中对高寨 M4 出土器物发表不全，本文对文化因素分析的讨论，以上文所列战国至西汉初期的典型器物为讨论依据。从上文可知，秦文化、楚文化和越文化在高寨 M4 中是共存的，说明高寨 M4 主人同时受到秦、楚、越生活习俗及文化的影响。

（一）秦文化因素

从上文的年代讨论中可以看出，高寨 M4 出土的陶盒、陶蒜头壶、陶盆都是具有秦文化因素的典型器物。此处，我们以陶盒为例，试讨论高寨 M4 的秦文化因素。

西安北郊秦墓出土的陶盒、河南泌阳秦墓出土的漆圆盒与高寨 M4 出土陶盒较为相似。这两处墓地都为战国时期秦文化的核心区，出土的盒应为秦式盒的典型样式。

云梦睡虎地秦墓所处的江汉地区和沅水下游楚墓所处的沅水下游在战国晚期为楚文化的核心区域。沅水下游地区与百越地区紧邻，甚至在楚之前与越唇齿相依，该地区战国时期为楚的核心区。从战国中晚期之际开始，秦国对楚国发动了强大攻势，至公元前 278 年，秦将白起攻破郢都，烧毁夷陵，顷襄王偕百官徙都于陈。秦人占领楚地黔中（包括沅水下游地区）是在次年（前 277）。[1] 在该区域发现秦墓，可以确定此时已是公元前 278 年秦将白起拔郢之后，已进入战国晚期后段。秦文化因素在沅水下游的战国晚期楚墓中体现更为突出，甚至影响了楚器形态的演变，如战国晚期在仿铜陶礼器组合中出现的秦式盒，M575 中出土的“十七年”漆盒，则是彻头彻尾的秦式器皿。而陶盒，是秦墓具有典型性的器物。高寨 M4 出土秦式盒，至少在一定意义上说明，至迟在战国晚期晚段，秦文化已经影响到贺州，并在高寨 M4 的出土器物中得到印证。

（二）楚文化因素

高寨 M4 的楚文化因素，仅见楚式陶鼎一件。实际上在战国晚期，在楚文化的核心区，湖南或湖北的楚墓中出土的楚文化器物组合为鼎、敦、壶或鼎、豆、壶。战国晚期晚段（或已进入秦），楚墓中开始出现的组合为鼎、盒、壶，但这时候的盒跟秦文化核心区的盒的形制是有差异的。

麦茶墓地位于湘西龙山里耶古城东北方向约 2 千米的山头上，南临沅水最大的支流酉水。1989—2005 年共发掘墓葬 328 座，麦茶墓地出土的器物组合为：战国早期为

[1]《沅水下游楚墓》，第 814 页。

鼎、敦、壶组合，战国晚期出现鼎、盒、壶组合。发掘报告称之为“麦茶战国墓地”，但麦茶墓地实为一处战国中晚期至秦代（少数墓可能达汉初）以楚文化为主体的墓地。[1]

沅水下游楚墓主要包括常德市的桃源县至汉寿县一带，这一带发掘楚墓达3000多座。[2]沅水下游楚墓中战国晚期的器物组合，除鼎、敦、壶组合外，还有鼎、盒、壶组合和鼎、钫、壶组合。

由此可以看出，高寨M4出土的器物中并没有见到楚文化核心区战国晚期楚墓中的典型器物组合。因此，仅凭一件楚式陶鼎，不能认定高寨M4为楚墓。

（三）越文化因素

高寨M4存在越文化因素，是为出土一件典型的越式铜鼎，此鼎与战国晚期越人核心区越墓中出土的铜鼎并无二致，如广州汉墓的异型Ⅰ式鼎（M1095：35）。但从高寨M4的墓葬形制及出土器物组合来看，越文化因素占比极小，并不能支撑该墓为越墓的结论。

从高寨M4出土典型器物的形制和组合的情况来看，其显现出极强的秦文化特征，高寨M4出土的盒、蒜头壶、盆的组合，与秦统一中国前后时期的核心地区（如临潼、泌阳、西安）墓葬中出土的器物组合如此吻合，形制极为相似。推断该墓为秦墓的可能性极大。

四、结语

高寨M4多元文化因素并存，与战国晚期的历史背景和文化的影响与融合分不开。从以上对高寨M4的年代及文化因素的分析得知，高寨M4主人所生活的年代应为战国晚期晚段至西汉初期。这个时期发生的历史大事件就是秦统一六国和秦始皇征讨岭南。

从战国中晚期开始，秦国对楚国发动了强大攻势，而楚黔中在秦昭襄王二十七年（前280）和秦昭襄王三十年（前277）虽两次被秦攻占[3]，楚顷襄王二十三年（前276）被楚夺回[4]，直到秦统一前夕，此地一直掌握在楚人手中。里耶城址（楚属黔中郡）出土的秦简，年代范围集中在秦始皇二十五年（前222）至秦二世二年（前208）。[5]即

[1] 湖南省文物考古研究所：《里耶发掘报告》，岳麓书社，2006年，第364页。

[2]《沅水下游楚墓》，第9页。

[3]（汉）司马迁：《史记》，中华书局，2014年，第267页。

[4] 同上，第2090页。

[5]《里耶发掘报告》，第234页。

始于秦灭楚的次年，终于秦灭亡的上一年。说明秦接管里耶城（秦迁陵县），经营“洞庭郡”（楚黔中郡）是在楚亡国之后。也就是说，在秦拔郢（前278）至灭楚（前223）的50多年里，黔中一带都在楚国的版图中，秦有“黔中”（“洞庭”）仅15年而已。因此，从里耶麦茶墓地出土器物组合来看，楚文化因素为主，秦文化因素并没有出现在麦茶墓地中，也说明了里耶城址的秦文化因素是秦接管以后才进入里耶的。在云梦睡虎地和沅水下游墓葬中出现的秦文化因素，其根源都是秦对楚的战争。同一地区同时并存着两种或两种以上文化，它们相互之间的影响与融合是难以避免的。该地区墓葬中出土的器物，会反映它们之间相互影响与融合的情况。影响与融合并非完全等同，有影响不一定有融合，有融合则一定有影响。在秦对楚的战争后，秦对原属于楚文化核心区的江汉地区进行了统治，推行秦的文化，虽然该地原为楚文化的核心区，但从云梦睡虎地秦墓出土的器物中可以看出，秦和楚的文化并没有相互融合，或互相影响。云梦睡虎地秦墓出土的都是典型的秦式器物，并没表现出楚文化的因素。但从沅水下游楚墓中出土的器物则可以看出秦、楚两种文化的相互影响。至战国晚期晚段，有些墓葬中出现秦式器物，楚墓中的出土器物受到秦文化的影响，或受到秦文化影响后与之融合，发展成含有秦文化因素的楚墓。此时秦文化已经与楚文化融合并发展出一套融合后的器物组合。

秦始皇统一六国后，于始皇三十三年（前214）挥师南下，开始征服岭南的战争。秦城位于广西壮族自治区兴安县，其所处的岭南地区在战国晚期一直为越人的聚居区。据2013—2015年度通济城考古发掘材料显示，通济城（秦城遗址之一）虽然没有发现典型的秦式器物或秦文化因素，从出土遗物的年代和发现大量楚式器物等现象分析，可以推断通济城的年代为秦代，因此，可以确定通济城为秦始皇进攻岭南时所筑的城。[1]这里出现了战国晚期楚式器物组合，并且楚式器物占比较高。这个情况的出现，说明征讨岭南战争中塞镡城之岭的一军很可能来自楚地，这种就近招兵的现象在我国古代经常有之，因而在通济城留下大量的楚器；也说明楚人在战国晚期已经对这里进行统治，但可能时间短暂，并没有改变以越文化为主的区域文化面貌。

综上，高寨M4所展现的多元文化因素并存的主要原因是特殊的地理位置和特定的历史背景造成的。高寨M4所在的贺县（今为贺州），地处岭南，与楚地仅一岭之隔，且有古道相通，自古就是南岭南北交流的交通要道，由于特殊的地理条件，各文化交流频繁。高寨M4的主人，极有可能是自中原征战南下的贵族，经过楚地来到越地，初来越地以后，为了加强对土著越人的统治和有效管理，与当地越人建立了亲善关系，

[1] 李珍等：《广西兴安秦城研究》，见中国社会科学院考古研究所等编：《汉代海上丝绸之路考古与汉文化》，科学出版社，2019年，第216页。

受到楚、越文化的影响，并将之融合，体现在其精神与物质方面，如高寨 M4 出土的楚式陶鼎和越式铜鼎，应该就是这种融合的物质体现。但因其为秦人，对自己传统文化的坚持也在高寨 M4 的典型器物中得到体现，如秦式陶盒、陶蒜头壶、陶盆。这也说明，高寨 M4 下葬的年代应该在秦始皇征讨岭南之后，楚人对岭南地区的统治时间较为短暂，楚文化对当地文化的影响不大。因此就形成了高寨 M4 集秦、楚、越多元文化因素于一体的现象。

值得注意的是，在目前有关岭南地区发表的材料中，高寨 M4 出土的陶盒最接近中原地区秦墓所出土的盒的形态。从空间分布来看，云梦睡虎地和沅水下游距离岭南较近，对岭南地区的影响更直接，并且盒的年代是在秦昭襄王到秦始皇统治时期，也就是在秦统一中国前后的时期。因此，高寨 M4 出土的陶盒，可作为岭南地区秦墓器物组合中的标形器，这也是将该墓的年代定为秦代的主要原因，就器物组合占比和所属年代来看，推测该墓主人的族属为秦人的可能性较大。

考古遗址公园类型下的遗址本体文化研究

——以桂林靖江王陵为例

荣健霄

【摘　要】建设国家考古遗址公园是目前针对大遗址保护的有效手段之一，根据现今已完成建设的国家考古遗址公园功能和内容划分，可将其分为墓葬型、宫殿型等六种类型。位于桂林城东尧山西南麓的靖江王陵墓群，是明代藩王陵墓序列完整、脉络清晰的代表之一。自 20 世纪 80 年代以来，随着田野考古的逐步深入，陵园遗址群的面貌不断得到揭露，陵区分布、陵园范围、陵园布局及建筑规制、墓葬形制、随葬品等情况基本展现。从靖江王陵墓群所揭露的文化内涵看，其所建设的国家考古遗址公园类型当属墓葬型，墓葬营造规制、石像生、随葬品均是区分其他考古遗址公园的主要特点，对其文化价值的研究也是打造具有地域特色的靖江王陵国家考古遗址公园的基础。

【关键词】靖江王陵　遗址本体　考古遗址公园

【作　者】荣健霄　桂林市文化广电和旅游局

就目前的遗址保护方式来说，国家考古遗址公园的建设是当前关注度比较高的一种大遗址保护方式。在 2009 年国家文物局印发的《国家考古遗址公园管理办法》中，对国家考古遗址公园做了如下定义："（国家考古遗址公园）是指以重要考古遗址及其背景环境为主体，具有科研、教育、游憩等功能，在考古遗址研究阐释、保护利用和文化传承方面具有全国性示范意义的特定公共文化空间。" 2010 年，国家文物局评定了首批 12 处国家考古遗址公园和 23 处国家考古遗址公园立项单位。截至 2018 年 8 月，已评定并公布了 20 个省（区、市）的 36 处国家考古遗址公园，总面积达 61 万公顷；

另有24个省（区、市）的67处考古遗址公园列入国家考古遗址公园立项名单[1]之中。有学者根据目前已经完成的36处国家考古遗址公园的功能和内容，将国家考古遗址公园类型分为宫殿型、墓葬型、遗迹型、洞穴型、瓷窑型和复合型等6种类型。[2]其中，墓葬型国家考古遗址公园主要是围绕重要墓葬或者墓葬群而建设的考古遗址公园，建设的内容主要是完整展示墓葬结构、墓地功能布局、墓葬附属建筑群等，同时系统揭示墓主身份、随葬品及其他相关考古遗物等[3]，并在一定程度上反映该时代特有的丧葬习俗。

靖江王陵位于桂林市城东尧山西南麓，是明代受封、建藩并立国于桂林的历代靖江王及其宗亲陵墓群，也是明代藩王陵墓序列完整、脉络清晰的代表之一。2010年，靖江王陵与靖江王府作为同一处全国重点文物保护单位，被列入第一批国家考古遗址公园的立项项目。从考古遗址公园的类型来看，靖江王陵考古遗址公园属于墓葬型国家考古遗址公园。因此，对其遗址本体文化的研究尤为关键，如何建设并定义该国家考古遗址公园是首要解决的问题。

一、既与同期藩王相统一，又有地域风格的营葬规制

有史以来，丧葬文化一直以来深受人们的重视，“事死如事生”的思想从始至终贯穿着整个社会的发展。总的来说，明代丧葬礼俗对唐宋的丧葬礼俗有所继承，甚至无异，大部分参考唐、宋之制。《明史》《明会典》《王国典礼》等文献中均对亲王及郡王的丧葬礼仪做了较为详细的记载。明初，秦王朱樉薨时，朝廷就“诏定丧礼”，而礼部尚书任亨泰言之“考宋制，宜辍朝五日”“皇帝及亲王以下，至郡主及靖江王宫眷服制，皆与鲁王丧礼同”[4]，初步确定了亲王的丧葬之制。未几，“定制……礼部奏遣官掌行丧葬礼，翰林院撰祭文、谥册文、圹志文，工部造铭旌，遣官造坟，钦天监官卜葬，国子监监生八名报讣各王府”[5]，将丧葬礼制进一步完善。此后的历朝帝王对此均有不同程度的补充，比如永乐八年（1410）正式规定亲王陵园之制度，正统二年（1437）定亲王陵园建筑规模，十三年（1448）规定亲王、郡王茔地范围，而天顺二年（1458）、成化十八年（1482）、嘉靖二十八年（1549）、嘉靖四十四年（1565）、万历十年（1582）

[1] 国家文物局：《国家考古遗址公园发展报告》，2018年。

[2] 陶力、赵益超：《基于类型特征的国家考古遗址公园旅游发展路径研究》，载《云南民族大学学报》，2020年第3期，第77页。

[3] 同上。

[4]（清）张廷玉等撰：《明史·礼十三·卷五十九》，中华书局，1974年，第1466页。

[5] 同上，第1467页。

等，都对亲王、郡王的陵园、随葬品配置、合葬制度、墓葬造价等规定不断进行完善。及至明中期，亲王及郡王的丧葬礼制才形成一套完整的规制。作为远在岭南的靖江王“恩数与夫官属规制概与秦、晋、楚、蜀诸藩等”[1]，“禄视郡王，官属亲王之半”[2]，在陵寝选址、茔地范围、陵园建筑等方面有严格的要求，丧葬礼仪方面应与郡王相同。总体来说不仅有明显的时代特点，而且还有鲜明的地域特征。

自新中国成立以来，针对靖江王陵的田野考古调查一直在进行着，基本确定了靖江王陵墓群的分布范围及规模，并对墓冢明显、有陵园建筑基址和石像生，辨识度较高的大中型陵墓实施了有效保护。在20世纪七八十年代，桂林靖江王陵就曾有过几次抢救性发掘，2012年至2015年，广西文物保护与考古研究所联合相关单位先后完成了靖江昭和、温裕、安肃、悼僖、怀顺、宪定、荣穆王陵等7座王陵的考古发掘清理工作，全面展示了靖江王陵作为我国保存最为完整、规模最大、时代最全的明代藩王陵墓区的不同时期特征[3]。从目前所公布的资料来看，靖江王陵墓葬群是聚族而葬于同一兆域，域内“有王、妃合墓十一代；厚葬次妃墓三座，以及将军、中尉、宗室、王亲藩戚墓三百二十余座”[4]。依墓主的身份等级，可分为靖江王、妃合葬墓，次妃墓，将军墓，宗室、姻亲墓等，等级分明，其中以低等级的宗室姻亲墓为墓群大宗，分布最广，墓葬规格最低，往往仅有墓冢和墓碑，与普通百姓坟墓几无分别。王陵等级最高，按规制，王、妃合葬同茔异室，严格遵守“王或妃有先故者，并造其圹，后葬者止令所在官司起倩夫匠开圹安葬，继妃则附葬其傍，同一享堂，不许另造”[5]的规定。诸王及其宗亲葬于同一兆茔，是明代较为常见的族葬形式，具有节省耕地、减少卜择时日等优点，且利于子孙瞻拜[6]，“每至寒食、十月朔，子姓奔走十数日犹未得止；族葬则数世之墓一朝而毕祭，不渎不烦”[7]。

靖江王陵陵寝制度的确立，应当自庄简王起[8]。靖江庄简王薨于成化五年（1469），其陵园以神道为中轴线，两侧为11对石像生，由外而内分别置左右厢房，外门、中门、焚帛亭、享堂及墓冢。陵园以享堂为中心，依外门和中门圈以两重园墙围护，平面呈

[1]《大明靖江安肃王神道碑》，拓本现存于桂林博物馆。

[2]（清）张廷玉等撰：《明史·列传第六·卷一一八》，第3613页。

[3] 韦革等：《广西桂林靖江王陵考古新发现》，载《大众考古》，2016年第5期。

[4] 罗标元：《靖江王墓群简介》，载《广西文物》，1987年第1期。

[5]（明）李东阳等敕撰：《申时行等重修：大明会典·卷二〇三·工部二十三》（第5卷），江苏广陵古籍刻印社，第2371页。

[6] 刘毅：《明代帝王陵墓制度研究》，人民出版社，2005年，第253页。

[7]（清）陈确：《陈确集·卷七·葬书下》，中华书局，1979年，第490页。

[8] 广西文物保护与考古研究所、桂林市靖江王陵文物管理处、桂林市文物工作队：《桂林靖江昭和王陵考古发掘清理报告》，科学出版社，2014年，第11页。

“回”字形，布局十分规整，与同一时期其他藩王的陵寝规制相差无异。自庄简王后的诸王陵大部分依此规制营造陵寝，只是增加了神道碑和碑亭，而事实上神道碑和碑亭的建造早在洪武三年（1370）就已确定，“明初，文武大臣薨逝，例请于上，命翰林官制文，立神道碑……其制，自洪武三年定，五品以上用碑，龟趺螭首，六品以下用碣，方趺圆首。五年复详定其制……”[1]而靖江王采用神道碑之制却在明中期以后。明中后期的靖江王恭惠王陵是此后诸王陵中陵园建筑最为完备者，可称之最能完整映现靖江王陵陵寝制度的代表。恭惠王陵及王妃合葬墓，营建于明隆庆六年（1572），坐北朝南，陵园布局规整，平面呈“回”字形，以神道为中轴线，由外而内分别为望柱、獬豸、石羊、石虎、麒麟、武士驭马、石象、文臣各一对，享殿前男侍、女侍各一对。恭惠王陵的陵园建造，与永乐八年（1410）规定的亲王陵园制度十分相符。但是，荣穆王陵平面呈“日”字形，并且无内陵墙[2]，这是目前发现的靖江王陵墓葬形制的特例。

有明一代，坟茔建制几经调整，附属建筑却没有明确规定，致使靖江王陵的坟茔建制与典籍所载稍有出入。另外，受藩地文化习俗的影响，靖江王陵在葬俗上也具有明显的地域风格特征。比如墓穴往往于缓坡高处开圹，墓室为砖室券拱，半埋于墓圹，半高出地面，然后堆土成茔，既注重墓室的封闭性和坚固性，也避免了因南方多雨而导致墓室过多渗水浸泡的情况。除埋于地下的墓室外，地面的陵园建筑往往有较为完整的排水系统。

二、精美的石像生艺术

石像生当作墓道仪卫使用，在秦汉墓葬中已有流行，是尊崇“事死如事生，事亡如事存”理念的具体体现之一。唐人封演在其《封氏见闻记》中提到“秦汉以来，帝王陵前有石麒麟、石辟邪、石象、石马之属，人臣墓则有石羊、石虎、石人、石柱之属，皆所以表饰坟垄，如生前之仪卫耳”。[3]明代的墓仪制度参考了唐宋之制，但有所区别。比如控马侍、麒麟、马等为唐宋帝陵中常见，而这些石像在明代墓葬中均常见于亲王、郡王陵园甚至功臣殁后封王之墓中，并新增了獬豸、骆驼等石兽，且控马侍中出现了文官的形象[4]，说明使用的控马侍、石虎、石羊较唐宋时期有所降格。关于明代的石像生排序，文献中并未发现有所规定，只是在数量上有严格的等级限制，并被

[1]（清）张廷玉等撰：《明史·志第三十六·卷六十》，第1487页。

[2] 韦革：《明朝藩王陵最典型的代表》，载《中国文物报》，2016年3月25日008版。

[3]（唐）封演撰，赵贞信校注：《封氏见闻记校注·卷六·羊虎》，中华书局，2005年，第58页。

[4] 王韦、周钰雯：《明初帝陵神道刍议》，见十三陵特区办事处编：《明清皇家陵寝保护与发展研讨会论文集》，北京燕山出版社，2007年，第180–185页。

列入坟茔之制中。明洪武三年（1370），礼部尚书陶凯奏定三品以上大臣的坟茔范围及石兽数量，洪武五年（1372）重定坟茔墓仪之制："一品、二品石人二，文武各一，虎、羊、马、望柱各二。三品四品无石人，五品无石虎，六品以下无。"[1]据调查统计，11座靖江王陵现存神道石像生总数达111对（即222件）之多。[2]其题材丰富，数量众多，造型生动，刻工精细，"为中国历史艺术宝库保存了一套比较完整的明藩王陵石雕艺术品，也为全面、系统地研究明代藩王陵石雕艺术创造了条件"[3]。

靖江王陵的石像生形制特征在明早期的庄简王时初具规制，在第五代昭和王陵时形成固定模式且空间布局也固定下来[4]。大部分以神道为中轴线延展，两旁成对布列石像生群和石雕望柱，由外往内依次为望柱、麒麟、狮（或獬豸）、控马官、虎、羊、文臣、武将、内侍等共11对，具有表彰靖江王的政治威武和作为靖江王陵前"仪卫"的功能[5]。恭惠王陵中始见獬豸，石狮消失，似有将獬豸取代石狮之意。庄简王陵始见麒麟和石象。同样也是在庄简王陵中开始出现石内侍和侍女，与其他藩王石像生相同。石兽的排列次序略有不同，内容稍微有变，比如康僖王陵的石马及控马官置于陵宫门外，而其他可见者大部分置于陵宫内。

靖江王陵石像生的雕刻技法，主要采用圆雕、浮雕及线刻的手法，以圆雕为多见。虎、羊、獬豸等石兽形态匀称，古朴浑厚，大多呈温顺状态，比如昭和王陵中的石狮、卷鬣，项上挂有铃铛和缨穗，前立后蹲，背面系结花帛巾；麒麟、披鬣、独角，全身布满鳞纹，颈下饰有云纹。人物雕刻则造型端庄，神情肃穆，内侍均着圆领长袍，双手合拢呈作揖之势；文官宽衣博带，交领，执笏而立，束玉带和玉佩；马官执马鞭站立，大多数基石、马连成一体，马官做牵马状，呈控马之姿，应为一同雕刻，马鞍鞯齐备，四蹄开蹬，控马官宽袖长袍，头戴皮弁，腰束革带并挂玉佩。随着明王朝政治的起落，靖江王陵的石像生也呈现出细微差异，具体表现在整体造型和雕刻技艺上。有学者根据靖江王陵石像生的雕刻艺术和手法，将其分为四期，即一期的唐宋遗风，以悼僖王陵为代表；二期的渐具明代风格，但显然不甚成熟，雕刻较为粗糙，以怀顺王陵、庄简王陵为代表；三期的日趋成熟风，雕刻技法较之二期稍显成熟，以昭和王陵、端懿王陵、安肃王陵为代表；四期是石像生雕刻技艺的成熟期，较前三期来说，该期的雕刻技艺和手法更为精湛娴熟，造型多样且精巧，更注重细节的表现[6]。石像生

[1]（清）张廷玉等撰：《明史·志第三十六·卷六十》，第1487页。

[2]《桂林靖江昭和王陵考古发掘清理报告》，第11页。

[3] 张宪文主编：《文物保护工程文集》，广西美术出版社，2010年，第138页。

[4] 吴安：《靖江王陵遗址公园探索》，北方工业大学硕士论文，2015年，第43页。

[5] 同上，第45页。

[6] 易新民、曾祥忠：《明代藩封遗珍——靖江王府与王陵》，载《中国文化遗产》，2008年第5期，第135-140页。

的四期分法基本与明朝早中晚三期的历史分期相对应。

三、独具特色的梅瓶随葬

梅瓶随葬始于元而盛于明。迄今为止，墓葬出土随葬梅瓶者，多为达官显赫之人。梅瓶之称始见康熙，清人陈浏《陶雅》说“瓶之佳者……曰梅瓶”，后有民国人许之衡所著《饮流斋说瓷》载“梅瓶，口细而项短，肩极宽博，至胫稍狭，折于足而微丰，口径之小仅与梅之瘦骨相称，故名曰梅瓶也”。大多学者根据出土梅瓶的器型特点，认为梅瓶在墓葬中是一种储酒器。孔繁峙先生则认为随葬梅瓶是为统治者专门使用的一种“风水瓶”[1]。或许，将随葬的梅瓶认为具有某种特殊的葬仪意义比较可靠，与《大汉原陵秘葬经》所载的“仪瓶”功用类似[2]。明墓中的梅瓶，是上层统治者等级地位的标志与“风水”寓意的象征，其随葬数量的多寡，无疑是等级制度在丧葬上的体现。[3]

明藩王陵中随葬梅瓶的制度在明初已有初步规定，比如明早期的山东鲁荒王朱檀墓、江苏沐英墓以及永乐年间的湖北梁庄王墓等都有随葬梅瓶的特点。当然，也不是所有藩王都喜欢随葬梅瓶，如正统至万历年间，江西封藩王墓葬中基本上没发现梅瓶，而处于同一时期的靖江安肃王朱经扶墓、温裕王朱履焘墓以及宪定王朱任晟夫人莫氏墓中均有梅瓶出土。可见靖江王有用梅瓶随葬的习俗。靖江藩王墓中随葬梅瓶至万历时期尤盛，桂林博物馆藏明万历年间的梅瓶就达 167 件 / 套之多。可见他们对梅瓶的喜爱程度非同一般。当然，这也是因为在明中晚期，尤其是万历朝时期，随着经济发展，手工作坊不断进步，实施官搭民烧的瓷窑烧制政策等，使得梅瓶产量日益增多，可用的随葬数量随之增加，使用梅瓶随葬来体现等级制度，此时已不甚明显。因而除了藩王可以随葬梅瓶之外，一些地位高贵的大臣也使用梅瓶随葬，比如礼部尚书吕调阳墓中就出土 2 件青花双龙戏珠纹梅瓶。由此可推断，有明一代墓葬中是否随葬梅瓶，主要是根据墓主的爱好和地域性的随葬风俗。

20 世纪七八十年代，靖江王陵出土了 300 多件梅瓶，后如数移交至桂林博物馆收藏，其时代风格突出，器型优美，釉色多样，经过相关专家考证，这些梅瓶大部分来自江西景德镇，还有一些来自河南、山西等地。2000 年，桂林博物馆曾邀请南京博物院张浦生先生和故宫博物院耿宝昌先生等人对馆藏梅瓶进行鉴定，其认为这些梅瓶“陶瓷交替，各显风采。时代跨度，涵盖早晚。器型变幻，千姿百态。纹饰图案，千变万

[1] 孔繁峙：《试谈明墓随葬梅瓶的使用制度》，载《文物》，1985 年第 12 期，第 90-92 页。

[2] 刘毅：《唐季以来帝王世俗化葬仪用品探微》，载《南方文物》，2012 年第 1 期，第 63-73 页。

[3] 孔繁峙：《试谈明墓随葬梅瓶的使用制度》，第 90-92 页。

化”。[1]靖江王陵出土的梅瓶，不仅数量众多，而且特点鲜明。经过整理研究，其大致可分为 11 种器型；釉色丰富，有青花、白釉、哥釉、酱釉、孔雀蓝等 11 种釉色；青花梅瓶的纹饰多样且繁，有凤纹、龙纹、龙凤纹、花鸟鱼禽纹、人物纹等 31 种纹饰，时间跨度从明初至明晚，几乎贯穿有明一代，是研究明代瓷业发展、桂林与周边地区文化交流的文物史料。

四、总结

明初，为巩固朱姓的一统天下，太祖朱元璋“众建藩辅所以广磐石之安，大封疆土所以眷亲友之厚”，采取“众建宗亲以藩王室”之制，并于洪武二年（1369）定封建诸王制度，以期达到“上卫国家，下安民生”的目的。首膺靖江王封号并就藩桂林的是朱文正之子朱守谦。朱守谦于洪武三年（1370）与秦、晋、周、燕等九王同时受封，“一切恩数与夫官属、规制概与秦、晋、楚、蜀诸藩等”[2]，“礼数如亲王”[3]。从洪武三年（1370）受封建藩至清顺治七年（1650）十一月明亡，桂林靖江藩王存世 280 年，传十一世孙，十四王。

遗址本体所蕴含的文化价值是每一个国家考古遗址公园的重要特征，也显示出不同类型考古遗址公园的个性特点。随着靖江王陵考古工作的不断深入，如今大部分王陵陵园范围、陵墓建制、附属建筑及随葬品等文化信息均已基本揭露。在坚持“保护为主、抢救第一、合理利用、加强管理”的文物工作方针下，通过持续开展考古调查、勘探与发掘，并对收获的考古材料进行研究，不断揭示靖江王陵遗址本体的文化面貌，深入挖掘其所蕴含的靖江藩王文化、梅瓶文化、石像生文化等。在现今文旅融合的背景下，真实并完整地展示明代靖江藩王的文化内涵，才是塑造具有地域文化特色的靖江王陵国家考古遗址公园的正确途径。

[1] 桂林博物馆编著：《古瓷风韵——桂林博物馆藏明代梅瓶赏析》，文物出版社，2012 年，第 19 页。

[2]《大明靖江安肃王神道碑》，拓本现存于桂林博物馆。

[3]（明）徐学聚：《国朝典汇・卷一三・朝端大政十三・宗藩上》，北京大学出版社，1993 年，第 902 页。

贺州出土汉代陶猪圈模型小谈

蒋 惠

【摘 要】贺州现已发现和出土的汉代随葬品中，以陶器的数量和种类最多最丰富。随葬陶器中，又以各种陶猪圈最具特色，该类模型带有明显的多文化融合特征。这些陶猪圈，既保留了器物来自岭南以北地区尤其是长江以北地区的外形特征，有着汉文化的大气和厚重；又恰如其分地融入了地方特色，不乏越文化的粗犷和朴实。

【关键词】贺州 汉代陶猪圈 多元文化融合

【作 者】蒋惠 贺州市博物馆 馆员

受到“事死如事生”观念的影响，汉代墓葬较为流行随葬品[1]。这些随葬品中，又以各类陶器居多，尤其陶猪圈形制更是多种多样。细究之下，不同形制的陶猪圈模型反映出不同出土地区的地域特色、文化信仰和生活习俗等。贺州现已出土的汉代随葬品中，也是以陶器的数量和种类最多最丰富。随葬陶器中，又以各种陶猪圈模型最具特色，该类模型带有明显的多文化融合特征。现就贺州市境内出土的汉代陶猪圈模型做一简单的分析，如有谬误，敬请方家指正。

一、汉代陶猪圈模型简介

陶猪圈是一种汉代较为常见的随葬明器。与现代不同的是，汉代的陶猪圈模型多是猪舍与厕所（含居室内置厕所）合二为一的一种建筑形式。

从现有的资料来看，根据建筑形制和建筑风格的不同，汉代的陶猪圈模型大致可

[1] 李锦山：《考古资料反映的汉代丧俗》，载《四川文物》，1989年第3期，第4页。

分为三个类型：

第一种是自成一体的独立陶猪圈模型。该类型的陶猪圈形制多为圆形，无其他附加物分布在猪圈上面，圈内一般有陶猪一只或数只。据目前所知的资料，虽然这种类型以河南一带出土为较多[1]，但地处岭南一隅的贺州地区也有出土，可谓分布极广。

第二种类型是厕所与猪圈的结合体。这种陶猪圈模型是由带围墙的猪圈加带屋顶的厕所建筑组合而成，厕所置于猪圈之上，厕口下通猪圈，猪圈下方留有一孔，方便清理秽物。猪圈围墙以实体墙为主,少数地区出土的模型围墙上有条形小窗口。[2][3]这种类型多分布在五岭以北地区，尤其是淮河以北的地区。

第三种类型是居室与猪圈的结合体。这种模型是将猪圈作为居室的附属建筑，居室内置厕所,厕所便坑下通猪圈。[4][5]猪圈和居室围合而成一个建筑整体。该类型多见于岭南地区，岭北的湖南郴州一带也多有出土。值得注意的是，在汉代，中原地区的大庄园内基本都设置有厕所和猪圈之类且两者多为相连分布，但其厕并不是内置于居室，而是独立于主体建筑之外，且多位于庄园的某个角落。[6]

从上述陶猪圈模型的第二、第三类型看，这种多合一的建筑带有多种功能，如：“把两个污秽之所集于一处，减少污染源；人畜粪共贮，清理方便；立体构筑，占地面积小，可有效利用空间；人粪作为猪的辅助食料，也是一种资源再利用。”[7]

二、贺州出土汉代陶器简介

因地处五岭通道之一的潇贺古道的交通要冲，贺州过去长时间得益于古道交通之便，不仅成为楚越文化交汇融合的前沿地带，亦是岭南地区传习中原文化的先导。同时，还是中原势力进入岭南的桥头堡，历来为兵家必争之地。各种文化在此汇聚、交流和交融。特别是秦平岭南和汉武帝平南越后，中原文化沿着潇贺古道经贺州源源不断进入广大的岭南地区。汉代贺州，因交通之便利和文化之多元而十分繁荣。所以，贺州至今仍遗存了大量的汉代古墓。

贺州地区现已发掘的四处规模较大的汉墓群中，出土文物以陶器类最多。这些随

[1] 谢姗姗：《汉代溷厕的考古学研究——以河南地区为例》，南京大学硕士学位论文，2020年，第23-60页。

[2] 王灵捷：《新乡地区汉墓出土陶猪及陶猪圈研究》，河南师范大学硕士学位论文，2015年，第7-21页。

[3] 谢姗姗：《汉代溷厕的考古学研究——以河南地区为例》，第23-60页。

[4] 曹建强：《汉代的陶厕》，载《古今农业》，1999年第4期，第79-80页。

[5] 陈文华：《中国农业考古图录》，南昌：江西科学技术出版社，1994年，第436-440页。

[6] 谢姗姗：《汉代溷厕的考古学研究——以河南地区为例》，第23-60页。

[7] 曹建强：《汉代的陶厕》，第79-80页。

葬陶器，主要有陶鼎、陶瓮、陶罐、三联罐、四联罐、五联罐、陶盒、陶壶、陶碗、陶豆、陶灯、陶钵、陶井、陶猪圈、陶囷、陶仓、陶纺轮、陶鸡埘、动物俑等，以罐、瓮、盒、壶最多。其中，最具代表性和地方特色的，当属陶猪圈。[1][2][3][4]

图 1　贺州市博物馆藏陶猪圈

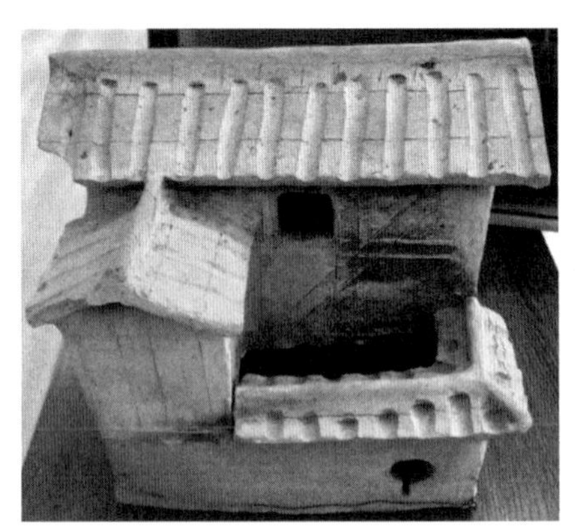

图 2　贺州市博物馆藏带猪圈陶屋

三、贺州市出土的陶猪圈类型

贺州已出土的陶猪圈可分为两种类型。类型一为独立的陶猪圈。这种类型的陶猪圈，一般呈圆形，分为两层，形制下小上大，每层皆有条形窗均匀分布。此类猪圈无顶，圈内或有猪或无；类型二为陶屋带陶猪圈。类型二又可细分为两种，一种是前屋后圈型，从而形成前人后畜的建筑格局。一种是上屋下圈型，从而形成上人下畜建筑格局。该种形制又可根据猪圈是否露天而分为陶屋附带露天式猪圈型和陶屋附带有顶式猪圈型。

贺州市出土陶猪圈的类型如下所示：

[1] 广西壮族自治区文物工作队、广西贺县文物管理所：《广西贺县金钟一号汉墓》，见贺州市博物馆文集编委会主编：《贺州市博物馆文集（1981–2016）》，贵阳：贵州人民出版社，2017 年，第 111–124 页。

[2] 广西壮族自治区文物工作队、贺县文化局：《广西贺县河东高寨西汉墓》，见《贺州市博物馆文集（1981–2016）》，第 125–147 页。

[3] 黄启善、李兆宗：《广西昭平东汉墓》，载《考古学报》，1989 年第 2 期，第 213–229 页。

[4] 广西壮族自治区文物工作队、钟山县博物馆：《广西钟山县张屋东汉墓》，载《考古》，1998 年第 11 期，第 60–69 页。

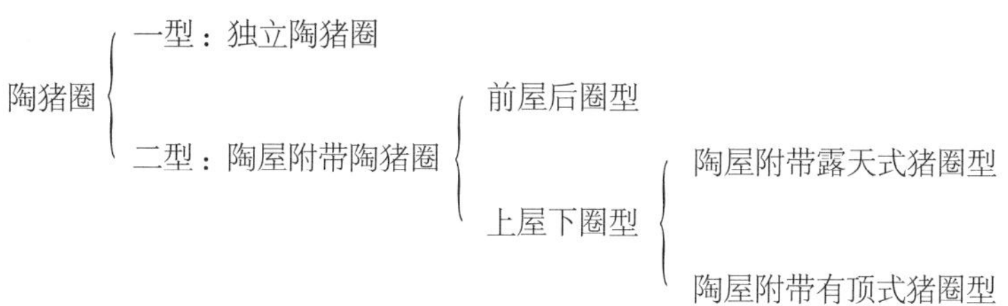

前屋后圈型，典型的如贺州市博物馆藏东汉带猪圈陶屋。该类建筑前面是主屋，主屋呈横向 L 形。后面是露天式猪圈，围住猪圈的两面半高围墙上开有条形窗，一围墙下方开有条形洞，方便排出粪尿。圈内一般有一至两头猪。主屋加上猪圈围墙，围成一个四方形或长方形的建筑。

上屋下圈型，该类建筑二层以上是主屋，一层是猪圈。根据猪圈是否露天，又可分为陶屋附带露天式猪圈型和陶屋附带有顶式猪圈型。陶屋附带露天式猪圈型，典型的如贺州市博物馆收藏的东汉曲尺形干栏式陶屋。该类建筑由二层的主屋和一层的猪圈组成，猪圈的一大半被置于主屋之下，一小半为露天。主屋分为左右两间，右间为一进，左间为两进。右间和左间的后进均设有厕所，厕坑直通猪圈。主屋后为猪圈，整个猪圈由主屋的两面墙和另外两面半高墙围合而成，墙上无条形窗。猪圈一侧墙下设有孔洞，方便排泄猪的尿液和粪便。

陶屋附带有顶式猪圈型，典型的如贺州市钟山县博物馆收藏的东汉干栏式三层陶屋。该类建筑的主屋完全覆盖住一层的猪圈。建筑一层设有两门，一个设于前院，一个设于屋后。整栋建筑前建有院子，院子设有门楼，通过围墙与主建筑连成一体。与门楼平行、位于门楼右侧的猪圈，墙下设有孔洞，方便猪的粪便和尿液排出。墙上开有条形窗，方便整个猪圈通风。

通过以上论述得知，贺州出土的第一类独立陶猪圈模型虽然总体上与陕西、河南等汉文化中心地带出土的极为相似，但贺州出土的明显更加注重猪圈的通风性能。第二类陶屋带陶猪圈模型则与陕西、河南等汉文化中心地带出土的猪厕合一式建筑模型区别甚大。

四、附着在陶猪圈上的多元文化特征

贺州境内的东汉陶屋带猪圈模型，一方面体现出当时当地对岭南以北地区猪圈的建筑模式的沿用，使之保存了猪圈最重要的式样和文化特征。另一方面体现出某种地方特征，如将厕所建造在主屋的室内，将猪圈纳入主建筑的布置中，将密封的猪圈墙体改为布满条形通风透气窗的围墙。经过改造之后，从岭北地区传过来的猪圈，很好地适应了本地的自然环境和人文需求，故而被大量应用在生活中，直至成为陶质的随葬品。

（一）中原文化特征

中原地区作为两汉的政治经济文化中心，其辐射力远达于包括岭南在内的东南西北四方。汉文化在向岭南传播的过程中，地处五岭通道之一潇贺古道交通要道上的贺州是一个重要的中转站，来自中原地区的葬风葬俗在此沉积和融会。陶猪圈模型是东汉墓葬中最常见的随葬品之一，包括贺州在内的全国各地多有出土。它和诸如动物俑、陶灶、陶屋、陶井等明器组合在一起，是汉代“事死如事生”厚葬礼俗的最好写照。东汉时，流行全国的陶猪圈随葬品，采取的是猪舍与厕所合一的建筑形式，以便养猪、积肥同时进行。[1]

贺州众多的汉墓和汉代陶器随葬品，说明了此时贺州的汉风日昌。因此，贺州已出土的陶猪圈随葬品，具有十分明显的中原文化特征，如继续沿用猪舍与厕所合一的建筑形式、继续沿用露天猪圈的建筑形式。

（二）地域文化特征

淮河以北尤其是长江以北的地区气候相对干燥，所以陶猪圈模型采取实体围墙的形式制作。贺州地处岭南，气候湿热。如果直接使用中原地区传过来的实体围墙、四面密不透风的猪圈来饲养家猪，在上有烈日、下有湿气的环境下，猪舍容易滋生与繁殖大量病菌。在这种环境中生活的猪，抵抗力容易下降，进而极易感染疾病。[2]所以，古人因地制宜和因时制宜，将实体围墙改为布满条形窗的围墙，方便通风透气，又能在夏季时利于猪圈保持干燥，冬季时利于猪圈排出湿气，以此来适应当地气候。反映到明器中，就出现了墙体上有序排列着间隔的条形窗的陶猪圈。

此外，贺州等地所处的岭南地区，总体上山多地平地少。于是，当地人充分利用他们的聪明才智，将畜圈与人居住的主屋通过各种形式联结在一起。[3]这样一来，不但可以极大地减少建筑的占地面积，还能继续采用将人的粪便用来养猪和积肥的中原地区的猪圈式样，方便猪的喂养，并且在一定程度上及时保护猪的安全[4]，可谓一举多得。

---

[1] 李超等：《试论秦汉时期的养猪理念——以西安博物院入藏的一件汉代釉陶猪圈为例》，载《农业考古》，2017年第6期，141页。

[2] 吕凤禄：《养殖环境对生猪养殖的影响与对策》，载《现代畜牧科技》，2019年第11期，第32页。

[3] 刘彦才：《广西传统民居杆（干）栏建筑文化内涵的剖析》，载《南方建筑》，2000年第3期，第33页。

[4] 南方气候湿热，多虫蛇虎狼之类，汉代尤甚。若将猪圈单独建立在离主屋有一定距离的地方，圈内的猪极易遭到这些动物的伤害。

五、小结

贺州出土的汉代陶猪圈，总体上采用了中原的建筑形式，而在某些细部进行了地域化调整，或者根据实际需要做了一些融合与创新。从而达到既承接了中原汉文化的影响，又使之与地方环境和人们需求相融合的目的。同时，这也从一个侧面反映出，贺州文化早在汉代起，就具有多元融合的特征。这与汉代贺州成为了中原文化进入岭南、岭南文化北上中原的桥头堡和中转站的重要区位条件密不可分；与秦末汉初，南越国雄霸岭南，贺州作为南越的北部战略前沿，被裂土封王、重兵布防的重要地位密不可分。正是在这种背景下，汉文化和越文化在此地交流、交汇、交融，最终形成了既有地域特色，又承继中原汉文化根脉的别具一格的随葬陶器。

历史研究

Historical Research

明张鸣凤生平编年考略

林京海

【提　要】张鸣凤（1534–1596 年），字羽王，广西临桂人，先世江西丰城。嘉靖三十一年举人，授仁化县教谕，迁雷州府推官，改黎平府推官，谪六安州判官，转浙江都指挥司经历，入漕督幕，授苏州府通判，迁应天府通判，谪利州卫经历，移兴国州判官，改宁王府官。万历十年辞归桂林，卒年六十三岁。张鸣凤为广西历史上著名文学家和历史地理学家，然其生平多为人所不详。今据其与时人赠答诗文书信，择其生平事要，试为编年考略。

【关键词】张鸣凤　生平　编年

【作　者】林京海　原桂林市文物保护与考古研究院　副研究馆员

张鸣凤为广西历史上著名文学家与历史地理学家。一生宦途坎坷，屡遭贬谪；然交游时彦，著作等身，声标海内，影响著于后世。惟其生平事迹，则无论前代史志与后人论著，皆多语焉不详。明李维桢《南都吟序》（《大泌山房集》卷二三）云："余尝考粤西故实，汉则苍梧陈钦治《春秋左传》以经术名，唐则阳朔曹邺以诗名，宋则宜州冯京以三元名，皆通显。迄于本朝，衣冠文物与上国等，贤科相业，其人不乏，而称诗者寥寥。余耳目所相及，独张羽王诗有声，仕无中人，摧颓不达。岂其有遗行邪？抑所遇非时也？"今因检诸时人别集，案其赠答诗文与相闻书信，择其事要，试为编年，以略见其生平事迹与学术成就。

1534 年，嘉靖十三年甲午，一岁

张鸣凤出生，字羽王，广西临桂（今桂林）人，先世江西丰城，自号漓山人、阳海山人、阳海居士。

张鸣凤生年未见文献记载，惟知于嘉靖三十一年中式举人。因据吴国伦《〈西迁注〉序》(《甋甀洞稿》卷四一）云：“羽王盖自舞象之年，以博雅起西粤，顾一第以往，竟挫公车。”是其中式举人时，年犹未及二十岁。因由此逆推可知，其生年应不早于嘉靖十三年。又据其《见牡丹再开，喜索酒》诗（《羽王先生集略》，以下同）云：“可知六十三年老。”以其卒年不晚于万历二十四年（说详后文）逆推，适生于嘉靖十三年。

检诸文献，或称张鸣凤为广西临桂人，或称江西丰城人。据张鸣凤撰文自署款识，皆作“始安张鸣凤”，始安为临桂自西汉至唐初之古县名。又其《桂胜》卷首载刘继文序云：“别驾张羽王，素称博雅，且世居漓山下。”又蔡汝贤序亦云：“张君羽王，博雅能文，且世家漓山麓。”漓山，今称象鼻山，位于今桂林市。是知张鸣凤固为广西临桂人。

嘉庆《临桂县志》卷二八《人物一》云：“案《江西通志》，丰城县张鸣凤，亦嘉靖壬子举人，恐致混淆，辨正于此。”江西丰城嘉靖三十一年亦有举人张鸣凤，见康熙《江西通志》卷二二《选举七》。然据吴国伦《送张端孟茂才还粤西应试》(《甋甀洞稿》卷十九）诗“丰城剑故雄”句注云：“张氏其先丰城人。”又道光《丰城县志》卷七《人物志二》记张鸣凤父子乡试科名，皆云“广西榜”。是知张鸣凤因先世出自丰城，故江西地志亦举其名，并非同年中式举人中另有一同姓名者。

张鸣凤《桂胜》自序云：“漓山人张鸣凤序。”又《西迁注序》云：“阳海山人张鸣凤还经邯郸书。”又《贝多寮偈》云：“幻景庵主移书阳海居士。”

1547 年，嘉靖二十六年丁未，十四岁

是年，张鸣凤赴院试，为督学道谢少南赏识，考取桂林府学生员。

周晖《金陵琐事》卷四《读汉书》云：“谢与槐公督学广西，喜临桂县童生张鸣凤文笔奇古，因进而训之，曰：‘吾子不患不成名，患胸中无全书耳。’乃取两《汉书》，亲为之句读，令五日进院一背。虽出巡，亦携之。与槐公转官，两《汉书》已完矣。”谢与槐，名少南，上元（今江苏南京）人，于嘉靖二十六年至二十八年间任广西按察佥事，提督学道。据万历《广西通志》卷十六《选举四》云：“张鸣凤，桂林府学。”知其于是年间为谢少南所识拔，考取桂林府学生员。

1550 年，嘉靖二十九年庚戌，十七岁

是年，张鸣凤入桂林宣成书院，从学宪王宗沐受学。

张鸣凤《约诸同年漓山祠为王新甫先生发丧》文云：“顷见邸报，王都水福州伯仲丁忧，心疑吾师新甫先生当有负杖而歌之变。……随质之学宪公，会得所答，谓伯仲之忧，果以师故。”王新甫，名宗沐，浙江临海人，于嘉靖二十九年至三十三年间任广西按察佥事，提督学道。任职期间，“修宣成书院，令诵说其中”（邓以赞《邓定宇先生文集》卷四《通议大夫刑部左侍郎致仕敬所先生行状》)。因据张鸣凤文云“吾师”,又云“惟走往陪诸兄同侍讲席”,知其曾于是年间入宣成书院,从王宗沐受学。

1552年,嘉靖三十一年壬子,十九岁

秋,张鸣凤中式壬子科广西乡试举人。

万历《广西通志》卷十六《选举四》云:嘉靖三十一年壬子乡试,“张鸣凤,桂林府学”。又嘉庆《临桂县志》卷二四《选举二》亦云:嘉靖三十一年壬子科举人,“张鸣凤,应天通判”。

1560年,嘉靖三十九年庚申,二十七岁

是年,张鸣凤授广东仁化县教谕。

康熙《韶州府志》卷六《职官志下·题名》记明仁化县教谕云:“张鸣凤,桂林举人,嘉靖三十九年任。”

1565年,嘉靖四十四年乙丑,三十二岁

春,张鸣凤任广东雷州府推官。

陈田《明诗纪事》己签卷十云:“张鸣凤,字羽王,临桂人,嘉靖壬子举人,除雷州司理。”又万历《雷州府志》卷六《秩官志》记嘉靖间推官云:“张鸣凤,临桂人,举人,在雷宦迹无考。”因据张鸣凤《掩瓴集序》云:“乙丑春,司理雷阳。”

1568年,隆庆二年戊辰,三十五岁

三月,张鸣凤调任贵州黎平府推官。

沈明臣《张羽王书来,兼寄所著〈浮萍集〉,又因得其谪蜀信作》(《丰对楼诗选》卷二九)诗序云:“羽王,始安人,由雷州司理改黎平。”又陈文烛《张羽王尺牍序》(《二酉园文集》卷三)云:“羽王司理雷州,调黎平。”又光绪《黎平府志》卷六上《秩官志》记“黎平推官,张凤鸣,广西临桂人”,任于隆庆年间。此所谓“张凤鸣”,应为张鸣凤之误记倒文。因据张鸣凤有《三月黔阳道中》诗,又欧大任《送张羽王赴黎平》诗(《欧虞部集·浮淮集》卷三)云:“一官三佐郡,谪宦更牂牁。暮雨传双泪,春莺听九歌。”因据《明史·职官一》云:“外官三年一朝,朝以辰、戌、丑、未年。前期移抚、按官,各综其属三年内功过状注考,汇送覆核以定黜陟。”知张鸣凤调任黎平,在隆庆二年戊辰三月。

是年,吴国伦作《十二子诗》,其九咏张鸣凤。

吴国伦《甔甀洞稿》卷五《十二子诗》,序云:“十二子皆予雅道交,倡和偶谐,如兰斯臭。乃者予既见放，诸子亦多浮沈，同心离居，怆焉今昔。因各赋一首，用代晤言，非有所轩轾也。”其九咏张鸣凤诗云：“羽王发西粤，弱冠称绣虎。负气一何奇，凌厉向千古。翱翔京洛间，耻与世儒伍。往往出新篇，郁郁芳兰吐。微官历轗轲，置踵无安土。每叹钟子期，无时可重睹。”据诗序云“予既见放”，检其《明吴仲子牧良墓志铭》（同上书卷三六）记载，吴国伦于隆庆二年谪高州知州；又咏王世懋诗题作“吴郡王进士敬美”，检王瑞国《琅琊凤麟两公年谱合编》记载，王世懋于嘉靖三十八年登进士后，直至隆庆二年始出谒选。是知其诗作于隆庆二年。

1570 年，隆庆四年庚午，三十七岁

七月，张鸣凤谪南直隶六安州州判。

沈明臣《张羽王书来，兼寄所著〈浮萍集〉，又因得其谪蜀信作》诗序云：“由黎平谪六安判官。”又万历《六安州志》卷五《官师表》记隆庆年间任判官云：“张鸣凤，桂林举人，推官左迁。”于时黎民表有《送羽王移六安》（《瑶石山人稿》卷十二）与《七夕别张羽王，得平字》（卷七）诗。据《七夕别张羽王》诗前有《秋夜杨懋功宅同王敬美诸子集，得春字》诗，所咏即王瑞国《琅琊凤麟两公年谱合编》所记隆庆五年王世懋“春夜宴集至秋日”事，至冬王世懋则闻太夫人讣而驰回奔丧。是知张鸣凤谪六安，在隆庆四年七月初。张鸣凤于时有《留别黄门周公》诗（《明诗综》卷五三）云：“清时落拓愧无能，何事高人独见称。朝议遽宽重谴吏，圣恩因借六安丞。云山曙色催行李，秋渚离心醉采菱。梦里亦知双阙路，几回深夜怅残灯。”

张鸣凤谪官原因，据陈文烛《张羽王尺牍序》云：“往读张羽王所刻《沧浪稿》，窃高其谊。盖武宗朝，高邮陆生洙以诗被遣，羽王司理雷州，调黎平，表而传焉。”陆洙，兴化人，正德中官部曹，以作诗讽刘瑾，被流戍黎平五开卫，卒不能归。是张鸣凤或即于任黎平府推官时，为刻陆洙《沧浪稿》并“表而传焉”，因此被劾谪官。

1571 年，隆庆五年辛未，三十八岁

张鸣凤于是年转浙江都指挥司经历。

沈明臣《张羽王书来，兼寄所著〈浮萍集〉，又因得其谪蜀信作》诗序云：“由六安转参浙帅。”又万历《杭州府志》卷十一《会治职官表四》记浙江都指挥使司经历云：“穆宗隆庆五年，张鸣凤，桂林籍，丰城人。”

1572 年，隆庆六年壬申，三十九岁

三月，张鸣凤赴淮安，入漕运总督幕。

沈明臣《张羽王书来，兼寄所著〈浮萍集〉，又因得其谪蜀信作》诗序，谓张鸣凤

“由浙帅檄修《漕河书》于淮”。又陈文烛作《张羽王尺牍序》，谓之由“黎平又调参军，奉中丞王公聘，同余修漕书”。因据张鸣凤《漕书论序》云：“往余述漕事，盖病章牒之难详也，虽草具八书，不欲以视人，屡白余师临海王先生，请勿锓行。”所谓“中丞王公”与“临海王先生”，谓王宗沐，时任漕运总督，据陈文烛为其上《漕抚奏疏》作序云：“先生居东藩，时有议开胶莱新河者，先生谓大海可航也。”又今见张鸣凤《漕书论》，亦“力主海运之利”（《四库全书总目》卷八四《史部·政书类存目二》），知聘张鸣凤修《漕河书》者为王宗沐。

张鸣凤入漕幕时间，见其《适然集序》云：“是时微闻有浮淮之役，司符未下。……后十日，领符文。又六日，始发武林，过槜李，谒台使者，被命走吴兴。……逾数日，余决策自彼向江淮，……以后二月十一日，发若溪。”又《广陵口占，与莫公远》诗云：“纷纷飞絮搅残春，愁杀维阳一病身。”因据王宗沐于隆庆五年十一月莅任漕运总督（王宗沐《敬所王先生文集》卷二一《漕抚履任谢恩疏》），又梁孜于隆庆六年使山东，绕道苏州，经淮安，张鸣凤与陈文烛乃为迎送酬唱（陈文烛《二酉园诗集》卷五《重九前二日，同张羽王司理别梁思伯舍人，分得头字》）。知张鸣凤入漕幕，或于隆庆六年正月领符文，而于三月至淮安。

张鸣凤在淮安期间，与陈文烛、沈明臣等结淮阴社。

陈文烛《张羽王至成都》（《二酉园诗集》卷二）诗序云：“苏州别驾张子羽王，与余结淮阴社。”又诗云：“昔在钵池山，傲睨谈千古。”张鸣凤有《陈玉叔召集淮阴侯祠，得前字》诗云：“出门片月悬向天，照人直照古祠边。祠中太守张华筵，遣骑四出迎群贤。酒酣摇笔早献篇，因忆故侯真可怜。坐间感激谁最偏，始安张生泪如泉。平生有恩报莫前，千金一饭当何年。王侯有种难比肩，不如弃去匣中莲。遥空霜吹清繁烟，庭柯槭槭惊乌眠。此时万恨将膺填，太守止我慎莫然。汝方向强发尚玄，有才如此何患焉，君不见是公未遇曾迍邅。”

1574年，万历二年甲戌，四十一岁

正月，张鸣凤任南直隶苏州府通判。

沈明臣《张羽王书来，兼寄所著〈浮萍集〉，又因得其谪蜀信作》诗序云：《漕书》“成，倅苏州”。检王世贞《岭右张羽王明府邀合郡诸名胜饯虎丘，时江右龙司理亦集，辄成二章为谢》诗（《弇州山人稿》卷四二）之一云：“府公高宴入春开，江左风流异代才。茂苑自骄群玉聚，桂林初见一枝来。”又《与张羽王书》（卷一二二）云：“虎丘之饯，尽郡中诸名胜，而府公屈行，而信布衣之交，便是千古奇胜，惜仆非其人耳。舟中小间，读新诗，语语击节，蓝田、嘉州入室，而才情恒有余。小引叙致拙宦，宛曲已堪酸鼻，不知安仁、越石见之，当何如耳？仆生平交游，沦落行尽，晚乃得公，私心慰赏，中夜独笑，度公亦当然否也？”据钱大昕《弇州山人年谱》记载，王世贞于万历元年“岁莫抵家，得擢太仆寺卿之报”，二年“二月北行”，知王世贞诗云“桂林初见一枝来”，乃谓张鸣凤于万历二年正月任苏州府通判。

夏，张鸣凤升任应天府通判，旋被劾下狱；冬，谪四川利州卫经历。

沈明臣《张羽王书来，兼寄所著〈浮萍集〉，又因得其谪蜀信作》诗序云：“由苏州转京兆，未到官，被劾下狱，乃谪利州卫经历。”又吴国伦《〈西迁注〉序》云：“顷岁由吴郡召为京兆别驾，海内莫不为羽王弹冠。无何，中飞语，祸几不测，赖天子仁圣，以微罪贬蜀之利州。”据张鸣凤《太仆王公与弟词村遗书慰问，口占谢之》诗云：“狱邸阴森夏亦寒，日光□□上重阑。”又《西迁注序》云：“余坐法迁利，……时会冬尽。”知张鸣凤任应天通判或在是年夏，旋被劾下狱，于冬月谪四川利州卫。

张鸣凤被劾原因，据吴国伦《阅羽王〈过江集〉，悲感成诗，得四首》（《甔甀洞稿》卷十六）之四云：“颇疑诗作祟，莫怪老增贫。屈贾原无罪，千秋自逐臣。”又欧大任《寄张羽王》诗（《欧虞部集·西署集》卷三）云：“岂因鹦鹉赋，能困祢生才。”知亦因于文字之祸，惟其详情，今未能知。

张鸣凤在南京期间，纳才女周洁为妾。

周晖《金陵琐事》卷二《诗话》云：“周洁，字玉如，家江东城南隅胭脂巷中。年十四，父周碧山遣侍京兆羽王。”惟后人多以为娶妻者，因据周晖记曰“遣侍”，又乾隆《上元县志》卷末《捃佚》云：“张羽王妾周洁。”又胡文楷《历代妇女著作者》引《宫闺氏籍艺文考略》云：“周洁，字玉如，秣陵人，应天府判张鸣凤妾。”复据俞安期《寄张羽王》诗（《翏翏集》卷二五）之一云：“艳风夸三妇，新辞咏五君。”又张鸣凤《西迁注序》云：“有三男子，其长者御啼废业，中子时捉衣，……其季虽在襁褓，笑眄相属。”是张鸣凤实有一妻二妾，周洁乃其侍妾之一。且当时张鸣凤并有子三人，长子名撰，字端孟；仲子名挺，字公仲，一作仲立；季子名未详，字蹇叔。

1575 年，万历三年乙亥，四十二岁

五月，张鸣凤至四川利州卫；八月，还京师；于途中著《西迁注》。

张鸣凤《移楚集序》云：“余既耻参利军事，弃去不就，东还京师。”又《西迁注序》云：“明年乙亥三月三日，乃与三男决。是日出宣武门，宿汉寿亭侯祠，次日遂西。五月十三日，至利。逾明日，上谒诸当路。六月初旬，以事遣京，明日乃东。……其年八月朔，阳海山人张鸣凤还经邯郸书。”

《西迁注》，“乃鸣凤谪官利州时，自京赴蜀，复自蜀还京，记其道路所见名胜古迹，于碑刻多载全文，颇裨考证”（《四库全书总目》卷六四《史部·传记类存目六》）。吴国伦序谓之“寄家京邸，单骑而西，披蚕丛、陟鸟道而后至，盖有穆骏所不及驰，而骞节所不必通者。此之为境，何异投魑魅而与猿鸟伍耶？顾羽王益得藉是役以肆其情，曾不少望。如《注》所引赋颂图经、稗官野史及金石之文，皆不挟一书而抽诸腹笥，应之多所，解流俗之疑，证载籍之误，无论□事，要而足为经世资也”。又王世贞亦誉之云：“文极尔雅，便觉郦道元、江文通为赘。”（《弇州续稿》卷二百《答张羽王》）

十一月，张鸣凤在京师为欧大任《南翥集》作序。

明欧大任《欧虞部集·南翥集》卷首载张鸣凤序云：“人谓君当豫承明金马之选，雍容书府，作为文章，以歌颂本朝之鸿美，何不可者。顾令编名郡邑诸博士牒中，一教广陵，再移汝南，既归家持服三年，乃稍迁令官，抑何其不遇也。虽然，始君结发时，俯首就书，至于今，口诵舌吟不倦者，固邀一时之荣名已乎？其意将欲含精吐华，追古迈今，为一氏之语，施之不朽哉。即官阶高下，犹蕣华之朝夕也，安在其遇不遇邪。”署题“万历乙亥长至”。

1577 年，万历五年丁丑，四十四岁

正月，张鸣凤居南京，为盛时泰《牛首山志》作序，并增补游览诗。

盛时泰《牛首山志》卷首载张鸣凤序云：“志成，其友始安张鸣凤因推叙天阙之说，毋令终南独当秦表云。”署题“万历五年正月三日”。又卷末载盛敏耕后序云：“山志作于嘉靖甲寅、乙卯间，藏箧中二十余年。万历丙子，始安张君羽王寓江上，始序之，复于张处检得游览诗编入。”

四月，张鸣凤移湖广兴国州判；八月，至兴国莅任。

光绪《兴国州志》卷十二《官师志一》记明嘉靖年间任州判官，有“张鸣凤，字羽王，始安举人，由顺天府判谪”。然据张鸣凤《移楚集序》云：“明年丁丑夏四月，乃得量移兴国。其秋八月，从秣陵往兴国。”明年谓万历五年，于时吴国伦有《故人张羽王自京谪吾州，八月适至，相见悲喜，殆不胜情，赋此慰之》诗（《甔甀洞稿》卷二六）云：“为怜几日张京兆，谪宦南浮汉水涯。宣室鬼神疏贾谊，郡城卑湿近长沙。重逢白首惊相慰，恰对清樽款自嗟。词赋古今愁物色，肯将鹦鹉向谁夸。”

1578 年，万历六年戊寅，四十五岁

二月，张鸣凤游吴国伦溪南别业。

吴国伦《溪南春游记》（《甔甀洞稿》卷四五）云：“今年仲春之朔，予方从农人举事梧塘，闻羽王适以劝农过，……饮舍傍竹间，不计杯行，予已陶然先醉。……其明日，羽王困宿酲晏起，从予步过西礲，息九畹堂。少顷，扶携登高冈，坐茂树间饮，始犹不胜杯酌，已而望见石兰溪水萦轸如带，有声磷磷，响应林壑，羽王曰：‘酲解矣。’遂起揽衣而前，就溪傍列藉为流觞之饮，已复竞取巨觞鼓饮之。羽王又从溪上望见颜子山，三峰在天，爽气在其胸臆，欣然欲翼而登之。予醉不能从，羽王别予。”吴国伦于万历五年由湖南参政罢归，张鸣凤在兴国时多与交游，今见《甔甀洞稿》存其唱和诗甚多。

张鸣凤在兴国期间，吴国伦又数为其诗集题诗，如《与羽王书》(《甔甀洞稿》卷五三）评其诗云：“《移楚集》两经细阅，而靛笔为加详。《过江集》虽止一阅，则兆孺为之地矣。兆孺于风人之旨不甚深，犹幸不轻去取。乃桢伯少足下《迁蜀》诗，则大不省，所谓‘大率《迁蜀》诗，微涉过激，而湛郁悽惋处独多’，正诸名公所不逮也，桢伯得无以皮相乎？《移楚》诸作，境稍夷，意亦稍适，官虽不调，有故人在焉，故多用平调而冲雅匀密，无甚陗厉语。然欲奇绝如《过江》《萍浮》二集，不免小逊耳。仆尝删诸子诗每过刻，而独用恕于足下。盖足下自得于诗者三：学然后诗，一也；每篇自匠一意，不相雷同，二也；用句用字多古诗之流，而不事纤艳，三也。顾足下犹自求多于宏壮瑰丽，以仆观之，业已在其中矣。若夫持径尺之璧而索微瑕，则亦有三：好古太过或伤才，愤世太过或伤气，感遇太过或伤调。即仆有所不能尽汰，而足下烛照之矣。”

1580年，万历八年庚辰，四十七岁

七月，张鸣凤以领南漕事至南京。

杨一洲跋王廷陈《赠廖学士诗跋》(《梦泽集》卷十一《附录二》）云：“万历庚辰，兴国司马张羽王南漕至都。”又吴国伦《初秋月夜，同杨仁甫泛舟饯别羽王赴金陵》诗(《甔甀洞稿》卷二七）云：“明月方舟富水涯，新秋凉雨过蒹葭。”

是年，张鸣凤作《短歌行》诗赠方尚赟。

张鸣凤《短歌行与仲美作》诗云：“对酒当歌，欢会几何。人生一世，迅如惊波。我命不犹，受侮不少。出自单门，屡遭群小。西迁巴蜀，南放江皋。脱彼虎口，抗此鲸涛。怀璧是罪，窃鈇是疑。清身直道，反遭众訾。并生名世，同仕南国。曾莫我知，天听弥惑。冀我漕粟，去迈蕲阳。匪予斯辱，幸子与将。挹此江水，涤我山罇。霜月载辉，阳乌夕翻。子为游士，我亦贱官。将子共饮，北斗阑干。”据诗云“冀我漕粟”，知作于其“南漕至都”时。方尚赟，字仲美，安徽歙县人，尝与张鸣凤校理吴国伦《甔甀洞稿》。

又张鸣凤生平好友，于其遭遇不幸，屡为寓书当道。其见存者，有汪道昆《与程少司徒书》(《太函集》卷一百一）云：“兴国州倅张鸣凤氏，不孝尝习之京师，是为西粤闻人，盖以直道三黜者也。其人博雅而重气节，不孝及王元美屡言之公卿间。乃今拓落而沉一官，至其冰蘗自誓，孑然无家久矣。兹以武昌部运赴部，愿公拭目善视之，计不使诸委吏，杂之牛马走中。不孝之所丁宁者，此耳。台慈幸察。”程少司徒，名嗣功，安徽歙县人，于万历六年至八年间任南京户部右侍郎，总督南京粮储。

1581年，万历九年辛巳，四十八岁

秋，张鸣凤改任江西南昌宁王府官。

陈田《明诗纪事》己签卷十云："改王府官。"检欧大任有《张羽王自楚中寄题蘧园，适闻其藩相之报，次韵慰答二首》（《欧虞部集·秣陵集》卷三）。据其后诗《张秋病中遣闷》云："舟航便卧疾，衾枕屡曾移。"又《邳州遇周比部子仁北上》云："波声流不息，何意遇君时。"皆于万历九年七月赴任南京工部屯田主事舟中作。是知张鸣凤改任王府官，在万历九年秋。

张鸣凤改王府官，或为江西南昌宁王府。据其任官事迹，有为辅国中尉朱多熿摩尼庵作记（李维桢《大泌山房集》卷八一《瑞昌王府辅国中尉贞湖公墓志铭》），又为奉国将军朱多炡《倦游编稿》作序（朱孟震《朱秉器全集》文集卷一《倦游编稿叙》）。又朱多炡有《春日怀张羽王》诗（《御选明诗》卷二）云："言旋南岳驾，又作蓟门行。尊酒不为别，河梁空复情。一官羁万里，十口寄孤城。日暮春云起，相思处处生。"

1582年，万历十年壬午，四十九岁

四月，张鸣凤辞官；八月，还归桂林。

沈明臣《闻张羽王调为王官，乃投簪还桂林，为赋一绝》诗（《丰对楼诗选》卷三九）云："九谪驱驰路转赊，左官今更下长沙。拂衣归去驾如叶，云白苍梧万里家。"又吴国伦《闻羽王解官，同胡茂承、方仲美、王行父过访留酌》诗（《甔甀洞稿》卷十七）云："自得解官信，欢然理箧书。念当辞故旧，亦复重踌躇。"检其后诗有《夏夜同丁元甫、王行甫、胡茂承、方仲美湖上泛月》诗，据卷四五《涉江游三山记》，知其游湖上在"万历壬午夏……四月望前二日"，则"闻羽王解官"信，应在是年四月初。又吴国伦有《舟送张羽王出富口，酒间羽王有作，歌此答之》诗（卷九）云："八月长风鼓怒涛，老夫送客浮轻舠。征帆欲发且复止，执手江干呼浊醪。鸿雁悲鸣杨树浦，黄龙卷雪如山高。此时感别魂易断，万里西归一敝袍。仕宦从来少遇合，词臣强半栖蓬蒿。不如且宛君卿舌，对客莫染江淹毫。九疑山阴八桂岭，白云玄鹤从君逃。君不见祢衡大难起挝鼓，江夏何曾识鹦鹏。汉巾鸡肋破群疑，坐杀小儿杨德祖。谁道文人不忌才，阿瞒之毒淫于虎。全身却许汉狂奴，濯足聊随楚渔父。岂厌林间酒伴稀，吴姬鸣筝越姬舞。"知张鸣凤乃于八月买舟回归桂林。

1583 年，万历十一年癸未，五十岁

十月，张鸣凤于桂林为吴国伦诗文集作《叙》。

张鸣凤《吴明卿先生诗集叙》(《甔甀洞稿》卷首）云："往余从下雉校读吴明卿先生诗，凡五逾月，已乃属叙论之，会罢归急，亡以应也。既归，书来益申前旨，余大感其意，伏为之叙。"署题"万历癸未冬十月"。

吴国伦"书来益申前旨"，见《寄张羽王书》(卷五三）云："江口夜酌，别意怆然，……明日归至北园，则覆觞不能举，掩卷不能读，知音既远，山水皆长物耳，能无伤心非人哉！……嗣得江行消息，最后得岳阳书，并北园老翁诗，读之益知公奇节远怀，可千古而不可一世，象鼻山寻当与青城、玄圃齐名矣。度此时息驾高斋，无复风尘色，即有所苦，贫也，非病也，世人将奈羽王何？许序拙稿，千万留意。"

何乔远《名山藏》卷八六《臣林记·文苑》云："国伦尝出所撰著，属鸣凤较理，且诱以恣所讥刺。鸣凤辄论六子得失，其略曰：'子相俊而不深，公实丽而不壮，盖灵算蹙逼则然。于鳞岳挺云端，元美海涵天际，乍望令人辟易；间与公遇，气势相压。公徐逞沈思郁致，泮涣以进，犹之组绣，各出所执，而神采焕发终独逊公；如五、七言律，高出其上。文则元美闳博自擅，以公典雅，适足抗衡。于鳞学语史、汉间，不醇之掇，而苦是矜，乃诗顾独有齐气。子与朗鬯，似其为人，然倡和裁堪托乘，不能过也。'国伦蹶然起曰：'何期今日复睹典论。'随问先辈谁为最胜。鸣凤曰：'荡除积习，恢复古初，北地汝南亡敢轻议，正、嘉之际，黄冈王廷陈稚钦、亳薛蕙君采，清韵秀藻，良为竞爽，后来亦鲜其俦，必也大梁高叔嗣子业乎？'国伦曰：'信然。虽然，何以益我？'鸣凤曰：'诸公才能旷世，学并兼人，传后无疑也。惟篇篇意自我先，语忌人后，则善矣。'国伦起谢曰：'荷益不浅。'"

是年，王世贞作《四十咏》，其二十四咏张鸣凤。

王世贞《弇州续稿》卷三《四十咏》序云："诸贤操觚而与余交，远者垂三纪，迩者将十年，不必一一同调，而臭味则略等矣，屈指得四十人，人各数语以志区区，大约德均以年，才均以行，非有所轩轾也。"其二十四咏"张京兆鸣凤"云："羽王拙宦人，沈精托文艺。颇修邺下言，突过景龙际。沾沾意自伐，汲汲取相媚。十载七徙官，青衫转成敝。徒令五彩翰，零落偏荒裔。"检所咏"殷进士都"，为癸未科进士，翌年出守夷陵，知诗或作于万历十一年。

1584 年，万历十二年甲寅，五十一岁

是年，张鸣凤为欧大任《百越先贤志》作序。

欧大任《百越先贤志》卷首载张鸣凤作序（《欧虞部集》）云："自昔列国史失其守，乃有州郡传记行世。……然未有内起吴会，外及交南，地广万余里，人阅二千年，远稽隐索，名立实从，如南海欧先生桢伯《百越先贤志》云。……或谓志中九江、南昌似非粤。余曰汉末山越，今之歙番，于九、南何嫌。桢伯顾以有请续汉后为问，余曰：吴晋广建，大非汉旧，复悉取而目之粤。浅夫拘儒，不骇壤断，则骇星分，宁独九、南间人？桢伯殆姑试余耶。”未署年月，据序文又记欧大任生平事迹云：“乃后上公车，授经扬、汝，入为太学、廷尉，官属至南虞部郎，归。”是知张鸣凤序文或作于欧大任以老乞休之万历十二年。

1589 年，万历十七年己丑，五十六岁

冬，张鸣凤为李文凤《月山丛谈》作序。

张鸣凤《月山丛谈序》（《粤西文载》卷五二）云：“是书出于邑人前参后军事居君家，惜轶其第一第二卷。今年夏，临海王公以分藩右至，偶语及此，公取视之，乃檄宜山，使求全书。书得，亲为校勘，已乃授工刊之治所。其冬，过始安，属张子序。……嗟夫！何乡曲之誉，浅鄙若此甚哉，殁四十年，莫有问者，又何有于书？倘令今不遭公求得刊布，非委之覆瓿则捐之饷蠹，澌灭尽矣，身后之名庸可冀乎？”临海王公，名士性，于万历十七年任广西布政使右参议。

1590 年，万历十八年庚寅，五十七岁

春，张鸣凤著《桂胜》《桂故》。

刘继文《桂胜序》（《桂胜》卷首）云：“因公余周览桂林之胜，……即吴山、武夷、匡庐当不少让。顾彼三胜者，炳炳图志中，而桂独无有，窃为山灵怏怏。因别驾张君羽王素称博雅，且世居漓山下，为山川主人，与余有旧谊相过，遂以志属焉。……因命临桂何令太庚授之剞劂氏，以广其传云。”署题“时万历庚寅孟春”。又张鸣凤自序云：“右司马兼中丞两广督府灵璧刘公，去岁冬初东下，装严谒故吏张，语之曰：‘自不谷有事于四方，见所在一泉一石粗足寓目，其人莫不有志记，用表厥胜。乃云峰烟溆参错如绣如子桂者，顾反独无。有胜如此，不如无有。子山中人，盍图诸。’”知张鸣凤著《桂胜》《桂故》，始于万历十六年冬，成稿付梓于十八年春。又据张鸣凤自序云：“今南部大司马连江吴公、按浙侍御华容蔡公先后见属，一如今指。”则是书之倡修，或早始于万历十一年吴文华巡抚广西时矣。

张鸣凤著《桂胜》《桂故》，在当时与后世均获评价甚高。如吴国伦《报张羽王书》（《甔甀洞续稿》卷十五）云：“《胜》《故》二集，精覈简雅，成一家言，八桂自此重于三都。”又詹景凤《詹氏性理小辨》卷三九云：“羽王近寄其所著《桂胜》《桂故》二集，隐然法《山海经》与陶隐居《真诰》而自成趣，意古词炼而雅，不落雕刻。”又清《四库全书总目》卷七十《史部·地理类三》谓之“博赡而有体”，称其书“于地志之中最为典雅”，誉为“明代舆记之中，于康海《武功志》、韩邦靖《朝邑志》外，自为别调，可以鼎立而三，他家莫之逮也”。然亦有略致微辞者，如谢肇淛《百粤风土记自序》（《小草斋文集》卷六）云：“唐莫休符、宋范至，洎近代田叔禾、张羽王诸君子，间有纪述，多饾饤而寡全鼎。”又据俞安期《栖霞篇》（《翏翏集》卷十三）诗序云：“张羽王志桂胜，尝首誉之，以乏班、张、左、陆盛藻发其灵秘，仅有宋季诸作为憾。余以退之、汝成二王孙导游，摭其实际，加饰鄙辞，组为斯篇，殆得十二。虽不类汉、晋诸公弘制，颇拾唐初四子之遗，羽王其稍能释憾否耶？”是张鸣凤于其书仅征引于前人诗文，未能充分发扬己意，似亦稍存遗憾。

夏，张鸣凤纂修《广西通志》。

苏濬《重修广西通志后序》（万历《广西通志》卷末）云：“万历辛卯，蔡中丞公绍介荐绅张羽王图成是编。”又嘉庆《临桂县志》卷二八《人物一》云：“汝贤复属修《广西通志》，未成，卒。”今检张鸣凤《报中丞蔡公书》云：“志草一卷，幸赐览。……顾某最于诸史潜精披玩，颇见所采大有异同，兹复一一检对，悉为改政。……故随谬随注其下，似亦颇有增入，非赖君宽其御勒，假以日月，必不能有此卷。……暑酷可忍，蚊虐难堪，请暂辍，待秋凉方敢从事。何如何如？”中丞蔡公，名汝贤，于万历十七年巡抚广西，十九年四月升南京兵部右侍郎。据张鸣凤书云“暑酷”，知其纂修《广西通志》，实始于万历十八年夏。

又吴国伦《报徐南孺廉宪书》（《甔甀洞续稿》文稿卷十三）云：“羽王京兆，粤西才子，撰述简雅，遂成名家。自受知明公，而其价倍重，因而有山志、通志之役。山居藉是，不甚荒凉。”又《报张羽王书》云：“计此时《通志》成书，丈又得自理，家集一出，并当名世。”徐南孺，名汝翼，于万历十七年至二十年间任广西按察使，据吴国伦与二人书均有提及酬唱《莲叶洞诗》事，知当万历二十年前，张鸣凤修《广西通志》，或已成书。

1593 年，万历二十一年癸巳，六十岁

春，张鸣凤为郑学醇《勾漏集》作序。

据刘汉忠《广西诗文旧籍丛札》云，郑学醇《勾漏集》卷首载张鸣凤作序，署题“万历二十一年癸巳春日，始安漓山人张鸣凤羽王甫拜序”，今藏广东中山图书馆。郑学醇，广东顺德人，隆庆元年举人，万历十二年至十五年间任武缘县知县。

1594 年，万历二十二年甲午，六十一岁

夏，俞安期游桂林，与张鸣凤游。

嘉庆《临桂县志》卷三一《流寓》云：“俞安期，万历间来游，与靖藩宗人及张太仆质卿、京兆羽王宴赏唱酬，题咏极多。”据俞安期《桂林岩洞杂咏》诗（《翏翏集》卷三六）叙云：“昔人谓桂林山水甲天下，非以岩洞胜乎？岁甲午，余度岭，日与桂人士游宴江山。”又《望九疑，因怀王承父曾游》诗（卷八）题注云：“甲午六月，自岭西还入楚中。”俞安期游桂林期间与张鸣凤唱酬诗篇甚多，皆见其诗集。

1595年，万历二十三年乙未，六十二岁

春，何乔远作诗赠张鸣凤。

何乔远《赠张羽王》诗（《镜山全集》卷四）云：“直木徒为长，幽丛徒为芬。置之爨室中，刍薪遂同焚。泣麟有鲁叟，千载扬灵文。自非博达士，孰能离垢氛。旅途逢夫子，耿介立人群。早年富古史，中岁奉明君。徒念惠苍黔，遂尔征玄纁。公伉等张挚，愤切似刘蕡。曾抒叹屡投，杨岐泣不分。著书垂白首，辨讨穷象豶。志欲游黄虞，力以代耕耘。蓬枢深巷静，朱门空燎棼。岂无闻穷愁，谁复通殷勤。虚榻穿管膝，长林驽稽筋。正声久寂寥，作者如雷蚊。伊君贾余勇，使我张微军。耸心振雄风，启秀披卿云。凌厉砥夷颓，逍遥解愠欣。素心亮不衰，浮名安足云。”诗作于万历二十三年春初，何乔远时以贬官广西布政司经历，宦游于桂林。

1596年，万历二十四年丙申，六十三岁

是年，张鸣凤去世。

苏濬《重修〈广西通志〉后序》云：“万历辛卯，蔡中丞公绍介荐绅张羽王图成是编，羽王往矣，书竟弗传。会廷开史局，蒐罗掌故，中丞戴公、侍御黄公、林公，佥谓粤西故多事，而信史无征，何以称天子右文意，因命濬纂修。”据署款，知志修成于“万历二十五年季春”，则其“开史局”，意或在万历二十四年间，而是时张鸣凤已然“往矣”。复据前揭何乔远《赠张羽王》诗，又欧大任《题〈漓山图〉寄张京兆》诗（《欧虞部集·蘧园集》卷二）云：“金芝玉树君家庆，从此天南识岁星。”并作于万历二十三年，知张鸣凤时犹健在。又据张鸣凤《见牡丹再开，喜索酒》诗云：“妙白轻红总一株，为谁续艳此庭隅。可知六十三年老，肯对芳樽惜病躯。”知其享年不少于六十三岁。因由其生于嘉靖十三年顺推，则其卒年适为万历二十四年，享年六十三岁。

张鸣凤生平著述，除上文所揭《漕书论》《西迁注》《桂胜、桂故》《广西通志》并诗文集《浮萍集（又作萍浮集）》《过江集》《东漕集》《移楚集》《适然集》《张羽王尺牍》外，据其孙释超拨《〈羽王先生集略〉后叙》记“先大父所遗家镌集者七”，又有《蕲志》《春游》《安仰》等。复据黄虞稷《千顷堂书目》卷二四著录，谓有《河垣稿》《谪台稿》《粤台稿》三种，则实为谢少南督学广西、司理台州、参议河南时所著，见民国广西统计局编《广西省述作目录》。清初，其孙释超拨辑有《羽王先生集略》，卷首载赵曰冕为之序云："羽王张先生者，文章品谊，卓然第一流人，当时与王凤洲、吴明卿旗鼓词坛，脍炙人口，声标海内。……余因得览是帙，而先生德模道范，如身亲之，不亦生平之大快乎？"今著其生平编年初成，则亦有感于斯语，"并以告吾党淬励文学俟公物色焉"（张鸣凤《月山丛谈序》）。

参考文献：

[1]（明）李维桢：《大泌山房集》，《四库全书存目丛书》，齐鲁书社，1997年。

[2]（明）吴国伦：《甔甀洞稿》，《四库全书存目丛书》，齐鲁书社，1997年。

[3]（明）张鸣凤：《羽王先生集略》，《四库全书存目丛书》，齐鲁书社，1997年。

[4]（明）张鸣凤：《桂胜·桂故》，齐治平等校点，广西人民出版社，1988年。

[5]（清）嘉庆《临桂县志》，清嘉庆七年（1802）刻本。

[6]（清）康熙《江西通志》，清康熙五十九年（1720）刻本。

[7]（清）道光《丰城县志》，清道光五年（1825）刻本。

[8]（明）周晖：《金陵琐事》，《笔记小说大观》十六编，台北新兴书局，1984年。

[9]（明）万历《广西通志》，台湾学生书局，1986年。

[10]（明）邓以赞：《邓定宇先生文集》，明周文光刻本。

[11]（清）康熙《韶州府志》，清康熙二十六年（1687）刻本。

[12]（清）陈田：《明诗纪事》，《续修四库全书》，上海古籍出版社，2002年。

[13]（明）万历《雷州府志》，明万历二十四年（1596）刻本。

[14]（明）沈明臣：《丰对楼诗选》，《四库全书存目丛书》，齐鲁书社，1997年。

[15]（明）陈文烛：《二酉园文集》，《四库全书存目丛书》，齐鲁书社，1997年。

[16]（清）光绪《黎平府志》，清光绪十八年（1892）刻本。

[17]（明）欧大任：《欧虞部集》，《四库禁毁丛刊》，北京出版社，1997年。

[18]（明）万历《六安州志》，明万历十二年（1584）刻本。

[19]（明）黎民表：《瑶石山人稿》，文渊阁《四库全书》。

[20]（清）王瑞国：《琅琊凤麟两公年谱合编》，《北京图书馆藏珍本年谱丛刊》，北京图书馆出版社，1998年。

[21]（清）朱彝尊：《明诗综》，文渊阁《四库全书》。

[22]（明）万历《杭州府志》，明万历七年（1579）刻本。

[23]（清）纪昀：《四库全书总目》，中华书局，1965年。

[24]（明）王宗沐：《敬所王先生文集》，《四库全书存目丛书》，齐鲁书社，1997年。

[25]（明）王世贞：《弇州山人稿》，文渊阁《四库全书》。

[26]（清）钱大昕：《弇州山人年谱》，《北京图书馆藏珍本年谱丛刊》，北京图书馆出版社，1998年。
[27]（明）王世贞：《弇州续稿》，文渊阁《四库全书》。
[28]（清）乾隆《上元县志》，清乾隆十六年（1751）刻本。
[29]（明）俞安期：《翏翏集》，《四库全书存目丛书》，齐鲁书社，1997年。
[30]（明）盛时泰：《牛首山志》，《四库全书存目丛书》，齐鲁书社，1997年。
[31]（清）光绪《兴国州志》，清光绪十五年（1889）刻本。
[32]（明）王廷陈：《梦泽集》，文渊阁《四库全书》。
[33]（明）汪道昆：《太函集》，《四库全书存目丛书》，齐鲁书社，1997年。
[34]（明）朱孟震：《朱秉器全集》，《北京图书馆古籍珍本丛刊》，北京图书馆出版社，2000年。
[35]（清）张豫章等：《御选明诗》，文渊阁《四库全书》。
[36]（明）何乔远：《名山藏》，《续修四库全书》，上海古籍出版社，2002年。
[37]（清）汪森：《粤西文载》，文渊阁《四库全书》。
[38]（明）詹景凤：《詹氏性理小辨》，《故宫珍本丛刊》，南海出版社，2001年。
[39]（明）谢肇淛：《小草斋文集》，《四库全书存目丛书》，齐鲁书社，1997年。
[40]（明）吴国伦：《甔甀洞续稿》，《四库全书存目丛书》，齐鲁书社，1997年。
[41]（明）何乔远：《镜山全集》，陈节等点校，福建人民出版社，2015年。
[42]（清）黄虞稷：《千顷堂书目》，文渊阁《四库全书》。
[43]（民国）广西统计局：《广西省述作目录》，杭州古籍书店影印本。
[44]胡文楷：《历代妇女著作考》，上海古籍出版社，1985年。
[45]刘汉忠：《广西诗文旧籍丛札》，载《广西地方志》，2015年第6期。

“武则天袈裟”传说所映射的史实

刘　勇

【摘　要】成书于唐末的《桂林风土记》记载了一则“武则天袈裟”的传说，通过对唐代桂州寺院、造像的考察及史籍中相关史料的梳理，我们可以一窥该传说所映射的史实：唐代初期流行印度菩提树像施舍袈裟，该佛像被使臣王玄策图写后，摹本带回京都，引起了“道俗竞摸（模）”，远在岭南的桂林亦有波及。这个现象表明了唐代桂州与两京地区存在密切的联系。随着密教的不断流行，唐初“菩提树像”的尊格由“弥勒造释迦像”演变为唐末、五代的“毗卢遮那像”。这些史实又印证了桂林唐代摩崖造像的渊源更有可能与中原两京地区有关。

【关键词】《桂林风土记》　武则天　王玄策　桂林摩崖造像　菩提树像

【作　者】刘勇　桂林理工大学艺术学院　馆员

一、关于“武则天袈裟”的传说

《桂林风土记》（下文简称《风土记》）成书于唐末，是记载唐代桂州（治所在今广西桂林）风俗、物产、人物、典故的一部专著，其书中的“延龄寺圣像”条记载了这样一则传说：

> 寺在府之西郭郊三里，甫近隐山，旧号西庆林寺……寺有古像，征于碑碣。盖卢舍那佛所之报身也。此地元本荆榛，先无寺宇。因大水漂流巨材至，时有工人操斧斤斫伐。将欲下斫，忽见一梵僧立在木傍，有曰：“此木有灵，尔宜勿伐。”既而罢去。又有洗蔬者于其上则浮，濯菫辛于其上又沈。雅契梵僧之言，由是咸知有灵。遂刻削为僧佛。当则天后临朝之日，梦金人长一丈六尺，乞袈裟，及诏

> 大臣问其事，皆莫能解。旋奏："陛下既有此梦，乞依梦中造袈裟，悬于国门，以俟符验。"明早，大臣奏："悬袈裟忘收，已失。"遂诏天下求之，已在桂州卢舍那佛身。至今尊卑归敬，遐迩钦崇。时旱，请雨，皆有响应如意。[1]

在《风土记》关于"武则天袈裟"传说的细节中，提到了桂林西山唐代西山佛教寺院名称及造像的些许细节。这些寺院及造像是否真实存在？这些细节又是否能反映出唐代地方佛教发展的部分史实？

二、考古发现与实物分析

《风土记》"延龄寺圣像"中提到的隐山，位于现桂林市西山公园内，周围群峰环抱，因处于唐代桂州城的正西方，故此处群峰统称为"西山"。西山留下了许多唐人的石刻题记，印证了这里唐代就是"一府胜游之所"。该传说提到三个关键词：寺——西庆林寺、像——卢舍那佛之报身和"武则天袈裟"。以下分别略作梳理。

（一）寺

西山由观音峰、立鱼峰、千山、罗家山等山峰组成。山间的谷地较为平坦，地表散落着大量砖、瓦等古代建筑构件，此处应该就是文中提到唐代寺院的所在。《风土记》中记载了西庆林寺建于唐初，武宗灭佛时废毁。唐宣宗重建，寺名延龄寺。根据桂林各个历史时期遗留下来的摩崖石刻和墨书的记载，除了这两个名称外，还有净惠寺、西峰寺、资庆寺等寺名。

1986年，在建设桂林博物馆、西山公园时，桂林市文物工作队曾在西山公园内和博物馆大门前各开了一条探沟，出土了包括石栏杆在内的大量建筑构件，以及大鹏金翅鸟、武士陶俑等器物。1991年，西山公园修建环路，在原苏军烈士墓西北发现石质塔构件，在一灰坑中出土唐代绿釉香炉一座、绿釉烛台一对。这些文物分别藏于桂海碑林博物馆和桂林博物馆。

2018年6—10月，广西文物保护与考古研究所对该区域进行了小规模试掘，发现了唐代至元初的殿、路、墙、磉墩、柱础、散水等寺院建筑遗址，出土了大量油灯、擂钵、香炉等瓷器残片以及铺地砖、筒瓦、瓦当、滴水、鸱尾等建筑构件，证明《风土记》中记载的唐代寺院确实存在，而且屡废屡兴，持续了近七百年时间。[2]

---

[1]（唐）莫休符：《桂林风土记》，见王云五主编：《丛书集成初编》，上海：商务印书馆，民国版，第9-10页。

[2] 广西文物保护与考古研究所内部资料。笔者全程参与了此次发掘。

（二）像

寺院现已不存，寺中的像则有待于进一步的考古发掘。据目前资料所知，西山的五座山峰中，开凿有摩崖造像共计 98 龛 242 尊。其中年代最早的造像题记为："唐调露元年（679）十二月八日隋太师太保申明公孙昭州司马李寔造像一铺。"[1]这些造像与上述寺院密切相关，说明了西山摩崖造像年代与寺院相近，至少始凿于唐初。

文中所记"卢舍那之报身"即"三身佛"中的"报身佛"，另外两尊是"法身佛毗卢遮那""应身佛释迦牟尼"。卢舍那佛是初唐时期较为流行的题材，如武则天舍"两万贯脂粉钱"在龙门石窟奉先寺开凿了卢舍那佛像龛[2]，主尊卢舍那佛虽然双手已残断，仍可判断置于双膝之上，左手施禅定印，右手施触地印（合称降魔印），与"李寔造像"相同，但是李寔造像右臂带臂钏，这是龙门卢舍那像所没有的，而龙门石窟其他洞窟则有与李寔造像相同的带臂钏、施降魔印的佛像，如高平郡王洞西壁南下角的造像不戴宝冠和项圈，仅戴臂钏，有研究者认为主尊是密教教主大日如来（图 1）。[3]自盛唐时期开始，密教开始流行，法身毗卢遮那佛（也称"大日如来"）开始大量传播。《风土记》序中所言该书成书于唐光化二年（899），故其作者莫休符当为唐末之人。与其年代相近的"毗卢遮那佛"造像位于四川广元千佛崖第 366 龛，

图 1　龙门石窟第 2144 龛造像[4]

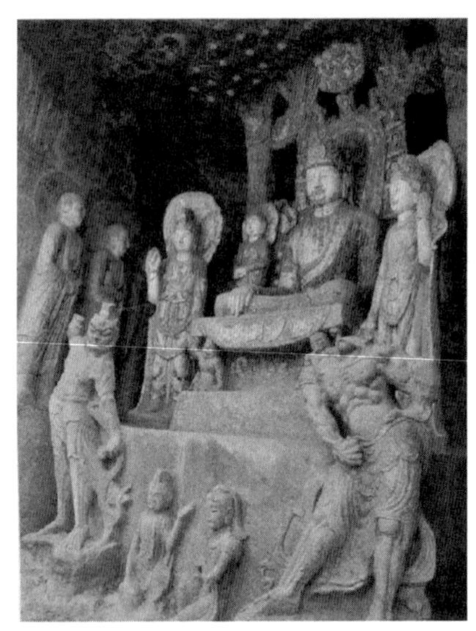

图 2　四川广元千佛崖第 366 龛造像[5]

[1] 蒋廷瑜：《桂林唐代摩崖造像》，载《东南文化》，1992 年第 5 期。

[2] 温玉成：《〈河洛上都龙门山之阳大卢舍那像龛记〉注释》，载《中原文物》，1984 年第 3 期。

[3] 常青：《试论龙门初唐密教雕刻》，载《考古学报》，2001 年第 3 期。

[4] 引自《世界佛教美术图说大辞典》。

[5] 引自《世界佛教美术图说大辞典》。

该窟于乾德六年（968）被重新进行了彩装，题记称主尊为“毗卢遮那佛”（图2）。该佛头戴宝冠，戴项饰和臂钏，结跏趺坐，着右袒式大衣，左手施禅定印，右手施触地印。[1]据罗世平先生的考证，该窟始刻于710—712年间。[2]说明在唐代的不同时期，施降魔印的佛像，其尊格有所不同。

桂林西山造像中亦有两龛与龙门石窟高平郡王洞附近的造像主尊极为相似，其中就包括位于观音峰上的李寔造像。该造像主尊结跏趺坐，右脚在上。线刻舟形背光。光髻，呈覆钵状。脸长圆。发际线正中向下弧凸。眉弓为圆弧形，双眼微闭。颈上无蚕纹，宽圆肩。胸部健硕，乳头圆而凸起。着袒右大衣，薄衣贴体，不刻划衣纹，腹部平坦。左手下垂置于腹前，掌心向上施定印。右臂戴臂钏，手臂下垂抚右膝，指尖朝下施触地印。佛坐为束腰须弥座，分座基、束腰和座台三部分。座基单层，向两侧伸出莲茎，接胁侍菩萨的仰莲座。束腰方正，座台立面正中浮雕三角形衣角一片（图3，简称造像甲）。另外一龛与李寔造像基本相同，细微区别在于多一重莲瓣纹的圆形头光，臂钏呈三叶形，主尊座为仰莲座（图4，简称造像乙）。

由此看来，《风土记》中所记的“卢舍那佛之报身”形象，应该与西山上造像甲、乙是基本一致的。

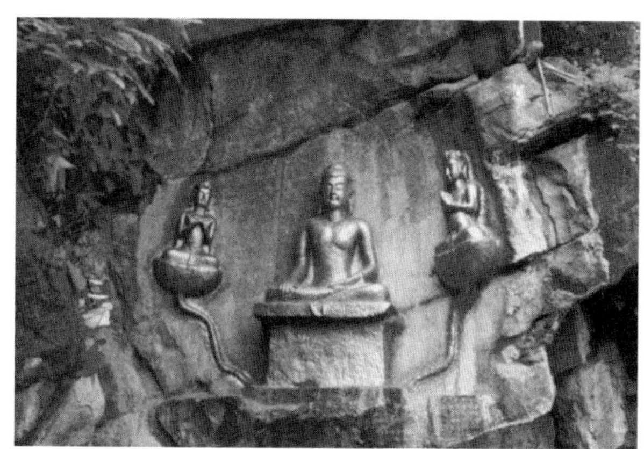

图3　桂林造像甲（李寔造像）线图（左）、照片（右）[3]

[1] 雷玉华等：《试论四川的“菩提瑞像”》，载《四川文物》，2004年第1期。

[2] 罗世平：《千佛崖利州毕公及造像年代考》，载《文物》，1990年第6期。

[3] 照片为作者本人拍摄，线图为金鹏所绘。

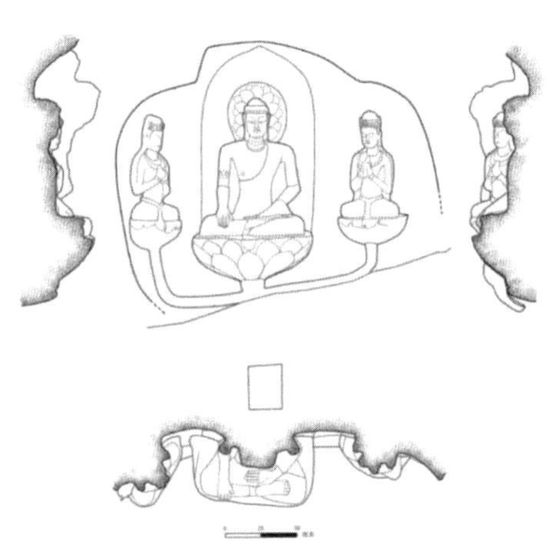

图 4　桂林造像乙线图（左）、照片（右）[1]

（三）袈裟

武则天所制的袈裟无端来到桂州西山，这当然是无稽之谈。但是，文献上关于大唐皇帝赐袈裟给特定造像的记载却不少。例如王玄策第一次出使印度时，曾在菩提伽耶的释迦成道处立碑[2]，第三次出使印度就“往西国送佛袈裟”[3]。由此可推断，高宗与武后敕命送袈裟的对象应该是菩提伽耶的释迦成道像，即所谓“菩提树像”（也称菩提瑞像）。

历史上给印度摩揭陀国菩提伽耶菩提树像奉献袈裟的行为早已有之。后秦弘始六年（404），僧人智猛西行求法，到了“降魔菩提之树，猛喜心内充，设供一日，兼以宝盖大衣覆降魔像”[4]。唐代义净游历印度时，“往大觉寺，礼真容像。山东道俗所赠絁绢，持作如来等量袈裟，亲奉披服”[5]。地婆诃罗是中天竺婆罗门僧人，深受高宗和武后赞赏和器重。“（地婆诃罗）三藏辞乡之日，其母尚存。无忘鞠育之恩，恒思顾复之报，遂诣神都，抗表天阙，乞还旧国。初未之许，再三固请，有敕从之。京师诸德，造绯罗珠宝袈裟，附供菩提树像。”[6]可见其时对印度摩揭陀国菩提树像供奉袈裟，是

[1] 照片为作者本人拍摄，线图为金鹏所绘。

[2]（唐）释道世撰，周叔迦、苏晋仁校注：《法苑珠林校注》，北京：中华书局，2003 年，第 908—909 页。

[3] 同上，第 538 页。

[4]（唐）僧祐撰，苏晋仁、萧錬子点校：《出三藏记集》卷十五《智猛法师传》，北京：中华书局，1995 年，第 580 页。

[5]（唐）义净撰，王邦维校注：《大唐西域求法高僧传校注》，北京：中华书局，1988 年，第 168 页。

[6]《大正藏》第五十一卷，第 154C 页。

上至皇帝、下至普通道俗都较为推崇的积攒功德的形式，也说明菩提伽耶的菩提树像是当时的中国佛教徒极为崇敬的礼拜对象。

三、印度菩提树像的传入及流行

从上文可以看出，给印度摩揭陀国伽耶城大觉寺释迦成道处的菩提树像献袈裟，是5世纪初到7世纪末近200年间的风尚。玄奘《大唐西域记》中记载了弥勒造菩提树像的传说，其中描述了造像的信息和信徒装饰造像的情形：

> ……结跏趺坐，右足居上，左手敛，右手垂，东面而坐，肃然如在。坐高四尺二寸，广丈二尺五寸；像高丈一尺五寸，两膝相去八尺八寸，两肩六尺二寸。相好足具，慈颜若真，唯右乳上图莹未周。既不见人，方验神鉴。众咸悲叹，殷懃请知。有一沙门宿心淳质，乃感梦见往婆罗门而告曰："我是慈氏菩萨，恐工人之思不测圣容，故我躬来图写佛像。"垂右手者，昔如来之将证佛果，天魔来娆，地神告至，其一先出，助佛降魔。如来告曰："汝勿忧怖，吾以忍力降彼必矣。"魔王曰："谁为明证？"如来乃垂手指地言："此有证。"是时第二地神踊出作证。故今像手做昔下垂。众知灵鉴，莫不感悲。于是乳上未周，填厕众宝，珠缨宝冠，奇珍交饰……[1]

比玄奘略晚的王玄策，先后四次被唐王朝派遣出使中印度。[2]后根据自己所见所闻整理出《中天竺行记》（亦称《王玄策行传》），现已亡佚。其行迹部分见于道世的《法苑珠林》中，该书对王玄策听闻之弥勒造释迦像和菩提树像的塑造经过及其摹本做了详细记载：

> 昔狮子国王，名尸迷佉拔摩（唐云功德云）梵王，遣二比丘来诣此寺……元造之时，有一外客来告大众云："我闻募好工匠造像，我巧能作此像。"大众语云："所须何物？"其人云："唯须香及水及料灯油艾料。"既足，语寺僧云："吾须闭门营造，限至六月，慎莫开门，亦不劳饮食。"其人一入，即不重出，唯少四日，不满六月。大众评章不和，各云："此塔中狭窄，复是漏身，因何累月不开见出？"疑其所为，遂开塔门。乃不见匠人，其像已成，唯右乳上有少许未竟。后有空神，

[1]（唐）玄奘、辩机撰，季羡林等校注：《大唐西域记》，北京：中华书局，1985年，第675页。
[2] 孙修身：《王玄策事迹钩沉》，乌鲁木齐：新疆人民出版社，1998年，第14页。

惊诫大众云："我是弥勒菩萨。"像身东西坐，身高丈一尺五寸，肩阔六尺二寸，两膝相去八尺八寸；金刚座高四尺三寸，阔一丈二尺五寸。其塔本阿育王造，石钩栏塔。后有婆罗门兄弟二人，兄名王主，弟名梵主；兄造其塔高百肘，弟造其寺。其像自弥勒造成以来，一切道俗规模图写，圣变难定，未有写得……直为此像出其经本，向有十卷，将传此地。其匠宋法智等巧穷圣容，图写圣颜。来到京都，道俗竞摸。[1]

玄奘与王玄策记载的弥勒造释迦像传说和菩提树像的法量几乎完全相同，说明他们见到的是同一尊造像。特点均是结跏趺坐，左手施禅定印，右手施触地印，身上被信徒"珠缨宝冠，奇珍交饰"。同时，与王玄策同行的宋法智图写了这尊造像并带回摹本，以至京都"道俗竞摸（模）"。

史籍中所记载的模仿造像最早见于两京地区。玄奘在唐麟德元年（664）圆寂前，"命塑工宋法智于嘉寿殿竖菩提像骨已，因从寺众及翻经大德并门徒等乞欢喜辞别……"[2] 冯承钧先生认为这个"塑工宋法智"应该就是与王玄策一起在摩诃菩提寺"图写圣颜的宋法智"。[3] 所以玄奘塑的"菩提像骨"当摹自王玄策和宋法智的样本。唐大中年间张彦远的《历代名画记》中记载，麟德二年（665），东都洛阳敬爱寺的塑像也与王玄策有关："敬爱寺佛殿内菩提树下弥勒菩萨塑像，麟德二年自内出王玄策取到西域所图菩萨像为样（巧儿张寿、宋朝塑，王玄策指挥、李安贴金）。"[4] 王玄策本人于麟德二年也在龙门石窟开龛造弥勒像，由于像已破坏无存，无法确知他造的是"弥勒规摹的释迦像"还是"弥勒像"。[5] 他一生四赴印度，至少两次造访大觉寺"菩提树像"，并生擒天竺篡位者阿罗那顺。综合来看，王玄策在龙门龛刻的可能是"弥勒规摹的菩提树像"。

此外，玄奘塑像的嘉寿殿在长安玉华宫，属皇家宫殿；敬爱寺为显庆二年（657）为高宗、武后所立，制度与西明寺相同，天授二年（691），改为佛授记寺，其后又改为敬爱寺。[6] 由此可推断，菩提树像极受高宗、武周时期皇室的推崇，"道俗竞摸"导致这一时期这类造像大量出现。

据李玉珉先生统计，7 世纪中期以降，结跏趺坐、左手施禅定印、右手施触地印、

[1]（唐）释道世撰，周叔迦、苏晋仁校注：《法苑珠林校注》，第 906—907 页。

[2]（唐）慧立、彦悰，孙毓棠、谢方点校：《大慈恩寺三藏法师传》，北京：中华书局，2000 年，第 219—220 页。

[3] 冯承钧：《王玄策事辑》，见《西域南海史地考证论著汇辑》，北京：中华书局，1957 年，第 112 页。

[4]（唐）张彦远，秦仲文、黄苗子点校：《历代名画记》，北京：人民美术出版社，1963 年，第 67 页。

[5] 李玉昆：《龙门石窟新发现王玄策造像题记》，载《文物》，1976 年第 11 期。

[6]《唐会要》卷四十八《寺》，《丛书集成》影印本，北京：中华书局，1955 年，第 848 页。

有一定装身具的造像，全国有39件，材质包括石质、金铜、绢帛等，多集中在长安、洛阳、四川地区。长安地区原七宝台龛像最为有名，其中有9块龛像以菩提树像为题材。桂林上述两处摩崖造像他则未有提及。[1]这些造像部分仅戴臂钏或项饰，部分宝冠、项饰、臂钏俱全，而部分则有宝冠、项饰或项饰、臂钏，但均为身着右袒式袈裟、施触地印。学界认为这种类型的造像与王玄策带回的摹本有关。另外，从装身具来看，组合较为多样，呈现出不断衍化的过程。那么，王玄策带回的印度摹本，应该是什么样子呢？桂林李寔造像摹本又从何而来？笔者对此曾做过分析，认为王玄策自摩揭陀国菩提伽耶城摩诃菩提寺带回的菩提树像是仅有臂钏装饰、结跏趺坐、螺髻、施降魔印、身着萨尔纳特式的造像，这与桂林西山的李寔造像颇为相似，李寔甚至有可能直接从王玄策处取到摹本。[2]

四、“武则天袈裟”传说所映射的史实

回到《桂林风土记》中所记载的“武则天袈裟”传说。该书成书时已距武则天时代近200年，对前朝的记忆渐趋模糊，从这样一则传说中，我们仍然可以看到其反映出佛教发展史中的数个史实：

（一）武则天时代盛行给印度摩揭陀国伽耶城的菩提树像敬献袈裟，这个传统可以追溯到公元5世纪初。由于伽耶城大觉寺相传为弥勒所造的释迦像在国人中的崇高地位，上至皇帝，下至普通“道俗”皆以敬献袈裟为功德。因此，西行求法高僧不仅自己奉献袈裟，还受托代国内的信徒敬献；甚至皇帝也派遣使者，专程敬奉袈裟。献袈裟的行为在这尊造像摹本传入中国后，或持续影响广大信众。桂林西山，洛阳龙门，四川蒲江、广元等地开凿的菩提树像，使信众得以近距离地施舍袈裟，为自己祈福和积攒功德。

（二）7世纪中期，王玄策自印度带回菩提树像的摹本，引起了朝野上下的“竞摸”。该造像极受武则天的尊崇，高僧义净即可为证。他游历印度20余年，带回了佛经、舍利和造像，而造像就是菩提树像。

> 以天后证圣之元乙未（695年）仲夏还至河洛。将梵本经、律、论近四百部合五十万颂，金刚座真容像一铺，舍利三百粒。天后敬法、重人，亲迎于上东门

[1] 李玉珉：《试论唐代降魔成道式装饰佛》，载《故宫学术季刊》，2006年第23卷第3期。

[2] 见拙文《桂林西山“菩提树像”考》，载《文博》，2019年第2期。

外。……经像敕于佛授记寺安置。[1]

不仅皇家宫殿、寺院里模仿，远在岭南的唐代桂州，也在摹本传入中国不久即开凿了西山摩崖造像，粉本极有可能就是王玄策的摹本，因为桂林甲、乙两铺造像的主尊与玄奘、王玄策记载的菩提树像在身体比例上几乎完全一样。国内其他地区的该类造像，大部分也开凿于武则天时期。

（三）桂林唐代摩崖造像的源头，更可能来自长安、洛阳地区。桂林存在大量唐代摩崖造像，一直以来，学界对于其渊源，颇多论述。罗香林先生认为桂林佛教造像来源于印度，经越南或广州传入桂林，为直接泛海传播而来。这些造像是中印文化交流一重要路径所遗痕迹。[2]蒋廷瑜先生认为桂林造像不同于云冈、龙门等北方石窟，有自己独特的风格，代表了中国南方佛教系统的一支，并以史料证明桂林的佛教最初泛海而来是有迹可循的。[3]王子云先生则在其游记中认为，桂林摩崖造像与中原地区，特别是与龙门石窟有莫大的关系。[4]然而，王玄策往来印度的交通线已经得到证实，是通过西藏西南部翻过喜马拉雅山，入加德满都，经尼婆罗进入印度的“吐蕃尼婆罗道”，在西藏吉隆县发现的显庆三年（658）凿刻的《大唐天竺使出铭》证实了这条道路的存在。[5]因此，王子云先生的看法可能更接近于历史的真实。

（四）唐代桂州与两京存在着密切的联系。唐代两京地区“道俗竞摸”的佛教造像，在皇宫、皇家寺院流行以后，不久即传播到桂林，说明桂州与两京之间有着密切的政治和文化、商业的往来。唐代桂州一跃成为岭南西部的政治、经济、文化中心，也从侧面佐证了这种密切联系的结果。

（五）唐初流行的这种以印度菩提伽耶“弥勒造释迦像”为原型的造像，到了唐末及五代时期，主尊的尊格已变为密教的毗卢遮那佛。毗卢遮那佛是密教的教主，通常认为在“开元三大士”（善无畏、金刚智、不空）译出《大日经》《金刚顶经》等纯密经典后才开始流行起来。唐末莫休符记载的桂林造像的尊格是“毗卢遮那”，四川广元千佛崖五代时期的彩装题记亦然，说明随着密教的进一步流布，其人对前人造像尊格的认识，是会跟随佛教流行经典的变化而发生转变的。

[1]（唐）智昇：《开元释教录》卷九《总括群经录》上“义净”条，参见《大正藏》第五十五卷，第568页。

[2] 罗香林：《唐代桂林之摩崖佛像》，香港：中国学社，1958年，第48—79页。

[3] 蒋廷瑜：《桂林唐代摩崖造像》，载《东南文化》，1992年第5期。

[4] 王子云：《从长安到雅典——中外美术考古游记》，长沙：岳麓书社，2005年，第323页。

[5] 西藏自治区文管会文物普查队：《西藏吉隆县发现唐显庆三年〈大唐天竺使出铭〉》，载《考古》，1994年第7期。

五、结语

《桂林风土记》中记载的一则关于“武则天袈裟”的传说，虽然作者和成书的年代与武则天时代相去近200年，口耳相传的故事里对原来的历史面目颇有曲解。通过对文献、中国及印度寺院和造像、考古发掘的实物梳理和图像的对比研究，我们看到该传说中依然映射出诸多史实。入唐以后，佛教持续发展。高宗武后时期呈现急速扩张的态势：寺院林立、僧侣众多、各地掀起造像的高潮。洛阳龙门石窟的大小龛窟有2300多个，其中完成于高宗和武则天时期的作品约占总数的三分之二。[1]这一时期两京地区旺盛的造像风潮也传至南疆的桂州，桂州西山等地为数众多的摩崖造像就开凿于这一时期。高宗、武则天时期，由于统治阶级推崇王玄策自印度带回的菩提树像，引起全国各地的模仿，地处岭南的桂州由于王玄策、李寔等人的原因，与两京地区存在着密切的联系，也得到了该粉本，并在西山观音峰上开凿带有浓郁印度笈多风格萨尔纳特式特征的施降魔印造像。同时延续着前代向菩提树像奉献袈裟以积攒福报的行为，这种朝野热衷的做法是200年后的莫休符所记传说的源头。关于佛教造像的尊格，随着佛教流行经典的变化，同一尊造像的尊格也可能发生变化。唐初的“菩提树像”演变为唐末、五代时期的“毗卢遮那佛”，即是最好的例证。

唐代桂州与两京地区之间存在着千丝万缕的联系，佛教造像是其中的一个重要载体。除了四处游化布道的僧人之外，在中原与岭南两地之间传输着佛教经典和造像粉本的人士，既有李寔、柳宗元这样从中原被贬谪而来的高门之后，也有王玄策、张九龄这样从岭南擢升至中央舞台的后起之秀，可能还有《风土记》中所记的“梵僧”这样来自海外的佛教传播者。这些人员的往来流动，使作为唐代岭南五管之一的桂州不断接触到两京所流行的各种文化，风气渐开，成为南方一个重要的文化中心。

从《桂林风土记》寥寥不到300字的一则传说中，我们得以窥见唐初以来桂林地方佛教史的重要发展脉络，这也为我们探讨广西佛教的渊源提供了新的角度。原来学者们多认为桂林摩崖造像从海路传来，受到印度的直接影响，通过上文的梳理，不难看出，桂林唐代的摩崖造像更可能是受中原地区的直接影响而开凿。

[1] 常青：《洛阳龙门石窟与长安佛教的关系》，载《佛学研究》，1998年第7期，第198页。

桂林博物馆藏《瑶族神像画二十五种》考释

周　羽

【提　要】本文通过对桂林博物馆收藏的25件民间人物工笔画进行逐一考释，认为这批画作即为一套相对完整、绘制于清光绪年间的瑶族神像画，主要在瑶族举行宗教仪式时使用。反映出瑶族传统宗教与道教密切相关，瑶族传统宗教对道教的选择性吸收和改造，通过神像画得到了固化与传承。

【关键词】瑶族神像画　道教　梅山教　传统宗教信仰

【作　者】周羽　桂林博物馆　副研究馆员

桂林博物馆收藏有一套绘制于清朝光绪年间的民间人物工笔画像，该画像共25幅，均为卷轴挂像，色调基本上都以红色为主，色彩艳丽，画作背面均有署名“邓法行号”。这批画像的原始记录十分简略，仅显示其来源于广西金秀地区的大瑶山一带，当初只是根据画像的来源地，将其简单命名为“瑶族风俗画”。每幅画像上绘有形象各异的人物，这些人物有的与汉族道教道场画中的一些神祇形象相似，有的则是一些穿着少数民族服装的人物。该批画像是否真的出自瑶族地区，有何用途，其背后又蕴含着什么故事或寓意，等等，要解答这些问题，需要对这些画像逐一进行考释。

一、图像考释

（一）三清像

图1—3这三幅画像均长115厘米，宽48厘米。构图上采用了中国传统人物画“主大从小”“一主二仆”的表现手法，即一人占据画面的绝大部分空间，另外两人则绘制于画面的较小空间位置，以表现及突出主要人物，我们能对画面人物的主次、尊卑关

系一目了然。

图 1 画面中绘制有三人，居于画面主要部分，身材高大的男子，头戴莲花冠，眼睛细长，留着飘逸的胡须，身穿黑底黄色龙纹道袍，盘腿端坐于莲花座上，身后为红色火焰状光环。其腰间佩戴一兽首装饰的腰带。他右手托一净水杯，左手做着道教中点圣水做法的三清指手势。在其莲花座下，有两男侍从，分别穿着红色与黄色道袍，两人手中均执笏，且身后也有红色光环。在两侍从中间画有一牌位，上面写道："信士家主邓法行诚心画绘大堂佛像，个□张言定价钱花艮（银）七元。报安家人丁兴旺，五谷丰登，师门兴旺大吉。皇上光绪十七年辛卯岁九月初日开笔大利。"

图 2 构图与图 1 画像一致，画像中居于主要位置的男子，外形与图 1 画面男子相似，只是身着绿底黄色龙纹道袍，双手执一枝莲花。在其身前，有一男一女两侍从。男侍从身着武将盔甲，脚踏长靴，左手持一铜锤。女侍从为一蓝衣年长妇人，双手捧着一蓝盆。

图 3 画面中居于主要位置的男子白发白眉白须，身着蓝底黄色龙纹道袍，盘腿端坐于莲花座上，双手执一芭蕉叶状扇子。在其莲花座前，站有一男一女两侍从，男侍从武将打扮，右手持一铜锤，女侍从为一黄衣年长妇人，手捧一绿盆。

在中国道教中，"三清"为最高神祇，即玉清元始天尊、上清灵宝天尊、太清道德天尊。元始天尊在三清中位为最尊，他的形象一般都是头罩神光，手执红色丹丸，或者左手虚拈，右手虚捧，象征"天地未行，混沌未开，万物未生"时的"无极状态"和"混沌之时，阴阳未判"的"第一大世纪"。灵宝天尊位列三清尊神第二位，他一般以手持玉如意或莲花的形象示人，象征"混沌始清，阴阳初分"的"第二大世纪"。道德天尊，亦即我们所俗称的"太上老君"，位列三清中的第三位。关于道德天尊的形象，东晋葛洪在其《抱朴子》中称："额有三理，足有八卦，身长九尺，耳垂齐肩，穿五色云衣服。"还有的记载其白发皓首，和颜悦目，手摇太极神扇。由此，不难判断出，图 1—3 中的人物分别为元始天尊、灵宝天尊和道德天尊三位尊神。[1]

[1] 高淳县文化局编：《明清道教神像画》，南京出版社，2006 年，第 1—4 页。

图 1

图 2

图 3

（二）玉皇圣主像

图 4、5 两幅画像均长 115 厘米，宽 48 厘米。画面构图方式与三清画像相一致。两幅画像中的主要人物形象几乎一模一样，都是头戴冕冠，身穿绘有龙纹的袍服，一副帝王装扮，双手持圭坐于龙椅之上。两个侍从均身穿文官官服，手持笏站立于左右两侧。

在道教中，以帝王形象示人的神祇并不多，仅见六御中的玉皇大帝、天皇大帝、紫微大帝、长生大帝及五岳大帝等几位帝君。因此，只能通过他们的穿着来辨别各自的身份。在瑶族举行宗教仪式时所唱的《三请众圣歌》中，对他们信仰的各位神灵有较细致的描述，其中就有"玉皇身着黄衣缎，圣主身着黑衣裳"[1] 的唱词。这里的"玉皇"就是玉皇大帝，在道教神祇排序中，其地位仅次于三清，为主管天地之神；"圣主"就是紫微大帝，位居玉帝之下，辅助玉帝掌管星界。由此，对照画面不难判断出，图 4 绘制的是玉皇大帝，图 5 绘制的则是紫微大帝（圣主）。

[1] 黄建福：《瑶族民间神像绘画研究》，北京：民族出版社，2015 年，第 44 页。

图 4

图 5

（三）天师像

图 6、7 两幅画像均长 115 厘米，宽 48 厘米。图 6 一男子头戴莲花冠，一头白发，蓄着白色络腮胡。他身着红底绘有祥云、芒（齿）圆轮及道家八卦卦象图案的道袍，手捧写有“一品当朝”的长条形物体站立于画像中间，右边倒插一把宝剑，剑身上缠绕一条吐着信子的青蛇。图 7 画面中的人物，则是方脸垂耳，头发并未盘成发髻，而是自然披在脑后，唇上留着飘逸的胡须。他身上穿着与图 6 人物衣服上同样图案的黑色道袍，手上也捧着写有“一品当朝”的长条形物体，左边倒插一把宝剑。

在《明清道教神像画》中，各路神仙穿着各式服装，但只有天师是穿着有八卦卦象图案的道袍。因此，大致可以判断，图 6、7 的画像人物均是天师级别的神仙。瑶族的《混沌歌》记录了多位神灵的出生时间及特点，其中就有关于张天师的记载：“张天出世庚辰岁，二月初九是午中，一身便着红衣緞，八卦金衣色色红，手拿牙简教法会……头戴金冠所上坐，脚踏罗鞋五色云。”[1] 依据以上对张天师的描述，再对照道教中张天师的画像[2]，不难推断出图 6 画的正是张天师。张天师，即为张道陵，道教创始

[1] 周婷、陈杉：《清代江华瑶族“张天师神像画”的图像研究》，载《装饰》，2021 年第 2 期。

[2] 高淳县文化局编：《明清道教神像画》，第 86 页。

人，因其最初创立的五斗米道被称为“天师道”，所以他被后人尊称为“张天师”。此外，从以上《混沌歌》对张天师的描述，我们也可以知晓，他手上拿的正是牙简。牙简，也称为圭简，道教视之为重要法器，有特定含义。至于图7的这位天师，根据其形象，并不在道教的四大天师之列。在《瑶族民间神像绘画研究》一书中，也有与图7类似的画像，并认为此为李天师，可能是由瑶族的民族神灵衍变而来。[1]

图6

图7

（四）四府像

图8和图9画像均长115厘米，宽48厘米，画面都采用主要人物上下交错的构图方式。在图8上半部中，一男子穿黄底红色祥云纹样的官袍，头戴官帽，双手捧玉圭。他身后有一清代仆人装扮的男子为其撑起罗伞；画像下半部绘制的男子身着红色官袍，形象与图像上半部的男子相似。其身后绘有亭台楼阁，以及两个身着清朝官服的男子和一个双肩挑水的仆人。

图9上半部的这个男子，赤面，满脸络腮胡，身着黑底太阳祥云纹官袍，双手捧

[1] 黄建福：《瑶族民间神像绘画研究》，第42页。

着玉圭。其身后同样有一名清朝仆人装扮的男子为其撑起罗伞。画像下半部的男子身着粉红色官袍，双手执圭。与图 8 一样，其身后同样也绘有亭台楼阁、两个明朝官员装扮的男子、一名挑水的男子。

这种类型的画像在瑶族地区极为常见。如广西民族大学教师谭静 2016 年在广西贺州勉瑶地区进行田野调查时，就发现了此种类型的仪式神像画。这种画像是成对出现的，分别绘制了阳间和水府君主、天府和地府君主四个神祇，因而谓之“四府”。[1]同时，在湖南蓝山瑶族的还家愿仪式的剪纸上也有类似图案，同样称之为“四府”。他们认为四府是掌管神仙界的天府、地府、阳府和水府四个行政官员。画像中分别是天府在上，戴官帽，手持圭，地府在下，戴官帽，手持圭；阳府在上，戴官帽，手持圭，水府在下，戴官帽，手持圭。[2]由此可以推断出，图 8 和图 9 绘制的正是四府像，具体为图 8 上半部穿黄色官袍的是阳间君主，下半部穿红色官服的是水府君主；图 9 上半部穿黑色官袍的是天府君主，下半部穿粉色官服的则是地府君主。

图 8

图 9

[1] 谭静：《中国勉瑶的仪式神像画》，见日本神奈川大学瑶族文化研究编：《瑶族文化展资料》。

[2] 李彦、颜天、邵佳婧：《蓝山还家愿仪式剪纸的艺术人类学探究》，载《今古文创》，2020 年第 24 期。

（五）十殿冥王像

图 10 画像长 115 厘米，宽 48 厘米，采用方格构图形式，画面的左右两边各有五个方格，每个方格内各绘制有一个官员模样的人物，画面中间则逐层分隔，绘制了各种酷刑场景，画面的下部绘制有牛头马面、奈何桥等各种象征地狱的符号元素。结合整个画面内容，很容易推断出画面绘制的十个人物正是十殿冥王，此画像集中完整地表现出了亡魂进入地狱，接受审判与惩罚，进入轮回的完整过程。

首先，画像的下方表现的是亡魂进入地狱时的情景。画面右下方张着血盆大口的怪兽代表着地狱大门，即我们平时所说的“鬼门关”，亡魂进入地狱后沿着黄泉路走向奈何桥。奈何桥是通往冥府的入口，由牛头马面负责把守。画面上的牛头马面与汉族民间故事中的形象相似，都有着兽首人身的外形，牛头使者手中拿着勾魂叉，马面使者手中则拿着大刀。奈何桥下是忘川河，也称血河池。河水呈血黄色，里面都是不能投胎转世的孤魂野鬼，虫蛇满布，腥风扑面。画面中，善人的亡魂会手捧抄好的经卷或其他物品，在手举招魂幡的仙童的带领下顺利通过奈何桥。而恶人的亡魂则会直接被牛头马面使者推下忘川河，经受蛇虫咬噬之苦。

亡魂进入地府后就要接受各殿冥王的审判。每个方格对应的冥王，可以参照法国阿瓦隆那博物馆收藏的同类主题画像的各个冥王的身份进行确定。该博物馆收藏有相当数量的中国等地的瑶族文物，其中一件瑶族神像画与图 10 的画面几乎一模一样，且在每个冥王旁均标明了各自的身份。[1]根据阿瓦隆那博物馆的十殿冥王像，各殿冥王的排序是由右及左、由下至上，即最下方一排右边为第一殿秦光王，左边为第二殿楚江王；倒数第二排右边为第三殿宋帝王，左边为第四殿五官王。往上依次为第五殿阎罗王、第六殿卞城王、第七殿泰山王、第八殿平等王，上方第一排右边为第九殿都市王，左边的便是第十殿转轮王，他左手执一圆盘，正是象征六道轮回的转轮。

其次，画面中间部分主要表现亡魂接受各种酷刑及最后圆满进入轮回的场景。画面自下而上分别是碓臼、锯解、油釜、磨臼四种酷刑，代表着在不同的冥府接受不同的酷刑。画师对每一种酷刑都进行了细节描绘，如实施酷刑的鬼卒凶神恶煞、动作残忍，甚至还有恶犬争先恐后聚在被锯解亡魂的下方等着啃噬。在磨臼酷刑的上方，表现的是冥官使用业秤的场景。业秤是冥府审判亡人的刑具，一般由第四殿的五官王或第五殿的阎罗王来执掌，用其称量亡人生前所积之善恶功过。业秤最早出现于唐代的佛教典籍中，后被宋明时期的道教经书采纳。

第十殿转轮王主要负责核查、注册地府各殿押解到这里的亡魂，然后再将其押送

[1] 参见法国阿瓦隆那博物馆网页：http://www.museeavallonnais.com/index.php/collection-yao-mien-et-mun，撷取日期 2022 年 1 月 10 日。

到軀忘台饮孟婆汤，最后才经转轮台发往各地投胎。第十殿冥王旁描绘的是：一个慈祥的老婆婆与另一跣足、身着民族服装、手握幡条的使者共同迎接走出地府的亡魂。

图 10

（六）雷部六帅像

图 11 画像长 115 厘米，宽 48 厘米。居于画像主要位置的男子，一身武官打扮，面呈灰黑色，头戴黑色官帽，身穿红色战袍，满脸络腮胡，右手执锏，身下骑着一只蓝色龇牙咧嘴的老虎。根据外形特征，很容易推断出他正是道教中的赵元帅。[1] 赵元帅，即为赵公明，民间将其奉为财神。又因他神异多能，变化无穷，能驱雷役电，呼风唤雨，在雷部中被称为“正一玄坛赵元帅”，是道教四大护法元帅之一。在赵元帅身前左边的男子红发红眉，绿身，鸟喙鸟爪，背上有一对翅膀，身披战袍，左手执斧，正是道教中的邓元帅[2]，其位列雷部诸元帅之首。《道法会元》卷五六载：“雷部有

[1] 参见高淳县文化局编：《明清道教神像画》，第 46 页。赵元帅的形象为黑面虬髯，头戴铁冠，身着战袍，跨黑虎，执钢鞭，极其威猛。

[2] 同上，第 50 页。

飚火大神，姓邓，名伯温。昔从黄帝战败蚩尤，封河南将军。大神见黄帝登天，遂弃位入武当山修行百载，能随气升降。”其中也有对其外形的描写："念念不绝，怒气冲天，忽一日变凤嘴银牙，朱发蓝身，左手持雷钻，右手执雷槌，身长百丈，两腋生翅，展开则数百里皆暗，两目放火光二道，照耀百里，手足皆龙爪，有游太虚，吞噬精怪，斩伐妖龙。”并得天帝“封为律令大神，隶属雷神”，在雷部中被称为“冲霄主雷邓元帅”。在赵元帅右边的男子身穿黑色战袍，左手执剑，一副武官装扮。对此，笔者在道教画像中并未找到相似的神仙画像。

图 12 画像的尺寸、构图与图 11 相一致。居于画面主要位置的男子身着红色战袍，一身武官打扮，白面，三眼，右手持戟，左手握一红色三角石。根据外形，也很容易辨认出他正是道教中的马元帅。[1]马元帅即马灵官，名讳胜，是神格颇高的一名将领，又称光华大帝，具有通天彻地的本事。与雷部其他或青面或赤面，满脸络腮胡，龇牙咧嘴，怒目圆睁，让人望而生畏的形象不同，马元帅白白净净，可以说是雷部颜值最高的元帅将领。《三宝太监西洋记》中对马元帅有这样的描绘："（马元帅）生得白白的，白如雪：一称元帅二华光，眉生三眼照天堂。头戴叉上攒顶帽，五金砖在袖儿藏。”在汉族民间传说中，马元帅（马天君）用三昧真火烧死鬼王，并用三昧真火炼成三角金砖以作法宝（据说这块三角金砖可以变换成任何东西）。之后，他又收服风火二神，取火车、降火鸦，故被视为“火神”，在雷部中被称为“斗口魁神马元帅”。在马元帅右边的男子，身穿绿色文官官服，红发红眉红须，双目圆睁，右手执笔，左手拿着一块写有“善恶分明”字样木板之类的物品，这就是道教中的辛元帅。[2]辛元帅即辛汉臣，也是道教雷部中颇为重要的一名将领。《道法会元》卷八一对其形象描绘为："代牛耳幞头，朱发，银牙如剑，披翠云裘，皂靴，左手执簿，右手执雷笔，上有火光。”其为雷部主簿神，因而也被称为“五雷判官辛元帅”。马元帅左边的男子与图 11 中邓元帅身旁的男子一样，都是一副手持宝剑的武官形象。《瑶族民间神像绘画研究》也有画面内容一样的两张画像，书中分别定名为赵、邓、关元帅画像和马、辛、康元帅画像，两张画像反映的正是雷部六元帅。[3]也就是说，图 11 和图 12 中，那两名武官装扮的人像分别是关元帅和康元帅。

[1] 高淳县文化局编：《明清道教神像画》，第 59 页。

[2] 同上，第 51 页。

[3] 黄建福：《瑶族民间神像绘画研究》，第 43—46 页。

图 11

图 12

（七）四界功曹像

图 13、14 画像均长 48 厘米，宽 20.6 厘米。每张画像上各绘有两名骑着坐骑的使臣模样的人物，他们均是一手握着文牒，一手高举令旗。图 13 中，黄衣使臣的坐骑为白鹤，黑衣使臣的坐骑为黄色斑毛老虎。图 14 中，红衣使臣的坐骑为白色骏马，黑衣使臣的坐骑则为一条威风凛凛的黄龙。对照这四个形象，在瑶族的经书中有所提及，正是他们宗教信仰中的四界功曹，分别为天府一界飞天白鹤奏事功曹、地府一界虎儿奏事功曹、阳间一界白马奏事功曹、水府一界青龙（或黄龙）奏事功曹。[1] 此外，日本瑶族研究学者内海凉子在进行瑶族文化田野调查时，也提到了这种画像，她认为这种画像中绘制的人物正是四界功曹，即骑白鹤的是天府功曹，骑虎的是地府功曹，骑白马的是阳间功曹，骑龙的是水府功曹。[2] 因此，对照图 13、14，其分别是天府、地府功曹像和阳间、水府功曹像，他们坐骑的速度闪如电，能快速传达各种消息、牒报。

[1] 赵家旺 :《瑶族咒语简述》，载《广东技术师范学院学报》（社会科学），2013 年第 1 期。

[2] [日] 内海凉子 :《ミエンの小軸神像画が伝える神話と伝説》，见日本神奈川大学瑶族文化研究所编著 :《瑶族文化研究所通讯》（第八号），2019 年。

图 13

图 14

（八）太尉像

图 15 画像长 115 厘米，宽 48 厘米。该画像上半部，一身材高大的男子头戴官帽，身着铠甲，外披一件红色斗篷，右手执剑，左手做着手决，骑在一匹挂着红缨穗的白马上。其身后一个同样身着铠甲、披红色斗篷的兵卒扛着一面迎风飘扬的军旗。白马下方有两位兵将：其一骑黄马，左手持号角，右手持长锤；另一位则是身骑红马，左手持长锤，右手持号角。

不难看出，画中居于主要部分的男子为一统领兵马的武官。在《瑶族民间神像绘画研究》中，有一幅命名为“太尉像”的画像与图 15 的这幅画作极其相似[1]，且在我国台湾地区文化部门的官网上也查询到相同风格及内容的瑶画，定名为“太尉”[2]。由此可知，这幅画像所绘的正是瑶族本民族信仰的一个神灵——太尉。

---

[1] 黄建福：《瑶族民间神像绘画研究》，第 55 页。

[2] 参见我国台湾地区文化部门网页：https://memory.culture.tw/Home/Detail?Id=16000007570&IndexCode=MOCCOLLECTIONS&Keyword=%E7%91%B6%E7%94%BB%E5%A4%AA%E5%B0%89&SearchMode=Fuzzy&p=3，撷取日期 2022 年 1 月 15 日。

图 15

（九）海幡像

图 16 画像长 115 厘米，宽 48 厘米。居于画面上半部主要位置的男子，上身穿红色对襟无袖褂子，下身穿蓝色宽松肥大的五分裤，小腿缠织锦绑腿。他左手拿着一烧红的铁犁头放进嘴里，右手扶着一青竹竿，竿头挂有布幡。这名男子的右边绘制有刀梯搭建的楼台，一把把长刀向上交叉固定在大楼台上，一名身着道士服装的男子，小腿缠着绑腿，正赤着脚踩着刀梯向上攀爬。楼台上设有祭台，一个身穿红色道袍、师公打扮的男子手持招魂号角与法器，在等待迎接爬向祭台的那名男子。在楼台下，有四名穿着道士服装的男子，分别负责吹唢呐、打镲、打鼓、鸣锣。他们右边还有两个身着民族服装的妇女。在这六人前面，站着身穿一红一黑道袍的两名男子。身着红色道袍的男子左手捧着一本经书，右手做着手决。身着黑色道袍的男子左手持法器，右手持号角。在这两名道袍男子的右边，有一名跣足、身着民族服装的男子。这三人的前面还绘有四名男子，其中一名骑着红马，身着红色官服，左手高举宝剑。另外三名则是兵卒模样，其中两名左右高举宝剑或大刀，这四人均做出一副要向前冲锋的样子。

图 17 画像长 115 厘米，宽 48 厘米。居于画面上半部主要位置的男子，包着头巾，身着红色无袖对襟衣。他的左脚穿靴蹬地，右脚微微扬起，赤着脚掌，小腿上缠着织锦绑腿，而一只靴在其身后尚未落地。这名男子跨在一条黑龙身上，左手高高举着宝剑，做着向下挥的动作，右手捧着圣水杯，应是在做法要斩杀蛟龙。在其下方，有一

图 16

图 17

身着民族服装的男子，双手做着手决。在这名少数民族男子前方，是两个骑着骏马、双手持剑的武将。

《皇清职贡图》关于广西瑶族有这样的描述："男子椎发，环耳领缘尚绣，膝以下束布至胫""瑶妇髻竹箭，覆以花帕，重裙无袴，跣足而行……"[1]显然，与这两幅画像中描绘的少数民族人物的穿着是一致的。由此可以断定，这两幅画像中的少数民族人物正是瑶人。再通过图 16 中刀梯这一画面元素，很明显，这幅画像表现的是瑶族在度戒时的场景。图中着重表现的那名口含红犁头的男子，正是主持度戒仪式的师公。这两幅画像中分别表现了主持度戒仪式与斩杀蛟龙的内容，均涉及瑶族宗教信仰中的重要神祇——海幡。四川师范大学美术学院的陈杉、伍妍等人，在湖南江华瑶族自治县调查瑶族神像画时，也发现了与图 16、17 同样主题内容的画像，且表现形式均一致。江华瑶族将此分别称为大海幡与小海幡画像。[2]此外，在前文提到的法国阿瓦隆那博

[1]（清）董诰撰，（清）永璇监修：《皇清职贡图》，台北：台湾华文书局印行，清乾隆二十六年刊本，413 页。

[2] 陈杉等：《清代江华瑶族神像画中大小海幡的图像研究》，载《装饰》，2017 年第 11 期。

物馆收藏有相同内容及表现形式的瑶族神像画，也将之命名为大海幡与小海幡。[1]由此可以断定，图 16 正是瑶族的大海幡像，图 17 则是小海幡像。

（十）鉴斋像

图 18 画像长 48 厘米，宽 20.6 厘米。画面分为两部分，上半部的男子身穿道教的黄色戒衣，一脸微笑地盘腿而坐。画面下半部绘制了七个身着民族服装的人物。他们都在忙着挑水、蒸食、杀猪、舂糯米做糕点、在长凳上切割猪肉等厨房劳作。图像下半部中，这些人物的穿着与前文海幡像中的瑶族人穿着一样，由此可以断定，这幅画像也是以表现瑶族为主。日本瑶族研究学者内海凉子在做瑶族文化研究时，搜集到大量瑶族神像画，其中就有与图 18 主题内容及表现形式一致的画像，她根据当地瑶族命名，将其记录为鉴斋像[2]。此外，《瑶族民间神像绘画研究》也提到了内容及表现形式一致的画像，瑶族将其命名为监（鉴）斋像，表现的是瑶族在度戒仪式圆满结束后开

图 18

[1] 参见法国阿瓦隆那博物馆网页：http://www.museeavallonnais.com/index.php/collection-yao-mien-et-mun 撷取日期 2022 年 1 月 10 日。

[2] [日] 内海凉子：《ミエンの小軸神像画が伝える神話と伝説》，见日本神奈川大学瑶族文化研究所编著：《瑶族文化研究所通讯》（第八号），2019 年。

斋杀猪庆祝的场景。[1]画像上半部绘制的男子正是瑶族宗教中的一个本土神祇——鉴斋八郎，主管瑶族的鉴牲鉴斋，担任鉴斋使者一职。

（十一）总坛画像

图 19 画像长 106 厘米，宽 44.5 厘米，画面内容及构图方式类似道教的总坛画像。前文画像中涉及的神祇也基本囊括在此画像中。除此之外，画像中同样也有一些瑶族装扮的人物，由此也大致可以推断，这幅画像同样为瑶族所使用。

该画像分为九排，共有 72 位神灵，具体情况为：

第一排：位于中间的三位是三清，三清左边是玉皇，右边是圣主。

第二排：观音位于第二和第三排中间，以显示其在神祇谱系中地位的尊贵。其左右两边分别是善财童子和龙女两位护法神，他们左右两边的应是与其相关的其他陪祀神灵。

第三排：对于这一排的八位神灵，尚缺乏证据材料印证他们的身份。但大致可以根据位于观音两边的武官穿着推断，他们是有较高神格的护法神，其余六位应是尊神真人、帝君之类的神灵。

第四排：位于中间，有三头六臂，一手举“日”牌，一手举“月”牌，还有两只手在胸前捧法杖的神祇，应是瑶族的始祖神盘王，又称“盘古大帝”。在瑶族人心目中，盘王法力无边。在盘王两边的六人，应是与其相关的其他陪祀神灵。

第五排：位于中间的年岁较大的妇人，根据其在画像中的排位，应是属于地位较高的女性神祇。对照《明清道教神像画》一书，笔者认为她应是道教中的西王母。[2]西王母即王母娘娘，古代传说中的女神之王。左右两边分别是她的两位婢女及与其相关的其他陪祀神灵。

第六排：位于中间的主神是太尉，左右两边的八人是与其相关的其他陪祀神灵。

第七排：中间骑着老虎的是玄坛元帅赵公明，左右两边的八位是由他统帅的雷部邓元帅、马元帅等将领。

第八排：中间竖有一牌位，同前文介绍到的元始天尊像中提到的牌位一样，上面写着相似的内容文字，但因年代已久，许多字迹也模糊不清，尚还能分辨的字迹是“……邓法行……五谷丰登……大吉庆万亨通 光绪十四年戊子岁十一月三十日开笔大吉”。

第九排：两腿朝天、双手撑地的神灵是瑶族的翻坛倒挂张五郎。在瑶族宗教中，

[1] 黄建福：《瑶族民间神像绘画研究》，第 64—65 页。

[2] 高淳县文化局编：《明清道教神像画》，第 9 页。

张五郎是一个重要神祇，他以手当足，倒立行走。因此，瑶族神谱中简称其为“翻坛倒立”。张五郎是瑶族宗教中主神、狩猎神、猖兵统帅，巫公百匠的祖师神。[1] 在其左边骑着五只怪兽，目光凶狠的就是由张五郎统领的五猖神。传说五猖原凶悍勇武、威猛凶狠，因起兵作乱，后被张五郎收服，被纳为五猖兵马，成为极具威力的阴司兵马。在张五郎和五猖神两旁的应是城隍、土地之类的神职小吏。

对于图 19 这样的画像，《瑶族民间神像绘画研究》将其定名为行司画像[2]，日本学者内海凉子将这种类型的瑶族神像画定名为总坛像[3]。因此画像与道教的总坛画像类似，这里也采用内海凉子的命名，将该画像称为总坛画像。

图 19

（十二）大道桥画

图 20 画像全长 316 厘米，宽 23.5 厘米，共绘制了 60 个人物。与总坛画像一样，

[1] 张泽洪：《中国南方少数民族的梅山教》，载《中南民族大学学报》（人文社会科学版），2003 年第 4 期。

[2] 黄建福：《瑶族民间神像绘画研究》，第 59—60 页。

[3] [日] 内海凉子：《ミエンの小軸神像画が伝える神話と伝説》，见日本神奈川大学瑶族文化研究所编著：《瑶族文化研究所通讯》（第八号），2019 年。

绘制的众多人物中就包括若干瑶人打扮的人物，因此大致可以判断，这幅画像同样为瑶族所使用。

该画像以供桌为界，供桌的左边绘有四人，分别为一黑衣老者，一身着黄色道服的师公，还有两名瑶人衣着打扮的男子。供桌右边绘制的人物很多在前文提到过，依次为骑着黄龙、白马、白鹤、雄虎的四界功曹，他们右边之人骑着黑色麒麟，双手挥舞大刀，一身瑶族人装扮。画面往右，绘制的是 17 人组成的仪仗队，接着是两个瑶族人装扮的轿夫抬着一个官员。画面再往右，则是三个武将装扮的男子，接着是雷部邓元帅及五个文官及道士装扮的男子，其后一个瑶人衣着的神灵便是海幡。海幡右边是一位三头九眼的神灵及 17 位真人及文官装扮的神祇。画面最右边的三位，无疑就是三清。对于这种类型的瑶族画像，《瑶族民间神像绘画研究》同样有所提及，将其称为大道桥画。[1]

图 20

（十三）面具画像

图 21—25，这五幅画像均长 24 厘米，宽 15.5 厘米，且在画像两侧都留有小孔，画像背面有细绳从左右小孔穿过。图 21—23 中绘制的男子，根据外形特征，很明显就是元始天尊、灵宝天尊和道德天尊。图 24 中的男子，头戴官帽，清晰的五官，耳朵比例较大，眼睛细长，留有拱门形胡须，身穿红色官服。图 25 中的男子，与图 24 中男子形象类似，只是其眼睛圆睁，留着八字胡，显得更加威严。《瑶族民间神像绘画研究》也提到这种小幅画像，是瑶族做仪式时戴在额前的法具，也称为面具。[2] 同时，法国阿瓦隆那博物馆也收藏有这样的瑶族做仪式时佩戴的面具，他们根据捐赠者移交的文

[1] 黄建福：《瑶族民间神像绘画研究》，第 68 页。

[2] 同上，第 73 页。

物信息，将其命名为“神头”[1]。佩戴这种面具时，整个面部并不完全遮住，而是在面具两侧穿上细线，把面具戴在前额上，把线绕到脑后束紧。一般一套完整的面具画像有五张，每一张面具绘制一个神灵，分别为元始天尊、灵宝天尊、道德天尊、太尉、海幡。由此可以推断出，图 24 是太尉画像面具，图 25 则是海幡画像面具。

图 21

图 22

图 23

图 24

图 25

二、画像绘制年代、族属及用途

通过对 25 件画像的逐一考释，根据画中少数民族人物的穿着，及征集地点是广西金秀的瑶族地区等信息，基本可以断定这批画像为瑶族所使用。

从图 1 的元始天尊像中的牌位文字，可以知晓绘制画像的时间、画像主人、画师姓名、绘制画像的金钱数额等信息。即是邓法行在清光绪十七年（1891），“花银七元”，

[1] 参见法国阿瓦隆那博物馆：http://www.museeavallonnais.com/index.php/collection-yao-mien-et-mun。

让一张姓画师为其绘制画像。此外，每一幅画像的背面均有署名“邓法行号”，这与画像主人的名字完全一致。根据瑶族习俗，男子一般都要接受度戒仪式。度戒是瑶族传统宗教吸收信徒的入教仪式。换句话而言，瑶族社会主要依靠度戒仪式建立起师徒关系，延续师公系统的递代传承。对受戒男子来说，度戒是他们宗教职位晋升的阶梯，只有受戒者才能学习师公的法术，取得传法度人的师公资格。通过度戒，社会角色和地位都发生了改变。他们的名字可以写入瑶族的族谱，获得来自瑶族社会的认可，并有了可以参与社会活动的资格与权利。如不接受度戒，男子在生前得不到祖先的庇护，死后也不能列入祖宗神龛，接受后人的供奉。瑶族男子在度戒仪式完成后，会由为他度戒的道公或师公赐予法名。按照瑶族当地习俗，法名一般是三个字，道公的名字中间那个字是“道”或“玄”，师公的名字中间那个字是“法”或“胜”。因此，我们通过他们的法名便可知道他们是道公或是师公。[1]收藏有神像画的师公或道公，必须要在其持有的神像画背面写上自己的法名，以明确画像所属。我们在这批神像画的背面，都看见邓法行的名字，说明这批画像为邓法行这位师公所有。再根据前文对画像的考释，可以知道画像的内容均涉及道教神祇及瑶族的一些仪式活动，由此推断出，画像是瑶族在举行宗教仪式时，由师公悬挂在仪式场所的宗教性用具。

除了图1元始天尊像，图19的总坛画像上也留有类似的文字信息。虽画像中的字迹磨损较严重，但邓法行、光绪十四年等信息还是很容易辨认出来的。同理，可以推测出这幅总坛画像是邓法行这位师公在光绪十四年（1888）让画师绘制而成的。将这幅总坛画像与其他24幅同样署名邓法行的画像进行对比，不难发现，尽管画像在内容主题上类似，但还是略有差别。首先，在画像的色彩上，虽然都以红色为主色调，但前者相较于后者，明显要略微暗些。其次，在对各神祇的绘制手法上，后者相对于前者，绘制手法显得更为细腻，更讲究人物工笔画的技法。因此，大致可以推断出这位名叫邓法行的师公，在光绪十四年请画师绘制了这幅总坛画像，在光绪十七年，再次请画师绘制了除总坛画像以外的其他神像画。

综合以上分析，可以对桂林博物馆收藏的这25件民间人物工笔画做出最终结论，这批画像是一套清光绪瑶族神像画，原为瑶族师公邓法行所有，主要在举行宗教仪式时，悬挂于仪式场所，以营造仪式的神圣性。在瑶族人心目中，神像画在绘制好后，

[1] 瑶族的宗教信仰明确划分为道公和师公两个派别，二者虽都认为自己属于道教，都供奉三清、玉皇圣主、天师等道教诸神，但道公以尊奉三清为至尊，师公则以尊奉三元为至尊，且各自的职能也不同。道公的职能是沟通活人与祖先亡灵的关系，主要与瑶族的祖先崇拜结合；师公的职能是调解活人与野神外鬼的关系，更多的与瑶族的自然崇拜相结合。发展到后来，道公与师公往往在宗教仪式中互相协助，共同完成。通俗来说，道公是“文道”，负责仪式中的念经文及咒语等，而师公则是“武道”，负责仪式中的跳、打、舞等涉及动作方面的仪式规程，同时兼有巫师的身份。

因开过光，里面“住着”各路神仙，显得格外神圣，不可侵犯，因此，一直是由当地的师公或道公妥善收藏保管。在“破四旧”时，因瑶族神像画被视为封建迷信残余，大量绘制于明清时期的极具文物价值的神像画被销毁。此外，由于保存状况等因素，现在能在瑶族师公、道公手中见到的，大都为民国时期或是近几十年所绘制。因画师水平、绘画用料等原因，画作整体水平不能与明清时期的相比。而且，随着懂得绘制神像画的画师年事已高或是已经去世，手绘神像画已经越来越少，取而代之的是一些市场上都可以买到的印刷品。因此，桂林博物馆收藏的这套绘制于清光绪年间的25件神像画才显得尤为珍贵。

三、瑶族传统宗教与道教的关系

毫无疑问，桂林博物馆收藏的这套清光绪瑶族神像画，属于宗教画性质。宗教画在宗教仪式中发挥着重要作用，它是一个族群或区域宗教信仰的直接反映和重要载体。从前文对这套25件瑶族神像画的考释可以看出，瑶族传统宗教中有大量的汉族道教成分，与道教存在重要联系。

（一）道教对瑶族传统宗教的影响

一般认为，瑶族信仰的传统宗教为梅山教。之所以叫梅山教，是因为此教派起源于湘中的梅山。自魏晋南北朝以来，梅山就是瑶族先民梅山蛮的聚居地。因此，梅山一直被瑶族视为祖灵地。瑶族老人去世后，要由师公在丧葬仪式上做法，送其亡魂回归梅山十洞与祖先团聚。北宋之前，梅山与中原不通往来，彼此处于一种隔绝的状态。直至北宋熙宁五年（1072），章惇奉命招降梅山峒蛮，才打开了梅山与中原的缺口。北宋崇尚道教，章惇此举无形中促进了道教在梅山的传播。于是，道教在进入梅山地区后，迅速与当地的原始宗教相融合，形成梅山教，并开始向周边地区蔓延辐射，主要呈现向南和向西传播的态势。向南传入江西、广西、广东等地，渗入苗、壮、侗、水、仡佬、仫佬等族的信仰，成为南方地区各少数民族中最具有影响力的宗教之一。1993年，法国瑶学研究专家雅克·勒穆瓦纳博士与广西民族大学瑶学专家张有隽教授一起对广西展开各族梅山教的调查。他们实地调查了马山、环江、罗城、融水、三江、龙胜、金秀等7个县12个壮、瑶、仫佬、毛南、苗、侗族村寨。他们发现，梅山教是这些民族普遍信仰的一种宗教，在神灵信仰方面有着许多共同点，如都供奉道教中的三清、三元、玉皇圣主、张李二天师、十殿冥王等道教神祇，同时还共同信仰梅山教中的神灵。当然，各民族在信仰过程中，还会在梅山教中加入本民族的崇拜对象。如马山的壮族崇拜岑大爷，龙胜壮族崇拜莫一大王，侗族则崇拜他们的始祖母萨天巴等。

梅山教受道教正一道符箓派影响，主要是以道教中以符咒等法术治病驱鬼为主，同时又融入了本民族原始宗教中的巫术成分，巫、道结合就是梅山教最主要的特征，因而常被正统道教视为巫教，并被道门中人记载于道教经典之中。南宋道士白玉蟾《海琼白真人语录》卷一说："巫者之法，始于娑坦王，传之盘古王，再传于阿修罗王，复传于维陀始王、长沙王、头陀王、闾山九郎，蒙山七郎、横山十郎、赵侯三郎、张赵二郎，其后不知其几。昔者巫人之法、有曰盘古法者，又有曰灵山法者，复有闾山法者，其实一巫法也。"[1]文中所提到的闾山九郎之后的神祇，都是南方少数民族梅山教共同供奉的神灵。此外，如文中所说，梅山教隶属于盘王门下。因盘瓠是瑶族的祖先，因而他们自称为"盘古宗枝"，盘古大帝也成了瑶族梅山教中必定供奉的神灵，瑶族也认为自己所信仰的梅山教为正宗。加之瑶族是最早接受道教的南方少数民族，可以说，瑶族是受道教影响最大的一个民族。

（二）瑶族传统宗教对道教的吸纳

瑶族受道教影响颇深，瑶族传统宗教系统中吸纳、借鉴了大量道教神祇及教义，同时为了使道教更好地融入本民族，也对道教进行了一定程度的改造，使其呈现"本土化"的特点，这些在瑶族的神像画中都可见一斑。

1. 对道教主要神祇形象的吸纳

桂林博物馆收藏的这25件瑶族神像画吸纳了多位道教神祇。如图1—3中的三清，图4、5中的玉皇、圣主，图11、12的赵、邓、马、辛四位雷部元帅，他们的形象均直接来源于道教中对应的神祇。

图6中的张天师，很大程度上参照了道教中的张天师形象。图7中的李天师，虽然是由瑶族的本民族神灵衍变而来，但其形象应是借鉴了道教中的真武大帝。在道教中，真武大帝被塑以黑衣披发、仗剑踏龟蛇的形象。[2]图17中的小海幡斩杀蛟龙的动作，则与道教的魁星踢斗十分相似。魁星是道教信仰和民俗传说中除文昌帝君之外另一位主宰文运的神灵，为我国古代天文学中二十八宿之一，也称"奎星"。在道教中，魁星形象貌似鬼魅，以脚踢斗。[3]魁星青面獠牙，头顶长犄，赤发乱飞。身披无袖铠甲，裸其四肢。他右手执朱笔，高高举起，左手紧握一金元宝，寓意功名利禄，尽在掌握之中；他的右脚踩在坐骑鳌的头上，左脚向后狠狠踢起一墨斗。（图26）整个画面

[1]《道藏》第33卷，文物出版社、上海书店、天津古籍出版社，1988年，第113页。转引自张泽洪：《中国南方少数民族的梅山教》，载《中南民族大学学报》，2003年第4期。

[2] 高淳县文化局编：《明清道教神像画》，第71页。

[3] 同上，第122页。

有吉祥的寓意，即“魁星踢斗，独占鳌头”。因此，我们有理由相信，瑶族在创造海幡这个本土神灵时，很大程度上借鉴了魁星形象。此外，图 19 总坛画像中的盘王，也在很大程度上借鉴了道教中的盘古形象。[1]

图 26 魁星踢斗

2. 对道教中关于符咒法术等内容的吸纳

前文提到，瑶族传统宗教主要受道教正一道符箓派影响，因此，与其相关的符咒、法术、手决等在神像画中也得到充分体现。

在图 15 太尉像中，太尉左手做的应是调遣召集天兵神将的手决，他身旁的武官都是他调遣而来的天兵神将。这进而说明了太尉这个瑶族本土神灵，具有调遣、召集神兵保护神坛的神圣职能。所以在瑶族的度戒及丧葬仪式中，太尉是必定要拜请的神灵。

图 16、17 的大小海幡画像充分体现出道教的符咒法术等内容。关于海幡这个本土神灵，瑶族经书有不少相关记载。如瑶族神唱的《经书喃词》中，《上坛名》在拜请海幡时就唱道：“海幡张赵二郎，圣主打瘟赵后三郎。”[2] 由此可知，海幡就是张赵二郎。20 世纪 30 年代，苗族学者石启贵曾与凌纯声教授调查湘西苗族，他收集有湘西苗族的《张赵二郎歌》，述说了张赵二郎赴淮南向老君学习道法的传说。其中有：“张赵二郎心思想，要去淮南拜老君”“太上老君将言说，诸般法术你知音。再赐统兵决一道，千兵万马护其身”。[3] 瑶族经文《又到游梅山三十六洞念》说：“劝你二郎开方便，真去梅山作师公”“今识老君真面貌，老君殿前拜法回”。瑶族经文还有记载：“张赵二郎来学法，学法回归度三郎。”这些记载都可以看出，海幡与道德天尊（太上老君）是一种师承关系。从这个角度来说，海幡是道教在瑶族地区的传播者。因此，瑶族将海幡视为自己民族的祖神及宗教的启教祖师，是首代师公。[4] 图 16 中，海幡在度戒仪式上，正是因为自己有神力护体，才可以放心地将烧红的铁犁头放入口中。上刀梯，下火海，是瑶族度戒仪式必定要经历的环节。他们认为受戒弟子会有神灵保护，不会受到任何伤

[1] 高淳县文化局编：《明清道教神像画》，第 65 页。

[2]《广西瑶族社会历史调查：第 9 册》，南宁：广西民族出版社，1987 年，第 396 页。

[3] 石启贵：《湘西苗族实地调查报告》，长沙：湖南人民出版社，1986 年，第 335、342 页，转引自张泽洪：《中国南方少数民族的梅山教》，载《中南民族大学学报》，2003 年第 4 期。

[4] 陈杉：《清代江华瑶族神像画中大小海幡的图像研究》，载《装饰》，2017 年第 11 期。

害。画面中部的两个师公，正在为旁边瑶人打扮的受戒弟子做通过火海之前的施法保护。四个汉族武官穿着的男子，则是被海幡做法召集而来的瑶族保护神，他们在一旁保护要上刀山、下火海的受戒者。图 17 表现的海幡入海斩杀蛟龙，正是他初学道法，尚未成道时发生的事。瑶族道经《海幡咒》记载了关于海幡入海斩杀蛟龙的传说："南蛇缠颈下海去，海水奔波不湿身。霹雳山头一转风，来时无迹去无踪。行符去转五瘟鬼，又去海中斩蛟龙。玉帝敕符为上将，将除小鬼不留踪。"[1] 画面中，海幡正手捧符水，口念道教祛鬼打邪的口诀以斩杀蛟龙。在海幡的下方，瑶族男子也在做着道教手决，在其前方有两个骑着骏马的武将，这也正好印证了前文经书中提到的，海幡在向太上老君学道法时，老君赐他统兵决一道，可以神兵护身。

图 16、17 两张画像，绘制的都是海幡这一个神灵，而要在海幡画像前加上"大""小"，只是为了说明不同时期海幡能力的大小。图 17 的小海幡画像，描绘的是海幡成道之前的事，那时的他只具备祛鬼打邪、调遣神兵护身的能力。而图 16 的大海幡像，描绘的则是他成道之后，作为瑶族的首位师公，为瑶人度戒的场景。依照瑶族的传统宗教观念，取得神职的人，身份已从世俗走向神圣，具备了一般人没有的能力。成为师公的海幡，此时的能力显然比刚学会道法时要强大许多，他不仅具有一般神灵的法力，还能济世度人、沟通鬼神、庇护家族等。所以在瑶族诸如度戒、还盘王愿等重要的宗教仪式中，或是为成功度戒的瑶人举行的丧葬仪式上，才悬挂大海幡画像；而一般的小型仪式或是没有度戒的瑶人的丧葬仪式上，则只能悬挂小海幡画像。由此可见，瑶族神像画所绘神灵法力的大小，直接决定了仪式的重要性。

此外，还有图 21—25 的面具画像。按照瑶族宗教说法，当男子佩戴上面具后，才能更接近神灵。也就是说，佩戴面具就是为了与神灵更好地接触，从而能更好地请神，这也是道法科仪与原始巫教结合的一个典型例子。

（三）瑶族传统宗教对道教内容的改造

1. 对道教神祇系统的改造

在道教中，神祇系统有三清六御之说，三清就是我们前面提到的图 1—3 的元始、灵宝、道德三天尊，六御则是仅次于三清尊神主宰天地万物的六位天帝，除了本文图 4、5 的玉皇、圣主外，还有西方太极天皇大帝、南方南极长生大帝、东极妙严青华大帝、承天效法后土皇地。在道教的祭祀供奉中，六御是必须依次全部拜请出来的。但在瑶族宗教中，则将六御简化成玉皇和圣主两位帝君，这是瑶族对接收过来的道教神祇进行了改造和重新定位，使之更好地融入本民族宗教的神祇体系。

[1] 陈杉：《清代江华瑶族神像画中大小海幡的图像研究》，载《装饰》，2017 年第 11 期。

除了简化道教神祇系统外，瑶族还把自己本民族的神祇与道教神祇相融合，从而形成了属于自己民族的宗教神祇系统。如桂林博物馆收藏的这25件瑶族神像画，图1、2、3、4、5、6、8、9、10、11、12、13、14绘制的三清、玉皇圣主、张天师、四府君主、十殿冥王、雷部六元帅、四界功曹都是道教中的神灵，可以称为“外神”，而图7、15、16、17、18绘制的李天师、太尉、海幡、鉴斋八郎则是属于瑶族本民族的神灵，可以称为“内神”，图19的总坛画像和图20的大道桥画像，是内神与外神的集合体，基本可视为瑶族宗教神祇系统的一个缩影。但也应注意到，从图19总坛画像中各神祇的排位可以看出，道教的外神占了绝大部分，且排位均靠前，瑶族的内神则都是在神祇排位的靠后位置，可见道教对瑶族宗教的影响之大。

2. 对道教神灵世界的改造

道教按照天、地、水、土，将神灵世界划分为天庭、地府、水国与阳间四府。天庭由天门三将、雷部、三太子、护坛元帅组成；地府由掌生与掌死的神灵组成；水国由气象、水官与龙王组成；阳间由功国神灵、通俗信仰、地方神祇组成。道教根据四府的构成，绘有相应的画像，即每一府用一幅画像表现出来。[1]可见，道教的四府各级划分十分清楚，等级森严有序。瑶族宗教在划分神灵世界时，很大程度上借用了道教四府的划分，但不同于道教每一府用一幅画像表现，瑶族的四府像是采用阳间与水府、天府与地府两两组合的形式，用两幅画像来表现（图8、9）。瑶族《还盘王愿经》中的《四府出世歌》唱道：“坛上有神未敢请，且请天府出世神。天府出世桂林县，眼眉利暗不知天。早朝买卖直到夜，功曹年少好子孙。今日家主明灯传度还愿道场叫着你，拨开天府一界降香门。坛上有神未敢请，且请地府出世神，地府出世梧州府，州上员员接大官。百姓耕天秧下地，留些军马护官员，今日本家家主道场叫着你，拨开地府一界降香门。水府出世沙洲府，州上员员接大官。上水有条八难洞，下水广东大海门。大水茫茫不见岸，大水茫茫不见天。撑船过海立官岸，撑船过海立官员。今日子孙还愿会，拨开波浪出扶双。坛上有神未敢请，且请阳间出世神。阳间出世沙洲府，州上员员接大官。生亦过，死亦过。州门更鼓喧喧。家主今朝还愿会，拨开阳间降香门。[2]以上唱词出现桂林府、梧州府、广东大海门、沙洲府，推断这些地方极有可能是两广一带瑶族的聚居地。他们根据自己的生活环境，将神灵世界划分成了四府。将瑶族宗教中的四府与道教中的四府进行比较，很容易发现，前者无论是在画像的绘制，还是对神祇等级的划分上，都简单很多，并没有一个清晰的等级界限。同时，瑶族经

[1] 叶添芽：《林昌桐与威远坛道教仪式音乐研究》，台湾师范大学民族音乐研究所研究与保存组硕士论文，2014年，81—82页。

[2] 郑德宏等选编：《瑶人经书》，长沙：岳麓书社，2000年，204—205页。

书关于四府的唱词中，也表现出了明显的瑶族化特征。

同样经过改造的还有冥界。在道教中，各冥王除了管辖自己范围的地狱之外，第二至第八殿冥王殿还各设有十六重小狱，对有罪之人施以各种酷刑。瑶族的宗教信仰，虽也借鉴了道教提到的地狱酷刑，种类却只有七种，即锯解、磨臼、割舌、碓臼、油釜、刀山和火海。在十殿冥王像中，因绘制空间的局限，往往不能将这七种酷刑全部绘制，只能有选择地对其中几种进行绘制。如图 10 的十殿冥王像，画面自下而上分别是碓臼、锯解、油釜、磨臼四种酷刑。关于道教中描绘的冥府出口，瑶族也进行了改造。在道教中，第十殿转轮王主要负责亡魂的核查注册，再将其押送到醧忘台饮孟婆汤，然后才经转轮台发往各地投胎。对于亡魂经过第十殿冥王后投胎转世的说法，瑶族结合本民族的信仰进行了改造。他们认为第十殿冥王的出口便是通往梅山祖灵地，亡魂在那里与祖先得以团聚，并在那样一个世外桃源过上无忧无虑的生活。因此，在十殿冥王像中，第十殿冥王旁描绘的是这样一个场景：一个慈祥的老婆婆在等着走出地府的亡魂，并与另一前来开路迎接的使者，一同将亡魂领入梅山与祖先团聚。这一点在图 20 的大道桥画像也得到了充分体现。大道桥画像以全景的形式，描绘瑶人死后，在众神灵的护卫下，亡魂终于回到梅山的场面。画面中，以左边的供桌为界，供桌左边为世俗世界，右边则是神圣世界。供桌左边的黑衣老者是死者的亡魂，他在身着黄色道服的师公做法及亲属的送别下，准备前往梅山。而供桌右边的内神与外神，均是来护送死者亡魂前往梅山。画面中段由两个瑶人轿夫抬着的官员，则正是专程从梅山赶来迎接死者亡魂的。

3. 对道教神祇形象的改造

在图 11 赵、邓、关元帅像和图 12 马、辛、康元帅像中，瑶族把两个武官装扮的男子分别定义为关元帅和康元帅。其实关元帅对我们来说并不陌生，他就是我们耳熟能详的关公关羽，又称关二爷。关羽本是三国时期蜀国名将，因其集忠、孝、节、义于一身，在他战死后，后人为之立庙祭祀，并将其称为“古今第一将”。宋代以后，他的形象逐渐被神格化，明清时期更是被列入国家祀典，民间奉其为财神。道教也自然将其纳入教门，并将其列为护法四帅之一，雷部也称其为“九天伏魔关元帅”。对于关元帅的外貌，我们已经形成了一个固定的模式，即“重枣色面，凤眼，三牙须，长髯一尺八寸，天青结巾，大红朝服，玉束带，皂朝靴，执龙头大刀，有赤兔马随”[1]。但在这幅画像中，关元帅身穿黑色战袍，左手执剑，一副普通武官装扮，形象上与道经描绘的差别极大。在瑶族宗教中，关元帅是雷部中一个极其重要的将帅。瑶族的道公仪式拜请关元帅时道：“（关元帅）都天火雷公，雷部镇虚空。红兵三百万，元驾紫

[1] 出自《道法会元》卷二五九《地祇馘魔关元帅秘法》。

云中。若有不服者，雷部是不容，是鬼化为清净中。”[1]由此可见，关元帅战斗力非凡，在瑶族的雷部战将中实力不容小觑，因而能进入六帅之列。

除此之外还有康元帅。在道教中，康元帅名康席，是道教中著名的护法神，亦为东岳大帝属下的十太保之一。康元帅以左执金斧、右执瓜锤的形象示人。他慈惠悯生，照顾孤寡，从不伤害弱小者，百姓称其为“四方谓之能仁”。他得道升天后，被天帝封为“仁圣元帅”，掌管四方土地神，同时在雷部被尊称为“地祇太保康元帅”。在瑶族宗教中，康元帅是玉帝身边的大将。行走时，风在前，雷在后，为玉帝开道，为人间护国救民。因此，在仪式中也是必拜请之神灵。

笔者通过查阅资料，对比其他瑶族地区同样主题内容的神像画后发现，雷部六帅的形象大致一样，关、康二帅都是两个外形相近的武官形象。因此，笔者疑为这是道教在传入瑶族地区后，当地民众按照自己的理解，对二帅的形象做了重新定义。

综上所述，道教对瑶族传统宗教产生了深远影响。瑶族宗教对道教有接收吸纳，同时也会按照本民族的实际情况进行选择及改造，这种选择性吸收和改造通过神像画得到了固化与传承。

四、结语

瑶族先民们居无定所，四处迁徙。在长期的迁徙生活中，为了寻得心灵上的慰藉，他们创造了自己的原始宗教，并在瑶族社会中长期居于主导地位。后汉族道教传入瑶族聚居地区，与瑶族的原始宗教相互碰撞、融合，最终形成了以梅山教为主导的瑶族宗教。瑶族宗教很大程度上借鉴了汉族道教的教义和神祇，同时也有自己本民族的神灵及一些原始的巫法，这些都使瑶族宗教具有巫道一体的特点。瑶族是一个没有本民族文字的民族，为了更好地传承自己的传统宗教，也为了与各位神灵沟通，他们借鉴道教的道场画形式，绘制了自己的宗教神像画。这些神像画是瑶族精神信仰和生活的必需品，一直伴随其迁徙、定居，发展至今。神像画中蕴含了丰富的宗教信息，真实反映了瑶族的历史民族文化。

---

[1] 采自广西金秀瑶族自治县古堡屯道师赵有贵收藏的道经《盘王歌书》，转引自黄建福：《瑶族民间神像绘画研究》，第44页。

粤商入桂与地方秩序的互动与重构

——基于清中叶地方碑铭史料的考察

赵乃蓉

【提　要】明清时期，随着西江经济带的渐起，大批粤商溯西江而上，融入广西本地的商贸活动，在带动地方商业发展的同时，也将沿海潮汕地区的宗族化意识和天后信仰等民间文化渐次带入当地社会生活。粤籍商旅文化与地方文化在互动与碰撞中，衍生出利益、权利上的争夺与纠葛。最终，粤商借助地方官府从中调停，竖碑立证以规约双方的权责与义务。南宁现存一批清中叶时期的历史碑刻材料，清晰再现了清代中期粤籍客商与地方社会的互动，以及其在地方秩序与社会关系重构中所起到的作用。

【关键词】清中叶　粤商入桂　地方秩序　互动与重构

【作　者】赵乃蓉　南宁孔庙博物馆　馆员

明清时期，广西的城镇经济开始发轫，由军政重镇逐步向兼具市场功能的城镇转化。在这一转变过程中，大批沿海粤商西进入桂，在建构和营造广西城镇的商贸行业中发挥了重要作用，民间传有谚语“无东不成市”。而与之形成鲜明对比的，则是本地居民士绅“民但务农，不谙商贾”[1]。

粤商作为一股强大的商业力量，对推动整个社会经济的进步与转型功不可没。学者们也注意到粤商群体在进入地方社会后所产生的强大社会效应。黄滨就明清时期的粤商入桂如何催生广西城镇经济的发育做了探讨。[2]胡小安考察了粤商的会馆制度是

[1]（清）金鉷：《广西通志》，雍正四库影印本，《风俗》卷三十二，广西人民出版社，2009年，第7页。

[2] 黄滨：《明清时期粤商入桂与广西城镇经济的发育》，载《广西师范学院学报》（哲学社会科学版），1992年第1期。

如何影响广西社会变迁的方方面面。[1]唐晓涛认为粤商作为外来群体以商贸为契机迁入当地的过程中，在资源占有或意识形态等方面都经历了由分化到冲突再到整合的过程。[2]2015年，笔者在南宁历史碑刻的调查工作中，于市人民公园镇宁炮台一层回廊内，发现四方年代明晰、承接有序的历史碑刻，记录了涉及广东南海、东莞二邑商民因缴纳税赋以及天后宫周边圩市的经营问题与本地商民产生纠葛的一段史实。在清中叶，移民大量迁入广西，其中，粤籍移民以商业性移民为主，成为带动当地经济发展的主要力量，增强了当地居民的经商意识。由于习俗文化方面的差异，本地居民与粤籍客商在商业互动和社会生活中产生诸多矛盾。为发挥粤商群体对当地社会经济发展的持续带动作用，当地官府和保长从中协调并对各方行为进行规范，使粤商群体逐渐通过文化的迁入和扩散深深扎根于本地社会中。本文以这四方碑文为线索，还原了粤西商人以天后文化信仰为依托，完成其身份认同和建构的过程，为促进多民族文化的交融与共存提供了助力，亦对当时广西的社会历史概貌有一定的参考借鉴作用。

一、奉左江道靳大老爷批示碑

奉左江道靳大老爷批示碑，碑高1.65米，宽0.85米。（图1）方首，碑体为红砂岩材质，碑额自右到左，阴刻楷书“奉左江道靳大老爷批示”。碑文自右到左竖书，15行。清代雍正元年（1723）立碑。碑体保存较好，部分文字漫漶。碑文誊录如下（“□”表示被基座遮挡，或漫漶无法识读；“」”表示碑文换行处，下文同）：

宣化县正堂记录一次赵，为税寄里户乞天俯採舆情给示，勒石永照输将，以获相安事。本年九月二」十七日，奉广西分巡道左江道按察使司副使加四级、记录四次兼摄南宁府靳，批据南海、东莞二邑会馆会长林」莞南、罗歧英、曾承爵，商民陈文、梁章等禀呈，前事称莞等会馆创建历朝，内立香火，天后尊神□□槟□□吝」铺业税粮，历年输将无异。缘因馆宇日久，倒塌倾颓，二邑商贾重建，馆有畸零，地税原寄宣化□□厢□□」十冬，里长莫学之户内，递年钱粮上纳壹两捌钱。粮米在内，印色油单付据。但户莫学之，于康熙四十八年，」其呈县台准，以甲代里，当顶允里长刘积盛出役，蚁馆税粮亦并归刘积盛户内，递年摧输办纳，虽属」少有苛求，弟虑，日久人心变幻，或□里长者，窥族客之稀零，遂生苛索，

[1] 胡小安：《粤东会馆与明清广西社会变迁》，载《广西民族学院学报》（哲学社会科学版），2005年第S2期。

[2] 唐晓涛：《客商与地方土著的冲突与调适——清初至太平天国前浔州府社会面貌探讨》，载《厦门大学学报》（哲学社会科学版），2013年第1期。

而吊市为生客，踪靡定在里长，不无」粮累之虞，事虽未然，情实隐忧，与其觉发于已及之时，何如绸缪于未然之日，兹幸。」

仁天善□遐迩讴歌莞等，备历情由仰陈□见叩乞金批，仰县给示勒石，递年遵照，额银壹两捌钱，永远供」输，庶里后，可无苛索之弊。而莞等，亦无累里之虞，各获相安。均戴洪慈于不朽矣，等情，奉批准行宣化县」查明，给示勒石，等因。本县当即确查无异，除申覆外，合行给示，为此示，仰该二邑会馆人等，即便刻示勒石，」竖立会馆，一体遵照，嗣后上纳钱粮，照依旧例，早晚毋得拼欠，而里长亦不得额外需索，倘有故违，许禀明」本县，以凭查究，各毋有违特示。

雍正元年十月初七日示

碑文所提“二邑会馆”，亦称南莞会馆，“在城西三界坊街（今壮志路），广东东莞、南海商民所建”[1]。文中宣化县正堂赵，应为赵成章，汉军正黄旗人，监生，康熙五十七年（1718）任宣化知县。碑额左江道靳大老爷即靳治齐，镶黄旗人，康熙五十五年至雍正三年（1725），任左江分巡道驻劄南宁府。清雍正年间，广西分为四道，其中左江道统领南宁府、太平府、浔州府。此时的广东南海、东莞二邑客商已将诉状告至左江道，而之前宣化县的裁决或令其不满意，又或告示禁令收效甚微，以致再次申诉上告。

此案于雍正元年，由“二邑会馆会长林莞南，携罗歧英、曾承爵与商民陈文、梁章等禀呈”。明清时期的各地外籍客商为了更好地团结同乡力量，维护自身利益，均成立同乡会馆或商会。当内部成员与外界发生纠葛之时，一般均通过会馆出面与地方官府交涉，提请仲裁纠葛，以保证自身的利益得到更大的保障。此案即由二邑会馆会长林莞南牵头，也显出其对于此案之重视。

其后承叙“会馆创建历朝，内立香火，天后尊神”。明清时期的会馆，除进行日常的商业会谈、同乡议事之外，会馆内一般均供奉有原籍地区信仰之神主牌位，除日常拈香礼拜，每月逢初一、十五等尚有祭祀活动，通过奉祀互动来凝聚乡情。二邑会馆内即供奉有天后神。天后，莆田林氏女，显灵海上，人称天妃。明洪武初，加昭孝纯正灵应孚济圣妃，国朝尊为后。[2]为东南沿海一带渔民重要的民间信仰，“凡下洋造舶，别为一小舶如制置神前，覆溺倾欹，兆必先见。遇颠危虔祷，即有火集桅上，或红鸥

[1] 莫炳奎：《邕宁县志》，广西人民出版社，2011，第1616页。

[2]（清）雷学海、陈昌齐：《雷州府志》，清嘉庆十六年（1811）刻本，卷八《雷州府志》，第4页。

图 1　奉左江道蕲大老爷批示碑（原碑漶漫）

一只，舟可无虞”[1]。清初至同治年间，其被敕封多达十八次。[2]明清时期，天后神在东南沿海闽粤地区信者甚多。

雍正元年，二邑会馆因年久失修，倒塌倾颓，二邑商贾商议重建，时“馆有畸零”。明清时期规定，即凡鳏、寡、孤、独和无田产者不服役，带管于一百一十户以外，列在黄册之后，称“畸零户”[3]。二邑客商作为外来移民，属无田产者。会馆所纳地税一般为非生产性的宅基地类赋税。二邑会馆“铺业税粮，历年输将无异”。“地税原寄……里长莫学之户内，递年钱粮上纳壹两捌钱”。清承明制，初定赋役全书，征收之额以明万历之前为基准。鱼鳞黄册仍然为税粮征收之凭据，分别用于粮户登记、土地丈量等。清初，图册每五年审编一次，由州县、府司、督抚层层造册申报。基层的登记造册及

［1］（清）任果修，檀萃纂：（乾隆）《番禺县志》20 卷，清乾隆三十九年（1774）刻本，卷二十《杂记》，第 14 页。

［2］李露露：《妈祖神韵：从民女到海神》，学苑出版社，2003 年，第 216 页。

［3］颜品忠：《中华文化制度辞典》，中国国际广播出版社，1998 年，第 126 页。

土地清丈均在地方里甲的组织下进行。依明朝里甲旧制，“以一百一十户为里，推丁多者十人为长，余百户为十甲，甲凡十人，岁役里长一人，管摄一里之事……里长十人轮年应役，催办钱粮，勾摄公事”[1]。里长及甲首的职责为防止丁口之脱漏，保赋役之平均。然而，部分不良里长借土地清丈之机，敲诈加征之事时而有之。这也正是本案中二邑客商所顾虑和担忧之事。康熙四十八年（1709），经宣化县知县核准，刘积盛以甲首代里长出役，虽其平日少有苛责严求，然二邑客商仍虑“日久人心变幻……窥族客之稀零，遂生苛索”。由此，引出此案之缘由。

东莞、南海二邑会馆的商民借助地方官府的权威性，确定上缴税粮定额“银壹两捌钱，永远供输”。防止“苛索之弊”，以“各获相安”。最后恳请左江道能够“给示勒石，递年遵照”。同时左江道也约定了双方的权利与义务，二邑商民“刻示勒石，竖立会馆，一体遵照，嗣后上纳钱粮，照依旧例，早晚毋得褂欠”。而本地“里长亦不得额外需索”，各毋有违特示。依据判决结果来看，基本上满足了东莞、南海二邑商民的要求。

二、奉左江道许大老爷批示碑

奉左江道许大老爷批示，方碑，碑体高 1.78 米，宽 0.91 米。（图 2）碑刻材质为红砂岩，石质较为酥脆，碑体风化较为严重，且后期使用灰浆对部分坑面进行了填补，导致碑面文字残缺较多，识读较为困难。经拓片后可识碑文录下：

县正堂……次……随带一等……捌年拾壹……拾日……有南海、东莞二县客……银壹两捌钱……与里长莫学知输……色……米不纳也……拒料……欠巴米本……长刘盛积……来无定……唯恐人心莫测……奉县随于乾……天妃庙该税……拾捌……等勒石永……递年照纳正候银……两……禀怨……亦立石，亦客民……肆斗零壹合额类给示发黄……依……纳不得再称前以……一体禀遵……特示

左江道许大老爷应为许日炽，字鲁常，号广平，广东海阳县（今潮州市潮安区）人。清康熙四十七年（1708）戊子科广东乡试举人第 56 名，康熙五十四年乙未科进士三甲第 32 名。[2] 乾隆四年（1739），安南（今越南）黎朝大臣郑杜窃夺大权，借故兴兵，沿边关系紧张。许日炽积极采取措施，处理得当，使得边境一带百姓安居乐业。

[1]（清）官修：《清文献通考》，卷二十一《职役考》，清文渊阁四库全书本，第 14—15 页。

[2] 朱保炯、谢沛霖：《明清进士题名碑录索引》（下），上海古籍出版社，1980 年，第 2686 页。

图 2 奉左江道许大老爷批示碑拓片（原碑漶漫）

乾隆六年由太平府升任广西左江兵备道。乾隆十一年，许日炽以老乞休。[1] 由此可推知，批示碑刊刻年代应为乾隆六年至乾隆十一年之间。

根据可辨识的部分碑文，此方批示碑前段回顾了案由，即南海、东莞二县客商，担忧里长更易之后，唯恐人心莫测，对其克扣勒索。其与《奉左江道靳大老爷批示碑》所录内容几乎一致，而碑文“不得再称前以”，“前以”或指《奉左江道靳大老爷批示碑》，结合上下文意，前后承接有序。而再次累诉至左江道，或与赋役制度变化有关，乾隆五年，清廷遂停编审，凭保甲造册。[2] 然而“州县编查保甲，本比闾什遗法，有司自当实力奉行，乃日久生玩，类以市井无赖之徒承充保长”[3]。各地督抚均呈报要慎选保正甲长，以防市井无赖之徒滥竽充数。由此可见，当时保甲选举乱象丛生。因此，

[1] 梅州市政协文化和文史资料委员会编：《梅州进士录》，内部资料，2013 年，第 34—35 页。

[2] 吕思勉：《中国制度史》（下），中国和平出版社，2014 年，第 439 页。

[3]《职役考》第十六，见《清文献通考》卷二十四。

南海、东莞二县客商有所隐忧与顾忌也不难理解。或正基于此，牵出了该次诉讼告示之案。

三、二邑会馆供天后神告示碑

乾隆五十四年（1789）告示碑共两方（图3、4），均为方碑，并列放置，尺寸一致，高1.44米，宽0.95米，落款均为乾隆五十四年，具体日月不同，左碑立于九月二十九，碑体保存较为完好。右碑稍晚于左碑，立于十月初四，碑体右下方残缺约四分之一。两块告示碑的内容基本相同，主要记述了广东南海、东莞二邑商民因天后宫及周边圩市的经营权问题与本地居民之间的纠葛并最后诉至官府的一段历史。

（一）乾隆五十四年九月二十九告示碑

碑刻整体保存较为完整，后期设置碑亭保护，下置有水泥基座，面裹白色水磨石子，碑首上有双坡琉璃瓦碑帽。或当时为了保持整体稳定，碑底被嵌入基座之中，这也使得碑版最下方一排碑文被砌于基座之内，无法识读。碑文誊录如下：

特调宣化正堂加二级、纪录一次李，为皆批滋扰叩宪饬禁事。本年九月初四」，本府顾宪牌，本年八月十九日，奉」公阁都部堂福批，据南海县民陈桂廷呈称，缘蚁等南海二邑会馆供」天后神一案，本年四月内禀宪，奉批仰南宁府饬晓谕。南莞二邑商民匾额照封」天后宫，塑望神诞，有欲进庙拈香不得阻拦，而本地无籍匪徒，若敢进庙滋事，亦许□，一切责成南莞二邑商民经营，宣化绅民不得妄思觊觎。等谕。全批呈。蚁等□初八日，业经易扁，任人出入拈香，二十九日刊刷碑摹，缴县在案□□□□□□」月初一日，率令匪徒入庙或蕻」钱揸摊，或掷骰开牌，结对成群，分场聚赌，昼夜不」嚷，殴毁伤贮，拒阻修墙，经县示禁，藐抗不遵，伏思，肃敬展诚，方可禀崇庙貌，□」饰壮观，瞻今诱众，开场喧哗，杂踏阻修，损物生事多端。理合抄批叩□。鸿慈□徒，敛迹□□，戴德奕世，衔结缘由，奉批棍徒入庙，作践滋事，许令营庙之人，鸣□经指明□□□等，挟嫌吵闹，聚赌生事，南宁饬县查究严禁，如再滋事，」□徒从严治罪，仍令刘纯美等将前批勒石庙外，取具碑摹，送查毋违，等因。奉此，查□」据，该县详送到府，业经通缴在案，兹奉前因，合就饬行，为此备牌，仰县文到，立即□□」再滋事即以凶恶棍徒，从严治罪，再前据县呈送碑摹，字迹潦草模糊，应另行□」除已具禀」公阁都督堂，外仰即查，照另札遵行，均毋违延，速速！等因。奉此，除前该刘纯美等字迹潦草模糊，另选书」录，并觅能守工匠另行刻碑，建立刷具，碑摹呈送外，合行」□，示谕阖属军民人等知悉，尔等务须恪遵。」宪批安分敛迹，倘敢抗违，仍前入庙馆，挟嫌吵闹，聚赌滋事，以及毁伤贮货，阻修□」出，即以凶恶棍徒，从严治罪，绝不宽贷，各宜凛遵毋违，特示。」

乾隆五十四年九月二十九

碑文中的“宣化正堂……李”为李惟寅，大兴人（今北京大兴区），其于乾隆五十一年出任宣化知县[1]。“公阁都部堂福”为福康安，字瑶林，号敬斋，姓富察氏，满洲镶黄旗人。[2]福康安于乾隆五十四年迁任两广总督。

南宁天后宫最早由东莞、南海等地沿海商民筹资所建。清代中期，东莞、南海等粤籍商民在南宁立足之后，势力逐渐增强，由同乡商会牵头，将原属地的天后民间信仰带入，并建庙立祠以祭之。

碑文前半部分陈述了案情缘由，即乾隆五十四年八月前，此案南宁府已批。令南莞二邑商民匾额照封天后宫。然过不久，南海县民陈桂廷又告至官府，据称本地匪徒入天后宫，“或颠（通颠）钱揸摊，或掷骰开牌，结对成群，分场聚赌，昼夜不嚷，殴毁伤贮，拒阻修墙”，藐示告示，违抗不遵。宣化知县李惟寅伏案细思，认为必须“肃敬展诚，方可禀崇庙貌”。同时，南宁府也饬令宣化县严查此案，如再滋事，从严治罪。令粤商刘纯美等将前批勒石庙外，并拓碑文呈送县府。由此可知，这方告示碑并非首次告禁，之前应已勒碑以示，但收效甚微。后半段则承接上文，由于前次刘纯美等所呈碑文字迹潦草模糊，本次须“另行刻碑，建立刷具，碑摹呈送”。并再次告诫双方“尔等务须恪遵”，“倘敢抗违……从严治罪，绝不宽贷”。

此碑文涉及三个群体的利益纠葛，分别是粤商、本地商民、无籍匪徒。第一，二邑客商之前或将会馆匾额拆卸，更名“天后宫”并以此为中心加以经营。后期为禁止匪徒或流寇入庙滋事，更为了保护自身的经营权不被分割，又换回“二邑会馆”，以致矛盾扩大。第二，二邑客商诉至官府以示告禁。宣化县官府对客商及土商双方的权利义务均进行了详细约定，其匾额照封为天后宫，每月初一、十五祭祀天后神诞，不得阻拦入庙祭拜上香民众。第三，当时南宁的移民群体来源广泛，亦不乏流寇、盗匪之流，固“本地无籍匪徒”若有进庙滋事者必当严惩。

本地商民长期以来的圩市活动属于相对自由、松散的草市，缺乏商品生产和市场经营的内生力。从该碑文中可以明确，本地居民与粤商群体的主要矛盾在于经营权的归属问题，官府判定经营权完全交由二邑商会，却没有剥夺本地商民的参与权。粤商

［1］莫炳奎：《邕宁县志》，广西人民出版社，2011年，第473页。

［2］连横：《台湾通史》（下），商务印书馆，2017年，第622页。

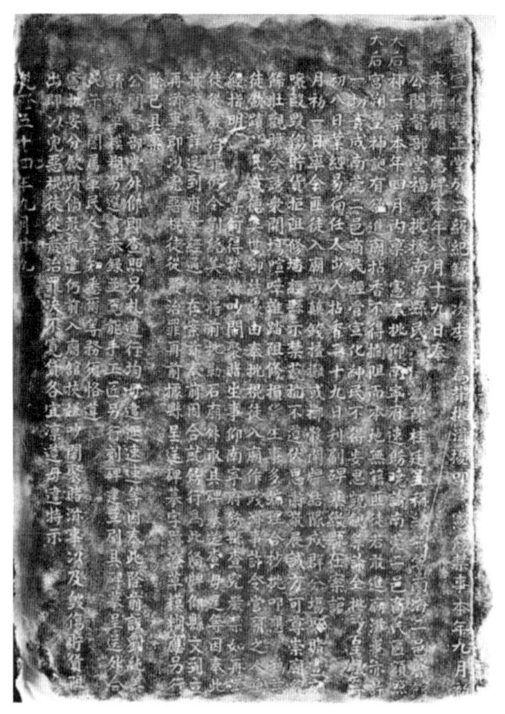

图3　二邑会馆供天后神告示碑（乾隆五十四年九月二十九）拓片

图4　二邑会馆供天后神告示碑（乾隆五十四年十月初四）拓片

拥有的丰富商贸经验，可以对本地市场经济行为进行引导和规范，以促成当地社会经济的快速转型。因此，凡涉及利益纠葛的案件，官府的处置结果多是维护粤商群体的利益，以发挥粤商群体对当地社会经济发展的持续带动作用。

（二）乾隆五十四年十月初四告示碑

碑刻立于《乾隆五十四年九月二十九告示碑》右侧，齐平并列放置，同置碑帽及基座，碑体保存状况较差，右下方曾斜断，部分碑体缺失，后经修补，缺失部分用水泥填平。碑底同样被砌筑于基座之内，最下方一排碑文无法识读。碑文誊录如下：

奉宣化正堂加二级纪……六日奉，本府顾宪牌，本年九月十……」公阁都督堂福，批本府详覆南……等五□」天后宫古庙一案缘由，奉批查本案，又据刘……呈」等□」酒，毁货阻修等情，业经批饬查究，严禁……庙宇任听粤东」纳税，倘有土匪饮博吵闹，入庙滋事，立即严拘，……宽贷，并候」抚部院批示，缴原呈牌摹存」□，抚部院孙批央候」□公阁都督堂批示录报，缴碑摹存，」按察使司姚批，据许已悉。仍候」□公阁都督堂」抚部院暨」本道批示，缴碑摹存，各等因。奉此，合就饬遵，备牌仰县，即便遵照」□公阁都督堂先后批饬，庙宇任听粤东商民经营，修葺纳税，倘有土匪饮博吵闹，」严拘从重究办，毋稍宽贷，速速！等因。奉因，此合行示于商民刘纯美等，」□遵宪批营理庙宇，修葺纳税，每逢朔望，毋许拦阻土民入□，焚香报赛，倘有」□酒，赌博吵闹，滋生事端，许即投明地方总甲，扭禀法究，倘敢双违，一经查出，定□」宽贷各宜，禀遵毋违，特示。」

乾隆五十四年十月初四

"抚部院孙"应指广西巡抚孙永清，字宏度，江苏无锡人。乾隆三十三年（1768）举人，取授内阁中书。乾隆五十年，升任广西巡抚。[1]

此方告示碑，内容与前碑大致相同，前后仅相隔五日。原告仍为客商刘纯美等人，由此可知，两单诉状是同时上诉至两广总督和广西巡抚的，可见矛盾之激烈。碑文前部罗列了多次到宪府衙门诉讼之过程。最后批示的结果与前次基本一致，即同意客商之请求，禀遵宪批营理庙宇，修葺纳税，每逢朔望，不得拦阻地方土民入庙"焚香报赛"。"报赛"为明清时期乡民对神明的报答和祭祀，此处指祭拜天后神。同时，警告"土匪"如若再入庙内赌博吵闹，滋生事端，许即投明地方总甲法办。

古代商民不断通过诉讼，借助国家法制权威以求解决问题，本十分常见。然像二邑客商多年不断累诉，并诉至各都抚臬道，却极为少见。其一，清代诉讼官司成本较高，诉讼费用的科目庞杂繁复。清官箴书《平平言》有载，具体包括戳记、挂号、传号、取保、纸笔、鞋袜、到单、夫马、铺班、出结、和息等费用。[2]但为防后世对诉讼案所涉会馆税赋、天后宫经营权等再生事端，粤籍客商不惜代价，不断诉讼并将官府判文镌于石碑之上，立于庙前路口等处，公告众人。其二，立碑为证是一种积极的预防性策略，诉讼碑作为后世历代判定的重要依据，是宣示自身合法权利的一种有效凭据，起到了一定的约束作用。同时，地方官府为辨明是非，也要求"取具碑摹，送查毋违"，以存留档，以备后查。粤商群体以十分强势的姿态，通过屡次诉讼，让自己的商业行为逐渐被当地官民所"接纳"。通过各种民俗文化和商业活动将天后信仰植入本地民俗文化中，完成了身份的建构和转换。

[1] 贵州省文史研究馆点校：《贵州通志》，贵州人民出版社，2004 年，第 367 页。

[2] [日] 滋贺秀三等著，王亚新等译：《明清时期的民事审判与民间契约》，法律出版社，1998 年，第 401 页。

四、客土互动与秩序重构

江海相连，西江作为两广经济文化交流的大通道，溯江而上进行的商贸活动繁盛。其中“缘广、肇、惠三府附近省城，食指浩繁，全赖西贩流通”[1]，尤其是广州、肇庆、惠州、南海等地的家户丁食，均依靠广西米粮商贸。横贯南宁的邕江作为串联左、右江和郁江的水路交通要道，是粤籍客商西进及商贸货物周转的重要枢纽之一。明清时期，大批的粤籍客商开始流入并定居于此，客籍主要来自新会、顺德、东莞、南海、高明等地，并开始构建以宗祠、会馆、书院为载体的同乡团体组织。先后创建有粤东会馆、新会书院、二邑会馆、顺德书院、梅江书院等，其中二邑会馆为广东东莞、南海两县客商合力所创建，平日作为洽商、聚会、议事之场所。相对于其他省籍的客商，粤籍客商通过与桂东相接的地缘优势，以及借助西江经济带的运输网链，在商业发展中占据了绝对优势；并通过创建书院等形式潜移默化地建构了粤籍客商在地方的声望、权利、地位，而会馆的出现既是粤商入桂移居人口已成规模、客商实力强大的表现之一，也是地方商贸兴盛的一个重要标志，粤籍客商的到来促进了原有圩市规模的扩大，对南宁地方社会及经济发展起到极大的带动作用。

此外，粤籍客商还积极参与和融入当地社会文化的建设，现邕宁区蒲庙五圣宫内的一方《重修五圣宫庙宇碑记》，记载了乾隆五十九年（1794）重修五圣宫庙宇时，各地商人的捐资情况。碑文功德芳名一共记录了 218 名捐资者的姓名、籍贯等，在有明确标明籍贯的捐资者中，最多的即为广东南海籍的客商，共计 14 名。这些“坐贾行商”的客商不断通过捐资修葺地方祠庙来加强与当地社会的互动，以提升自身在当地的威望与影响力。初期确实起到一定的作用，与当地土民共享太平无事之福，达到了和睦相处的初衷，但粤籍客商仍长期受制于当地势力。平日征税出役必定要处理好与地方里长之关系，然由于地方甲里更迭反复，势力错综交杂，其并非长久之计。为了最大化地维护自身利益，他们最终选择借助地方政府的强制性权威，以在当地建构自己的合理身份，采取维护自身利益的积极防御措施。这在《奉左江道靳大老爷批示碑》与《奉左江道许大老爷批示碑》上体现得淋漓尽致。“与其觉发于已及之时，何如绸缪于未然之日”“唯恐人心莫测”均是对未来不确定性及忌惮地方势力的一种隐忧。然而，此时的纠葛并不涉及利权之争端，是向内的一种自我利益的维护。

随着历史的演进，移民客商因与迁入地社会生活的营生方式、信仰文化等不同，日渐对原有的地方秩序和利益群体造成一定的冲击和影响，客土双方在土地、圩市等

[1] 中国第一历史档案馆档案：《军机处实副奏折农业类雨雪价目》，乾隆六十年十二月廿五日朱珪奏，转引自陈春声：《市场机制与社会变迁——18 世纪广东米价分析》，中山大学出版社，1992 年，第 40 页。

资源权利方面均存在竞争关系。由此衍生的各种社会问题与矛盾也愈发激烈。

透过上文前后承接的历史碑刻，可看出外籍客商及其文化对地方社会秩序的影响，以及由被动守护利益向主动争取权利的转变过程：

其一，南海和东莞二邑客商入主地方后，顺带也将原流传于沿海地区的天后神信仰带入，供奉在同乡会馆之中，部分单独集资建庙祭祀，积极构建自己在当地的合法身份，这使得地方民间信仰呈现出多元化的特点。天后为东南沿海地方的神灵，兼具有水神之作用。而南宁沿邕江而建城，历代均有水患洪崩之害，对于祭祀水神、祈求航运安全有其内在需求。后期随着天后信仰的地方化，其神职开始呈现多元化特征，除了主神格为水神外，天后还兼具了内陆地区财神、娘娘神（生育）等神职。因此，天后宫建成后立即吸引了大批香火信众。客土之争即由天后宫衍生的庙圩经营权纠葛所致，其从侧面也说明天后宫在南宁本地乡民间已经产生了一定的社会影响力。

其二，客商早期多侧重于自身利益的维护，后期则更多注重对社会资源权利的占有。包括庙会经营和书院会馆的使用，后者主要施惠于客商子弟，希望更多客商子弟考取功名，从而加固和提升客商在本地的实力和地位。清代广西有粤商会馆共计 91 个，占广西会馆总数近半，分布于清代广西的 12 个府州。[1] 大批粤籍客商西进，以同乡会馆为纽带，形成一股不可小觑的外商势力。

其三，随着社会问题的不断蔓生滋长，矛盾激化，导致本地土民的经营权被侵占，流寇的偷盗、聚赌、滋事等行为亦有增多。受当时社会状况影响，外来流寇、匪棍较多，社会治安无法得到有效保障。从中可以看出客土双方对于社会资源、经济权利的争夺日趋激烈。

其四，在传统的地方道德规约逐渐失效，无法解决新出现的各类社会问题时，终究只能借助地方官府的权威力量，以及国家强制性的律法予以调适。此外，客土之间的争端，尚关乎乡土地方秩序、社会治安等问题，也成为地方官府极为重视与重点治理的问题之一。客商在当时作为促进经济发展和对外交流的重要力量，对推动本地经济、文化、教育、法制等方面的发展皆有促进作用。由此，官府的裁定对客商利益的维护一方面源于客商本身的努力，另一方面则出于其对带动本地市场经济发展的考量。

值得注意的是，最早由粤籍客商创建的天后宫，在民国时期的《邕宁县志》载："天后宫，亦称天妃宫，在仓西门外沙街（今解放路），向为敷文书院产业。"经过时间的沉淀，天后宫的产业已被地方所"接管"。现南宁粤东会馆已为市博物馆管理，而新会书院亦作为邕剧演出场所，昔日粤籍同乡会所早已物是人非，客商文化亦早与地方社会融为一体。

---

［1］ 侯宣杰：《清代以来广西城镇会馆分布考析》，载《中国地方志》，2005 年第 7 期。

五、结语

明末清初，随着粤籍客商开始不断介入南宁本地商贸活动，使得地方的人力、货物流动效率得到加快，大力提升了地方经济和社会发展水平。至清中叶，粤籍客商依托同乡会馆等组织，势力得到极大的扩张。但由于此时的广西地区仍以小农经济为主，其内部的瓦解力较低，粤商群体通过大举创建祠庙、书院等方式，植入并传播自身的文化信仰元素，以达成对身份的合理性构建，增强文化的认同。在其影响之下，多元的民族文化在相互交融的同时，是社会资源、利益权利的纠葛，而地方官府则在其中扮演重要的中介和调停角色。客土之间商业利益及社会资源权利的争夺，实则暗含着文化信仰的差异和经济发展的不平衡，这是导致两者冲突与隔阂的内在动因。最终，在经历了分化、冲突、互动之后，客商文化与地方文化逐步走向融合统一，成为历史的必然性选择。

民国以来桂东北地区瑶族入赘婚俗研究[1]

黎心怡

【提　要】民国以来，桂东北地区瑶族盛行入赘婚俗，这种婚姻习俗的起源和发展与当地的生计方式、思想观念等有密切联系，主要表现形式为“卖断”“卖一半”“两头顶”和“招郎转”，在这几种婚姻形式中，赘婿的地位并不完全比女方低。同时，入赘婚俗的发展在一定程度上促进了瑶族社会的稳定和团结。

【关键词】桂东北　瑶族　入赘婚俗

【作　者】黎心怡　广西民族大学民族学与社会学学院2020级中国史硕士研究生

我国作为一个统一的多民族国家，各民族都有其自身独特的发展体系和文化习俗，对不同习俗的溯源和内容阐述等研究是近年来社会史研究较为关注的。广西作为少数民族聚居区，近现代的壮族、瑶族中有赘婚这类婚姻习俗，也受到了学者的关注，如王珣对广西恭城瑶族自治县三江乡瑶族婚姻的成立、婚姻制度、婚姻形式、婚姻的缔结程序、婚姻的终结做了详细介绍，认为瑶族婚姻习惯法作为瑶族习惯法的重要组成部分，在瑶族婚姻家庭生活中发挥着重要的作用；[2]吴娜对富川县柳家乡大湾村的过山瑶“两头扯”这一形式的婚姻习俗进行了研究，认为瑶族普遍缔结“两头扯”婚姻是一种家庭策略的体现；[3]高川认为“两头扯”这一形式的婚姻习俗的居住制度和婚姻契约实现了生产资源和家庭血缘、财产资源的平等配置，解决了在恶劣的自然环境下人

[1]【基金项目】广西高校人文社会科学重点研究基地－广西民族大学中国南方与东南亚民族研究中心资助。

[2] 王珣：《瑶族婚姻习惯法调查研究——以广西恭城瑶族自治县三江乡为例》，广西师范大学硕士学位论文，2012年。

[3] 吴娜：《过山瑶“两头扯”婚俗与家庭策略调查研究——以广西富川县柳家乡大湾村为例》，载《重庆文理学院学报》（社会科学版），2019年第1期。

群的生存和发展问题；[1]吴秀芳认为入赘婚弥补了“男娶女嫁”单一婚姻形式产生的缺陷，较好地解决了有可能存在的劳动力分配、老年人赡养、宗族继嗣、婆媳矛盾、弃杀女婴等诸多社会问题。[2]这些研究主要运用民族学、法学和人类学方法，从社会史角度对广西瑶族入赘婚俗的研究较少，本文拟选取民国以来的富川、钟山、恭城等桂东北地区进行系统梳理。

一、桂东北地区瑶族发展历史

瑶族在广西的数量虽居全国首位，但广西却非瑶族发源地，据《隋书·地理志》记载：“长沙郡又杂有夷蜒，名曰莫摇。”[3]其族源可追溯到秦汉时期的长沙武陵蛮。后因躲避战乱及寻找新的生存地不断南迁，从湖南一带逐渐扩展到南方大部，尤其是两广一带。广西境内的瑶族最早于隋唐出现，宋以后才大规模迁徙到广西。宋元时期，瑶族主要分布于桂东北和桂东一带，明代逐步向桂中、桂南迁移。[4]明清时期，瑶族在广西境内逐渐扎根安定，但主要仍居于高山。[5]如明初，贺州境内的富川就已形成了以瑶、汉为主的瑶汉杂居区，“民人在中央，瑶人住两旁；富川立城好，两边白水（指县域东、西山瀑布）流”[6]，这首歌谣反映出富川境内瑶、汉居住分布的大体状况。随着瑶族在广西的分布范围不断扩大，以至广西所有府、州都有瑶族分布。而在不断南迁的路线中，由湖南南部迁入广西，最便捷的通道即为萌渚岭、都庞岭中间的低平地带，同时富川、钟山、恭城山区与谷地也都为瑶族迁入提供了生存空间。[7]三县西南为大瑶山腹地，山高林密的地理环境也为瑶族提供栖身之所，故瑶族数量较多，诸如富川这样的瑶族聚居地区，瑶族村落已达到 171 个。[8]

进入广西后，大部分瑶人因争夺生存地斗争失败而走入山地和高山之中。明清时期的瑶族大多数居住条件极其简陋，仍居高山密林，主要仍为穴居、木寮等。瑶民在其歌谣当中也记录了这些情况：“王瑶子孙，居住高山草岭……日月照见，所闻禽兽之声；青山石壁，所听饿鬼之声；荒地冲中，常闻野狸之叫，仍系瑶人之业，栽种养活，

[1] 高川：《桂北东山瑶族“两头扯”婚俗研究》，广西师范大学硕士学位论文，2005 年。

[2] 吴秀芳：《瑶族入赘婚略探》，载《零陵师范高等专科学校学报》，1999 年第 2 期。

[3]（唐）魏征：《隋书》，吉林人民出版社，1995 年，第 578 页。

[4] 郑维宽：《清代广西生态变迁研究——基于人地关系演进的视角》，广西师范大学出版社，2011 年，第 300 页。

[5] 石丽芳：《浅谈明清时期广西瑶族的生存状况》，载《黑河学刊》，2013 年第 7 期。

[6] 富川瑶族自治县志编纂委员会编：《富川瑶族自治县志》，广西人民出版社，1993 年，第 335 页。

[7] 周海军：《桂东北瑶、汉族古村落的历史文脉与空间解析》，载《江南大学学报》，2017 年第 4 期。

[8]《富川瑶族自治县志》，第 439 页。

永远本分。”[1] 至民国时期，一部分高山瑶逐渐转移到山下居住。由于历史上的频繁迁徙及不断发展，瑶族成为一个支系众多的民族，学术界一般根据语言的不同，将瑶族划分为盘瑶、布努瑶和茶山瑶三大支系，桂东北盘瑶人口较多，布努瑶、茶山瑶分布较少。根据信仰、居住、生产、服饰、来源地等方面的特点，“盘瑶又有过山瑶、山子瑶、平地瑶、蓝靛瑶、板瑶、红瑶、花篮瑶、坳瑶、茶山瑶等不同的他称”[2]。瑶族在发展过程中根据自身的需要衍生出多种文化习俗，体现了民族的独特性，入赘婚俗便是其中重要组成部分之一，它的来源受到多方面的影响，同时也呈现出多种表现形式。

二、桂东北瑶族入赘婚俗来源及其表现形式

桂东北瑶族的婚恋方式除男女自由恋爱、媒妁之言外，入赘婚俗也十分盛行。据《象县志》记载:“瑶族风俗，家家皆有赘婿。”[3]《榴江县志》中同样记载道:“榴江县人瑶人，多喜入赘。”[4]

瑶族入赘婚俗的产生受到多方因素的影响，瑶族山区生活条件差，“凡此四径皆为羊肠鸟道，轻装已感蜀道之难，若行李稍笨重，则尤为不便。下山时由峻入夷，尚较易举；上山则五步一喘，十步一息，仰望高山，直摩云表，而涧水深急，无桥梁舟楫，辄须徒涉，更有欲飞不得渡之叹”[5]，贫穷落后的生活环境很难吸引外部生活条件好的姑娘嫁入，因此，在瑶族社会中，娶妻难也成了一部分男性难以解决的问题。且从赘婿的原生家庭看，一般愿意入赘的男性家庭条件都比较差，难以措资娶妻，因此入赘婚为部分因贫困难娶妻的家庭解决了问题。从女方家庭看，部分育独女的家庭在女儿出嫁后，家中年迈的父母如患上重病，会给日常生活造成很大的影响。女方家庭招郎入赘后不仅继承了香火，而且岳父母的养老也得到了保障，同时新家庭成员的加入为劳动生产提供了新的劳动力，促进了家庭生产的发展。

民国二十五年《融县志》关于“赘婿”有详细的解释：“赘婿，俗语名为上门郎，重宗谊者悬为例禁，故家大族不轻易以女招赘，能白树立者亦不轻易以赘于人，间或有之，多属稍有资产之家年老无子，将其女或孀媳招赘俾受遗产而延嗣，续亦有贫苦

[1] 黄钰：《评皇券牒集编》，广西人民出版社，1990 年，第 238 页。

[2] 秦海燕：《民国时期桂东北瑶汉民族关系研究》，广西师范大学硕士学位论文，2006 年。

[3] 刘策群：《象县志》，成文出版社，1948 年，第 67 页。

[4] 吴国经：《榴江县志》，成文出版社，1939 年，第 85 页。

[5] 国立中山大学广西瑶山采集队：《采集广西瑶山报告及请辟瑶山为学术研究所意见书》，民锋印务局，1928 年，第 1 页。

之家男子，既多婚资难措令赘于人，以省资而谋生活亦有。”[1]由于瑶族支系众多，内部情况十分复杂，因此入赘婚俗发展衍生出多种形式，根据贺县新华乡瑶族社会历史调查显示，此地的入赘婚姻有卖断、卖一半、两头顶、招郎转四种形式[2]。

卖断：一经出家就算娶方的人了，男子上门以后，一般要改成妻子姓氏，终生在妻子家居住劳动，所生子女全随女方姓。这种形式的身价钱特别高，在清朝光绪年间至 1921 年左右，男子入赘的身价钱是 24 元；1921 年以后是 36 元不等。

卖一半：男子上门后，由女家另取名字，要改姓氏，但是他原来的名字也不取消，一人有两个名字。婚后所生子女可以留一个继承男方的宗嗣，即采用父亲的姓氏，长大后可回父亲外家居住和劳动。这种形式的婚姻，身价钱只有卖断的一半，故称“卖一半”。

两头顶：男子上门后一般不改名字，仍用原来的姓名。上门后，在女家劳动、居住一段时间后，便带着妻子回外家劳动与生活一段时间。将来养子要留一个跟随父姓，照他们的话说是：“一子两顶，二子平分。”

招郎转：女方招一个女婿进来，在女家住一定时间，然后又带着妻儿回去。这种形式主要是女方家的儿子太小，暂时还不能劳动，以招郎来弥补劳动力的不足，待儿子长大后，女婿又再离开。这种形式的婚姻是没有身价钱的，因为男子在女家时还要劳动，以劳动作为身价。在这种家庭中，丈夫是家长，婚后所生子女全从父姓，并有继承家产的权利。

这几种婚姻形式中，男方不同程度地融入了女方的宗族，在前两种婚姻形式卖断及卖一半中，男方需完全融入女方家族，将名字改成女方姓氏及子女随母姓，这两种婚姻姓氏下，男方在家庭中的地位较女方低。两头顶及招郎转两种形式，男方在婚后保留了一定的权利，不需改姓，保留自己原有的姓氏且拥有女方家的财产继承权等。因此，男方在家庭中的地位也因婚姻形式的不同以及实际情况而有所差异。

三、瑶族赘婿在婚姻关系中的责任与权利

在桂东北瑶族地区的入赘婚俗中，赘婿在婚姻关系中的地位以及入赘后如何保证自己在女方家族中承担相应的责任，可以通过婚姻文书和相关材料来探究：

[1] 龙泰任：《融县志》，成文出版社，1975 年，第 72 页。

[2]《中国少数民族社会历史调查资料丛刊》修订编辑委员会编：《广西瑶族社会历史调查 3》，民族出版社，2009 年，第 347 页。

招赘立契婚书[1]（富川瑶族自治县）

立写赘嗣子人□□□，我生不辰，膝下无嗣，年已衰老，力弱颓丧。经双老商议，所生爱女现已成年，爰请□□□为媒，说合有□□□乡□□村□□□子名唤□□□，时年□□岁，自愿上门入赘，继为嗣子，承祀宗祧，而为后胤。经接嗣人之亲生女□□□自愿，同意与□□□结为终生伴侣，毫无异言。自接嗣之后，所有祖遗及自制一切家产，田塘屋宇，均授予嗣子管业，置修使用，以及本姓之公共山场森林，阳阴峻岭，经当群叔宗侄等人人同意，均有共享共偿之权利，任何人不得干涉。

惟嗣子自入赘之后，则应改名换姓，自守无（勿）怠无（勿）荒，非作游手好行（闲），不务正业。对于双老视作亲生，应予尊敬和生养丧葬之责任。必遵崇德致孝，庶已克昌厥后，家道兴隆，内和叔侄妯娌，外睦乡邻有邦，以和为贵，倘有不怿，应时坠用，如嗣子倘有奸心和歪风，弃老离亲不正之事，亦属拍手归宗。但接嗣人不得弱（虐）待及诱奸，藉端诬害或驱逐。必须衣食平衡，共享艰乐，互爱相亲，地位平等。倘有藉端诬害，无故驱逐，应执公正，以赔偿当一还十之费金，如有不测之风云，各安天命，互不干涉，特立招赘立契婚书。

一式两份，各执一份为凭。

婚书[2]（金秀盘村）

特立写婚书字主人系在岭崩村赵如广第一孙女，原命甲子年（1924年）四月十六日辰时建生，年当十四岁。娶婚请媒，问到下禄平村冯章福同妻盘氏育生第三男年当张（长）大，合家谪（商）议，自愿开庚，壬戌（申）年（1932年）七月十五日吉时建生，男女娶配合百世阴（姻）缘，万世其昌，当媒三面言定，订成今世断卖，承顶赵姓香姻（烟），改名换姓赵至安，冯姓觔（筋）藤斤（筋）断，永不归沅（源），当在祖当媒三面订成身价洋银贰百四毫正，以后生男育女多小（少），限定流（留）一子承顶冯姓宗祖香烟。若有多少，（一）概承顶赵姓香烟，不问冯姓之事，亲房下淑以后不得多言番灰（翻悔），若是多言番灰（翻悔），行媒在场，一力承当。一（以）后不得游手好闲，不得都赌（赌博）乱用，炯谢扬娘（飘摇）郎凿（当），另招另嫁不问冯姓之事，以后不照本良心张书礼论（理论）者，立有婚书贰张，交以（与）各收一张为准。

[1] 富川县文物管理所黎家志所长提供。

[2] 胡起望、范宏贵：《盘村瑶族——从游耕到定居的研究》，民族出版社，1983年，第155页。

由以上两则材料可以看出：首先，男方在自愿加入女方宗族后，需切断与本宗族之间的关系，完全从属于女方家族之中。女方家庭因不愿女儿远嫁，愿付“身价银”以招婿，双方则订立契约。其次，男方在婚后需遵守婚书上的条例，由订立契约的方式来规范男方的行为，男方婚后需承担的责任有：继任香火，改名换姓，赡养岳父母，照顾家庭等。除此之外，还列出了一系列禁止事项，强调禁止赌博等恶劣行为，如赘婿在婚后有“奸心和歪风，弃老离亲不正之事”等恶劣行为，则驱逐出门。双方以订立契约的方式来确保男方在入赘后能安分守己，尽到自己应尽的责任。

虽然男方在婚后需要承担责任和遵守相应的规定，但也不能认为男方的地位完全低于女方。男方入赘后，享有女方家的财产管理和继承权。至于村内的公共财产，经由群叔宗侄的同意后也有共享共偿的权利，任何人都不许干涉。由此看来，在承担责任和义务的前提下，男方入赘后在财产上享有部分权利。且在瑶族社会中，对赘婿这一群体并无歧视蔑视等情况，瑶族村寨的村规中大多都有强调保护赘婿权利的条约。瑶族的石牌中明确提出不允许离婚,《坤林等六村石牌》中规定“不许拆妻离夫”[1]，这种条例的设定在一定程度上保护了部分人免遭随意抛弃之苦。双方依据订立的条约缔结成婚，对入赘者的责任和义务做了明确的规定，女方权利得到了保障。在没有现代的离婚诉讼等法律保护之时，男方的权利能否得到保障，关键在于有无民间商定的村规民约来保护这段关系。《兴安龙胜联团乡约碑》中记载：“凡招赘入舍，视为骨血一体，不得视作外人。不拘男女或萌异心，即由地方公论。如女反情者，议决与钱四千文；如男家反情，即着公议，与婚钱二千文面斥。各宜遵禁。”[2]在婚姻关系中如有反悔者，将给予适当的处罚，但女方反悔的处罚要比男方反悔更甚，这些村规民约更强调对入赘者的保护，女方要将赘婿视为骨血一体，完全接纳他。如龙胜金坑等多地的碑刻中都记载着类似的村规民约，强调对赘婚关系的保护。但是在婚姻中，仍存在一些不可控因素，如双方感情破裂实在无法继续生活下去，双方则会采取措施来结束这段关系，如双方商定好后，上门入赘的离婚，男方带走自己随身的衣着离开女家即可。

由此可以看出，赘婿的地位不是完全低于女方的，赘婿的地位取决于入赘婚的形式以及是否承担责任。同时，在婚姻关系中，赘婿这一群体受到村规条例的保护，这些条例在一定程度上也体现了赘婿在家庭和社会中所受到的尊重。

---

[1] 莫金山：《瑶族石牌制》，广西民族出版社，2000年，第233页。

[2] 黄钰辑点：《瑶族石刻录 第1卷》，云南民族出版社，1993年，第155页。

四、入赘婚俗盛行的主要因素

桂东北地区瑶族的入赘婚俗得以盛行和发展受到了多方因素的影响，如瑶民的生计方式、人口结构以及思想观念等，这些因素为入赘婚俗的发展提供了发展的动力。

（一）劳动力的需求

瑶族迁徙到广西并扎根定居下来后，开始发展农业和经济以维持生计。因瑶族特殊的地理位置和生计方式，瑶族在生产开发的过程中需要投入大量的体力劳动。贫苦家庭的男女儿童凡是满十三岁后都要从事生产劳动，老人年在六十岁以上的，仍然要像青壮年一样参加劳动，身体孱弱的才留在家里照看小孩和做一些力所能及的家务劳动。

关于瑶人的生计模式，早有文献记载瑶族“好乐山壑，不乐平旷”[1]。周去非《岭外代答》中载：“瑶人聚落不一……地皆高山”“耕山为生，以粟、豆、芋、魁充饥，其稻田无几”。[2]瑶族在开垦耕种山地时，仍然较大程度地保存着刀耕火种的落后技术，由于农业生产方式落后以及耕种地自然环境恶劣，也就意味着在生产劳动中需要投入大量的劳动力以加快生产效率。除耕种山地外，林业也是瑶族经济的重要支柱之一。瑶族住地多在山区，森林资源丰富，具有发展林业的优越条件，“因此自宋代以来，广西瑶民除了主要从事山地旱作农业外，还在山区种植杉树、油茶、油桐等用材林和经济林木”[3]。富阳作为富川县的重要经济中心，同时也是瑶族和其他民族交流交往的重要场所，瑶族地区运到市场上来卖的主要是杉木和竹子，需求量极大，林业收入在某些地区的家庭经济中占比重大。在日常的生产劳作中，瑶族的男女都从事耕作，且妇女的劳动强度并不比男子的低；在耕种技术方面，男子能干的活，妇女也都能做到。但由于生理上的差异，许多沉重的体力劳动是女性劳动者很难胜任的，如木材的砍伐、搬运等，在砍香蕈木、砍运木材、锯板等方面，妇女是不过问的。[4]

因此在以家庭为单位的生产中，男性占生产劳动的主导性力量，成为最重要的劳动力。耕山需要劳动力，所以瑶族族内有些人年纪尚轻就接养养女，等她长大后招赘入门以补充劳动力。此外还有部分家庭人口稀少，儿子病死后，还要留着媳妇在家招赘。所以在瑶族婚制里，招郎入赘极为平常，娶妇与招赘并重，嫁女与送子入赘同样。

[1]（南朝宋）范晔：《后汉书》，中华书局，1965年，第656页。

[2]（宋）周去非：《岭外代答》，上海远东出版社，1996年，第66页。

[3] 郑维宽：《论宋代以来广西瑶族的山地开发及其对生态环境的影响》，载《农业考古》，2012年第1期。

[4]《中国少数民族社会历史调查资料丛刊》修订编辑委员会编：《广西瑶族社会历史调查1》，第324页。

（二）人口结构不均衡

从人口结构上看，在桂东北地区瑶族广泛分布的区域内，性别比例大多呈现男多女少的情况，这种不均衡的性别比例对入赘婚俗的发展起到了推进的作用。

表1　富川、钟山、恭城三地人口数据

	1933年		1936年		1964年		1978年	
	男	女	男	女	男	女	男	女
富川	48758	39114	59883	51852	77552	70981	107210	100713
钟山	79201	66333	91892	83135	135276	121880	181329	165529
恭城	55065	41308			86303	75576	117910	105861

（数据源自《富川县志》《钟山县志》《恭城县志》）

由这四年的统计数据可以看出，尽管总人口数不断增加，但女性的数量远远低于男性，在男多女少的性别构成下，也就意味着一部分男性娶不到妻子。在男多女少的情况下，又因瑶族内部规定不许与外族通婚，《评皇券牒》载："一准令十二姓王瑶子孙自行嫁娶，不许与族外配合成亲。倘若不遵，察官依律施行。"[1]《荔波瑶山石牌》第四条记载："一议讨外（族）男女，罚牛八只，钱三千（文）。"[2]因此，在男女结构比例失调的情况下，瑶族女性在择偶与婚姻关系的选择上拥有较大的选择空间，除了自由恋爱和媒妁之言外，招赘婚也成为女性的良好选择，且因家庭需求，家境良好的独生女家庭更倾向于招赘婚这一婚姻形式。

（三）平等的性别观念

随着男性在生产力中逐渐占主导地位以及男权大家长制的不断发展，且在中国传统的思想观念中，人们一直遵循着男尊女卑的思想，女性地位低下，男性拥有较大的话语权，因此社会上对男子入赘十分鄙夷。但在瑶族地区，男尊女卑的观念较为淡薄，甚至有些家庭对女子更为喜爱，一些无儿女的家庭，往往要到外乡"接"一个女孩回家抚养。《兴安龙胜联合瑶团禁约碑》载："育女尝遗或男或女，均系骨肉，不可溺杀。哪人如不遵者，查出公罚不恕。"[3]田曙岚《到瑶山去》载："盘瑶婚姻最优异之点，即男女完全平等，不但女子嫁男为平常之事，即男子嫁女，亦极为普遍。瑶俗，男嫁女者，反较女嫁男者居多。"[4]另外，瑶族男女平等观念还体现在继承权上："无论是儿子

[1] 黄钰：《评皇券牒集编》，广西人民出版社，1990年，第217页。

[2] 黄钰：《瑶族石刻录 第1卷》，第191页。

[3] 同上，第92页。

[4] 田曙岚：《邕乡处处：广西旅行记》，辽宁教育出版社，2018年，第169页。

还是女儿，都有平等的机会留在家中承嗣。留下儿子则娶妻，留下女儿则招郎绵延子嗣，承祧宗嗣，继承祖产。”[1]瑶族地区的性别观念较为开放，重男轻女的思想较为淡薄。根据研究显示[2]：由于瑶族人不歧视女子，因而不像汉区“女大当嫁”那样，而是根据家庭的需要决定女子的去留。倘若女子不愿外嫁，留在家中招郎也未尝不可，因此可根据家庭的需要和女性的意愿决定是否招郎入赘。

除了性别观念的影响外，社会风气及观念也影响着入赘婚俗的发展。男性在入赘后也同样享有财产继承等权利，男子上门入赘，改名换姓并不是辱没祖宗和丢人现眼的事情，“好女守家业，好男做姑爷”，瑶族社会内并不认为赘婚是对男性地位的贬低，认为上门为婿是好男儿的表现。富川一地还留存着“瑶俗入赘受室结成佳偶百年好，招郎男到女家并蒂良缘五世昌”[3]一楹联，招郎入赘在瑶族社会中受到极大欢迎。在入赘婚俗的演进过程中，随着社会的发展，瑶族与其他民族的经济、文化交流愈发密切，入赘的男子原是本氏族、部落、村寨的人，到后来发展到包括其他少数民族和汉族的人们，“在板瑶和山子瑶中，特别是前者，招赘汉人为婿的，所在皆是……现在的长毛瑶，虽不愿与山外人通婚，但事实上仍不免有赘汉人或汉化壮人为婿的。在平南罗香一带的坳瑶，不仅许多瑶女都赘汉人为婿，而有少数汉女亦嫁瑶人为妻……有的把自己的女儿招赘汉人为婿”[4]。入赘婚俗的盛行既可以给家庭补充劳动力，又进一步扩大了通婚范围，加速了民族之间的交往与融合，为瑶族自身的生存与发展创造了有利条件。因此，瑶族平等的性别观念也是赘婚得以发展的重要原因之一。

五、结语

桂东北地区瑶族的入赘婚俗拥有多种形式，这一婚俗得以长久发展，有赖于生计方式、人口结构、思想观念等多方面因素。在婚姻关系中，入赘婚书约束着赘婿的行为，强调不准赌博、游手好闲等恶劣行为，但男性的地位并不完全低于女方，在履行责任和义务的前提下享有一定的财产继承权。除此之外，入赘婚俗的发展为一些因贫穷难娶妻的男子找到了归宿，减少了鳏寡孤独等群体数量。在当代社会，入赘婚也成为各种有需求家庭的选择，这种婚姻形式可以解决家庭中的部分问题，尤其是独女家庭中的养老问题等，因此入赘婚俗的发展在一定程度上促进了瑶族社会的稳定和团结。

---

[1] 林源：《瑶族妇女权利及其变迁》，湘潭大学硕士学位论文，2016年。

[2] 吴秀芳：《瑶族入赘婚略探》，载《零陵师范高等专科学校学报》，1999年第2期。

[3] 富川县文物管理所黎家志所长提供。

[4] 唐兆民：《瑶山散记》，桂林文化供应社，1942年，第32—44页。

起凤山钓鱼台摩崖石刻研究

贲小梅　黎文宗

【摘　要】钓鱼台，又称钓矶，位于起凤山北麓山脚下。明末清初，福建人黄锡衮及其同族黄士藻等为避世乱，曾隐居于起凤山畔，其间，日以读书、饮酒、垂钓为乐，钓鱼台便是他们常至垂钓之处。2017 年笔者调查时，在钓鱼台共发现摩崖石刻七方。这些石刻多数是黄锡衮、黄士藻于清初隐居起凤山期间，与当地夏黄村举人黄爆等人共同题刻。钓鱼台摩崖石刻的发现，对于我们研究黄锡衮和起凤山历史、推进起凤山的人文旅游开发等都有着重要的意义。

【关键词】起凤山　钓鱼台　摩崖　黄锡衮

【作　者】贲小梅　广西桂林农业学校　讲师

黎文宗　桂林甑皮岩遗址博物馆　副研究馆员

起凤山位于南宁市武鸣区城厢镇夏黄村，距县城区东北方向约 7 公里处，自明清以来便已是当地文人怀古赏景的胜地，在清代更是被列为武缘县属八景之一。起凤山的声名鹊起，在一定程度上与清初大学士黄锡衮有关。明末清初，黄锡衮曾为避世乱而弃官隐居于起凤山下，日以读书、饮酒、垂钓为乐，足迹遍及起凤山的镇江岩、读书岩、太极洞、钓鱼台等各处，并在钓鱼台留下了一组唱和诗。随着黄锡衮出仕并成为清初名臣，其早年隐居的起凤山也日负盛名，而他留题石刻的钓鱼台，也逐渐成为了世人怀思、凭吊之所。关于钓鱼台及黄锡衮留题石刻情况，历来地方史志多有记载，清道光《武缘县志》便载：起凤山“临江巨石为钓台，乃黄锡衮钓游处，与邑举人黄爆唱和诗句刻其上”[1]，其后的《武缘县图经》[2] 及《武鸣县志》多引此条，但对于钓鱼台的具体位置以及钓鱼台处石刻具体情况则再无详细记载。2014 年，笔者在对起凤山摩崖石刻进行调查时，也未能访得钓鱼台所在[3]。直至 2017 年 11 月，笔者再次造访起凤山，才最终在起凤山北麓找到了钓鱼台所在，并在钓鱼台处发现摩崖七方。这七方摩崖中，除黄锡衮与黄爆唱和诗见诸方志所录外，其余摩崖均未曾为人所知。

一、钓鱼台所在及其摩崖石刻情况

钓鱼台，又称钓矶，为明末清初黄锡衮隐居起凤山时常至垂钓之处，历代地方史志中虽均有载钓鱼台掌故，但极少言明钓鱼台的具体位置所在。早在清道光二十四年（1844）的《武缘县志》中，就曾提及“钓鱼台”，但仅云“临江巨石为钓台”，指出钓鱼台是临江边的一块巨石，具体位置则未明确。而考之道光《武缘县志》中，对于“起凤山”景观的叙述，似是按照逆时针顺序沿着起凤山各个景点展开，即先按东峰东麓的元武岩（即镇江岩）转至而经北侧的读书岩、太极洞，最后折西至合云岩，而“钓鱼台”的论述紧接着合云岩之后，似有指钓鱼台是在读书岩前或西峰西侧的临江巨石上。到了清末民国时期，黄诚沅父子合撰《武缘县图经》时，仍转引此条记载，并未做进一步的解释或补充、更正，所引黄爆、黄锡衮钓矶题诗时亦未注名钓矶所在，更未提及刻石情况及具体位置，或是已不明黄锡衮当年钓鱼台之所在。直到民国时期，钓鱼台所在才有了明确的记载。民国二十三年（1934），梁瀚嵩在《重修起凤山记》中提及（风洞前）“石岩下临深潭，就而为阁，围以石栏，俯视钓者三五辈，危坐钓矶上，咸有适意”[4]，可知当时的钓矶即在风洞正下方岩厦下的临江巨石上。1998年《武鸣县志》载“峰顶有飞来寺，其临江巨石为钓台，乃黄锡衮钓游处”[5]，也认为钓鱼台所在即起凤山庙下方的临江巨石处。2017年11月，笔者再访起凤山时，最终也在起凤山北麓山脚下发现了钓鱼台遗迹。钓鱼台位于镇江岩东北方向约20米处，可沿起凤山东麓山门、登山石阶之东的泥巴小路顺坡而下，前行约10米，在一条季节性小溪流的西侧，有一处呈弧形内凹岩厦，进深达1.5米左右，岩厦前有两块巨大的、呈对峙而立的岩石，石隙间为穿流而过的溪流，石上还留有明显人工修凿过的痕迹，此即钓鱼台所在。钓鱼台西南紧贴着起凤山东峰东北麓山脚下的崖壁，其上即风洞前的围栏坡道，再上则是起凤山庙。钓鱼台下有浅浅一洼溪流，前为灌木林遮蔽，阴凉潮湿，深藏不显，易于让人忽略，故一直隐而秘藏，不为人知。此钓鱼台原本是紧临东江（即今香山河）的，河道曾绕石而过，因其近邻夏黄村，又背靠岩厦，可遮风避雨，且岩畔绿树成荫，岩下溪水碧绿清澈，游鱼穿梭其中，故旧时夏黄村村民多于此取水、垂钓、浣衣。可惜在清代中后期，随着东江河道变迁，改经起凤山西侧奔流向南而去，不复绕钓鱼台而行，钓鱼台也日渐荒芜。

钓鱼台现存有摩崖石刻七方，均题刻于钓鱼台南面山崖石壁上。此处山崖下部临溪处因地质作用及常年受到流水冲刷影响，导致崖下岩石横向断裂、剥蚀，形成了一个内收的可遮风挡雨的岩厦空间，岩厦长 6~7 米、进深 1~2 米，前有两块巨石横砥溪中，溪水穿石隙而过。岩厦南面石壁较平整，自东而西分别刻有黄熼题诗、黄锡衮题“不妨饮酒复垂钓”、黄中琰题诗、七言绝句诗、黄士藻题诗、黄虞英志父铭、“芦艹”石刻等。

1. 明黄虞英志父铭

石刻位于钓鱼台南面崖壁中部，系直接镌刻于天然岩石面上，长 0.8 米，高 0.52 米，碑文楷书阴刻，共 15 列，每列 12 字，总 179 字，无题额，内容为：

父号呈寰，生于嘉靖之庚申。其为人也，能务敬德而寡欲，以韶年明经而除为县贰。时方太平，乃挂冠不仕，归供母氏。及母寿终，始嘱英曰：“君子处世，显不负所学，晦不坠所行。今亮采多贤、建明有人，吾其从事富春也已。”于是，时跡小阴曰“临江渚”者，麓有矶石，渊有游鱼，跡麓之石横列如砥，临渊之鱼，出没可嘉，稍加铲砌，持竿于此，朝而理纶，暮而藏饵，或来或往，不膠以情，或得或失，不牵以利，朝来而得，夫何羡兮？暮往而失，复何以求？其于钓也以是。

落款作：“吉日男虞英谨志。”这篇铭文是“虞英”为纪念其父亲“呈寰”所撰。虞英，即黄虞英，起凤山南之夏黄村人，生平事迹为史料所不载。其父号“呈寰”，据铭文载，生于明嘉靖三十九年（1560），为人务实敬德且淡泊名利、清心寡欲，青年时期就以贡生身份出任县署的副职（即县丞），后辞官归养其母。辞官归家的黄呈寰安于淡然的生活，时常到钓鱼台上垂钓。黄虞英有感于父亲的教诲，便在其父常垂钓的钓鱼台处镌刻了此铭，借钓鱼之事赞誉其父淡泊名利、不计得失的情操。

关于黄呈寰，虽然铭刻中未直书其名，但从黄虞英的辈分排序中可以肯定，黄呈寰身份当是与黄虞俊之父黄凤仪[6]、黄虞臣之父黄凤翔[7]、黄赓虞之父黄凤翀[8]等同辈，即为夏黄村“凤”字辈兄弟之一。而史料所载之夏黄村“凤”字辈众人中，仅黄凤翘既是贡生出身又曾任广东新宁（今广东台山市）县丞[9]，与碑刻所载“呈寰”的履历吻合，故“呈寰”当即黄凤翘。

此志父铭无纪年款，具体年代不详。但黄虞英与黄虞俊、黄虞臣等同辈，年纪当接近，而黄虞臣为万历年间举人[10]，黄虞俊为明王府教授，主要生活年代均在明代；又，黄熼为黄凤翔孙，晚黄虞英一辈，而黄熼是明末清初之人，曾参与南明永历朝政，故此可推断，黄虞英主要生活年代当在明后期。而从铭文中仅载黄呈寰的生年，无卒岁，应是题刻时黄呈寰尚在世。若以清顺治元年（1644）计，当此时，如黄呈寰尚在世，当 84 岁高龄，这样的年纪在明清时期是非常少见的。且，在此铭中，并未提及清初黄锡衮隐居起凤山事，是则此铭的题刻当早于黄锡衮隐居起凤山之前。综上推测，黄虞英志父铭的题刻年代应早于清初，约在明代后期。

又据黄虞英所载，钓鱼台最早是其父亲黄呈寰辞官归家后的垂钓之所，因“跡麓之石横列如砥”，为便于垂钓，便“稍加铲砌”，最后成为了一处钓矶。也就是说，钓鱼台的开凿年代，实际是在明末，而最早的开凿者为黄呈寰。今钓鱼台石上仍有人工修凿痕迹，当即黄呈寰所“铲砌”之遗迹，而从残存痕迹判断，原两石间当是以平整石板条覆盖于其上，始成钓鱼台面，今石板条均已佚，钓鱼台也已不复当年之貌。

另外，这篇铭记还提及黄呈寰年轻时先任县丞，“时方太平，乃挂冠不仕”，其中的“方太平”或指万历年间明王朝镇压八寨起义[1]事。黄呈寰“韶年”时以贡生入仕，年纪当尚轻，而其生于嘉靖三十九年，则主要的青壮年时期在万历朝。当此时，正值八寨起义纷起，明王朝曾先后多次派兵镇压起义军，其中最大规模的一次是万历七年（1579）十二月，两广总督刘尧诲、广西巡抚张任调兵10万，由总兵官王尚文率领镇压了八寨民众起义[11]。至万历八年（1580）时，明王朝已基本扑灭了南宁周边的起义，暂时安定了南疆。而在万历八年时，黄呈寰正好20岁，合当“韶年”，此时或即黄呈寰“挂冠”前后。

2. 清初黄锡衮题“不妨饮酒复垂钓”

石刻刻于钓鱼台山南面崖壁的东侧，碑面经过凿磨开窗，长0.9米，高0.28米，碑文作楷书双线阴刻，题为“不妨饮酒复垂钓”七字。落款则作楷书阴刻，铭为“晋江黄锡衮题”。黄锡衮（1621—1707），福建晋江潘湖人，又名炳朱，字宗麟，号肇盛，晚号潘湖叟。崇祯十三年（1640）进士[12]，曾出任明监察御史[13]、推官、广西巡抚等。明末清初，黄锡衮携同族黄士藻等一起弃官隐居于起凤山畔。清顺治五年（1648），黄锡衮复选庶吉士，后累官至兵部左侍郎，成为清初一大名臣。这幅题字，便是黄锡衮隐居起凤山期间在钓鱼台垂钓时留题。

3. 清初黄中琰题诗

石刻镌刻于黄锡衮所题“不妨饮酒复垂钓”石刻下方，系直接在凹凸不平的含砂石灰岩岩面上凿刻而成，碑文行楷书阴刻，因岩面风化、崩脱致使碑面下半部局部缺失，碑长0.6米，残存高约0.5米，正文分4列仅余17字，题为：

[1] 八寨起义，是明代广西忻城、上林交界一带的思吉、周安、古蓬、古卯、古钵、都者、罗墨、剥丁等八个村寨的壮、瑶族人民为反抗明王朝的压迫、反对土司官的统治，掀起了持续一个多世纪的少数民族起义，起义军的活动范围便包括了今南宁、上林、武鸣等地。

日落晚风吹，竿长任钓丝。
溪清鱼不饵，欣见白须眉。[1]

后有款作“晋人黄中琰”。黄中琰之名，史料不载。但在黄君钜、黄诚沅所撰之《武缘县图经》中，“起风山”条下收录有“明黄锡衮起风钓矶诗[14]”，其诗即此“黄中琰”题诗。由此推测，此“黄中琰”当即黄锡衮，“中琰”应为其新取之字，“琰”者，美玉也，“中琰”即美玉其中，或是黄锡衮自喻自己胸怀才气，尚待君子而识。诗中描写作者于黄昏时分在钓鱼台上垂钓，溪水清澈，鱼儿都不来食饵，而清澈的溪水似乎更照见自己发白的须眉，以一种夸张的写法，将垂钓的“闲”情逸致表现得淋漓尽致。

4. 清初黄熼题诗

此石刻刻于黄中琰题诗之东，相距仅约半米。碑约长 0.5 米，高 0.65 米，碑面不加修整，留有凹凸不平的粗糙岩面，岩体风化较严重。碑文作行草阴刻，诗文分 4 列共 20 字，为一首五言绝句，题为：

朔风霜叶落，江上理纶丝。
不尽闲中趣，何人最白眉?

落款单书一“熼”字。“熼”即黄熼，靖安夏黄（今武鸣区城厢镇夏黄村）人，字虚白，崇祯壬午年（1642）举人，南明永历朝时“召授御史”，永历政权灭亡后“蜷居土室，完发以终”[15]。黄熼早年曾与黄锡衮相识，两人又为同宗（武缘夏黄黄氏相传由福建江夏黄氏一支分源而来，与黄锡衮之黄氏同为宗脉），因此，当黄锡衮弃官后，即与黄士藻同赴黄熼家乡，隐居于起风山下。黄锡衮与黄熼两人日相与偕，常至钓鱼台垂钓，还在此饮酒作诗。此诗同样见载于《武缘县图经》中，列于黄锡衮起风钓矶诗之后，题为“黄熼和韵”，乃是黄熼为应和黄锡衮所题钓矶诗（即上文的“黄中琰题诗”）的诗韵而作。诗中应和黄锡衮诗意，以“白眉”相应，表达了在钓鱼台上垂钓、赋诗的安然和悠闲之情。

5. 清初黄士藻题诗

此诗题刻于黄虞英志父铭的左上方，碑面略经修整，宽 0.4 米，高 0.55 米，碑文草书阴刻，为一首五言绝句，题为：

避世钓矶下，垂纶想昔豪。

[1] 原碑中的“吹”“丝”“饵”三字均已崩落佚失，今从《武缘县图经》补之。

山幽日色暮，却尔望星高。

落款作："晋人黄士藻。"黄士藻（1620—1695），字宗素，号金庵，晚号金墩逸人。福建南安（今福建南安市）人，明崇祯七年（1634）进士，"官知县，与黄锡衮偕隐起凤，有诗刻于石壁"[16]。清顺治三年（1646），黄士藻复考选为庶吉士，后历任兵部员外郎、广西布政司参政、按察司参政等职。此诗是黄士藻与黄锡衮隐居起凤山时所题，其诗首句"避世钓矶下"，亦可证此。此诗的内容也是描写作者在钓鱼台隐居垂钓的生活，字里行间隐隐透出一种恬静和悠然之情。

6. 清七言绝句诗

此题刻位于黄士藻题诗左下方，系直接在天然岩石面上镌刻，碑高约 0.46 米，宽 0.2 米，碑文行草阴刻，分 3 列直书，共 28 字，为一首七言绝句，题为：

古木杈枒山半悬，迢迢流水抱山前。
当年垂钓人何在？寐室荒台思渺然。

后有两字题名，但已模糊不可辨识。从题诗内容看，诗中主要描写了起凤山钓鱼台处景色及作者在钓鱼台前缅怀先人之思。此石刻未书纪年款，具体年代不详，但根据题诗内容判断，此诗当晚于黄虞英志父铭的年代。又，清道光后，世人或已不明昔日黄锡衮垂钓的钓矶所在，现钓鱼台摩崖也基本不见清代中后期摩崖，故此题诗年代当又在清道光之前。

7. "芦艹"石刻

此石刻题于黄虞英志父铭之右，碑面经开石方并打磨平整，碑长 0.5 米，高 0.25 米，碑文楷书阴刻，内仅右首见有刻"芦艹"一字和一部首，应是未刻完石刻。此碑无落款，具体题刻年代不详。

二、钓鱼台摩崖石刻发现的意义

起凤山钓鱼台摩崖石刻的发现，有着极其重要的意义。首先，钓鱼台摩崖石刻的发现，尤其是与黄锡衮有关的几方石刻的确认，为黄锡衮隐居起凤山的历史带来了确凿的实证，正可与文献所载相互印证。在此之前，起凤山发现的摩崖石刻中，与黄锡衮直接相关的石刻仅见三方，即黄锡衮题"石上莲花""朝阳鸣凤"、黄锡衮题"太极洞"。但三方石刻中，除镇江岩二层的"石上莲花"可确证为黄锡衮亲笔所书外，读书岩洞口处的"朝阳鸣凤"石刻无落款，仅据考证疑为黄锡衮所书，而太极洞的"太极洞”石刻则是清道光己亥年（1839）时，由当时夏黄村士绅黄彦坊等重新书镌，题名还误将黄锡衮作“黄锡滚题”。[17]可以说，起凤山现存的、能真正直接证实黄锡衮曾隐居于起凤山的证据还是很少的，尤其是地方史志中一再提及的钓鱼台处留存有两人的“唱和诗”这一最重要的证据一直未被发现。钓鱼台摩崖的发现，不但发现了黄锡衮亲自书题的两方石刻，而且找到了史籍所载黄锡衮与黄爆的唱和诗，以实物证实了史料记载的正确性，同时还发现黄士藻题诗石刻一方，正好印证了《武缘县志》所载黄士藻曾与黄锡衮“偕隐起凤，有诗刻石上”[18]事，更增黄锡衮隐居起凤山的历史实证。

其次，钓鱼台摩崖石刻的发现和解读，也为我们了解起凤山的早期历史提供了依据。钓鱼台发现的七方摩崖中，有明代石刻一方，是起凤山摩崖中仅见的两方明代石刻之一，另外一方石刻则位于镇江岩，两者均为黄虞英所镌；而清初石刻则有四方，是起凤山所见清初八方石刻中的一部分，其余分散于镇江岩和读书岩两处，这些石刻均系黄锡衮等人隐居起凤山期间与地方士子留题。由这些早期摩崖的分布情况不难看出，起凤山的摩崖最早为黄虞英所镌，且明代时起凤山的开发范围主要仍限于起凤山东峰东麓山脚下的镇江岩和钓鱼台岩厦等处，到清初时，则扩大到了风洞、读书岩、太极洞等处。此外，黄虞英志父铭的发现，也为我们揭开了钓鱼台的开发历史，即钓鱼台的修凿最早乃是由夏黄村的黄呈寰于明代开凿。

同时，钓鱼台摩崖中发现的题诗也为地方文学留下了重要的一笔。钓鱼台发现的七方摩崖中，共有四首题诗，除了黄锡衮与黄爆的两首唱和诗影响较大，在武鸣地方文学史占有重要地位外，黄士藻的题诗以及清七言绝句诗也同样精彩，尤其是黄士藻的诗，把隐居时的垂钓情致表现得淋漓尽致，甚至因垂钓追思而忘记了时间，回首已是星空遍布，有诗情，有意境，读来让人自然而然地放松和淡定，感同身受地体会到那份远离甚嚣尘世的恬静之情。

此外，钓鱼台摩崖石刻的发现还为起凤山的人文旅游开发增加了一处重要的历史人文景观。钓鱼台是黄锡衮隐居起凤山期间与黄爆共同垂钓、赋诗之处，两人之间的友情在历史上留下了一段佳话。钓鱼台遗迹及摩崖石刻的发现，则为我们追思两位先人提供了重要的媒介，它们的存在进一步增加了起凤山的历史底蕴，在一定程度上也为起凤山的开发奠定了基础。

三、关于黄锡衮隐居起凤山历史的考证

关于黄锡衮隐居起凤山的时间，史料不载。《晋江县志》《泉州府志》中仅在“选举”条下载有黄锡衮考取进士条目，但不列传、不载生平，而在清代《广西通志》中，则完全未见载黄锡衮事，至于武鸣地方志中，清道光本《武缘县志》及清末民国时期

的《武缘县图经》虽有载黄锡衮隐居起凤山事，但文字约略简单，仅载其“号闽之，晋江人，明季弃官隐钓于起凤山，与黄熺和诗刻石上，有读书岩、钓鱼台遗迹”[19]，“崇祯十三年进士，推官，明季弃官隐钓于起凤山，有读书岩、钓鱼台遗迹”[20]，其余无载，而关于黄锡衮何时弃官隐居起凤山的时间则更是无所提及。然据黄氏后人近年所编《军城金墩黄氏族谱》载，黄锡衮为“明崇祯十二年举人，崇祯十三年联第会元三甲第十五名进士，授广西巡抚，不赴。入清复考选庶吉士，累官清武英殿总裁官、清东阁大学士兼兵部左侍郎，旋任武英殿大学士掌兵部事。清康熙三十八年十月，以大学士衔谢事归里。清康熙四十六年五月卒于家，年八十七，诰赠太子太傅、柱国、光禄大夫，谥文僖，赐祭葬”[21]，虽详细载述了黄锡衮的生平，但未载其隐居起凤山事，甚至云黄锡衮“授广西巡抚，不赴”，似未曾到广西任职过，这显然是有误的。清人李光地所撰黄锡衮墓志载，黄锡衮在明末“授广西巡抚，因忤马士英乱政，遂弃官隐读于武鸣起凤山，世乱归里”[1]，此或更可信。据黄锡衮于崇祯十三年（1640）中进士判断，其任职广西当在崇祯十三年后。又，史载，1644 年，明崇祯皇帝在煤山自缢，明亡。马士英随后内结宦官韩赞周、勋臣刘孔昭，外约总兵黄得功、刘良佐、高杰、刘泽清等，拥立福王朱由崧于南京“监国”，称“弘光”，建立了南明政权。因此，马士英“乱政”时期当为南明弘光朝时，亦即，黄锡衮弃官应在 1644 年后。另据《军城金墩黄氏族谱》所载，与黄锡衮同隐于起凤山的黄士藻是于“清顺治三年（1646）归里”的，黄士藻与黄锡衮为同族同乡，又同时隐居于起凤山，按常理，两人亦当同时返乡，故黄锡衮离开起凤山，也应是清顺治三年。而史载，黄锡衮是在清顺治五年复考选庶吉士的，这个时间正好是其自起凤山返乡一年后，是非常合理的。综上判断，黄锡衮弃官隐居于起凤山时间当在 1644—1646 年间。若此判断不错，则钓鱼台现存的“不妨饮酒复垂钓”、黄士藻题诗、黄中琰题诗、黄熺题诗这四方石刻的年代，当亦是镌刻于此时（1644—1646 年），为清初期。

而黄锡衮隐居起凤山的原因，武鸣地方史志、黄锡衮墓碑铭均言系“弃官”，又据《武缘县志》载，时黄锡衮任职为“推官”。按，明代进士一般考取进士后，先入翰林院或选庶吉士等观政三月至数年不等，待外放时再充任府推官或知州、知县[22]。黄锡衮于明崇祯十三年中进士，外放任官当在崇祯十四年或之后。同理，与黄锡衮同样任职武缘的黄士藻，是于崇祯七年考取进士，后出任武缘县知县的[23]。又据《武缘县志》《广西通志》载，崇祯年间最后一位任职的知县为贺懋敬，任职时间为崇祯十五年，未见黄士藻任职记录，则黄士藻出任武缘知县当在崇祯十六年之后。两人任职武缘时，均已是明王朝覆灭前的最后几年。崇祯十七年，朱由检煤山自焚，明亡，各地藩王相

［1］参见黄锡衮墓碑铭。此碑铭为近年黄氏后人据族谱旧载重镌。

继自立。南明弘光元年（1645）五月，刚称帝没有多久的朱由崧便在南京被俘，弘光朝覆灭。弘光朝灭亡后，南明政权再没有像样的军队可以抵挡清军的南下——这或许是黄锡衮、黄士藻等人不得不弃官隐居于起凤山下的一个重要原因，即为避开即将到来的战乱。至南明隆武二年（1646）九月，清军占福京（今福州），福建一带多为清廷控制，福建政局趋于稳定，故此，黄士藻、黄锡衮两人选择在这一年返回了家乡。以此推测，则黄锡衮、黄士藻等隐居于起凤山的具体时间，还可进一步限定在1645年至1646年间。又据黄爆唱和黄锡衮诗云“朔风霜叶落”，可知两人垂钓赋诗时正值秋日，则黄锡衮隐居起凤山或在1645年秋。

四、夏黄村黄氏与起凤山摩崖

在钓鱼台现存的七方摩崖中，除两方摩崖作者不详外，其余五方摩崖的作者均为黄姓。其中，黄爆、黄虞英出生于夏黄村黄氏家族，两人为叔侄关系，黄虞英长黄爆一辈；黄锡衮、黄士藻则出生于福建晋江黄氏，与武缘夏黄村黄氏为远宗。而据黄虞英志父铭判断，钓鱼台最早乃是由黄呈寰修凿而成，为其闲时垂钓之所。由此可见，钓鱼台摩崖的兴起，与夏黄村黄氏有着莫大的关系。钓鱼台最初是由黄氏黄呈寰修凿而成，最早的摩崖也是黄虞英为铭志其父情操而题刻，黄士藻、黄锡衮、黄爆等人的题刻则基本上是由黄爆完成。

事实上，起凤山摩崖石刻的兴起与发展，也与夏黄村黄氏戚戚相关。在起凤山可考的全部68幅/组摩崖石刻中，有54幅/组石刻留题有作者，其中可明确辨认并考证作者生平籍贯的有46幅/组，共计有作者32人；其中，有18位作者的籍贯为武鸣人，当中又有16人即生、长于起凤山畔的夏黄村，他们分别是黄虞英、黄玠、黄爆、黄彦垍、黄彦坊、黄彦型、黄文罴、黄维坚、黄文燈、黄文焘、黄之棠、黄文炳、黄文煇、黄维尧、黄诚沅、黄植基等。而最早在起凤山摩刻摩崖的便是黄虞英，他在钓鱼台和镇江岩内各留下了一方摩崖，开启了起凤山摩崖之始。黄虞英之后，黄玠、黄爆也分别在镇江岩、钓鱼台处留下了多方石刻，这些石刻多为与黄士藻、黄锡衮两人的唱和诗，曾载诸史册，流传千古，成为当地最负盛名的一段佳话，起凤山摩崖也由此迎来了第一次摩崖的高潮，镇江岩、读书岩、钓鱼台、太极洞各处都留下了这一时期的题刻。此后，当地士子便常相邀约，共至起凤山览胜观景、追思怀古，由此又兴起了几次摩崖高潮。

五、结语

2017年，笔者在起凤山调查时，于起凤山北麓山脚下的临溪巨石台上复访得早年黄锡衮隐居时垂钓的钓鱼台遗迹，并在此发现摩崖石刻七方。这些石刻多是黄锡衮、黄士藻于清初隐居起凤山期间，与当地夏黄村举人黄爆共同唱和后题刻的，它们的发现，印证了史志所载黄锡衮隐居起凤山历史。同时，新见的黄虞英为其父铭刻的志铭一文也为我们揭开了钓鱼台的早期历史，即钓鱼台乃是由黄呈寰于明代修凿而成，起凤山最早的摩崖也是始于明黄虞英所摩刻的志父铭。而通过考证，黄锡衮、黄士藻隐居起凤山的时间，当在1645—1646年间。此外，钓鱼台摩崖石刻的作者大多为黄姓，表明钓鱼台摩崖的兴起与夏黄村黄氏有着莫大关系。事实上，起凤山摩崖也是在夏黄村黄氏的影响和支持才得以兴起和发展的。

参考文献：

[1]（清）世纶，余思诏等．武缘县志[M]. 北平图书馆藏手抄本（清道光廿四年本）：卷一·舆地志·山川·山·起凤山．

[2]（清）黄君钜，（民国）黄诚沅．武缘县图经[M]. 南宁：广西人民出版社 .2013：91.

[3] 黎文宗，贲小梅．起凤山摩崖石刻的调查与初步研究——南宁摩崖石刻的调查与研究之一[J]. 广西地方志 .2014（06）.

[4] 黎文宗，韦志贞，方智．武鸣《重修起凤山记》碑释考[A]. 广西文博（第二辑）[C]. 南宁：广西人民出版社 .2018:116.

[5] 武鸣县志编纂委员会编．武鸣县志[M]. 南宁：广西人民出版社 .1998：607.

[6]（清）黄君钜，（民国）黄诚沅．武缘县图经[M]. 南宁：广西人民出版社 .2013：376.

[7]（清）黄君钜，（民国）黄诚沅．武缘县图经[M]. 南宁：广西人民出版社 .2013：370.

[8]（清）黄君钜，（民国）黄诚沅．武缘县图经[M]. 南宁：广西人民出版社 .2013：377.

[9]（清）黄君钜，（民国）黄诚沅．武缘县图经[M]. 南宁：广西人民出版社 .2013：376.

[10]（清）黄君钜，（民国）黄诚沅．武缘县图经[M]. 南宁：广西人民出版社 .2013：370.

[11] 覃延欢．略论明代广西八寨瑶壮农民起义[J]. 民族论坛 .1987（04）：46.

[12]（清）方鼎等撰．晋江县志[M]. 台湾：成文出版社 .1967：178.

[13] 惠安县地方志编纂委员会编．惠安姓氏志（第一辑）[Z]. 内部资料，2008：117.

[14]（清）黄君钜，（民国）黄诚沅．武缘县图经[M]. 南宁：广西人民出版社 .2013：92.

[15]（清）黄君钜，（民国）黄诚沅．武缘县图经[M]. 南宁：广西人民出版社 .2013：332.

[16]（清）黄君钜，（民国）黄诚沅．武缘县图经[M]. 南宁：广西人民出版社 .2013：408.

[17] 黎文宗，贲小梅 . 起凤山摩崖石刻的调查与初步研究——南宁摩崖石刻的调查与研究之一 [J]. 广西地方志 .2014（06）.
[18]（清）世纶，余思诏等 . 武缘县志 [M]. 北平图书馆藏手抄本（清道光廿四年本）：卷九・人物志・流寓 .
[19]（清）世纶，余思诏等 . 武缘县志 [M]. 北平图书馆藏手抄本（清道光廿四年本）：卷九・人物志・流寓 .
[20]（清）黄君钜，（民国）黄诚沅 . 武缘县图经 [M]. 南宁：广西人民出版社 .2013：408.
[21] 军城金墩黄氏祖谱文史研究会编印 . 军城金墩黄氏族谱 [Z]. 内部资料 .2010.
[22] 章宏伟 . 明代观政进士制度 [J]. 吉林大学社会科学学报 .2008（05）.
[23]（清）黄君钜，（民国）黄诚沅 . 武缘县图经 [M]. 南宁：广西人民出版社 .2013：408.

清广西玉林“钟苏氏贞节坊”详考

于少波

【摘　要】钟苏氏贞节坊是玉林地区现存的唯一一座较为完整的清代贞节坊，坊上共镶嵌碑刻13方，其中既有记载钟苏氏生平事迹的，也有记录节妇旌表申请流程和内容的，对于研究清代节妇旌表制度具有十分重要的价值和意义。钟苏氏贞节坊建于清嘉庆五年，而钟苏氏于清乾隆五十八年得到清廷旌表，清光绪版《鬱林州志》中关于钟苏氏于光绪七年得到旌表的记载是错误的。另外，《清实录》中有关节妇旌表的内容也存在着记载阙如的现象，需要研究者多加注意。

【关键词】清代　玉林　钟苏氏贞节坊　鬱林州志

【作　者】于少波　玉林市博物馆　副研究馆员

贞节坊是古代为旌表守节、殉节的妇女而建立的牌坊，其在东汉时期初现雏形，隋唐时期渐进发展，明清时期则成为定制。玉林地区最早的贞节坊建于明代，明清时期伴随中央政府的政策变化渐次发展，建坊数量较多，然由于历史的原因，目前仅存唯一一座较为完整的，即钟苏氏贞节坊。

有关钟苏氏贞节坊，目前学界的研究成果还未见到，其本身所具有的价值亦还未被大众所知晓。另外，由于钟苏氏贞节坊碑刻所记的建筑年代与光绪版《鬱林州志》中关于钟苏氏旌表时间的相关记载之间存在着极大的抵牾，也使得钟苏氏贞节坊被笼罩在了一层迷雾之中，亟待破解。

一、钟苏氏贞节坊

钟苏氏贞节坊位于广西玉林市玉州区玉城街道州珮四联46号，通高约6米，宽

图 1　钟苏氏贞节坊现状图（正面）

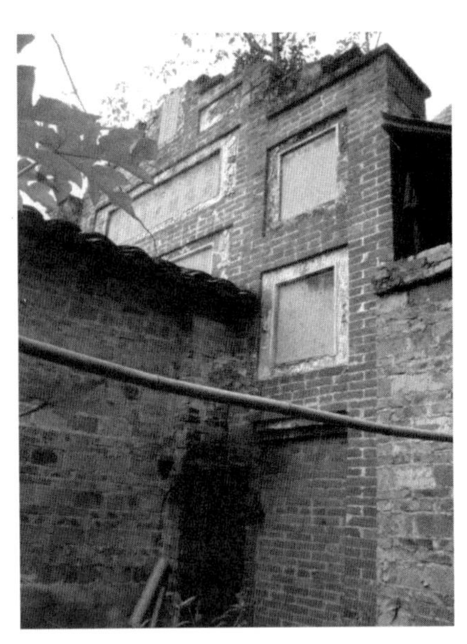

图 2　钟苏氏贞节坊现状图（整体）

5.87 米，砖石结构，四柱三间式。

（一）明间装饰及碑刻详文

牌坊明间上方嵌“圣旨”碑一方，碑刻外有框，框边朱砂地，左右两边灰塑双龙纹，下承卷云纹，上边框已失。“圣旨”碑中下部左右两边，对称装饰两幅灰塑四时花卉图，牌坊两面位置对应，共计四幅，其中一幅已失。

“圣旨”碑正下方镶嵌一块长约 2 米、宽 0.5 米的青石碑，上书文字 2 行 7 列，共 14 字，从右至左顺读为“旌表故儒士钟培之妻苏氏贞节坊”，牌坊两面碑刻字体刻写深度不同，一面刊刻文字字口较深，另一面则十分轻浅。碑刻边框两边亦不甚相同，一面装饰精美，朱砂地上下两边灰塑卷草双龙捧寿，左右两边对称灰塑四仙人，而另一面的边框装饰则十分粗率，灰塑立体感不强，仅见上下两端的朱砂地灰塑卷草龙纹。

明间一面，“旌表”碑下方另嵌有碑刻一方，碑文为“巾帼完人”，长 1.47 米，宽 0.47 米，碑刻右边落款“署鬱林知州邱桂山题”，左边为“嘉庆伍年孟冬谷旦立”，碑刻外边框朱砂地左右两边对称饰四仙人，上面为卷草花卉纹。另一面则为“贞风千古”碑刻一方，碑刻右边落款已漫漶不清，左侧则较为清晰，文字为“嘉庆伍年岁次□立”，碑刻外边框装饰已失。而碑刻之下即为贞节坊正门。

（二）一次间装饰及碑刻详文

牌坊次间左右对称，有小盖顶，一次间盖顶下嵌青石碑刻一方，碑文为：

阖族呈报开载事实，苏氏系本州北门州背街州庠生苏为栋（梗）之长女，生于康熙四十九年，年十八而归儒士钟培为妻，次年而生增生锦，甫三载而鸾镜顿分，抱幼子而悲号绝泣，戚族咸知。

苏氏年方二十夫即病故，子仅二春，家无升斗。有邻妇以家子幼微讽他适者，氏即抱子跪哭于姑，曰："此邻当远绝矣，此地不可居矣。"因谋诸外家，遂由西门外而择居于北门之州背街家焉。亲族咸嘉其节。苏氏自夫故之后，每叹上无胞兄，下无嫡弟，常以不能葬夫翁为忧，谋之于之姑。姑以家贫子幼为辞。氏因泣曰："厚葬不如早葬。"于是，脱其钗环裙布，变得几金，遂藁葬翁夫于本州茂林甲鹿马山。族邻皆称其孝。

苏氏自夫死后，家贫如洗，仅有老姑一人。氏则勤纺织以供奉，藉手指以御寒。日则同居，夜则同寝，不出户庭。姑有目疾，连年卧病，药饵必自尝，亲奉历十余年而不衰。逮姑殁日，痛嗝其子，丧葬循礼。族党胥仰。

碑刻外有边框，其上朱砂地灰塑松竹梅纹等。

在"阖族呈报"碑下方，此次间还嵌有一碑，碑文为："祖妣苏太君乃我钟氏始祖宋提点官讳道六公十二代孙、例赠修职郎讳国珩公孙媳、十三代孙州庠生讳振功公之媳、十四代孙儒士讳培公之淑配也，生于康熙四十九年八月初七日申时，殁于乾隆二十八年十一月二十五日申时，葬于州城东三十里茂林甲土名鹿马山，坐壬向丙，一穴而四圹焉。盖以祖妣先葬翁姑与夫，预留一圹。我考承遗命而合葬之，阅今三十余年。兹奉旨旌表节孝，建坊城北，附勒诸石，使后人因坊知墓，因坊知宗，不亦可乎？孙远洋、昌洋百拜谨志。"碑刻外有边框，由于装饰脱落，现仅见凤纹和盆花装饰。此碑刻的下方留有一门。

此次间的另一面盖顶下方，镶嵌碑刻一方，碑文为："儒学详文，直隶鬱林州儒学训导兼署学正事汤日新，看得钟苏氏贞心苦节、孝德奇行，诚巾帼所罕闻，闺门不多觏者也。迹其年方十八于归，著和敬之声，既而职在盤匜，奉事获翁姑之意，乃一贫如洗，藉手指以御寒，四壁萧然，勤纺绩以供奉。无何年二十而命途舛，子二春而鸾镜分，且也上无胞兄、下无嫡弟，茹蘖饮水。祭先则至诚至敬，[illegible]贞柏操，丧葬则尽礼尽哀。更足嘉者，训子训孙列胶庠而食饩，令闻令望，遭困厄而弥坚，诚与旌例相符，理合呈请宪台察合转详。"碑刻外边框纹饰均已掉落不见。

在"儒学详文"碑下方，还镶嵌一方碑刻，碑文为："□□祖母（十二字已毁）年方二十夫君已故。天地正气（四字已毁），孤苦伶仃，独立不惧，茹蘖饮水，祇安吾素惟知节甘，谁云节苦。脱钗完葬翁墓夫墓，供姑菽水，纺绩自作。生子一人，逐日抚度；一门之庆，天心眷注。子补庠增，教泽广布，孙枝三人，二廪一附，长孙之子，黉宫已步，次第高登。淑德阴澍，泽延无穷，当年已具。寿享五十四数，守节三衮，筠贞独悟，以德获福，笃恩殊遇。奉旨旌表，泽深雨露，天柱地维，赖之以固，劲节休风，绵长后裕。会侄孙职倾　替慕，赫赫煌煌，星辉宝婺，语俚德长，玉楼佳句，香绕云笼，千秋朝暮。□□□候铨训导侄孙□职□沐志赞。”

（三）二次间装饰及碑刻详文

二次间正面盖顶保存完好，盖顶呈倒梯形，一面饰灰塑“麒麟玉书”一幅，盖顶下方嵌碑刻一方，碑文为：

苏氏自夫死之后，抚养幼子锦，年五岁即令就学。及锦入学补增，氏仍训曰：“读书不但求名，还要涵养，丧身败家之事，汝切勿为。”言之辄陨涕，苦口甚于和丸，尤为人之所难。

苏氏自夫死之后，适体止粗衣，充饥仅疏食，非礼不言，非礼不动。每遇翁夫生忌，必扶子痛哭以拜，祭祀必致洁致诚。

苏氏存日，守节已越三十余年。亲族怜其苦节，方欲呈投，谋诸子锦。锦一禀，氏即痛哭言曰：“余孙尚幼，汝朝夕当以训诲不严为虑，切勿以余之不得名为虑。”亲族闻知不敢再谋。迄今孙皆成名，曾孙五人俱务儒业，何莫非苏氏劲节教育之报也。

苏氏年十八而于归，岁三周而夫故。氏享年五十有四，殁于乾隆二十八年。计守节三十五年，其苦节查与旌例相符。

乾隆五十七年三月□日呈

碑刻外有朱砂底灰塑花草纹边框。

在该碑下方还有一方碑刻，碑文为：“苏大母乃大父讳培公之淑配也，生我考讳锦、州庠生增广生。妣何氏生我兄弟三人：长兄讳永洋，州廪膳生，娶杨氏；次远洋，州庠生，娶苏氏；三昌洋，州膳生，娶陈氏。永生二子，长立元，州庠生，娶杨氏；次靖元，娶周氏。远现四子，长章元、次谊元、三翊元、四童元，俱幼。昌现三子，长泞元、次端元、三族元，俱幼。立现一子春魁，幼。盖自大母至今，历年虽未□失而子孙曾元浸以繁盛。附志于此，使后之子孙睹斯坊、阅斯志、即流以溯源，微特识昭穆尊卑之序而且知其皆属。邀旌飨祀大母之流徽也。孙昌洋、远洋百拜谨志。”

次间背面盖顶由于建筑遮挡，难以看清装饰图案，在其下方有碑刻一方，碑文为：“州宪详文，署直隶鬱林州正堂邱桂山，核看得卑州节妇钟苏氏，系已故州民钟培之妻，增生钟锦之母也。年十八而赋夭桃，佐夫克全妇道。岁二十而歌黄鹄，抚孤誓死完贞。痛舅骸未归窀穸，无难脱珥鬻簪，念姑病全赖时甘，不辞茹荼饮蘖。恶恶言之入耳，择仁里而迁居，虑幼子之辱先，秉义方而垂训。以妇职而兼子道，竟令萱草忘忧；以慈母而作严师，遂至芹香叠采，洵得闺闱之正气，实为巾帼之完人。守节三十五春，年登五十四岁，年例允符，宜邀旌表。兹据该学造具事实册结前来，卑职覆加确核无异，理合照例叙由通详。”碑刻外边框装饰已经脱落，仅见红色底。

在“州宪详文”的下方，嵌有碑刻一方，碑文为：“□苏氏之以苦节传也，凡所为居丧、营葬、事姑、抚子，人蔑不知矣。亦知其节之，知节而贤乎，曷言乎节之知也。初氏之夫死，靡他也，欲夺其节者杂踏来前，非以甘言诱，即以危辞讽。爰得屏迹一切，壹其志于居丧、营葬、事姑、抚子以完其节。而子及孙会亦得渐染熏陶，少则嬉陈俎豆，长则观法仁贤，鳞垒成名，以光其节，里仁择处，氏也有焉。故曰，节之知也，曷言乎节而贤也。时氏历苦节三十有余年，厥子锦以众议请旌待命。氏曰：‘吾孙幼，窃患教之不早。未亡人何计名之不传，求名非我志也。’议遂浸，迨殁后论定。乃邀□焉。则此日之名，氏节之后报，非氏节之初心也。闇然日，章氏其庶乎？故曰：‘节而贤也。余属世戚，兼近其居，常于知著转以见微，特以建坊亟为表微之论。乙酉副榜现任永淳教谕姻晚生顿首拜跋。’”

“钟苏氏贞节坊”两面一共镶嵌有 13 方碑刻，其中包括“圣旨”碑、题赠匾额碑、旌表呈报、核验碑、建坊题记碑、赞颂碑及钟苏氏事迹、墓地、家族情况碑等。碑刻的撰写者包括了州府长官鬱林知州邱桂山、直隶鬱林州儒学训导兼署学正事汤日新，永淳教谕苏其娗，钟苏氏的孙子、侄孙等。

二、钟苏氏贞节坊详考

（一）钟苏氏其人其事

贞节坊的旌表对象为钟苏氏，牌坊上镶嵌的几块碑刻将其生平、子嗣甚至墓葬都交代得十分清楚。

钟苏氏是鬱林州州背街州庠生苏为栋（梗）之女，其出生于康熙四十九年八月初七日申时。十八岁时，嫁给了儒士钟培为妻，婚后第二年生子锦，第三年丈夫就因病去世了，而此时的钟苏氏才仅仅二十岁。在丈夫去世后，邻居中间或有言其改嫁者，为了躲避流言，钟苏氏主动请求婆婆和她一起把住所从鬱林西门外搬迁到了北门的州背街。其时，其公公和丈夫并未下葬，钟苏氏毅然决定变卖自己的首饰和衣服，使二人最终入土为安。此后，钟苏氏以纺织为业，精心照顾婆婆，悉心抚养幼子，未曾再嫁。钟苏氏于乾隆二十八年十一月二十五日申时去世，享年五十四岁，死后与其丈夫合葬于茂林甲鹿马山。

（二）钟苏氏旌表及贞节坊年代详考

钟苏氏二十岁开始守寡，至五十四岁时去世，一共守节三十五年，与大清会典所规定的旌表律例相吻合，《清会典》载："守节之妇，不论妻妾，自三十岁以前守节，至五十岁或年未五十身故，其守节以及六年果系孝义兼全扼穷堪悯者，俱准旌表。"[1]故族人联合起来为其争取朝廷旌表，既是为了钟苏氏，也是为了家族本身。在经过了"阖族呈报"、州府儒学呈文、州宪核查之后，钟苏氏的守节事迹在乾隆五十七年得到州府的最终认可，并依例上呈。乾隆五十七年的《鬱林州志》对此亦有详细的记载，其言"钟苏氏案苏氏庠生苏为梗之女，年十八适钟培为室，次年生子锦，才一龄培殁，止老姑在堂，别无兄弟，室如悬磬，邻有讽其改嫁者，氏抱子哭，告于其姑，曰：'此邻当远。'遂徙居焉。念翁夫皆未葬，曰：'与其厚葬而迟，不如早葬而薄也。'尽售奁具得数金，卜地以窆。力勤纺绩以供姑膳，夜则与姑共寝。姑嗣得目疾，极力购药饵，可不离侧，十余年如一日。子锦五岁时，即令就学，得游泮补增。每以读书非求名，要敦行训之。乡邻有欲为之请旌者，则谢之曰：'我岂以此沽名耶。'遇翁姑夫生忌，必洁治祭品，率子哭拜，至老不衰，年五十四而没。士民公呈请表，现在核详"[2]。

钟苏氏的守节事迹在乾隆五十七年由州宪核详，上报上一级行政机关，之后由督抚呈报朝廷，等待清帝和礼部的批复。那么，在经过繁缛的公文传递之后，钟苏氏是在何时得到朝廷旌表的呢？

1. 钟苏氏贞节坊碑文所记之时间

有关钟苏氏的旌表和贞节坊建立的时间，钟苏氏贞节坊的碑文皆有所记录。其中，有确切时间记录的碑刻有三块。两块匾额碑"贞风千古"和"巾帼完人"，其上都刊刻有具体的时间，即"嘉庆伍年"；而另一块为钟苏氏守节事迹的呈报碑，其上刊刻的具体时间为"乾隆五十七年三月"。

除有具体时间记载的碑刻外，碑文作者和内容也透露出了一些有关钟苏氏旌表和贞节坊建立的时间信息。

题刻"巾帼完人""州宪详文"的作者为署鬱林知州邱桂山。邱氏，清顺天宛平人，进士，以梧州州同知署鬱林州，其任职年限不详，但其前任陆澍五十二年以全州知州署鬱林州，而其后任王杏舒于乾隆五十七年任知州，邱桂山任期当在乾隆五十二年到

[1]（清）《清会典》，北京：中华书局，1991年，第254页。

[2]（清）邱桂山修，刘玉麟、秦兆琼纂：《鬱林州志》，乾隆五十七年刻本，南宁：广西人民出版社，2011年，第533页。

五十七年之间。牌坊上的“巾帼完人”碑刻虽然标注为“嘉庆伍年”，但实际上出自乾隆五十七年“州宪详文”碑文中的“以慈母而作严师，遂至芹香叠采，洵得闺闱之正气，实为巾帼之完人”。

而“儒学详文”碑的作者鬱林州儒学训导兼署学正事汤日新，据光绪二十年《鬱林州志》载，其乾隆五十五年到嘉庆六年在任。[1]那么，其所撰的碑刻也应该在这一时期。

碑刻作者中的“乙酉科副榜现任永淳教谕姻晚生”，经查考州志，应为乾隆三十年乙酉科副榜苏其[illegible]。清光绪二十年《鬱林州志》言:“永淳教谕有传，江岸人。”[2]“苏其烶字达堂，乾隆三十年副榜，选永淳教谕以谆朴课，士评改课文认真详解，多士景从，致仕归，年九十一卒。学正池生春旌曰‘安定风猷’匾额。”[3]从方志记载，推断苏其烶生活的年代只能在乾嘉时期，而在其撰写的碑刻中又记载“余属世戚，兼近其居，常于知著转以见微，特以建坊亟为表微之论”。以此，我们可知贞节坊建立的时间也应该在这一时期。

在碑刻作者中还有钟苏氏的孙子“昌洋、远洋”，钟苏氏于雍正七年生子锦，按照二十年一代的世代统计方式，“昌洋、远洋”也应主要生活在乾嘉时期。而在他们撰写的一方碑刻中，提到钟苏氏“殁于乾隆二十八年十一月二十五日申时，……我考承遗命而合葬之，阅今三十余年。兹奉旨旌表节孝，建坊城北，附勒诸石，使后人因坊知墓，因坊知宗，不亦可乎？”我们从其所撰的碑文中可知，奉旨旌表和建坊的时间应该在乾隆末年到嘉庆初年。

综上所述，从碑刻来看，钟苏氏的守节事迹于乾隆五十七年经过“阖族呈报”“儒学呈报”到“州宪核查”后，上报到了上一级的行政机关，而奉旨旌表和建贞节坊的时间似乎为嘉庆五年。

2.《鬱林州志》中记载的钟苏氏旌表时间

仔细翻查检索目前存世的鬱林方志，清乾隆五十七年的《鬱林州志》中记载钟苏氏的旌表事迹“现在核详”，其与贞节坊碑刻记载的旌表呈文时间完全吻合。

但有关于钟苏氏的旌表时间，光绪版《鬱林州志》的记载则和碑刻有着明显的不同。清光绪二十年《鬱林州志》载：“苏氏庠生苏为梗之女，年十八适钟培为室，次年生子锦，才一龄培殁，止老姑在堂，别无兄弟，室如悬磬，邻有讽其改嫁者，氏抱子

[1]（清）冯德材修，（清）文德馨、牟懋圻纂：《鬱林州志》，光绪二十年版刻重印本，南宁：广西人民出版社，2012年，第480页。

[2] 同上，第542页。

[3] 同上，第741页。

哭，告于其姑，曰：‘此邻当远。’遂徙居焉。念翁夫皆未葬，曰：‘与其厚葬而迟，不如早葬而薄也。’尽售奁具得数金，卜地以窆。力勤纺绩以供姑膳，夜则与姑共寝。姑嗣得目疾，极力购药饵，可不离侧，十余年如一日。子锦五岁时，即令就学，得游泮补增。每以读书非求名，要敦行训之。乡邻有欲为之请旌者，则谢之曰：‘我岂以此沽名耶。’遇翁姑夫生忌，必洁治祭品，率子哭拜，至老不衰，年五十四而殁。光绪七年详准旌表。”[1]

清光绪二十年版《鬱林州志》记载钟苏氏得到清廷旌表的时间是光绪七年，如果此项记载正确的话，那么钟苏氏的守节事迹由鬱林知州在乾隆五十七年（1792）核准呈报后，一直到光绪七年（1881）才得到批准，中间历经嘉庆、道光、咸丰、同治等朝，历时89年之久，而且中间还涉及官员的升迁流转，这可能吗？

针对光绪版《鬱林州志》的相关记载，我们又仔细核查了《清德宗（光绪）实录》，找到了这样一条记录："光绪七年旌表守节殉难广西妇女朱谈氏等四十一口如例。"[2]而在清光绪七年的上谕档中，我们也看到有"谕旨令庆裕秉公查办，毋稍偏徇。又奏节妇朱谈氏等请旌片，又奏殉难妇女黄苏氏等请旌片，并单一件均拟请"[3]的记载。实录和上谕档都记载在光绪七年，清廷旌表了一大批广西节妇，但由于缺乏具体资料，我们从中并未发现钟苏氏的名字，钟苏氏究竟是不是如光绪《鬱林州志》所言于光绪七年旌表的呢？还需要进一步核查。

3. 钟苏氏旌表年代详考

清光绪二十年版《鬱林州志》记载钟苏氏的旌表时间与钟苏氏贞节坊上碑刻所记录的年份相比，存在极大的差异，两者之间肯定有一方是错误的。

考钟苏氏贞节坊的碑刻，其中不仅有明确的时间"嘉庆伍年"，钟苏氏孙"昌洋、远洋"及乾隆三十年乙酉科副榜永淳教谕苏其煐也在碑文中十分确切地指出，钟苏氏得到旌表和建立这座牌坊的年代在乾嘉时期。

为此，我们又仔细地查考了从乾隆五十七年即鬱林州府核详钟苏氏事迹开始，一直到嘉庆五年的《清高宗实录》和《清仁宗实录》，从中一共找到了10位清廷旌表的广西节烈妇女，分别为乾隆五十七年旌表守正捐躯广西容县陈成宇妻黄氏，乾隆五十八年旌表守正捐躯广西陆川县民杨文德妻汤氏，乾隆五十九年旌表守正捐躯广西宣化县民李元和妻张氏、恭城县民周奇章妻李氏，乾隆六十年旌表守正捐躯象州民韦

[1]（清）冯德材修，（清）文德馨、牟懋圻纂：《鬱林州志》，光绪二十年版刻重印本，第800页。

[2] 广西壮族自治区通志馆、广西壮族自治区图书馆编：《〈清实录〉广西资料辑录》（五），南宁：广西人民出版社，1988年，第140页。

[3] 中国第一历史档案馆编：《光绪朝上谕档》第七册（光绪七年），桂林：广西师范大学出版社，1996年，第277页。

正妻黄氏，嘉庆二年旌表守正被戕广东灵山县民李万籍妻黄氏，嘉庆三年旌表守正被戕广西宣化县民陈廷甫妻刘氏，嘉庆四年旌表守正捐躯广西阳朔县民李发章女李氏、陆川县民李时铭妻陈氏，嘉庆五年旌表守正被戕广西博白县民李德辉妻唐氏。[1]

在这10位旌表节烈中，我们并未发现钟苏氏的记录，而且这一时期广西得到旌表的妇女，其旌表理由皆是守正捐躯或被戕，而非守节，这与乾隆末期到嘉庆初年，国内政局动荡，特别是白莲教起义对清廷形成巨大冲击的史实相印证。因此，如果单从实录的记载来看，钟苏氏在乾隆五十七年到嘉庆五年之间得到清廷的旌表似乎是不大可能的。

然而，在清廷皇家档案都无法解决我们对于钟苏氏贞节坊碑刻与方志记载时间之间巨大抵牾的时候，我们又进一步翻查了清嘉庆时期的《广西通志》，发现这样一条记载："钟培妻苏氏，生员为梗女。年十九生子锦而培没，贫甚，老姑在堂，无兄弟可倚。邻有风其改嫁者，苏抱子哭告于其姑曰'此邻当远'。遂徙居焉。翁夫皆未葬，曰：'与其厚葬而迟，不如早葬而薄也。'尽售奁具得数金，卜地以窆。日以纺绩供姑，同寝处。姑得目疾，侍药饵十余年如一日。教子锦为生员。(《州志》)乾隆五十八年旌。(司册)"[2]

清嘉庆《广西通志》明确记载，钟培妻苏氏（也就是钟苏氏）受到旌表的时间是乾隆五十八年，时间较钟苏氏贞节坊碑刻上标注的"嘉庆伍年"要早，这比较符合常识。贞节坊的修建需要经费和时间，理应在政府旌表之后进行。清代贞节坊的修建经费虽然在一般情况下会有官方三十两银的资助——《钦定大清会典则例》载顺治十年"又题准，凡旌表节孝在直省府州县者官给银三十两，满洲蒙古汉军支户部库银三十两，听其自行建坊"[3]——但这三十两与实际建坊所需要的资金相比还存在着巨大的差距，从钟苏氏贞节坊建筑主要采用青砖砌筑而不是石构搭建的方式就可以看出当时的艰难。因此，从现实和常识来考量，这条史料的记载应该更加准确。另外，钟苏氏孙"昌洋、远洋"撰写的碑刻记载，钟苏氏"殁于乾隆二十八年十一月二十五日申时，……阅今三十余年。兹奉旨旌表节孝，建坊城北"，从时间来推算，与嘉庆《广西通志》记载的旌表时间也刚好吻合。

嘉庆《广西通志》中出现的这条史料彻底解决了我们先前关于钟苏氏贞节坊建筑标注年代与《鬱林州志》记载时间明显抵牾的谜团。至此，我们可以确定钟苏氏受到

[1] 广西壮族自治区通志馆、广西壮族自治区图书馆编：《〈清实录〉广西资料辑录》(三)，南宁：广西人民出版社，1988年，第38–90页。

[2] (清)谢启昆修，(清)胡虔纂：(嘉庆)《广西通志》，南宁：广西人民出版社，1988年，第6817页。

[3] (清)昆冈等修，(清)刘启端等纂：《钦定大清会典事例》，清光绪石印本，见《续修四库全书》编纂委员会编《续修四库全书》史部第804册，上海：上海古籍出版社，1995年，第394页。

旌表的准确时间是乾隆五十八年，而不是牌坊碑刻上标注的“嘉庆五年”，更不是清光绪二十年《鬱林州志》上记载的“光绪七年”，钟苏氏贞节坊碑刻上的“嘉庆五年”应该是贞节坊的建造时间，而清光绪二十年《鬱林州志》上记载的“光绪七年”则可能是错录或笔误。同时，从以上对文献的仔细查考中，我们也可以发现《清实录》中关于节妇旌表的记载并不完全，值得研究者注意。

三、钟苏氏贞节坊保护现状、问题及建议

钟苏氏贞节坊建于清嘉庆五年，建筑本体目前保存基本完好，其不仅是玉林地区现存的唯一一座较为完整的清代贞节牌坊，文物价值巨大，同时也是十分难得的将清代基层妇女旌表制度通过碑刻完整记录下来的牌坊实物，对于我们研究玉林地方历史文化以及清代的节妇旌表制度无疑是非常重要的，需要我们下大力气来进行保护和展示。

（一）钟苏氏贞节坊的保护现状及问题

由于历史的原因，钟苏氏贞节坊目前几乎已与现居住户的房屋连为一体，并成为两座砖木结构建筑的共用墙体，完全被遮挡在了周边的建筑之中。民众从街巷通道走过，几乎很难发现它的存在，即使发现了，仅能勉强看到它的一角，而无法看到整个样貌。

图3　钟苏氏贞节坊现状图

另外，由于年长日久，贞节坊明间的顶盖早已失，而两次间的顶盖也仅存其一。牌坊的正门现完全成了两座住户屋子间的通道，且被改造成了拱形门，而次间两门则皆被封堵，完全成了密闭的墙体。牌坊原有的灰塑装饰毁损剥落严重，现仅存少量，坊上镶嵌的碑刻部分则遭到了人为的破坏，一些文字已难以辨识，一些重要的信息已荡然无存。

（二）钟苏氏贞节坊保护建议及对策

1. 及时公布为文物保护单位

钟苏氏贞节坊的文物价值巨大，但目前尚未被公布为文物保护单位，在文物保护的力度和措施方面存在较大的短板。作为玉林市难得的唯一一处清代贞节坊遗物留存，政府部门理应及早地将钟苏氏贞节坊列入市级文物保护单位，划定文物保护红线，框定文物保护范围，增加文物保护设施以更好地保护它。

2. 恢复钟苏氏贞节坊的原貌

在公布为文物保护单位之后，政府部门应形成专门的文物保护方案，配套专门的文物保护资金，与专业文物保护机构合作，对钟苏氏贞节坊进行原貌复原工作。

原貌复原工作可以采取原地修缮保护的方式，即将钟苏氏贞节坊与周边建筑进行剥离，并进行保护性修缮，也可以采取将钟苏氏贞节坊进行迁移、实行异地保护的办法。原地保护的方式可以保留更多的历史信息，不仅有利于大众对钟苏氏贞节坊历史背景的理解，同时也可以照顾周边社区民众的感情。而异地保护的办法，则需要使钟苏氏贞节坊脱离原生环境，如果可以将其与现阶段玉林实施的以州背万花楼（重建）为主的“三街六巷”文化街区项目相结合，使文物资源有效整合，不仅将有利于玉林历史文化资源的保护，同时还可以带动玉林经济的高质量发展。

3. 加大研究力度，创新展示手段，服务好大众

在做好文物保护工作的同时，当地的博物馆和文物管理部门还应该积极筹措资金，组织人力广泛收集资料，对钟苏氏贞节坊进行详细的测绘、拓印和建模等工作，整合文字、照片、拓片、图纸、3D 影像等资源，有效利用 VR、大数据等互联网新技术，创新文物保护、展示的手段和方法，让更多的人足不出户就能够了解钟苏氏贞节坊，了解玉林的历史文化以及清代的旌表制度，更好地为社会大众和玉林的文化旅游发展服务。

四、结语

钟苏氏贞节坊是玉林地区现存的唯一一座较为完整的清代贞节坊，坊上镶嵌碑刻 13 方，不仅完整地记录了牌坊主人钟苏氏的生平事迹，其中的“阖族呈报”碑、“儒学详文”碑、“州宪详文”碑以及“乾隆五十七年呈报”碑，还向我们展示了清代节妇旌表呈报的完整流程，对于我们研究清代妇女旌表制度有十分重要的价值和意义。

同时，在对钟苏氏相关文献的研读中，我们发现了清光绪二十年《鬱林州志》中关于钟苏氏旌表时间的记载错误，确定了其正确的旌表时间应该是在清乾隆五十八年，进而解决了钟苏氏贞节坊碑刻记录与地方志记载之间时间不相符合的问题。另外，在

文献查考的过程中，通过对《清实录》的仔细研读，我们还发现《清实录》在节妇旌表记录方面存在着明显的缺漏问题，提醒学者在今后的研究工作中多加注意。

最后，由于钟苏氏贞节坊所具有的重要历史文化价值，当地政府应下大力气改变其现在保护不佳的状况，及时将其公布为文物保护单位，同时还应适时对其进行原貌修复和保护性修缮，保护文物资源以更好地服务大众。

梧州冰井寺研究

潘俊杰

【摘　要】梧州冰井寺始建于唐代，是梧州较为著名的寺庙之一，但是随着城市变迁，这座古寺庙已经消失在大众视野当中。本文通过梳理《苍梧县志》《梧州府志》《广西通志》《舆地纪胜》《岭外代答》《粤述》等历史文献及对现存的冰井寺遗物进行研究，增进人们对梧州冰井寺的认识。

【关键词】梧州　冰井寺　元结

【作　者】潘俊杰　梧州市博物馆　馆员

冰井寺是梧州古代较为著名的寺庙之一，始建于唐代，直至清末因地方政府兴办学堂，冰井寺改建成冰井学堂，冰井寺才消失在大众的视野当中。虽然冰井寺已经不复存在，但是，元结为冰井所创作的冰井铭以及冰井寺内的梧州古八景之一“冰井泉香”一直为世人所津津乐道，冰井寺厚重的历史文化内涵更是梧州这座历史古城的缩影之一。

一、冰井寺的历史

梧州冰井寺因寺内的冰井而得名，是梧州古代较为著名的寺庙之一，寺内的“冰井泉香”更为梧州古八景之一。梧州市博物馆现藏有一块冰井寺的石匾额（图 1），该匾额所用的材料为红色砂岩，长 1.5 米，宽 0.36 米，厚 0.13 米。在匾额中部浮雕“冰井寺”三字，字体为楷体，由右往左读，但是石匾额上并没有关于匾额雕刻于何时的相关记载。《苍梧县志》记载：“冰井寺在东城外冰井侧，唐建，宋、元重修。成化七年修，正德九年重建。万历二十七年税监沈永寿请敕重建（时名广善），殿堂宏丽，有

图1　冰井寺石匾额

敕赐藏经楼。国初定，南王孔有德左翼兵拆取正殿大柱以去，仅存后楹。乾隆十三年重修。”[1]《梧州府志》记载：“冰井寺，在城东北凤凰山下，唐时建，宋、元重修，正德间扩之，万历三十一年重建，易名广善，敕建藏经阁，置寺田。鼎革时定南王拆取正殿大柱，今仅存后殿阁，详古迹。”[2]《广西通志》记载：“冰井寺，在东城外冰井侧。唐建，宋、元重修。明成化七年修。万历三十一年，税监沈永寿请敕重建。殿堂宏丽，有敕赐藏经阁。”[3]从《苍梧县志》《梧州府志》以及《广西通志》三则史料得知，梧州冰井寺始建于唐代，宋、元时期进行过重修，但是史料中并没有记载宋、元时期重修的具体时间。明代，梧州冰井寺进行过多次修缮。首先是明成化七年（1471）。《苍梧县志》及《广西通志》均有记载，但是这次修缮记录在《梧州府志》中没有记载。其次是明正德年间。《苍梧县志》及《梧州府志》均有记载，《广西通志》则没有记载。但是《苍梧县志》《梧州府志》两则史料的记载有所不同。《苍梧县志》记载的是“正德九年重建”，而《梧州府志》记载的是“正德间扩之”，没有记载具体时间。但是刻于明正德九年（1514）的《重建冰井禅寺记》碑正好记录了明正德九年重建冰井寺的事情，从而可以明确明正德九年进行过重建。再次是明万历年间。《苍梧县志》记载的是明万历二十七年（1599）税监沈永寿请敕重建，当时的冰井寺已改名为广善寺。《梧州府志》记载的是明万历三十一年重建，改名为广善。《广西通志》记载的是明万历三十一年重建，由税监沈永寿请敕重建。这三则史料的记载均有所不同，但是有部分内容是可以确定的，即明万历年间由税监沈永寿请敕重修冰井寺。根据《苍梧县志》中引用舒应龙的《重修广善寺记》记载：“当今天子御极之，已亥岁命御马监太监沈

[1]（清）王栋等修：《苍梧县志・卷八・建置志 十六至十九》，凤台书院影印版。

[2]（清）吴九龄修，（清）史鸣皋等纂：《梧州府志・卷之七・坛庙 十三～十四》，台北：成文出版社，1961年，第154页。

[3]（清）谢启昆修，（清）胡虔纂：《广西通志・卷二百四十・胜迹略 十一 寺观》，南宁：广西人民出版社，1988年，第6197—6198页。

公永寿榷镇三江，驻监梧地，公清时多暇求，所以报国裕民之术，乃遍观诸古刹，首新冰井寺，疏请于朝，天子加其忠诚，赐改寺额为广善兼赐龙藏及谕主持僧略。”[1]万历年间的己亥年正是万历二十七年，加上《苍梧县志》所采用的明万历二十七年是引自舒应龙的《重修广善寺记》，因此，《苍梧县志》的记载应该是准确的，即明万历二十七年税监沈永寿请敕重修冰井寺，天子赐寺额为广善。到清代，定南王孔有德拆取正殿大柱，清乾隆十三年（1748）进行重修。根据《梧州市志》记载：“此寺延续至清光绪三十一年（1905），因废科举兴新学，遂在冰井寺基础上建立冰井学堂，嗣后冰井寺即不复存在。”[2]通过对《苍梧县志》《梧州府志》《广西通志》《梧州市志》等史料的分析，基本能够梳理清楚梧州冰井寺的历史发展脉络。梧州冰井寺建于唐代，宋、元时进行过重修，明成化七年（1471）重修，明正德九年（1514）重建，明万历二十七年（1599）税监沈永寿请敕重建，改名广善，清乾隆十三年（1748）重修，清光绪三十一年（1905）改建立冰井学堂，冰井寺不复存在。

二、冰井寺的地理位置及其建筑布局

（一）冰井寺的地理位置

关于冰井寺的地理位置，《苍梧县志》记载：“冰井寺在东城外冰井侧。”[3]《梧州府志》则记载：“冰井寺，在城东北凤凰山下。”[4]《广西通志》与《苍梧县志》记载是一致的，均在城东外冰井侧，《广西通志》记载：“冰井寺，在东城外冰井侧。”[5]从这三则史料可以看出，记载冰井寺的位置只是指出了一个大概的地理位置，并没有记载具体的位置。《梧州府志》的记载还与《苍梧县志》《广西通志》所记载的位置不一，《梧州府志》记载为城东北，另外两则记载为城东。此外，《苍梧县志》《广西通志》还记载了冰井寺在冰井侧。那么，冰井在哪里？《舆地纪胜》记载：“冰井在州东北一里，澄湛不涸，味甘且冷。”[6]《粤述》则记载：“冰井在府城东南，对火山。”[7]两则史料记载的位置也不一致，一则为在东北，另一则为在东南。明代梅俊《重建冰井禅寺记》记载的位置较为具体：“梧郡东有大云山，即志之大灵山，重冈叠嶂，绮绾潚错，山之扶舆，

[1]《苍梧县志·卷八·建置志 十八》，凤台书院影印版。

[2] 梧州市地方志编纂委员会编：《梧州市志·文化卷》，南宁：广西人民出版社，2000年，第3783—3784页。

[3]《苍梧县志·卷八·建置志 十六》，凤台书院影印版。

[4]《梧州府志·卷之七·坛庙 十三～十四》，第154页。

[5]《广西通志·卷二百四十·胜迹略 十一 寺观》，第6197页。

[6]（宋）王象之撰：《舆地纪胜》，北京：中华书局，1992年，第3291页。

[7]（清）闵叙辑：《丛书集成初编 粤述》，上海：商务印书馆，民国二十八年（1939），第11页。

蜿蜒奔驰，峨矗南下，其麓则延袤广衍，不间丈而并出双泉，左浊右清在古刹中，去城二里许。”[1]指出了冰井在大云山南麓，去城二里，大云山即为现今的白云山。虽然这则史料较《舆地纪胜》《粤述》记载的要清楚，但是白云山南麓的范围也是比较大的，还是指示不清。《苍梧县志》和《梧州府志》均有梧州清代城池图（图 2、3），两幅地图中均标记有冰井寺的地理位置，均在城东、大云山南侧、阜民山东侧。通过对上述史料的分析，可以确定冰井寺在城东、白云山南的记载是正确的，但是冰井寺的具体位置还是不能确定。《梧州市志》中则明确记载了冰井寺的位置“遗址为今市第二中学校园”。[2]梧州市第二中学在梧州三冲改造时已经搬迁至梧州市新兴二路北一巷，梧州市第二中学旧校址则在今美的市民广场地块处。旧校址的位置正好是白云山南麓、阜民山东侧，属于清代梧州城的东部，与史料的记载是一致的。因此，可以确定冰井寺遗址在梧州市第二中学旧校址处即今美的市民广场地块处（图 4）。

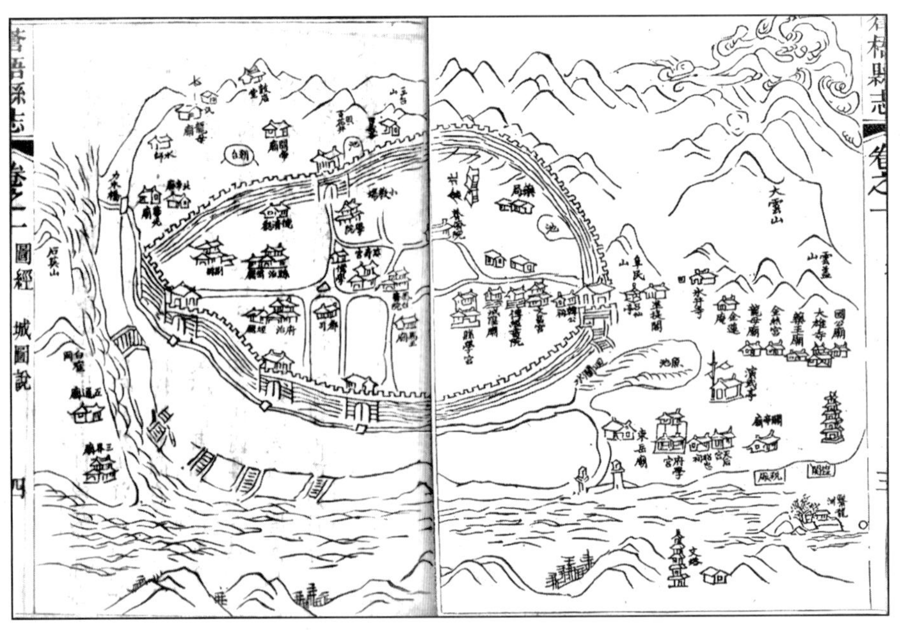

图 2 《苍梧县志》中的清代苍梧县地图[3]

[1]《苍梧县志・卷八・建置志 十六》，凤台书院影印版。

[2] 梧州市地方志编纂委员会：《梧州市志・文化卷》，南宁：广西人民出版社，2000 年，第 3784 页。

[3]《苍梧县志・卷之一・图经三至四》，凤台书院影印版。

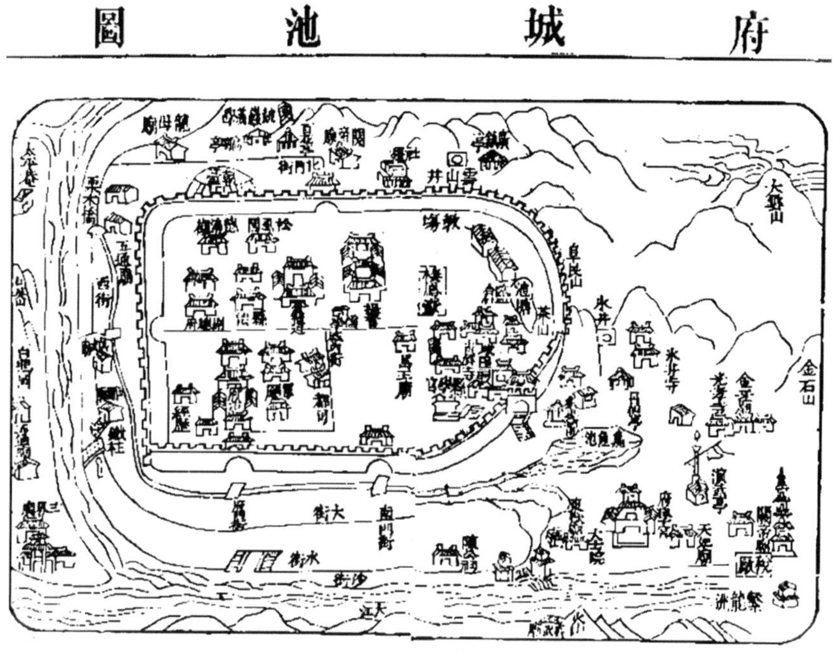

图 3 《梧州府志》中的清代梧州府城图[1]

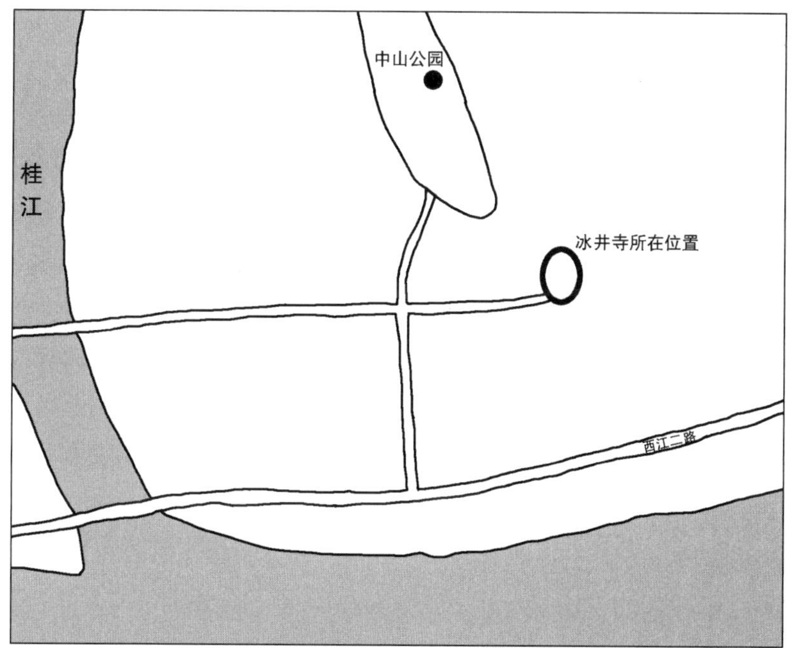

图 4 冰井寺所在位置示意图（圆圈位置）

[1]《梧州府志·卷首·图四》，第 30 页。

（二）冰井寺的建筑布局

关于冰井寺的建筑布局，以《苍梧县志》中引用的梅俊《重建冰井寺记》记载最为详细。梅俊《重建冰井寺记》记载了明正德九年（1514）重建后冰井寺内部的建筑布局，与现存的《重建冰井禅寺记》碑所记载的一致，这对复原明正德九年冰井寺的建筑布局提供了史料支持。《重建冰井禅寺记》碑现存放在梧州中山公园内，该碑刻于明正德九年，碑高 2.44 米，宽 1.16 米，碑额“重建冰井禅寺记”7 字为篆书，碑文正文为行楷，全文 1200 余字。撰文由梅俊所撰，梅俊为明太祖朱元璋次女宁国大长公主的曾孙，碑文称“皇姬四世孙”，撰文时任西城兵马指挥。篆书由番禺人黄洪所篆。碑文所涉及的人物有总镇御马监太监潘忠、总督都察院右都御史林廷选、总兵武定侯郭勋。碑文主要介绍了明正德九年总镇太监潘忠倡议重修冰井寺一事，并介绍了冰井的由来、唐代元结冰井铭等内容，其中最为珍贵的是记载了明正德九年重修冰井寺后该寺的建筑布局，这为了解冰井寺的建筑布局及规模提供了翔实的史料信息。该碑为研究冰井寺历史提供了重要的实物材料。梅俊《重建冰井寺记》记载：“建佛堂三间，金相庄严，罗汉两列巍拥龙牌于中，祝圣寿也。殿前为山门三间，塑四大天王，闲出入也，就门翊绕回廊各十二间抱合殿。山中踊甓阶阶，东西凿地为沼，远师净社，袭清香也。殿北构堂三间，题曰尘外风光，备游憩也。堂东方丈三间，附以厨库，为籍僧之居。堂西斋堂三间，次以藏厕，为过客之馆。堂之后得双井焉，甃砌方涵，涤荡澄澈，便民汲也。井北石磴逼峻而上，重饰漫亭，以集题咏之迹。亭后再甃十数级，夷其巅，更建观音一阁，以压镇火山。阁之西北缘险至坳构亭楹，爽朗轩豁，题曰拱日，怀君象也。阁之东北夹山中有塘，长二百丈余来，云山石峡之源瞰流，再构一亭曰挹清览灵秀也。塘南新垦腴地数畦，莳种三时之蔬。沼北有污池一方，津注两泉之余沥。殿堂门庑纸，炉碑悉涂以丹雘之彩，墁以黝垩之工，四隅周匝，环筑土垣，焕然一新。”[1] 从这一则史料中可以看出，冰井寺当时主要有佛堂、山门、回廊、“尘外风光”堂、方丈、斋堂、双井、漫亭、观音阁、“拱日”亭、“挹清览灵秀”亭等建筑。其内部建筑布局清晰，功能分区合理，佛堂专门为礼佛的场所，“尘外风光”堂为游客休息的场所，方丈为僧侣居住的场所，斋堂为游客用餐的场所，漫亭为收集题咏碑刻的场所，此外寺内还有腴地数畦，专门用于种植蔬菜。根据史料，我们还原了明正德九年冰井寺内部的建筑布局（图 5），冰井寺坐北朝南，南北中轴线由南向北依次为：山门，佛堂（佛堂被回廊环绕），“尘外风光”堂，冰井、漫亭、观音阁，观音阁的西北有“拱日”亭，观音阁的东北有一水塘，塘边建有“挹清览灵秀”亭，“尘外风光”堂西边有斋堂、藏厕，“尘外风光”堂东边有方丈，附以厨库，此外，在水塘的南边有腴地数畦，

[1]《苍梧县志・卷八・建置志 十七》，凤台书院影印版。

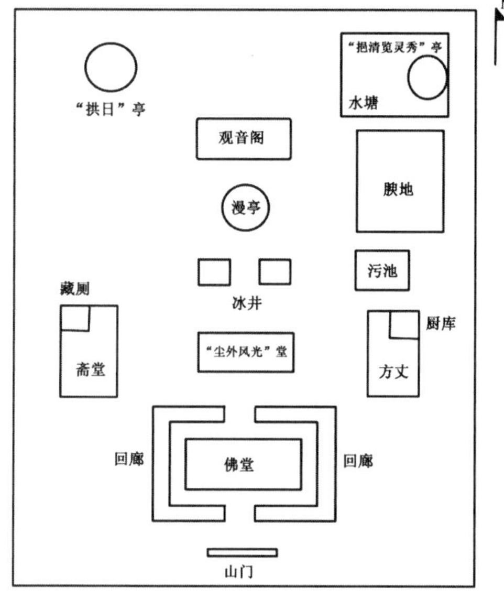

图 5　冰井寺内部建筑布局示意图

图 6　“寿”字碑

佛堂的东、西边为沼地，沼地北有污池一方。梧州市白鹤观现存放有一块“寿”字碑（图 6），“寿”字碑相传为吕仙书，吕仙即为吕洞宾，为道教八仙之首。“寿”字碑其实为陈抟所书。“寿”字碑碑高 1.8 米，宽 0.85 米，该碑采用阴刻手法，在碑面上阴刻一个大“寿”字，字体为草书，笔法苍劲有力，一气呵成，“寿”字高 1.25 米，宽 0.7 米，落款为“陈抟书”三字。陈抟（871—989），字图南，亳州真源人，为晚唐至北宋时期著名的道家学者，唐僖宗赐号“清虚处士”，后周世宗赐号“白云先生”，宋太宗赐号“希夷先生”，著有《指玄篇》等著作。《苍梧县志》记载：“大寿字碑在冰井寺。”[1]《梧州府志》记载：“大寿字碑在冰井寺，盖之以亭，相传为吕仙书，自南岳摹来镌石者。”[2]此外，根据梅俊《重建冰井寺记》记载，漫亭是收集存放题咏碑刻的地方。因此可以推断，“寿”字碑应该放在冰井寺的漫亭内。

三、冰井与元结

梧州冰井寺因寺内的冰井而得名，“冰井泉香”是梧州的古八景之一。《岭外代答》

[1]《苍梧县志・卷十三・艺文志　二十九》，凤台书院影印版。

[2]《梧州府志・卷之四・古迹　二十三》，第 108 页。

记载："梧州城东有方二井，冰泉清冽，非南方水泉比，谓之冰井。"[1]从《岭外代答》可知，冰井为方井，是两口方井的合称，而且泉水清冽，非南方其他水泉可比。《舆地纪胜》对冰井的水质有"澄湛不涸，味甘且冷"[2]的描述。明代梅俊的《重建冰井禅寺记》对冰井的描述更为详细，"梧郡东有大云山，即志之大灵山，重冈叠嶂，绮绾浾错，山之扶舆，蜿蜒奔驰，峨矗南下，其麓则延袤广衍，不间丈而并出双泉，左浊右清在古刹中，去城二里许。说着以其泉脉属两广，信乎？余尝游句曲山之玉晨观，见阴阳井，冬夏二至，气升左右，以冰井较之，左之浊者脉通南海，味咸而温，以其势逆上流，于秋冬必涸。右之清者脉来桂江，味甘而冷，以其势顺下溯，故四序不竭，理或然也"[3]。梅俊指出冰井左边井的井水较为浑浊，泉水的水脉连通南海，水咸且温，在秋冬季泉水就会干涸，右边井的井水清澈，井水的水脉连通的是桂江，井水甘甜且冷，四季都不会枯竭。冰井以其独特性及周边环境的秀丽，吸引历代文人到访，留下了不少佳话。明代李磐在游览冰井寺留下了《游冰井寺》，该诗刻在《游冰井寺》碑上，现藏于梧州市博物馆。该碑长 0.93 米，宽 0.34 米，厚 0.07 米，全诗 85 字，字体为草书，诗云："亭之楼阁景弥天，古寺欣逢第一泉。云起碧吹茗碗净，珠光红滴酒槽鲜。藤垂素浪通晴涧，花涌灵心到夜禅。西望玉山余万里，冰泉佳号并蓝天。又，大运遥护绿江烟，地出泉如露降天。古荷幽环千载润，于今犹厌祝融鞭。"落款为"崇祯壬午子月淮南李磐小有氏题"，崇祯壬午子月即为明崇祯十五年（1642）十一月。此外，在左下方还有三方印，字体均为篆书，从上到下分别为"李磐根明""李长科印""小有氏"。除了李磐到访过冰井寺外，流传最广的要数元结的到访。《岭外代答》记载："元次山尝为梧州，有'火山无火，冰井无冰'之句。"[4]《舆地纪胜》对于元结到访冰井寺的记载有两则，一则为："唐大历三年，元结过郡，目曰冰井，又为铭，刻石泉上。"[5]另一则较为详细："唐大历十三年，容州经略使元结过郡，目曰冰井，人为铭，刻石泉上。"[6]但是，从中不难发现，两则史料记载元结到访冰井的时间是不一致的，一则为唐大历三年（768），另一则为唐大历十三年。《苍梧县志》及《粤述》记载的均为唐大历三年，《苍梧县志》记载："唐元结冰泉铭。大历三年容州经累使元结撰。"[7]《粤述》记载"冰井在府城东南，

[1]（宋）周去非著，杨武泉校注：《岭外代答校注》，北京：中华书局，1999 年，第 412 页。
[2]《舆地纪胜》，第 3291 页。
[3]《苍梧县志·卷八·建置志 十六至十七》，凤台书院影印版。
[4]《岭外代答校注》，第 412 页。
[5]《舆地纪胜》，第 3291 页。
[6]《舆地纪胜》，第 3298 页。
[7]《苍梧县志·卷十三·艺文志 二十五》，凤台书院影印版。

对火山，唐大历三年，经略使元结为之铭。”[1]《梧州府志》则记载为“唐大历间”[2]。根据元结墓碑文可知，元结于“大历七年四月病逝于京师（今陕西省西安市），同年十一月葬于鲁山青岭泉破原”[3]。由此可以断定，元结到梧为冰井作冰井铭的时间应为唐大历三年。元结在冰井留下冰井铭，并刻于石上，《舆地纪胜》记载：“铭曰：‘火山无火，冰井无冰。□□□□，甘寒可凝。铸金磨石，篆刻此铭。置之泉上，彰厥后生。’”[4]《岭外代答》记载：“元次山尝为梧州，有‘火山无火，冰井无冰’之句。”[5]宋代宣和年间，郡守萧公磐曾到访冰井寺，还能看到冰井铭。《舆地纪胜》记载：“国朝宣和间，郡守萧公磐访求得之，因有诗末章云井名未磨灭，自我发沉晦。”[6]到了明天顺六年（1462），冰井铭仅存一角，可辨别的文字仅剩数字，《苍梧县志》记载：“天顺六年，王师有事，南徼师旋驻苍梧，维时盛与前军都督佥事颜侯彪得是，井于苍莽中，重浚之，其旁复得断碑一角，可辨识才数字，元公官位名字独存。”[7]到了明正德九年（1514），冰井铭已废，刻于明正德九年的《重建冰井禅寺记》碑记载：“唐元道州过泉为铭，刻石目曰，冰井意厌郡南火山，去今七百余年，铭石已废。”[8]时至今日，冰井铭石刻已消失不见，《舆地纪胜》里所记载的冰井铭应是流传下来的古代历史文献中记载得最为详细的一则，但是还是缺了四字。通过翻阅《梧州市志》得知，里面记载有冰井铭的完整版本，“碑铭曰：‘火山无火，冰井无冰；唯彼清泉，甘寒可凝。铸金磨石，篆刻此铭；置之泉上，彰厥后生。’”[9]这就为我们完整地认识冰井铭提供了资料。

随着城市的变迁，梧州冰井寺已经消失在大众视野之中，但是，我们通过对《苍梧县志》《梧州府志》《广西通志》《舆地纪胜》《岭外代答》《粤述》等史料的研究分析，依旧能够了解到这座千年古寺厚重的历史。冰井寺石匾额、《重建冰井禅寺记》碑、“寿”字碑、《游冰井寺》碑等与冰井寺相关遗物的存世，也成为我们今日了解冰井寺的重要实物资料。只有不断加强对文献及存世遗物的研究，才能不断增进我们对冰井寺的认识，重新认识到这座古寺庙的昔日辉煌。

---

[1]《丛书集成初编 粤述》，第 11 页。

[2]《梧州府志・卷之四・古迹 二十二》，第 107 页。

[3] 王晓：《元结墓碑考》，载《中原文物》，1989 年第 1 期，第 95 页。

[4]《舆地纪胜》，第 3298 页。

[5]《岭外代答校注》，第 412 页。

[6]《舆地纪胜》，第 3298 页。

[7]《苍梧县志・卷十三・艺文志 二十五至二十六》，凤台书院影印版。

[8]《苍梧县志・卷八・建置志 十七》，凤台书院影印版。

[9]《梧州市志・文化卷》，第 3478—3479 页。

文化遗产论坛

Cultural Heritage Forum

三叉格铜柄铁剑修复保护检测分析及修复建议

刘美娟

【摘　要】2007 年，宁夏固原彭阳县王大户村发现一座我国古代北方少数民族的墓葬群，判定时代属战国中期。该墓葬群出土了极其珍贵的三叉格铜柄铁剑，可证实当时已有了金属焊接技术。根据铜柄的细部和花纹，参考类型学上苏奎的分类方式，可推断此铜柄铁剑符合形式Ⅱ早后期的剑形。本文针对该剑进行前期病害调查，通过科学的检测分析（X 光探伤、金相分析、X 射线荧光光谱分析），提出合适的修复建议和修复手段，以延长文物的寿命。

【关键词】三叉格　铜柄铁剑　修复保护　检测分析

【作　者】刘美娟　柳州军事博物园　副研究馆员

前言

2007 年，宁夏固原市彭阳县王大户村发现一座我国古代北方少数民族的墓葬群，根据墓室出土的遗物和位于秦长城以内的墓址，判定时代属战国中期。该墓葬群出土大量珍贵的戎族文物。其中位于王大户村春秋战国墓地西部、东北部 5.5 米处的 4 号墓葬洞室的人体骸骨右侧的三叉格铜柄铁剑极其珍贵，并具有一定代表性。该剑平置、带木鞘，是我国较早的铁制武器，是一种非常典型的早期少数民族（尤其是游牧民族）的铁质文化遗物，可证实当时已有了金属焊接技术。根据铜柄的细部和花纹，可参考类型学上苏奎的分类方式，推断此铜柄铁剑符合形式Ⅱ早后期的剑形。这柄珍贵的三叉格铜柄铁剑由于出土时状态不佳，现场直接进行灌胶处理，且后期保存环境不良，导致文物锈蚀严重，铁剑断成三大段两小块。本文特对此三叉格铜柄铁剑进行前期病害调查，通过科学的检测分析（X 光探伤、金相分析、X 射线荧光光谱分析），提出合适的修复建议和修复手段，以延长文物的寿命。

一、三叉格铜柄铁剑保存现状和病害调查

1. 三叉格铜柄铁剑保存现状

该剑为铜质剑柄铁质剑身。铜柄保存较好，病害出现较少，柄首呈椭圆状半球形，柄体扁柱状，在茎处是成排的乳钉装饰，剑格成三叉形，仅一边可见一处铸造时孔洞。该铜柄铁剑的铁质剑身保存状况较差，整体矿化严重，铁质剑身出现多处断裂、剥落、裂隙、表面附着物等病害，剑身共断裂为三大段及两小块，均可拼接于器物之上。剑身一面表面有大量的木质痕迹留存，推测应是剑鞘。残断第二节木痕长约 25.2cm，残断第三节木痕长约 13.6cm。剑身另一面隐约可见两处小面积皮质残留，残断第二节残留皮质面积大小约为 $2 \times 1.5cm^2$，残断第三节残留皮质面积大小约为 $4 \times 1.5cm^2$。

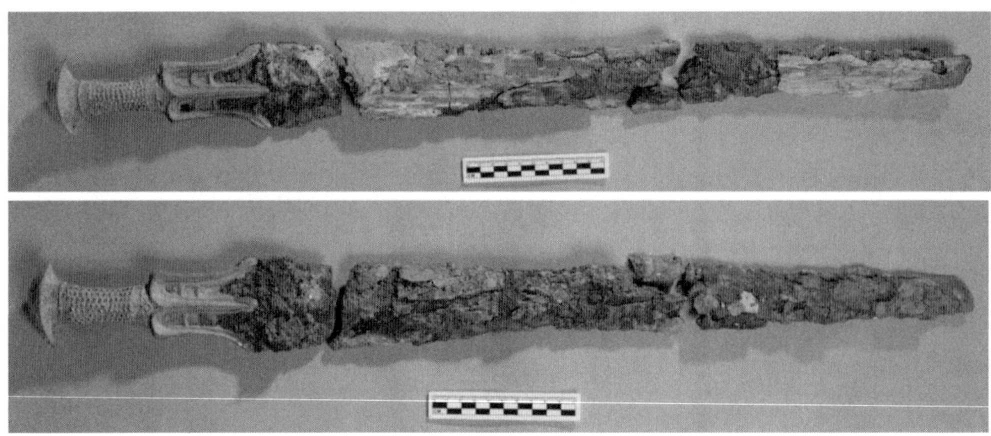

图 1-1　铜柄铁剑正反照片

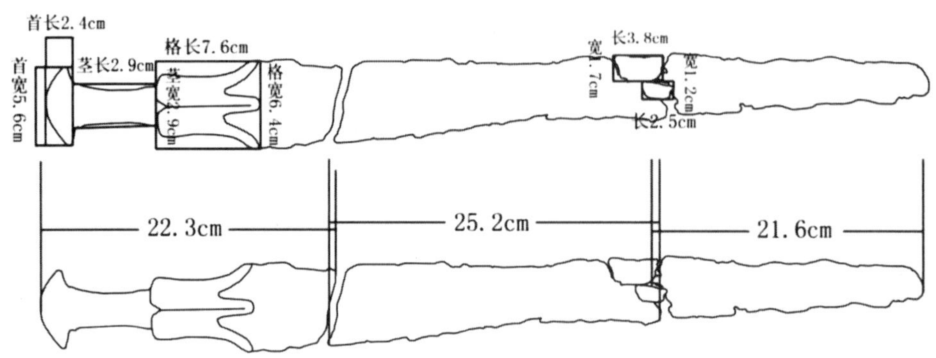

图 1-2　铜柄铁剑尺寸绘图

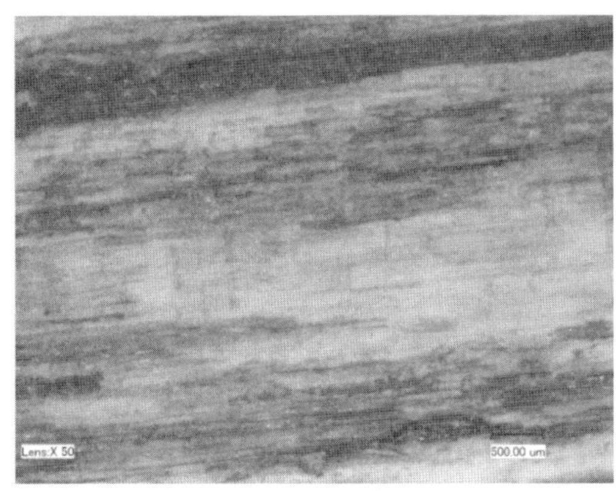

图 1-3 显微镜下残留的木质痕迹

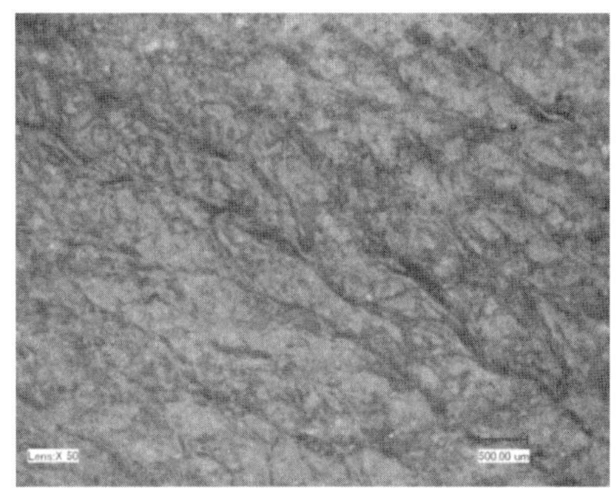

图 1-4 显微镜下残留的皮质痕迹

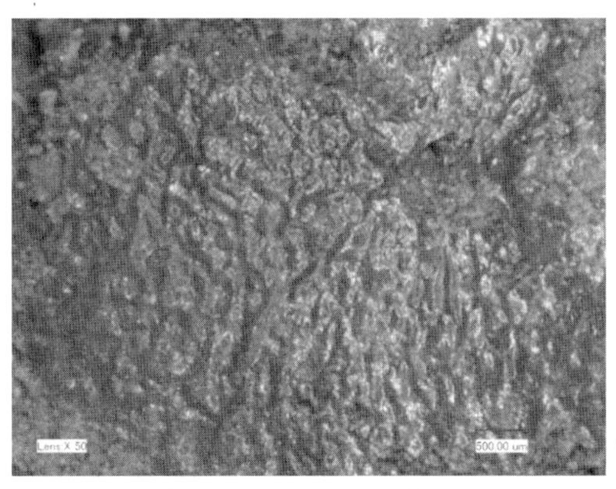

图 1-5 其他附着物

图 1 铜柄铁剑保存现状及其附加信息

2. 病害调查

三叉格铜柄铁剑的铁质剑身主要病害包括锈蚀、残断、裂隙、残缺、表层剥落、起翘、表面硬结物等。该铁剑进行 X 光探伤后，证实铁剑部分锈蚀矿化严重，其中有大量的裂隙存在，基体保存较少。第二节残断剑身中间部位有两处完全断裂，另有两处不完全断裂缝隙。第三节残断剑身靠近断裂面处锈蚀严重或者缺失。铜质剑柄部保存状况较好。由于该铁剑在出土时保存状态较差，剑身脆弱不堪，因此多年前在出土时进行过一次抢救性修复保护，对铁剑进行了简单的粘接及填充处理，对该铁剑的大致形貌得以完整保存至今起到了积极作用，但由于当时技术条件及其他客观条件的限制，目前胶结材料已经完全老化，铁剑重新断裂，残留的胶结材料及填充材料清晰可见。

图 2-1　整体病害状况

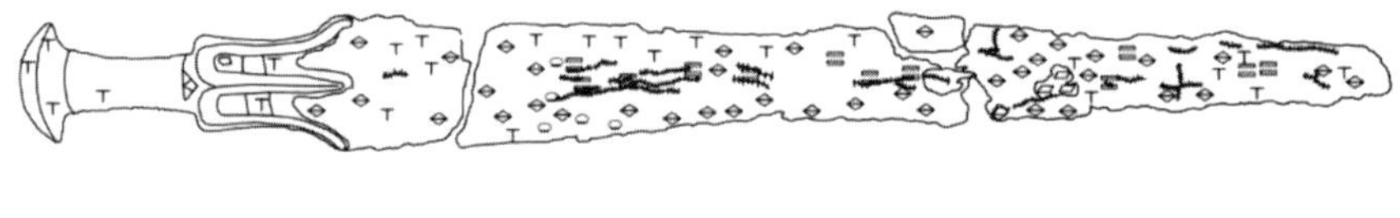

图 2-2　表面状况绘图

图 2-3　木剑鞘表面保存状况

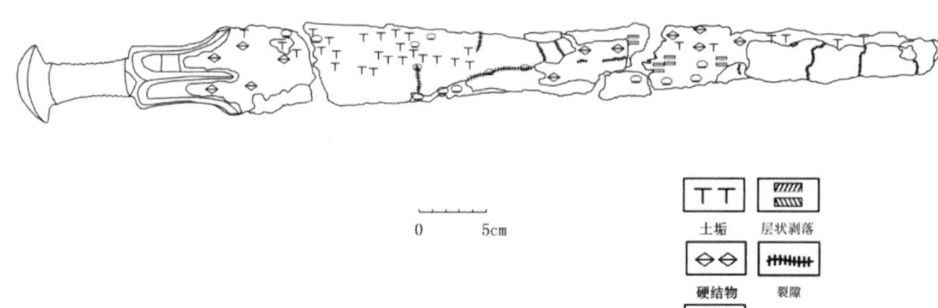

图 2-4　表面保存状况绘图

图 2-5 锈蚀情况

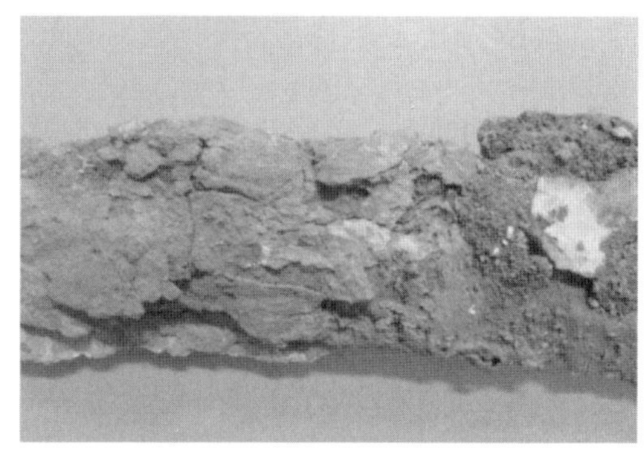

图 2-6 层状剥落

图 2-7 起翘分层

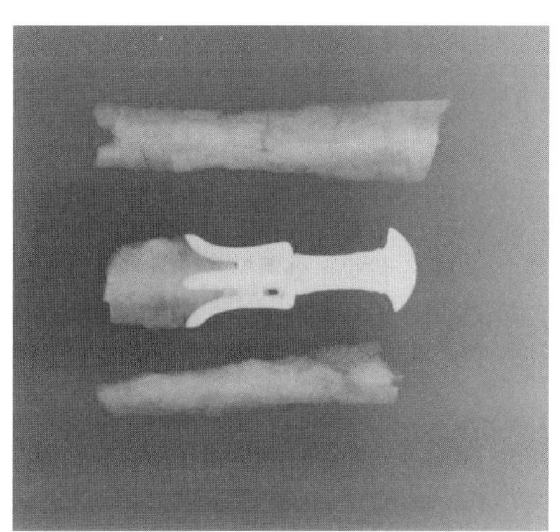

图 2-8 X 光拍摄照片

图 2-9 往期填充痕迹

图 2-10 往期胶结材料残留

图 2 铜柄铁剑病害状况

二、检测分析及制作工艺研究

王大户墓地出土器物中，金属器三叉格铜柄铁剑为北方特色青铜器，是典型的北方游牧民族器物，该文物的发现为研究宁夏及周边地区春秋战国时期遗存的文化面貌提供了非常有价值的资料。本考古针对这柄剑的制作技术，利用宏观观察、X 射线荧光光谱分析、金相分析、扫描电镜能谱等手段，对其开展了青铜器合金技术、铸造技术、表面处理和铜柄铁剑制作技术的初步研究，以期揭示该批金属器的制造技术面貌，为相关考古学研究提供技术视角的科学证据。

1. 金相分析

对铜柄铁剑剑身残片进行取样，用于金相和扫描电镜能谱分析。

所有样品均以断面为检测面，用镶样机镶样，用不同粒度的砂纸磨光，再用抛光机抛光以达到样品制备要求。所有铜器样品先不经浸蚀，在金相显微镜下观察夹杂物及铅的形态，然后用三氯化铁盐酸酒精溶液浸蚀样品，在金相显微镜下观察其组织形态。[2] 铁剑样品因完全锈蚀，未作浸蚀。金相分析所用显微镜型号为 ZEISS Scop.A1。各样品取样情况及分析结果见以下图表。

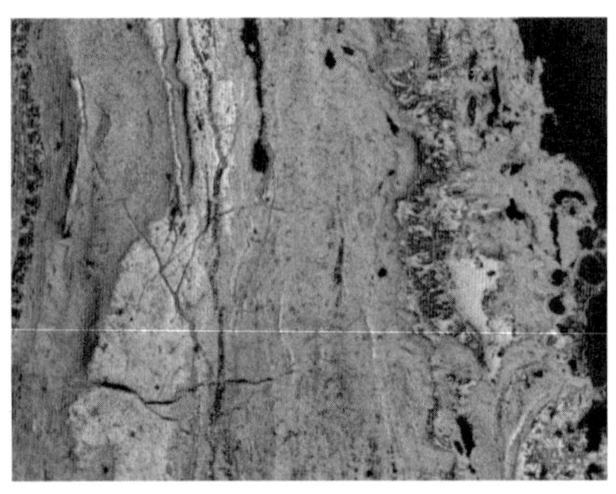

图 3-1 铜柄铁剑剑身金相，未浸蚀；完全锈蚀，锈蚀呈层状

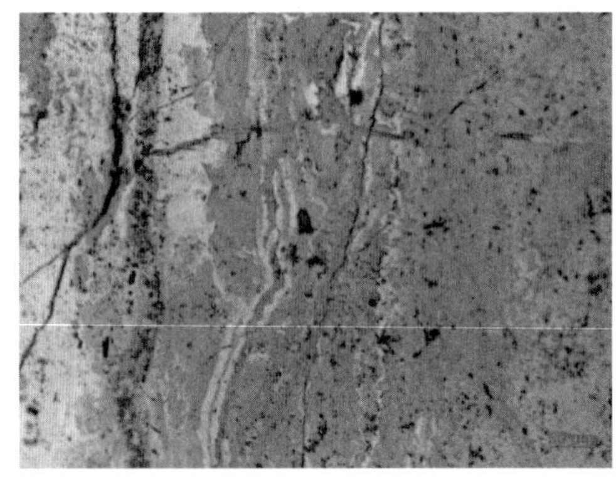

图 3-2 铜柄铁剑剑身金相，未浸蚀；内部较致密锈蚀区域可见疑似珠光体残留痕迹

图 3 金相分析图显微照片

表 1 取样及金相分析情况

序号	编号	器物	取样位置	性质判断
1	PWM4：43	铜柄铁剑	剑身残片	可能为钢

从金相分析显微照片（图 3）中我们可以看到，剑身已完全锈蚀，锈蚀呈层状，内部较致密锈蚀区域可见疑似珠光体残留痕迹。结合铁剑残片的检测，推断剑身材质可能为钢；残留珠光体组织的出现，表明该剑经多次高温锻造。

2. 扫描电镜能谱分析

对铜柄铁剑剑身残片的镶嵌样品重新抛光后喷覆碳膜[3]，利用 TESCAN VEGA3 扫描电镜配备 EDAX GENESIS 能谱仪对抛光喷碳后的镶嵌样品进行显微组织和成分分析，工作电压 15kV，工作距离 15~25mm，能谱分析计数时间 50s。

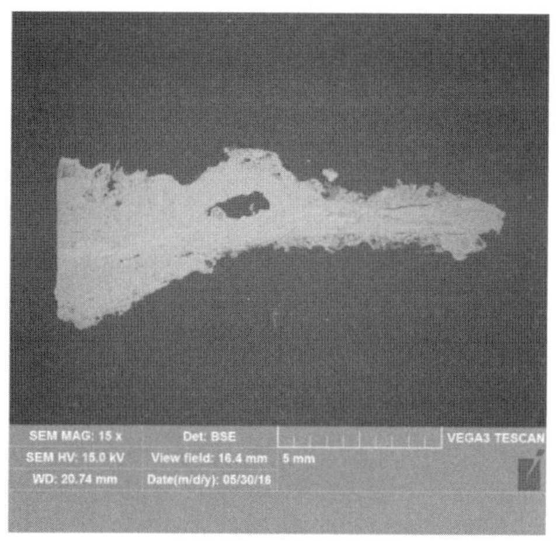

图 4-1　铜柄铁剑剑身背散射像（一）

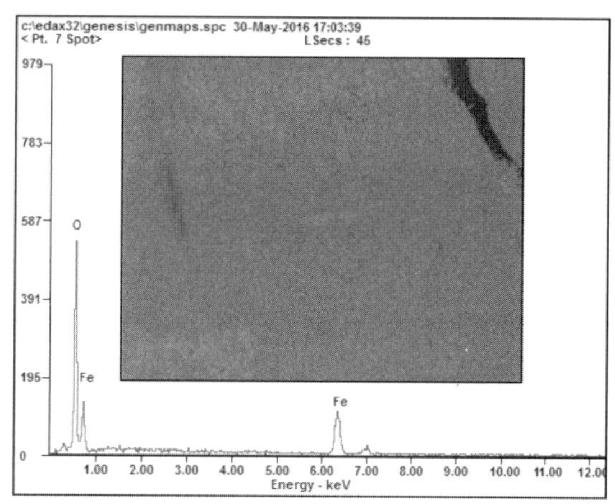

图 4-2　铜柄铁剑剑身锈蚀基体能谱

图 4-3　铜柄铁剑剑身背散射像（二）

Element	Wt%	At%
OK	61.34	84.70
FeK	38.66	15.30
Matrix	Correction	ZAF

图 4-4　铜柄铁剑剑身残留夹杂物能谱

图 4　扫描电镜能谱图

从图 4 中我们可以看到，剑身通体锈蚀，未见金属残留，锈蚀呈层状，局部形成空鼓。锈蚀基体中可见珠光体残留痕迹，中部灰白颗粒为残留夹杂物，通过较为彻底的检查，共发现 6 处残留的长粒状夹杂物，成分为铁的氧化物，宽 2~6μm，长 3~15μm，未见硅酸盐或其他成分夹杂物，未检测出镍、钴等其他成分。

3. 铜柄铁剑的制作技术

应用金相和电镜能谱分析在铜柄铁剑剑身基体中发现的珠光体残留及单纯铁氧化物夹杂，说明其材质为块炼渗碳钢，是人工冶炼的块炼铁经锻打渗碳处理得到的，与以往在宁夏固原、西吉、彭阳发现的 4 件铜柄铁剑剑身材质及制作工艺相同。

铜质剑柄首端两侧分别可见一小方孔，为内部泥芯自带芯撑。上文图 2-8 的 X 光检测显示铁质剑身深入三叉剑格内，考虑到青铜相较于钢的机械性能和韧性较差，机械插接可能导致剑格破碎，推测可能为铁质剑身制成后铸上铜质剑柄。

三、三叉格铜柄铁剑保护修复建议

（1）三叉格铜柄铁剑遵循“最小干预原则”“可逆原则”“协调及可辨识原则”的思路，修复中选择已经过长期试验与安全使用的、对文物无害的材料、工艺等。

（2）通过观察研究、金相分析、电镜扫描、X 光探伤，可以确定这把铁剑锈蚀矿化极其严重，仅存少量原始铁芯。脱盐虽然可以达到去除有害氯及可溶盐的目的，但是对于这种矿化腐蚀极其严重的铁器，在脱盐过程中，文物体内氯离子向溶液排出的同时，可能对铁剑本已脆弱不堪的物理结构造成严重的威胁；另外，铁剑表面残存的木质剑鞘虽然面积较大，但是其厚度仅 0.5mm 左右，脆弱地附着在铁剑表面，脱盐过程中也会对这些附加信息造成严重的破坏。综上所述，考虑到这把剑的珍贵性，建议不对其进行脱盐及缓蚀处理，采用相对保守的方式，利用机械方法去除铁剑表面的铁锈，再通过德国环氧胶渗透加固的方式确保该铜柄铁剑的物理结构稳定。

（3）加固时注意留存于表面的木剑鞘的痕迹，以免木质遭到污染。表面残留木制剑鞘强度较差，在显微镜镜下细心清理表面，选择使用 1%~3% 的 AC33 溶液——浓度由低到高——进行渗透加固。

（4）清理表面时主要采用机械物理的方法，避免在清理过程中对木痕以及铜柄造成过大损伤或污染。在不对文物造成损伤的前提下，清理表面锈蚀物，并尽量去除往期修复的粘接痕迹及填充物。清理时是用微型打磨机与喷砂机交替使用的方法对表面附着物与锈蚀进行去除。

（5）通过 X 光片，发现铁剑第二残段变形处已完全断裂，可观察到往期的粘接痕迹，建议通过拆除往期粘接的方式达到矫形目的。矫形时应注意使用热风机时温度控制，以免高温对背面的木质鞘造成损害。

（6）剑身补缺，将环氧树脂、矿物颜料、填料搅拌均匀后填充缺失部分，增加剑身强度。补缺时尽量避免粘接剂涉及面积太大，造成表面污染。

（7）木剑鞘补缺采用以木补木的方法进行补缺，选择较薄的木皮进行覆盖补缺。

（8）打磨、塑形时将表面多余的环氧树脂修整为与剑身周围高度、弧度相统一、无突兀状的效果。

（9）作色时选择合适矿物颜料补全部分，以此为基地色。选择合适颜料粉，调制均匀，反复以点、涂、拨等方式进行着色处理，使之与器身颜色相协调，达到表面整体颜色统一，又具有可辨识度的目的。

（10）表面封护时注意，若产生炫光，则使用无水乙醇进行擦除。

（11）保护修复后建议将所有资料编号建档保存，因其埋藏环境和出土后保存环境的影响，剑身腐蚀严重，对修复后的保存环境应严格要求，建议干燥、无尘，温度控制在 20℃ ~25℃、空气湿度 50% 以下，以利于该铁剑的长期保存。

四、总结

彭阳县王大户春秋战国墓出土三叉格铜柄铁剑为研究北方金属文化提供了重要的实物资料，具有极其重要的历史、文化、艺术价值。修复过程运用了科学的手段进行分析，选择了合适的手段对该铜柄铁剑的保护修复，及时遏制了文物的快速锈蚀，为文物本体的长期保存奠定了基础，同时对尚未严重发展的锈蚀、裂隙等病害进行了消除或控制，避免了潜在的重大病害威胁。

开展的科学检测分析揭示了文物制作工艺的基本特征，为考古学及技术史研究提供了重要的科学证据。同时，科学检测达到了揭示技术信息和病害分析的目的，这种集保护与研究为一体的研究型保护修复是值得推广的。

在保护修复过程中，我们一直遵循保持文物历史的真实性与艺术性、最小干预、可辨识、全耐久等文物修复基本原则，根据每件器物的不同状况，在具体实际操作中灵活采用不同的方法，探索修复技术与方法的改进，为保护好历史文化的珍贵载体做出贡献。

参考文献：

[1] 苏奎，尹俊霞 . 试析西南夷地区的三叉格铜柄铁剑 [J]. 四川文物，2005（02）：48—55.

[2] 陈玉云，陈依慰，苏荣誉 . 西周強国墓地锡器金相考察 [J]. 考古与文物，1988（4）：99—100,64.

[3] 孙淑云 . 宁夏固原春秋战国时期两件青铜饰物表面镀锡层的 SEM-EDS 分析与研究 [A]. 文物科技研究（第 5 辑）[C]. 北京：科学出版社，2007：11—17.

清道光萧太孺人寿幛检测分析及仿制

麻丽娜

【摘　要】寿幛是指在祝寿时赠给寿诞者的绣着精美图案和祝贺词句的绸布锦幛。广西民族博物馆收藏的清道光二十四年罗氏聘堂萧太孺人寿幛是目前广西发现最早的刺绣寿幛之一。该寿幛以精湛的刺绣工艺生动再现清朝道光年间陆川罗氏族人为萧太孺人祝寿的热闹场面，同时折射出当地深厚的民俗文化，具有很高的艺术和历史价值。本文在清道光二十四年罗氏聘堂萧太孺人寿幛组织结构、纤维、染料等科学检测分析的数据基础上，实现对寿幛的仿制，为今后寿幛的修复和馆藏珍贵纺织品文物的仿制积累了经验。

【关键字】寿幛　仿制　刺绣

【作　者】麻丽娜　广西民族博物馆　馆员

引　言

寿幛亦称“礼幛”“贺幛”，用作祝贺或吊唁礼物的幛子。明清时期，官绅之间兴盛赠送寿幛之风，通常送做寿之人挂于厅堂正中的锦帛类礼品，幛面多为红色绸缎制成，并写有祝寿、歌颂其功德的句子。精致的寿幛上写有长篇华美的幛词并配有吉祥精美的装饰纹样。广西民族博物馆收藏的这幅寿幛名“清道光二十四年罗氏聘堂萧太孺人寿幛”（以下简称萧太寿幛），2015 年征集于陆川县乌石镇坡脚村罗氏聘堂萧太孺人后代，为“例授文林郎拣选知县庚子恩科北闱举人丁酉科选拔贡生愚侄士奇”等 195 名族人及 164 名戚友于清道光二十四年（1844）为萧太孺人祝寿所制作。寿幛大面积运用盘金绣（金线为清朝民间较为珍贵的“二色”金线），且绣法精妙、技术娴熟，人物肖像形神兼备，花鸟、动物栩栩如生；寿幛中间题以吉语贺词，字迹为混入金粉的墨汁书写，呈现出一种雍容华贵的风格，与祝寿时的喜庆气氛十分相配，该寿幛折射出当地深厚的民俗文化，具有很高的艺术和历史价值，是目前广西发现的最早的刺绣寿幛之一。

一、萧太寿幛基本信息与病害特征

（一）萧太寿幛基本信息

寿幛由两层布制成，正面为红色绸缎，背面为白色平纹棉布，长 4.77 米，宽 2.85 米。寿幛图案可分为上中下三部分，上部分绣有“双凤朝龙”，盘金绣龙居中，两旁盘金绣彩凤和祥云环绕，龙嘴正下方有一方金色印章；中部布局呈“回”字形，中间为金字寿文，寿文上方绣有“三清”，两边为“八仙”，下方为“仙境”，包括阁楼、仙鹿、寿山海、蝙蝠等吉祥图案；下部为三只盘金绣麒麟，四周辅以“瓜蝶绵延”图案。整幅寿幛多为盘金绣，绣法精妙，图案纹饰活灵活现，寓意吉祥，气魄浑厚，璀璨夺目，是不可多得的刺绣珍品。

（二）萧太寿幛病害特征

参照 WW/T 0013-2008《馆藏丝织品病害与图示》标准，对寿幛进行病害调查和整体评估，主要病害有残缺、破裂、污染、皱褶、印绘脱落、褪色、晕色、不当修复等。该寿幛作为日常使用品，由于长时间的使用、传承、保存、修复等原因，其龙纹、凤纹金线大部分脱落，绣线部分缺失（图 1）；三清面部模糊，顶上云纹金线脱落（图 2）；八仙面部模糊，其中何仙姑、吕洞宾、铁拐李绣线缺失严重（图 3）；左下方麒麟盘金线缺失（图 4）；四周“瓜蝶绵延”部分绣线缺失、金线脱落（图 5）。文字部分保留完整，金漆褪色（图 6）。

图 1　凤纹金线脱落、绣线缺失

图 2　三清面部模糊、绣线脱落

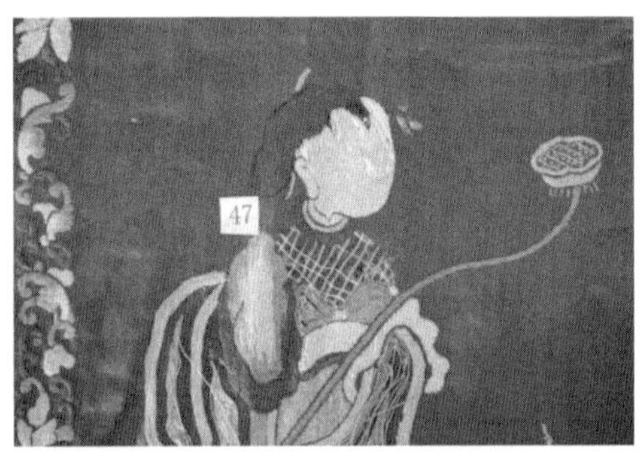

图 3　何仙姑绣线、金线缺失

图 4　麒麟金线缺失

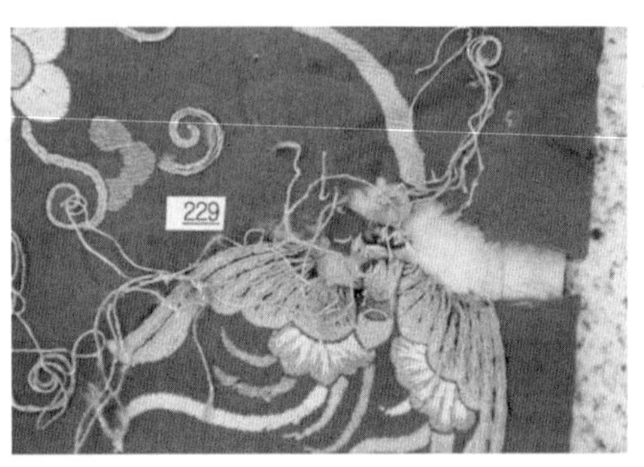

图 5　蝴蝶绣线缺失、金线脱落

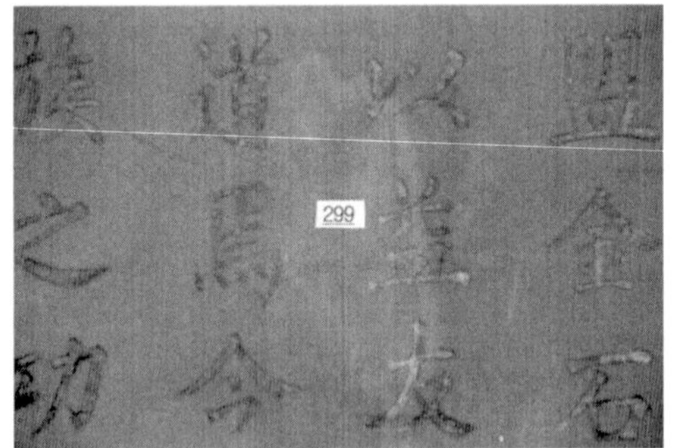

图 6　文字金漆褪色

（三）寿幛病害图的绘制

进行馆藏丝织品病害现状调查时，按照符号标识要求，对馆藏丝织品的病害或现状做图示记录。本次采用 Adobe Illustrator CS6 软件对病害图进行绘制。

图 7　寿幛病害图现状示意图

二、萧太寿幛仿制前的准备工作

纺织品仿制是指在没有实物只能以图片参考，或因残损、老化等原因不能在原件上进行翻制，或制作时用料、工艺、风格、形制等与原件不完全一致完成的作品。本寿幛仿制严格依照文物的尺寸、形制、质地、纹饰、文字、图案等信息，遵循原技术方法和工作流程，制作出与原文物形态基本相同的制品。因此，对寿幛织物组织结构、纤维鉴别、染料成分等细微观察、科学测试与分析，制定一份详细、科学严谨的可行性方案是顺利实施仿制工作的基础，而测试分析是仿制寿幛布匹、着色、织法选择的重要依据。

（一）组织结构分析

织物组织是指经纬纱线按一定的规律相互交织形成织物的交织规律。它决定了织物的品种、物理性能和外观风格，是纺织品仿制选择布匹材料的关键。本次寿幛组织结构分析，采用 Digital Microscope User Manual 手持数码显微镜，对寿幛进行细微观察。

分析显示，寿幛正面红色布匹组织结构为八枚三飞的经面缎纹（图 8），背面白色布匹组织结构为一上一下的平纹（图 9）。

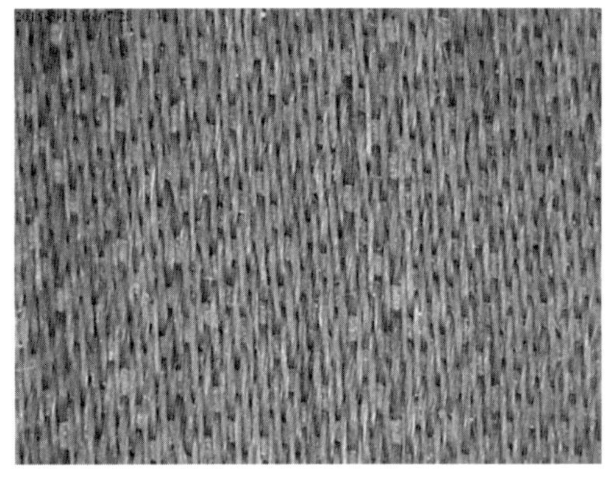

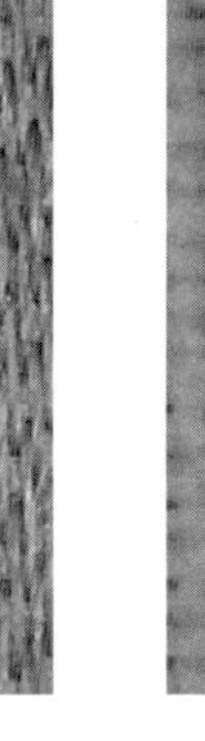

图 8　红布组织结构

图 9　白布组织结构

（二）纤维鉴别分析

纤维鉴别是利用纤维的各种外观形态特征或内在理化性质的差异，采用各种方法将各种纤维区分开来，也是纺织品布料选择的依据。本鉴定在北京伦华 XWY-VIII 智能纤维检测仪上进行。鉴于文物的珍贵性和不再生性，在确保寿幛完整和安全的前提下，提取最少量的纤维进行检测分析。检测结果表明，寿幛中红色布匹纤维横截面形态呈不规则三角形，纵面形态呈光滑平直纵向条纹状，具有蚕丝的主要特征（图 10、11）；白色布纤维横截面形态呈腰圆形，有中腰，纵面形态呈扁平带状，有天然转曲，具有棉的主要特征（图 12、13）。

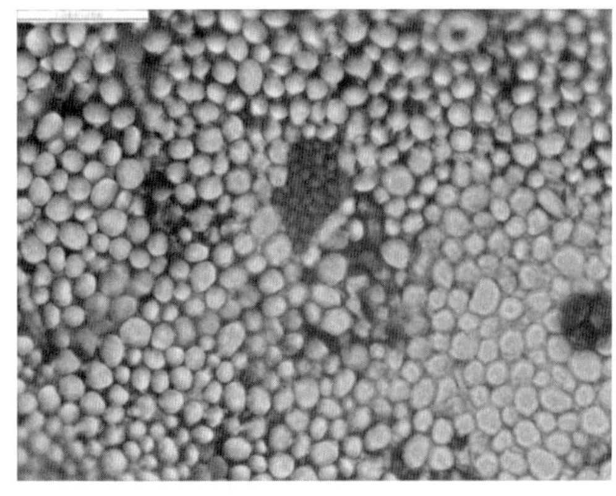

图 10　枣红布横切面

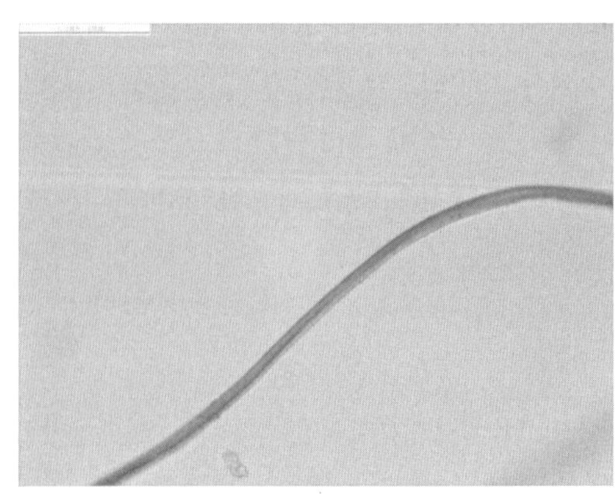

图 11　枣红布纵面

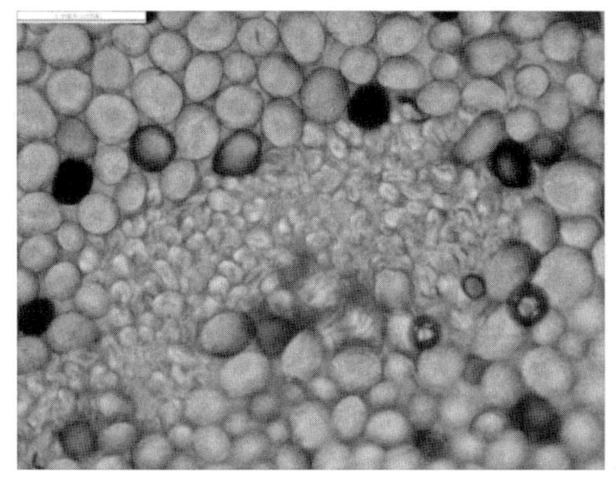
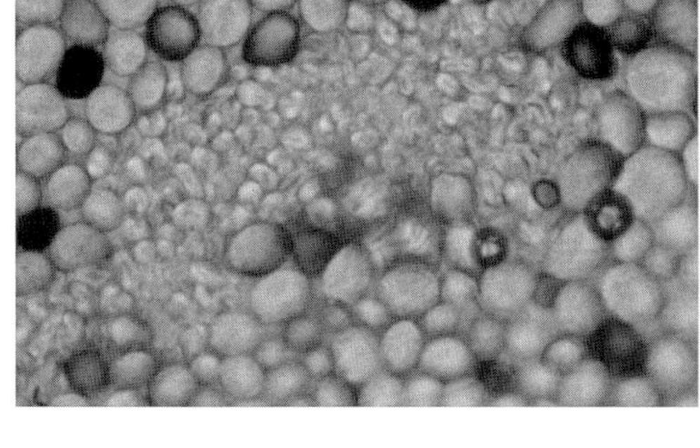

图 12　白布横切面

图 13　白布纵面

（三）染料检测分析

染料检测是了解纺织品纤维和着色材料物质组成的主要手段，也是选取仿制寿幛布料、绣线等染色原料的重要依据。本次提取了寿幛中红布纤维、盘金绣、黄色绣线和蓝色绣线等检测样品送中国丝绸博物馆纺织品文物保护国家文物局重点科研基地，采用高效液相色谱联用质谱技术（HPLC-PDA-MS）和光纤光谱技术完成检测和分析工作。检测分析显示，样品中含有天然染料姜黄素、胭脂红酸、紫胶色酸 A、黄檗以及靛蓝等 5 种着色材料（表 1、2）。

表 1　萧太寿幛样品液相色谱表

文物名称	取样部位	编号	纱线颜色	染料品种
萧太寿幛样品	盘金线	018633	黄色	姜黄素
	红布	018633	红色	胭脂红酸 + 紫胶色酸 A
	绣线	018633	黄色 蓝色	黄檗 + 未知 靛青

表 2　萧太寿幛样品质谱表

萧太寿幛样品	峰	吸收波长（nm）	分子离子峰（m/z）	离子碎片	存在染料化合物
018633- 盘金线 - 黄色	1	216，414	309	225（100），147（26），189（8），239（4），291（3）	脱二甲氧基姜黄素
	2	217，418	339	255（100），269（28），321（12），229（8），175（51）	脱甲氧基姜黄素
	3	217，424	369	244（100），175（53），259（7），285（41），299（16），351（5）	姜黄素

续表

萧太寿幛样品	峰	吸收波长（nm）	分子离子峰（m/z）	离子碎片	存在染料化合物
018633- 红布 - 红色	1	276，308，495	493	435（100），373（47），397（18），475（17），427（26），457（8）	胭脂红酸
	2	287，492	538	520（100），478（100），461（51），502（14）	紫胶色酸 A
018633- 绣线 - 黄色	1	276，339	354	339（100），310（9）	未知
	2	276，343，424	368	353（100），324（20），294（8）	未知
	3	265，344，424	338	323（100），294（12）	药根碱
	4	271，345，424	352	337（100），308（14）	巴马汀
018633- 绣线 - 蓝色	1	290，362，540	263	219（100），235（26），263（7）	靛蓝
018633- 绣线 - 浅蓝色	1	214，313	329	311（100）	未知
	2	217，289	263	219（100），235（24），263（7）	靛蓝

三、萧太寿幛仿制

根据前期的细微观察、科学测试与分析，制定了仿制技术路线：第一步是布匹、金线、绣线等材料的购买；第二步是对布匹、绣线进行染色；第三步是金线的做旧处理；第四步是对刺绣的仿制；第五步是对文字的仿制；第六步是正面布和背衬布的缝合；最后仿制完成。

（一）刺绣仿制

原寿幛刺绣面积比较大，工艺复杂，是本次仿制工作的难点。如何尽可能减少仿制时纹样的误差，是一件仿制品成功的关键。本寿幛刺绣部分的仿制采取分片绘图、制稿、刺绣的方式进行，最后进行缝合。

1. 寿幛刺绣纹样画稿的绘制：把寿幛整齐平铺于带磁性工作台上，将裁剪成和寿幛尺寸相差无几的透明塑料拷贝膜覆盖于寿幛上，四周用磁铁加以固定，用油性笔按照图案的纹路勾画出图案（为确保仿制图案与原图一致，勾画要十分精确，尤其是人像、动物以及光线明暗等关键部位要勾画到位，尽量避免有偏差）。

2. 寿幛纹样稿件的打孔：用手持打孔笔顺着绘制出来的图案打孔。操作时右手要握紧笔杆，笔尖要紧贴拷贝膜，避免挑孔，同时左手需压紧打孔处的拷贝膜，尽量避免误差（图 14）。

3. 寿幛纹样的印图：把染好色的红布裁剪出寿幛尺寸一样大的形状，将打好孔的画稿平铺在上，分别刷上白色颜料粉末和煤油，将绣品的图案印在红布上（图 15）。

4. 盘金绣及其他刺绣工艺仿制：寿幛除了盘金绣外，还采用了齐针、戗针、套针等针法绣出花卉、果实、蝴蝶、仙鹤图案。绣制时，沿用原寿幛“二色”金线法，首先将两根金线并在一起，沿着已绘纹样小心地放好、压平，然后下针，用颜色相近的细丝线将两根金线牢牢钉在图案上。依此方法，两根金线按照图案的不断变化盘旋而走，直至绣完。同时，把印好图案的红布固定在卷绷上，上绷过程中红布与卷绷对齐，按照原有工艺针法逐一完成其他图案的仿制工作。

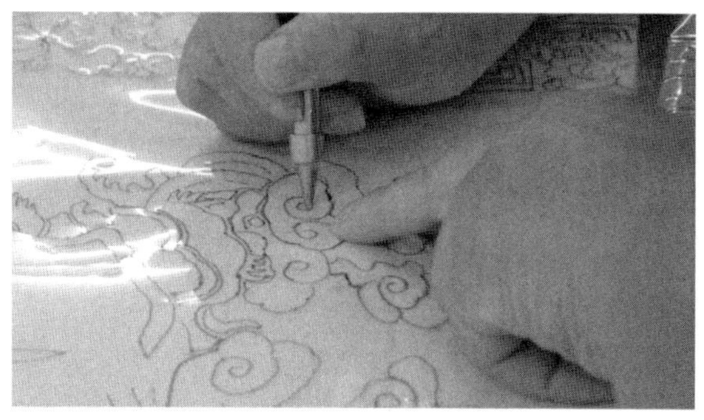

图 14　画稿打孔

图 15　印图

（二）文字仿制

“萧太孺人荣寿”序文位于寿幛的中间，长 241 厘米，宽 160 厘米，由祝寿文和祝寿人名单两部分组成。其中祝寿文为 43 行、19 列，宽 110 厘米，共 731 字；祝寿人名单为上 50 行、9 列，宽 50 厘米，共 450 字；落款为 23 字。全文用泥金楷书书写。

1. 文字样板制作。为了让仿制出来的文字字数、字体与原文相同，首先用相机把原文拍成 49 张照片，每张照片四周的文字都与上一张照片的文字重合，这样便于后期电脑的合成和核对；然后通过 Adobe Photoshop 进行合成，合成后的图片打印出来再与原件文字一一核对，核对无误后按照原文的尺寸大小打印后备用。

2. 书写表格绘制：要使仿制出来的文字工整、美观，表格的绘制就显得非常重要。寿幛全文分为两部分且字体大小不同，表格绘制前先测量各部分文字的尺寸，根据尺寸大小制定出格子的高度和宽度，再结合各部分文字所占宽度的字数、行数、列数进行绘制。

3. 文字的书写：寿幛文字的仿制工作是在刺绣仿制工作结束后进行的，因此，文字的书写不能有一丝的错误，这对文字仿制师傅来说是不小的挑战。为了能够顺利无误地完成任务，仿制师傅把绘制好表格的布匹平铺于书桌上，按照先祝寿文、后祝寿人名单的顺序逐字逐句进行书写。具体方法为把事先准备好的文字样板第一行剪下，放置在布匹表格的第一行，认真核对字数是否与表格格数一致，仔细观摩字体，然后用沾有泥金墨（即为在黑色墨汁里加入金粉调和而成的墨汁）的毛笔一一书写，直至所有文字书写完成。

结　语

文物是人类社会发展进程中的实物见证，是具有历史、艺术、科学价值的人类历史文化遗存和自然标本。随着岁月的流逝，文物遭受着不同程度的破坏和损害。特别是纺织品文物，由于其材质特性以及受染尘、虫蛀、霉变等原因，更容易发生褪色、变色、返黄、变形、破裂等不可逆的自然劣变现象。此外，在纺织品文物陈列展览中，展厅灯光、温湿度等都会对纺织品造成不利影响，制作仿制品代替原件进行展览显得尤为重要。本文通过对“清道光二十四年罗氏聘堂萧太孺人寿幛”的组织结构、病害进行检测，分析了明清时期陆川民间制作寿幛的材料、刺绣技法等，介绍寿幛仿制的过程，为今后纺织品的修复和仿制积累经验，为实现珍贵纺织品文物的保护与利用提供了技术方法和有效途径。

参考文献：

[1] 国家文物局博物馆与社会文物司主编：《博物馆纺织品文物保护技术手册》，文物出版社，2009年。

[2] 马卫红：《清道光二十四年萧太孺人寿幛考》，见广西民族博物馆编：《民博论丛 2017》，广西人民出版社，2017年，第29—34页。

[3] 王悦梅：《解读服饰文化中的刺绣艺术》，载《济南纺织服装》，2010年第4期。

[4] 赵庆生：《文物复制仿制工艺刍议》，载《文物世界》，2006年第4期。

[5] 李峰：《关于文物复制、仿制行业的法律思考》，载《文物鉴定与鉴赏》，2016年第1期。

梧州红色文化遗产保护与传承发展研究

李金霞

【摘　要】梧州是广西红色革命的摇篮，拥有非常丰富的红色文化遗产，在广西乃至西南地区都有着极其重要的地位。本文通过系统地梳理目前梧州红色文化遗产的现状，探讨梧州红色文化遗产保护与传承发展的具体措施，推动梧州红色文化遗产更好地为社会发展发挥应有的作用。

【关键词】梧州　红色文化遗产　保护与传承发展

【作者简介】李金霞　梧州市文物管理处　馆员

一、背景分析

红色文化遗产作为中国优秀文化最重要的传播载体，被社会寄予了深厚的期望。在互联网时代，如何通过新技术、新媒体更好地展现和宣传红色文化遗产的精神力量，发挥社会教育功能，积极推进红色文化遗产与其他产业的融合，使其产生显著的经济效益，并与时代齐步，与民众贴心，既是红色文化遗产自身传承发展的需要，也是满足人们日益追求高品质生活的必然要求。

梧州作为广西红色革命的摇篮，是广西极为重要的红色革命老区，拥有非常丰富的红色文化遗产。近年来，梧州各级政府重视红色文化遗产的保护与利用，不断加大人力、物力的投入，红色文化遗产保护工作取得了一定成效。在文旅大融合背景下，如何进一步充分利用梧州优越的红色文化遗产资源，使其更好地传承发展、服务社会和增强市民的文化自信，是一个值得深入研究的课题。

二、梧州红色文化遗产基本概况及价值特征

（一）梧州红色文化遗产基本概况

1. 物质形态的红色文化遗产

物质形态的红色文化遗产主要包括由中国共产党人、先进分子和人民群众为取得革命的胜利共同创造的各种实体，具体可表现为“人”“事”“物”三个方面。“人”是指对革命事业有卓越贡献甚至牺牲生命的中国共产党人、先进分子和人民群众，据统计，对梧州革命有卓越贡献的历史人物有100多名，包括谭寿林、毛简青、龙启炎等，有近千名为革命事业献出宝贵生命的烈士。[1]“事”是指发生的具有重大影响的革命活动和历史事件，梧州拥有广西党史上十八个“第一”[2]，如中共广西第一个党支部——中共梧州支部的建立，中共广西第一个地区性组织——中共梧州地方执行委员会的建立……“物”主要是指在中国共产党领导下的所用之物以及革命遗址遗迹等，构成了梧州红色文物遗产的实物载体。梧州共有43处红色革命遗址，包含全国重点文物保护单位1处（2点），自治区级文物保护单位3处，市（县）级文物保护单位20处，尚未定级文物保护单位18处。[3]

2. 理论形态的红色文化遗产

理论形态的红色文化遗产主要指在中国共产党领导下的革命活动中产生的制度、纲领、路线和方针等。如1925年底，谭寿林从北京调派至梧州，主持召开党员代表大会，大会通过以梧州为中心，迅速发展广西全省的党组织和国民革命运动的方针[4]，促使红色火种迅速在广西各地蔓延；1926年2月形成的《广西农民运动决议案》，制定了“以苍梧为重心”“俟苍梧县可能成立农民协会之后，方筹备出发他县组织”的计划，是当时全广西农民运动的发展方针[5]；1935年9月，庞敦志回梧后执行党的指示“第一步活动地点在梧州，以梧州做基础逐步发展。要从宣传教育入手。发展组织的原则是从外围到核心，即从建立群众团体而发展团再到发展党的组织”[6]，为梧州及广西党组织的重建指明了方向；1941年，中共梧州组织执行“隐蔽精干、长期埋伏、积蓄力量、

[1]《梧州烈士》编辑委员会：《梧州烈士》，内部资料，2017年。

[2] 中共梧州市委党史研究室：《梧州在中共广西党史上的十八个第一》，《梧州日报》，2021年3月1日第5版。

[3] 梧学组办函〔2021〕20号《中共梧州市委员会党史学习教育领导小组办公室关于用好红色教育基地开展研学活动的通知》。

[4] 中共梧州市委党史研究室：《中国共产党梧州历史·第一卷（1921-1949）》，广西人民出版社，2011年，第41页。

[5] 同上，第78页。

[6] 同上，第152—153页。

以待时机”的方针[1]，分散、隐蔽的党员以各种形式进行敌后抗日活动，完成了“保护城市、严防破坏、迎接解放、准备接管”的使命，保证了梧州和平解放。

3. 精神形态的红色文化遗产

为了梧州革命事业的胜利，无数革命志士不畏困难险阻，甚至献出了宝贵的生命。有血洒云盖山的李素秋、陈丽卿等进步青年；有抗日战争时期的晨呼队、救亡团体、戏剧公演、儿童抗战歌声中的爱国激情；有在谭寿林领导下，为响应省港工人罢工，在罢工会上高呼“誓雪国耻”“取消二十一条”“打倒帝国主义”等口号，坚决反帝反封建的爱国主义精神；有在中共领导下，与农民高呼废除“粪溺捐”“码头捐”“公称税”“冥镪爆竹捐”等苛捐杂税的反压迫斗争精神；有解放战争时期的梧州地下学联、八桂书店、地方游击武装等的英勇奋战……他们都展现出值得我们世代相传的顽强拼搏、不怕牺牲的大无畏革命精神。

（二）梧州红色文化遗产的价值所在

1. 意义重大的开创性

梧州作为中共在广西地方组织革命活动的发源地，在革命斗争中发生了许多开创性的历史事件，在广西乃至整个西南地区具有肇始意义和引领作用。1925 年 9 月，周恩来秘密来梧并召开会议，为中共广西党建和革命工作作出了重要指导，一个月后，中共广西第一个党支部——中共梧州支部成立。同年 12 月在广西建立的第一个地委——中共梧州地方执行委员会成立。1926 年 3 月在广西建立最早的农村支部——中共苍梧县多贤支部成立……从此，广西的革命火种从梧州向广西各地蔓延开来。

2. 人才培养的贡献性

中共梧州地方执行委员会作为最早的中共广西地区性组织，从成立伊始便深入各行各业组织宣传，重视革命人才的培养，先后积极领导梧州工人为响应省港大罢工举行声势浩大的游行示威、轰轰烈烈的梧州“三工人血案”等行动，从而锻炼和培养了大批优秀党员。中共梧州地委先后派出罗如川、李省群、李征凤、罗瑞成、谢铁民、苏鸿基、陈岳秀、罗琴谱等大批党员到南宁、桂林、柳州、桂平、怀集、容县、平南、武宣等地开展党建活动[2]，使得红色火种迅速蔓延桂东南大地，为广西革命贡献了无数骨干力量。

3. 内容种类的丰富性

梧州共有 43 处红色革命遗址，其中，有中央领导人下榻的酒店旧址（图 1），有

[1]《中国共产党梧州历史·第一卷（1921-1949）》，第 203 页。

[2] 同上，第 43—46 页。

图 1　大同酒店旧址（来源：李金霞）

地方党组织旧址，有革命志士的旧居，有革命起义旧址，也有烈士纪念馆；有中共梧州地方组织宣传马克思主义的红色报刊《梧州民国日报》，有代表广西学生意见和思想的《广西学生日报》，也有代表妇女之声的月刊《妇女之光》；有指导全广西农运的《广西农民运动决议案》的理论制度，也有敢于血洒云盖山的李素秋、陈丽卿等进步青年坚贞不屈的伟大斗争。

4. 价值内涵的珍贵性

梧州红色文化遗产是中国共产党员为了民族的独立和人民的解放，在英勇不屈、艰苦卓绝的斗争下形成的，是不可替代、不可复制的珍贵红色文化遗产，代表着厚重的革命历史和光荣的革命传统，展示了共产党人的光辉形象和高尚品质。它是党为人民群众谋幸福的历史见证，学习和弘扬其内在价值，有利于坚定全市干部群众的政治信仰和理想信念。它是理想信念教育和爱国主义教育的立体式教科书，生动又形象。它是经济发展新机遇，通过发展红色文化旅游产业，可给梧州经济发展注入新鲜血液。

三、梧州红色文化遗产保护与传承措施分析

红色文化遗产作为一种特有的优秀文化元素，科学保护和合理传承红色文化遗产，对于发挥红色文化遗产的价值与功能，加强革命传统教育，激发民众特别是青少年的爱国热情，并带动当地经济协调发展，具有重要的现实意义和深远的教育意义。针对梧州红色文化遗产的具体情况，为加强保护和传承发展工作，提出以下措施建议。

（一）开展系统的红色文化遗产普查工作

摸清家底是有效保护和传承发展的第一步，也是最关键的一步。建议组织专家学者开展实地调研，全面、系统地对每一个红色文化遗产进行调研，内容包括起源和发展、历史沿革、保存现状、遗存实物、文化内涵等，进而建立梧州市红色文化遗产数据库，为梧州红色文化遗产的研究、保护与传承发展提供真实可靠的依据。此外，组织相关专家根据调研数据，研究、挖掘梧州红色文化资源的内涵精髓和时代价值，并

将其转换为具有实践意义的思想理论，使其能服务于社会和经济的发展。

（二）建立红色文化遗产保护与传承发展的长效机制

首先，相关部门要对红色文化遗产进行造册登记，列入保护规划范围内，制定相关法规和严格的监督机制，规范红色文化遗产的保护与传承发展。其次，加强对红色文化遗产的日常管理工作，明确相关管理部门的管理权限和职责，加大资金投入，多渠道融资，完善红色文化资源配套功能，为可持续发展奠定基础。再次，积极做好红色文化遗产的产权改革，可采取购买、置换等方式收回产权，也可通过留置所有权、租赁使用权、雇佣主人管理的方式收回使用权，产权明晰是实现红色文化遗产有效保护与传承发展的关键所在。

（三）提高红色文化资源质量，加大文旅融合度

1. 发挥优势红色资源力量，打造桂东南红色示范基地

一是修缮周恩来秘密来梧下榻的大同酒店旧址，完成内部的陈列展示，并整治周边环境；二是修缮全国重点文物保护单位梧州中共广西早期革命活动旧址（中共梧州地委·广西特委旧址）（图 2），包括文物本体的修缮、内部的陈列布展、周边的环境整治；三是修缮中共广西第一个农村支部纪念馆，包括更新内部陈列展示、红色文化广场建设、环村道路建设、红色村庄“三清三拆”风貌改造；四是提升韦拔群烈士头骨出土处及纪念馆的规格（图 3）。进而将以上四点合力打造成桂东南红色基地的典范，提升梧州优秀红色资源力量，不但为梧州红色旅游资源增添亮点，还能与百色起义基地形成遥相呼应之势。

图 2　中共梧州地委·广西特委旧址陈列馆（来源：李金霞）

图 3　韦拔群烈士头骨出土处（来源：李金霞）

图 4　石桥中共地下支部旧址（来源：潘俊杰）

2. 提高文旅融合度，形成规模发展效应

鉴于梧州红色文化遗址遗迹存在分布散、单体小且多分布于乡镇乡村的特点，除了要考虑红色文化遗产之间的串联，还需要整合周边其他旅游资源，实现红色文化遗产与原有旅游景区景点的融合发展，实现规模发展效应。如梧州中共广西早期革命活动旧址（中共梧州地委 · 广西特委旧址）、大同酒店旧址、韦拔群烈士头骨出土处及纪念馆、革命烈士纪念碑位置均靠近河东片区，梧州市的旅游资源比较集中在河东片区，因此可将以上四点红色旅游资源融入万秀区全域旅游的整体规划中。又如石桥中共地下支部旧址（图 4）、中共广西第一农村党支部纪念馆、桃调诰农会会址、大化地下交通站旧址、黄村起义旧址遗址等分布于乡村，则应与当地就近的旅游资源进行整体规划、连片保护，并融入生态旅游、自然风光、观光农业等旅游资源，实现融合发展。

3. 打造红色文化旅游精品路线工程

组织相关专家从梧州市众多的红色文化资源研究中挑出优质资源，针对特定人群制定红色研学路线，并树立打造精品的理念意识，着重推介几条“红色研学”精品路线，集人力物力将其打造成可行的且具有影响力的红色旅游精品路线，实现文化遗产保护与旅游双赢发展。此外，充分利用新媒体加大梧州红色文化旅游的宣传推广力度，提高社会各界对梧州红色旅游的关注度，从而提升梧州红色文化遗产的知名度和影响力。

（四）采用多种形式活化红色文化遗产

1. 制作创新精品，增加冲击力和吸引力

创新活化红色文化遗产的途径，是适应时代发展的必然趋势。利用红色文化遗产资源，创作相关影视、文学和舞台精品剧目，塑造一批思想深刻、艺术精湛、制作精良且具有地域特色的红色文化精品，以最合适的表达方式和传播手段展示梧州红色文化精神，通过思想和视觉上的冲击，让民众深切感受梧州红色文化的感召力和吸引力。

2. 活化红色文化，增加参与感和沉浸感

一是凭借各红色文物点，充分利用重要的时间节点，组织开展有庄严感和教育意义的仪式活动，如开展缅怀先烈、入党入团入队仪式等主题教育活动，让游客特别是青少年体会到仪式感和参与感。二是借助虚拟现实、全景图、多媒体等技术全方位、多角度的展陈模式，使参与者身临其境。三是位于骑楼城街区的梧州中共广西早期革命活动旧址（中共梧州地委·广西特委旧址）、大同酒店旧址可依托文物点及周边建筑风格特色，结合民俗节日举行风情演出、民族服饰秀、非遗项目等多种沉浸式表演，并适当设计让广大民众参与其中的环节，增加民众的沉浸感和参与度。

3. 利用媒体技术，扩大互动面和宣传度

受新冠肺炎疫情影响，在实地参观受阻的情况下，可充分利用新媒体的技术优势，通过技术、服务、资源和线上平台等各方面的集成创新，带给广大民众新体验，并能带动红色产业发展，使红色文化资源转化为产业优势和经济优势。具体可从以下几方面着手：一是建立网上红色文化遗产博物馆，形成生动形象的立体式爱国主义教科书，便于受众获得；二是建立红色文化遗产数据库，设置观众参与的互动环节，及时回答参与者所提的问题及建议；三是开发线上微课和实验室，激发青少年的爱国爱党热情；四是设置创意产品在线购物或直播带货渠道，既对红色文化进行了宣传，也能产生显著的经济效益。

四、小结

红色文化遗产是集多种功能价值于一体的、特殊珍贵的当代优秀文化遗产，其中蕴含着中华民族特有的精神内涵，是中国共产党领导广大人民群众实现民族独立和人民解放的历史进程中，整合、重组、吸收、优化古今中外的先进文化成果基础上形成的兼收并蓄的优秀文化成果。继承和弘扬红色文化遗产，做好红色文化遗产的保护与传承发展工作，对激发人们的爱国热情，培养坚定的理想信念，聚集社会正能量，弘扬时代主旋律，构建社会主义和谐社会具有重要意义，也是我们新一代青年义不容辞的责任和义务。

田林县定安岑氏宗祠的价值与保护开发研究[1]

黄世棉　黄文波

【摘　要】田林县定安岑氏宗祠是广西壮族地区较为罕见的年代久远、保存状况较好的清代祠堂建筑群。定安岑氏宗祠承载了诸多历史、人文、科学、艺术、建筑、民俗等信息，是研究桂西南乃至中国西南地区清代建筑文化的重要实物资料。文章结合多种学科的知识，从多种角度入手，对定安镇岑氏宗祠的历史、现状等进行调研，探讨其独特的保护价值，指出在文旅融合背景下保护开发文化遗产所存在的典型问题，并提出富有可行性的保护措施和开发建议。

【关键词】岑氏宗祠　价值　保护开发　研究

【作　者】黄世棉　广西民族博物馆　馆员
黄文波　广西壮族自治区图书馆　馆员

前言

田林县定安岑氏宗祠是广西壮族地区较为罕见的年代久远、保存状况较好的清代祠堂建筑群。西林那劳岑氏作为清代壮族地区的名门望族，先后走出了岑毓英、岑毓宝和岑春煊三位总督，“岑氏三总督”至今被传为佳话。在岑氏家族的鼎盛时期，岑氏父子在许多地方都建有宗祠，而定安岑氏宗祠是岑氏在外地众多宗祠中唯一能够保存至今的。从大的方面来说，作为历史文物建筑，定安岑氏宗祠承载了诸多历史、人文、科学、艺术、建筑、民俗等信息，是研究桂西南乃至中国西南地区清代建筑文化的重要实物资料，具有较高的文物价值。从小的方面来说，作为宗亲联络场所，定安岑氏

［1］本文为广西文化和旅游系统 2020 年度研究课题，批准号 2020KT103。

宗祠的文化内涵包括了光宗耀祖、族规家训、道德风尚等内容，具有纪念祖先、联络感情、加强团结、增进知识等功能，是新时期下家族历史教育的重要载体。因此，定安岑氏宗祠可以力求打造成一处公共的历史文化活动场所。

然而，目前学术界和当地民间尚未有关于定安岑氏宗祠的研究成果或调研报告，对其文化内涵和历史价值的挖掘不足。当地无论是政府还是民间，对该历史建筑群的重视程度和关注度不够，目前尚缺乏文化和旅游等方面开发利用的可行性计划及措施。定安岑氏宗祠虽为一处自治区级文物保护单位，但破坏文物的现象时有发生，建筑安全的保护工作较为艰巨。本课题将通过调研法、文献法、比较法等研究方法，结合多种学科的知识，从多种角度入手，对定安镇岑氏宗祠的历史、现状等进行调研，探讨其独特的保护价值，指出在文旅融合背景下所存在的典型问题，并提出富有可行性的保护措施和开发对策。

一、定安岑氏宗祠的历史与现状

（一）定安岑氏宗祠的概况

田林县定安镇岑氏宗祠位于今天广西百色市田林县定安镇定安粮所，最初由清代云贵总督岑毓英出资、岑氏族人捐资补助建造。光绪三十二年（1906），岑毓英之子清邮传部尚书、两广总督岑春煊在功成名就后斥资将岑氏宗祠扩建，新建岑氏专祠及昭忠祠，构成了今天岑氏宗祠的三大主要建筑：岑氏宗祠、岑氏专祠、昭宗祠，另有八角亭、石狮等附属设施，总面积达 5880 平方米。

1. 岑氏宗祠

岑氏宗祠位于整个建筑群的西面，原为三进一开间四合院式建筑，有前殿、正殿、后殿和花园。正殿原供有岑姓历代世祖牌位，正殿和后殿两侧建有相对称的四排厢房。新中国成立后，岑氏宗祠正殿和后殿被拆除，现仅存前殿及门口的一对石狮。宗祠前殿建筑采用硬山顶叠梁式梁架，重檐，青砖墙面，盖瓦，门口有两根立柱穿枋，石雕柱础，正殿内外屋檐装饰精美壁画，图案以花草为主。

2. 岑氏专祠

岑氏专祠位于岑氏宗祠左侧。正殿上方栋梁有款识“大清光绪三十二年岁次丙午十一月十一日辰时太子太保御署两广新授云贵总督男春煊谨监立”。专祠最初供奉岑春煊的父亲原云贵总督岑毓英。该祠堂原为四合院式建筑，由前殿、正殿、后殿和左右厢房、天井和八角亭构成。岑氏专祠为正门下三级青石条台阶，正殿单体建筑为硬山顶抬梁式构架，两边厢房都为砖木结构，整个建筑为小青瓦硬山顶式。上部墙沿多为山水、人物彩绘壁画。

3. 昭忠祠

昭忠祠位于整个岑氏宗祠建筑的南面，坐北朝南，是岑春煊为纪念早年追随父亲岑毓英和其本人征战各地死亡的西林籍将士，于光绪三十二年修建的，专门列出跟随岑家戎马征战而阵亡的将士名字。昭忠祠为单进单井四合院建筑，由大门、正殿、两排厢房和一个天井组成。正殿为单檐硬山顶，博古屋脊，梁架结构，青砖，小青瓦。

4. 附属设施

岑氏专祠内青石墁地，庭院天井建有一座四柱八角攒尖顶凉亭，工艺精细，古色古香。凉亭南北两侧为通廊，原来有小门，北通岑氏宗祠主体房屋，南通昭忠祠。门前地坪及门口两侧石狮一对，称为“双狮守候”。石狮通高 1.2 米，雄狮在左，雌狮在右，四目对望，做工精巧，装饰华丽。

（二）定安岑氏宗祠的沧桑历史与保护沿革

定安岑氏宗祠建成后，因为供奉着岑毓英、岑毓宝、岑春煊等岑氏家族有名望的人的牌位，便成为岑氏家族每年祭祀先祖的活动中心之一。每年祭祀，西林的知县大人都要亲自任祭祀官，率领当地文武官员拜谒，仪式十分隆重。同时期，并设义学于祠堂内。解放前，绝大部分建筑面积都提供给当地政府作为国民中小学使用。民国三十年（1941），定安镇曾遭受侵华日军飞机轰炸，域内多数古建筑均被损毁，定安岑氏宗祠也遭到破坏。民国三十二年（1943），西林县第一所中学国民中学成立，校址设在定安岑氏宗祠内。1951 年撤销了西林县建制后，中学被迫停办、合并，岑氏宗祠被用作收押劳改犯和自新人员的看守所。该所撤销后又历经辗转给定安镇粮所使用。20 世纪五六十年代，岑氏宗祠的正殿、后殿及部分厢房被推倒，与花园一起被改造成晒谷场，昭忠祠改建成为职工宿舍，岑氏专祠被改建成面条加工厂。而原建有的东、西辕门已荡然无存，原有的高 6 米、厚 1 米的围墙也消失殆尽。

1984 年，田林县成立文物管理机构，岑氏家族建筑八个文物点（含定安岑氏宗祠）被公布为田林县文物保护单位，将先前占用的单位和农户陆续迁出，岑氏家族建筑交由田林县博物馆管理使用。1991 年 10 月，田林县十届人大常委会第七次会议通过，下文公布定安岑氏宗祠列为县级重点文物保护单位，划定保护范围和控制地带，建立照片、图表及文字等完备的资料档案。田林县文化和体育局聘请了定安镇一名文化站工作人员作为兼职协管员，负责宗祠日常的巡查和卫生工作。2013—2017 年，自治区文物局和田林县人民政府先后安排专项经费 90 多万元，由自治区文物保护与考古研究院负责对定安岑氏宗祠的部分房屋、八角亭等进行全面保护性抢修。2014 年 8 月，自治区文化厅专家评审委员会同意将“岑氏宗祠”列为自治区级文物保护单位。2017 年，广西壮族自治区人民政府公布“岑氏宗祠”为自治区级文物保护单位。2017 年 4 月，完成对昭忠祠的修复及岑氏宗祠建筑群围墙的建设。

近年来，经过各级文物部门的抢救性修缮，定安岑氏宗祠包含的几项文物（见下表），目前保存状况均为良好。

文物名称	年代	类别	面积
岑氏宗祠	清末	近现代重要史迹及代表性建筑	59.4 平方米
岑氏专祠	1906	近现代重要史迹及代表性建筑	316 平方米
昭忠祠	1906	近现代重要史迹及代表性建筑	175.3 平方米
石狮	清末	近现代重要史迹及代表性建筑	7.1 平方米
八角亭	1906	近现代重要史迹及代表性建筑	7.4 平方米

二、定安岑氏宗祠的保护价值

（一）定安岑氏宗祠是中国历史上产生重要影响的历史名人祠堂

作为清朝末年和民国初年桂西南地区的名门望族，广西西林那劳寨的岑氏家族曾经涌现了许多著名的人物，其中以岑毓英和岑春煊为代表。岑毓英参与了清末的中法战争，在抗击法国侵略战争中发挥了重要作用，岑毓英还参与了中法划界等工作，为最大限度地挽回西南边疆危机做出了贡献。岑毓英之子岑春煊是近代中国历史上与袁世凯齐名的风云人物，在国家和民族危亡的情况下，爱国忠君、坚持改革、疾恶如仇、整顿吏治。岑春煊是现代广西发展的历史奠基人，一百年前，他就提出了建设防城港，极富远见卓识。岑春煊为官期间，重视教育。致力兴办新式学堂十多所，为中国，尤其是为广东、广西近代教育的发展做了重要贡献。田林岑氏宗祠建筑群蕴含着丰富的历史信息和文化内涵，是研究岑氏家族兴衰历史的宝贵实物资料。

（二）定安岑氏宗祠是广西少数民族地区现存年代最为久远、规模最大、保存最为完整的清代祠堂建筑群之一

田林县定安镇岑氏宗祠建造于清代，至今已有 100 多年历史，是桂西、桂西北甚至是整个广西地区保存规模最大、延续时间较长的祠堂建筑群之一，在广西乃至中国西南地区现存的祠堂建筑中具有重要地位。

田林县定安镇岑氏宗祠不仅仅供奉岑氏先祖，同时还供奉追随岑毓英、岑春煊征战沙场的西林子弟兵，是广西少有的集家祠和官祠于一体的清代祠堂建筑群。岑氏宗祠建筑融合了江南传统建筑和广西壮族建筑文化的元素，兼具中国传统建筑和田林特色的建筑风格。作为文物建筑，岑氏宗祠承载了诸多历史、人文、科学、艺术、建筑、民俗等信息，是我国珍贵历史文物中的重要组成部分，是研究桂西南乃至中国西南地

区清代建筑文化的重要实物资料，具有较高的文物价值。

（三）定安岑氏宗祠建筑是壮汉民族文化交流、融合的结晶

宗祠起源于周代，完善于明朝，稳定于清代，是中原汉族祭祀祖先或先贤的场所。广西壮族地区原本没有修建宗祠的传统，随着明清时期北方汉族人的南迁，中原文化的强力渗入，以文书、习惯法为载体的契约社会的逐渐形成，怀祖思孝、光宗励后的宗族意识的不断传播，广西壮族地区开始修建宗族祠堂。定安岑氏宗祠就是在朝廷为官多年深受汉族文化影响的岑氏后人，依据汉族宗祠的形制并融合了壮族的文化因素修建而成的，体现了壮汉民族融合的特点。

田林县定安镇岑氏宗祠主要为四合院式建筑，明清时期广西壮族地区较为少见。砖木结构、清水砖墙，小青瓦屋面硬山顶、其屋脊的博古灰塑、山墙、墀头、门窗的做法，墙上壁画、梁枋雕饰等构件的装饰技艺，均为岭南汉族宅第的风格。同时，田林县定安镇岑氏宗祠建筑保留了壮族地区传统建筑的做法，如穿斗式梁架上瓜柱不直接承桁条而设人字斜梁承托桁条等，则保留了本民族的特色；如在窗和彩绘上使用了有壮族特色的装饰纹路（如八角花、蝙蝠、云雷纹）等。田林县定安镇岑氏宗祠建筑反映了壮、汉民族文化的交流、融合，是西南地区祠堂建筑的精品，是桂西地区壮民族建筑文化的瑰宝。

（四）定安岑氏宗祠与西林县岑氏古建筑群有着重要的关联，是清代西林县岑氏家族建筑的重要组成部分

田林县定安镇岑氏宗祠是西林县那劳岑氏家族成员岑毓英和岑春煊在得到高官厚禄以后，欲求光宗耀祖而在当时的西林县治所在地定安斥资建造的，其建筑风格与全国重点文物保护单位西林县那劳岑氏土司建筑群一致，是清代西林岑氏土司建筑群的重要组成部分，是西林那劳岑氏家族建筑的重要组成部分。

（五）定安岑氏宗祠对开展爱国主义教育具有重要意义

以岑毓英、岑春煊为代表的岑氏家族抗击侵略、保卫边疆、巩固边防、重视教育的爱国爱家历史事迹，是我们今天进行爱国主义教育、国情教育、乡土教育的重要素材，对增强民族自豪感、民族自信心和民族凝聚力，激发广大人民群众的爱国热情，具有积极的意义。

三、定安岑氏宗祠当前存在问题

（一）文物保护和研究方面

当前，定安岑氏宗祠已经列入自治区级文物保护单位，正在积极申报国家级文物保护单位。但文物保护和研究方面仍然存在一些短板和风险。

1. 存在破坏文物的现象

鉴于人力和财力资源等方面的原因，文物的普查和巡查力度不够，破坏文物的现象时有发生。如原有的大量用于垫房屋柱子的石柱础，以及祈求“风调雨顺，国泰民安”的大、中、小各种规格的铁钟、铜钟等，或遗失，或残缺，或转移，或填埋，数目不详，所存不多。现仅存宗祠相关石碑两方，藏于百色市右江民族博物馆，其余历史有载的已难觅踪影。门前两个饱经沧桑的石狮虽然威武严肃，但有所残缺，后人不得不用石块打磨填充。此外，当地居民文物保护意识不强，对定安岑氏宗祠建筑的价值认识不足，前几年将之租作木料加工厂，对文物本体和环境造成一定的影响。

2. 建筑安全保护工作较为严峻

岑氏宗祠建筑为砖木结构，且建筑内尚未安装自动喷淋系统，加上当地居民用火多为明火，民俗活动也习惯用火，火源较多，因此有火灾风险。定安镇常年湿热多雨，宗祠常年无人居住，日晒雨淋，建筑老化、出现屋顶坍塌的现象，多处梁架裸露淋雨，檐柱下沉，门窗和横梁等糟朽变形严重，雕花门窗和墙体彩绘剥落，砖石构件表面风化、酥碱，因此有坍塌风险。

3. 缺乏相关的历史研究和文物研究

定安岑氏宗祠是中国历史上产生重要影响的历史名人祠堂，是广西少有的集宗祠、专祠、昭忠祠三祠合一的清代祠堂，并且与西林那劳寨岑氏古建筑群有着重要关联，蕴含着丰富的历史信息和文化内涵。在文物方面，如专祠正殿上方脊檩镌刻的款识印证了岑氏家族的光辉历史与荣耀。但目前学术界和当地民间尚未有关于定安岑氏宗祠及相关文物建筑的研究或调研报告，对其历史价值、文化内涵以及区域关联性的认识挖掘不足。

（二）旅游开发与爱国主义教育方面

由于经济发展水平、文化教育程度以及固有观念等各种因素，当地政府及民间相对缺乏文化旅游融合的思路，目前来说，仅就保护而保护，没有将定安岑氏宗祠的社会功能进行最大化的利用。

首先，定安岑氏宗祠具有一定的美学欣赏价值，它融合壮、汉族建筑文化，采用园林式的庭院布局，运用对称、平行、衬托等多种美学原理，突出了祠堂的庄严、显贵、壮观和坚固。主体建筑采用硬山顶叠梁架，高脊飞檐，檐下、柱子、山墙均雕龙画凤，描花绘草，写诗题词，院子、室内地面全部用青砖铺就。作为一处具有沧桑故事的历史遗存，结合古色古香的文艺情调，这些都是在文化旅游融合背景下可以进行合理开发利用的有效资源。但目前当地仅将其作为一处文保单位，对发展成为一处乡村旅游场所的认识不足，没有结合定安西林教案发生地旧址等知名景点，缺乏整体旅游规划的意识，相关的基础配套设施较差。

其次，定安岑氏宗祠具有爱国主义教育意义，可以利用现有场地打造成一处爱国主义教育基地，与文化休闲游览融为一道，发挥相应的社会功能。但目前定安岑氏宗祠处于闲置状态，无论是对游客、族人还是村民，爱国主义教育这方面的实践和宣传并未体现。当地政府和民间未予以应有的重视和关注，缺乏开展爱国主义教育的思路、方式、效果等的研究，未对相关爱国主义精神内涵进行挖掘。

四、定安岑氏宗祠保护开发的对策和建议

（一）结合当地的情况制定详细的保护规划

依据《中华人民共和国文物保护法》《中华人民共和国文物保护法实施办法》《广西壮族自治区文物保护管理条例》等文物法律法规，制订《定安镇定安村文物保护规划》，在定安岑氏宗祠划定的保护范围和建设控制地带开展文物保护、发掘、研究等工作，做好与周边文化遗产的衔接工作。

（二）加大保护经费的投入

建议有关部门落实并保障定安岑氏宗祠文物保护人员（含专职、兼职）、巡查、检修、环境治理、安全消防设施等方面的经费，确保文物保护过程中无后顾之忧。积极探索新的投融资渠道，鼓励民间资本介入文物保护和开发利用领域，共同参与文化旅游项目的经营和收益。

（三）增强居民的保护意识

市、县各级文物保护部门应加大定安岑氏宗祠文物保护的宣传推广力度，提高当地居民的保护意识，鼓励他们积极参与到保护和开发的工作当中，形成政府和民间的有效合力，防止修复后的宗祠文物遭到二次破坏或再次破坏。对保护有功的居民可以采取规范化的奖励措施，并进行公开表彰。

（四）合理开发利用旅游资源

在对古建筑进行整体保护的基础上，结合西林县那劳宫保府、西林教案发生地旧址、驮娘江自然风光、民族民俗文化等旅游资源，加强县域内的关联合作，打造成配套旅游路线。宗祠所在地定安镇要加强旅游基础设施的建设，营造较为良好的旅游环境，鼓励与民间自发的乡村旅游创意相结合，促进相关产业发展，做好人文旅游开发工作，走可持续发展道路。

（五）建设爱国主义教育基地

有关部门要坚持社会效益第一的原则，依托定安岑氏宗祠建成微小型博物馆，通过专题陈列布展的方式，宣传岑氏家族爱国、尚学等方面的精神和情怀。在特定的节假日或纪念日期间，可以规模化地组织学生、族人等群体开展系列活动，提高知名度，扩大影响力，助力推动定安镇进入“广西历史文化名镇”建设系列。

参考文献：

[1]（民国）黄旭初修，岑启沃纂．田西县志[M]．民国二十七年（1938）铅印本．

[2] 田林县地方志编纂委员会．田林县志[M]．南宁：广西人民出版社，1996.

[3] 何平，李露点注．岑春煊文集[M]．南宁：广西人民出版社，1995.

[4] 苏同炳．中国近代史上的关键人物[M]．天津：百花文艺出版社，2000.

[5] 荣孟源，章伯锋主主编．近代稗海[M]．成都：四川人民出版社，1985.

[6] 桑兵．庚子勤王与晚清政局[M]．北京：北京大学出版社，2004.

[7] 莫家仁．岑春煊治桂述评[J]．广西民族研究，1995（2）．

[8] 罗桂友．清末岑春煊评述[J]．学术论坛，1989（3）．

[9] 郭卫东．论岑春煊[J]．近代史研究，1988（2）．

[10] 梁雷珽．岑春煊在清末新政时期的教育实践及其理念研究[D]．东北师范大学硕士学位论文，2011.

李宗仁故居的保护工作及思考

彭　军

【摘　要】李宗仁先生是我国著名爱国民主人士，李宗仁故居系全国重点文物保护单位，且是广西壮族自治区首批爱国主义教育基地，统战影响和作用巨大。为适应时代进步和发展，必须充分认识和挖掘李宗仁故居及官邸的历史人文价值、旅游价值，加以保护和利用，形成有效对策。

【关键词】李宗仁故居　保护措施　思考

【作　者】彭军　桂林李宗仁文物管理处　馆员

李宗仁（1891—1969 年），我国著名爱国民主人士，系前国民党代总统，历经护国战争、护法运动、北伐战争、抗日战争，是著名的台儿庄大捷的指挥者，中华民国时期桂系领袖。1965 年，李宗仁先生毅然从美国归来，其率先回归对于两岸统一有积极且重要的影响。他的故居位于桂林市临桂区，近年来关于其价值的讨论越来越多，包括历史文化价值、建筑学价值以及审美价值。所以，李宗仁故居的保护与修缮也成为学者及业内人士关注的问题。

一、李宗仁故居的概况及历史沿革

李宗仁故居坐落于广西壮族自治区桂林市临桂区两江镇浪头村，倚靠马鞍山，始建于清末民初，占地面积达 5060 平方米，是一座庄园式桂北民居建筑。后经过几次扩建，于 20 世纪 20 年代完全建成。故居内分布 7 个院落，13 个天井，共有大小厅房 113 间，由安乐第、将军第、学馆、三进客厅、后院、炮楼等组成。

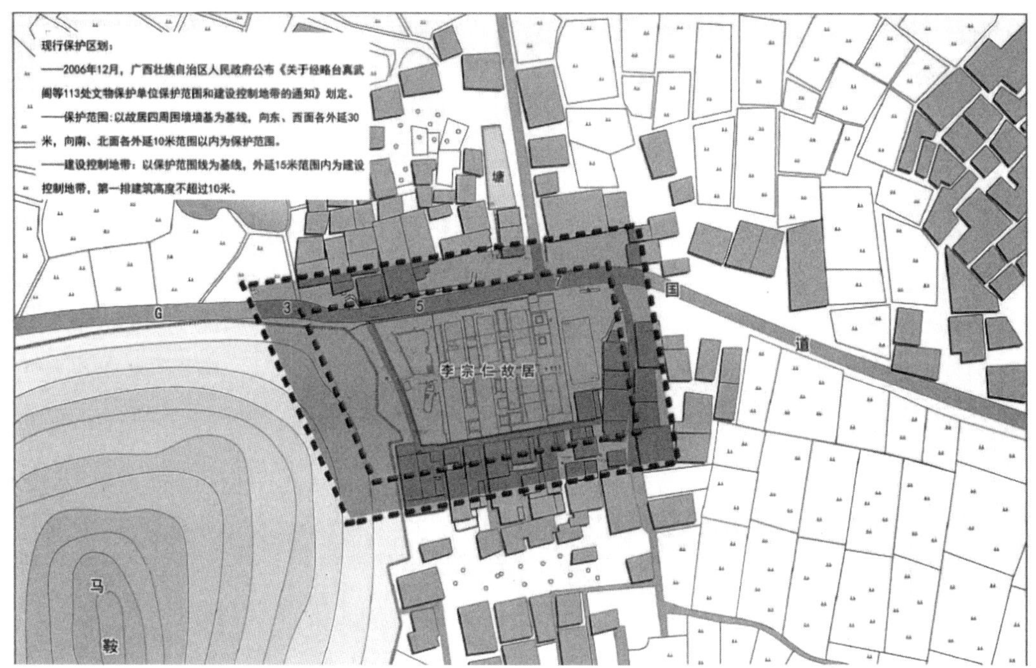

图 1　李宗仁故居保护范围示意图

据当地居民介绍，太平军北上时其故居被毁，后由李宗仁父亲重建，在 20 世纪 20 年代随李宗仁军职晋升而扩建（共三次）。抗日战争时期，蒋介石曾携夫人宋美龄来此探望李宗仁母亲刘太夫人。故居为李母刘太夫人等家人长居，李宗仁在此举行婚礼，并接待蒋介石等大批国民党要人、桂系将领。该故居为前国民党代总统李宗仁的母亲、胞兄李德明和原配夫人李秀文长住，其本人曾数度回归省亲和居住。

新中国成立后，李宗仁故居由中国人民解放军一四七师剿匪总部使用。50 年代中期，两江镇政府将故居改作粮仓使用。1984 年 10 月公布为桂林市文物保护单位。1987 年两江镇粮仓迁出。1988 年故居正式对外开放。1991 年 8 月成立李宗仁故居管理所（现更名为李宗仁文物管理处），分别管理李宗仁故居和官邸。1994 年广西壮族自治区人民政府公布为广西壮族自治区文物保护单位。1996 年国务院公布为第四批全国重点文物保护单位。由于历史原因，李宗仁故居在 1988 年以前作为地方公房使用，在使用期间缺乏有效保护，自然损坏和人为改动较为严重。公布为文物保护单位后，1998 年由桂林市文物工作队进行了小规模的抢修。1992—1997 年，李宗仁文物管理处陆续进行了部分小规模的抢救性修缮，暂时缓解了故居的倒塌险情。1998—1999 年在国家文物局和区文化厅的关心和支持下，补助维修款 80 万元，对故居学馆进行了落架维修，对腐朽严重的部位进行了加固，对倒塌的墙体进行了加固修缮，对凹凸不平的地面三合土进行了全面的维修整治，对倒塌的后院进行了复原。

二、李宗仁故居的价值评估

周恩来曾经说过，李宗仁先生的抗战和回归祖国是值得纪念的。基于李宗仁先生特殊的政治身份，以及当下的统战政策与两岸关系的新局面，保护和利用李宗仁先生的故居开展爱国主义教育，让更多的人了解李宗仁先生在抗日战争中的重要贡献，了解他以国家统一大业为重毅然决然回归祖国的壮举。李宗仁先生作为桂林本土乡贤人物，他的知名度之高，桂林人中无人能与之比肩，台儿庄大捷、回归祖国等爱国历史得到中国共产党的高度评价，毛泽东对他说“共产党不会忘记你的”。为此，李宗仁故居是了解“桂林人”独特人文精神特质所在之处。

李宗仁故居系典型的桂北民居，为研究桂北民居建筑风格及建筑营造技艺提供难得的实物资料。故居也是李宗仁前半生地位的升迁及民国初期其社会交往的历史见证。它倚靠马鞍山，建筑分三个部分，由湖南工匠耗时七年建成。院墙全部采用青砖包泥砌建，俗称“金包铁”，融入到青山与田园的大自然景色中。

该建筑为悬山小青瓦二层木结构，东西对角有炮楼，内有四组建筑：三进客厅、将军第住宅、学馆和后院。后院有阁楼、井池、鱼塘。共由 7 个院落、13 个天井、113 间厅室构成。大门浮雕“青天白日”横额及“山河永固，天地皆春”对联。布局独特，构思巧妙，气势雄伟，既具雄踞一方的庄园气派，又富有桂北民居的建筑特色。而建筑艺术在故居中随处可见，独具匠心。安乐第、将军第和大门的门楼设计，各种吉祥图案与文字相得益彰，简洁庄严，寓意着宅主的美好期待和远大抱负，二楼廊道栏杆采用雕花瓶式样，美观明快，数目不多的柱础浮雕刻以瑞兽吉草，惟妙惟肖，等等。各种建筑艺术手法生动再现，李宗仁故居无疑可以作为研究桂北民居建筑的审美艺术的参照物。

目前，在广西壮族自治区留存如此完整的民国时期院落——如李宗仁故居——已经非常少见，珍贵级别不言而喻，建筑及其周围环境的美学价值在保护和利用中必须得以挖掘和体现。

三、李宗仁故居现状

近些年，李宗仁故居因为木质材料的老化，有关部门已经数次维修，但基本都是针对具体问题的出现而进行的小规模修缮行为。2020 年，因暴雨影响，原李宗唐和刘太夫人居住过的两间两层砖木结构房屋的屋顶和两边隔墙坍塌，两侧房屋受牵扯，屋面变形严重，屋内家具被压受损，监控、照明线路受损，房屋受损严重，总受损面积约 180 平方米。

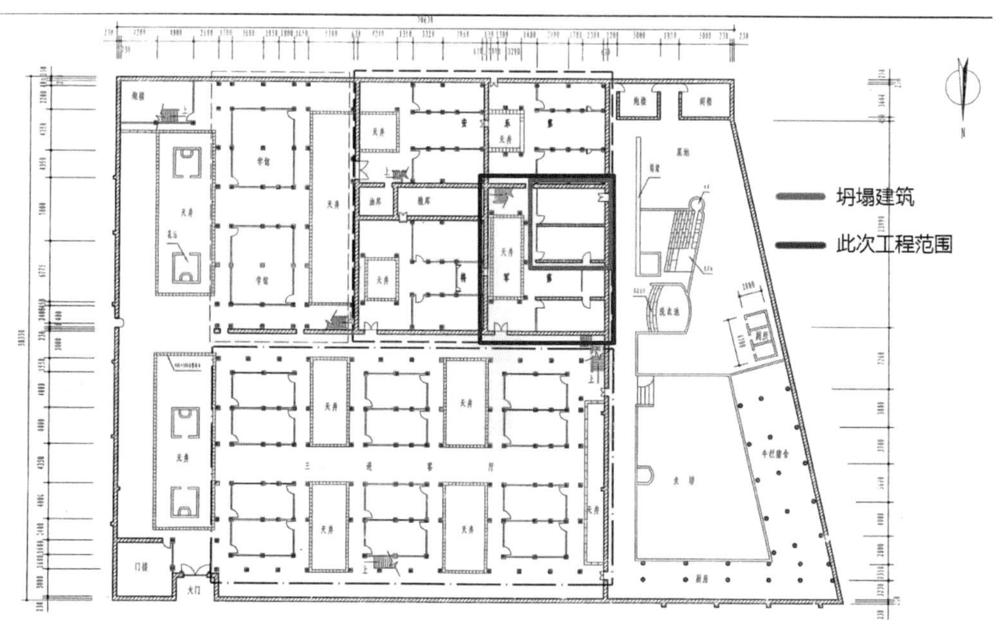

图 2　李宗仁故居坍塌范围示意图

1. 建筑病害原因分析

通过对李宗仁故居将军第后进院的详细勘察，同时查阅历史资料以及走访调查，对建筑病害成因分析如下：

2020 年 5 月，桂林市连续几天降大暴雨，故居外浪头村里积水严重，导致李宗仁故居内积水无法排出，将军第后进院内积水深度高达 0.8 米，墙体的青砖下碱高度 0.5 米，下碱以上墙体均为外包青砖内衬土坯砖，土坯砖受雨水浸泡，导致土坯砖承重强度下降严重，墙体承载力不足引起房屋倒塌。

2. 残损现状

将军第后进院内，李宗唐和刘太夫人居住过的两间两层砖木结构房屋的屋顶全部坍塌，两道隔墙上部均已坍塌，仅存部分墙体下碱。倒塌房屋两侧的建筑受屋面坍塌的牵扯，梁架无处搭置，现仅采用木柱支顶，存在安全隐患。倒塌房屋现保存下来的后墙，形成一字形单片墙，墙体高厚比不足，上部分墙体出现向外歪闪的情况，为防止墙体歪闪进一步发展，现临时用木柱对后墙进行支顶。倒塌房屋两侧建筑的二楼前廊因缺少支撑而歪闪、晃动。

经现场实际勘察，将军第后进院内倒塌的两间房屋急需进行维修保护，倒塌房屋两侧相邻的建筑的稳定性及安全受到一定影响，存在安全隐患。并且，这些安全隐患会随时间的推移而加剧，如不及早采取有效保护措施予以修理，将威胁周围文物建筑的整体安全。同时，倒塌房屋降低了李宗仁故居的整体价值，影响其整体风貌，不便于展示、利用和管理保护。综合以上描述，急需对建筑进行有针对性的维修保护，从根本上消除安全隐患，保证建筑本体安全，以免进一步的破坏，同时便于维持文物建筑的管理、展示和利用，使其最大限度地保留历史信息及价值。

图 3　李宗唐卧室及外太夫人卧室坍塌前照片

图 4　两卧室里面坍塌，仅余后墙与前廊

四、李宗仁故居的保护及修缮措施

1. 屋面

屋面瓦件风化、碎裂，造成屋面漏雨，而屋面漏雨又造成了木构件的朽坏。李宗唐卧室及刘太夫人卧室的坍塌，牵扯着旁侧蒋介石夫妇到访场景复原处的屋梁架无处搁置，现用木柱支顶，致使屋面整体变形、歪闪。因此，为解决屋面和木构件已经产生的病害，恢复原形制和原材料，需对屋面采取整体揭顶维修。屋面揭顶卸瓦时，要尽最大的可能保护瓦件，洗净后挑选出完好的瓦件单独堆放，保留继续使用；对已风化、缺角断裂、变形拱翘的瓦件进行更换。新更换的瓦件按旧瓦的规格定烧，新瓦规格 $170 \times 160 \times 6mm^3$，质量应保证瓦件无开裂、无沙眼、不变形，尺寸误差小于 5mm。重新装瓦时，将新瓦及旧瓦分开铺装。

2. 墙体

对墙面的污垢和苔藓等进行清除，以减少对墙体的侵蚀和破坏，达到保护墙体的目的，使墙体外观整洁、美观。对砖墙体开裂严重且裂缝宽度大于10mm以上的裂缝处墙体进行拆砌。拆除砖墙，都应由上向下逐层进行，随拆随清，分类码放整齐，严禁整体推、拉拆除。拆砌必须边拆边砌，不可等全部拆完后再砌。一次拆砌的长度不应超过60厘米，若只拆砌外皮时，长度不得超过1米。拆砌部分墙体时，应留直槎；在原墙体上留置的砖槎，应顺直牢固，砖不得松动。接缝可设在墙面上，宜沿裂缝留置斜槎或剔留直槎。此外，应根据砖的规格和原墙留槎，确定水平灰缝的厚度。拆砌部分清水墙体，应与原墙的组砌形式和灰缝形式一致。接槎砌筑前，应把原墙留槎清理干净，浇水湿洞，将松动的砖剔砌整齐。墙体接槎应砂浆饱满、平顺、垂直，进退层数应一致；设立砖时，上下垂直，阴阳角成90°，八字相接，灰缝均匀，墙两端的大直槎对称一致。

3. 木作

屋面卸瓦后，先对所有木构件进行一次排查，核对和准确掌握各木构件的损坏情况，依据规定，采取相应的维修方法并做好现场记录。对损坏严重的木构件进行更换，对开裂、虫蛀的木构件进行加固。维修时，需对所有新、旧木构件进行防虫防腐处理，采用熟桐油加颜色（铁红或绿色）的办法进行涂刷，墙内檩、柱、梁、枋等木构件，在熟桐油的基础上再刷沥青漆一道。隐蔽部位的防虫防腐应特别注意，埋入墙体的木构件先进行防虫防腐处理，在涂刷防水沥青后方可安装。

五、李宗仁故居保护工作的思考

鉴于李宗仁先生特殊的历史地位和他在孙中山民主革命与抗日战争中的功绩，以及李宗仁故居本身的历史文物价值，故居如何保持良好的存续状态，其修缮保护问题非常值得有关部门和文物从业者的重视。依据《中华人民共和国文物保护法》《中华人民共和国文物保护法实施条例》《广西壮族自治区文物保护管理条例》等法律法规对李宗仁故居进行保护与维修，遵循“保护为主、抢救第一、合理利用、加强管理”的方针，维持了故居原有历史风貌。

2020年对李宗仁故居进行修缮的案例，能给我们提供如下经验和启示。首先是认识上的问题。一直以来的“哪里有问题就解决哪里问题”的思路，实际上是一种被动的思路，很难形成对建筑修缮的整体关照，修缮效果自然也不会太理想。经过调研，经费紧张是重要原因，但主要原因还是不够重视该建筑的价值，导致其未能得到妥善保护与修缮。

针对这一问题，2021年度广西壮族自治区革命文物保护项目计划对李宗仁故居的修缮提出了意见，体现出对其的重视。

表 1　广西壮族自治区 2021 年度革命文物保护项目计划同意实施项目名单（不可移动革命文物）

序号	国保单位	项目性质	项目范围	项目意见	方案核准机关
1	连城要塞遗址和友谊关	维修保护	那王大炮台、那王二炮台、4 个附属碉台、旅台、城墙、东城门、西城门、登山古道	深化前期勘察研究工作，明确残损状况、成因和保护需求。坚持最小干预原则，分类提出具有针对性的修缮方案，严格控制工程规模。对结构安全存在威胁的遗存以加固修整为主，其余宜现状维修为主，保留炮台的历史风貌，古道修缮应以清理修整为主，不宜重建。加强日常养护和管理工作，定期疏通排水、清除草木。	广西壮族自治区文化和旅游厅
2	李宗仁故居（包括李宗仁官邸）	维修保护	李宗仁故居将军第后进	深化前期勘察和建筑原貌研究，审慎评估修复依据。坚持最小干预原则，科学编制具有针对性的修缮方案，严格控制工程规模。在修缮保护和日常养护中尽可能有效控制危险因素的不利影响。	广西壮族自治区文化和旅游厅
3	李宗仁故居（包括李宗仁官邸）	维修保护	李宗仁官邸主楼两层楼及勤杂室	深化前期勘察研究和保护需求评估，明确残损状况、成因。坚持最小干预原则，提出具有针对性的修缮方案，严格控制工程规模。修缮工程应统筹兼顾展示利用需求。加强日常养护、管理工作，发现问题及时处理，制定灾害预防措施。	广西壮族自治区文化和旅游厅
4	太平天国永安活动旧址	维修保护	东王府（武庙）	深化前期勘察研究和保护需求评估工作，坚持最小干预原则，提出具有针对性的修缮方案，应以现状整修为主，合理控制工程规模。修缮工程应统筹兼顾展示利用需求。加强日常养护、管理工作，发现日常性问题及处理。	广西壮族自治区文化和旅游厅
5	湘江战役旧址增补点	维修保护	红军楼、审敌堂	统筹实施红军楼、审敌堂的维修保护工程。深化前期勘察研究和保护需求评估工作，明确各维修对象的残损状况、成因。坚持最小干预原则，控制工程规模，重点解决屋顶漏雨问题。修缮工程应统筹兼顾展示利用需求。加强日常养护、管理工作，发现问题及时处理。	广西壮族自治区文化和旅游厅

（来源：文物革函〔2020〕1100号附件1）

其次，根据意见，笔者认为最主要是要坚持最小干预原则，科学编制有针对性的修缮方案，严格控制工程规模，在修缮保护和日常保护中极尽可能控制危险因素的影响。笔者认为保持历史原来状态至关重要，如故居原有形制、结构、工艺等方面，不能想当然以追求便利，采取一些现代做法。所以，应该以专业的建筑保护和修缮手段，定期对建筑进行检查修补，并且加以记录，建立一个完善的保护修缮体系。也希望有关的文保部门和统战部门能够形成联动，在人员及经费上对李宗仁故居和官邸的保护修缮加以支持。如果出现问题再想办法修缮、补救，势必会造成被动，也容易因此造成建筑不可逆转的损失。因此，笔者试拟了以下几条综合维护、修缮措施：

1. 在符合建筑具体保护要求的条件下，对故居内的基础设施进行统一整顿、布置，隐蔽各种管道线路，消除安全隐患。

2. 对房屋主体结构进行结构加固，增加外围护结构的保温防潮处理，以及内部构件的隔声防潮处理，提高故居的质量等级。

3. 拆除搭建；进行内部及周边卫生环境整治，保护建筑现存细部装饰。

4. 恢复外立面门窗材质，清理外立面墙体的不当粉刷及改造，恢复原样；参照院内现存传统铺地状态进行全面修复；对山墙屋脊缺损处进行修复；恢复故居空间格局。

5. 保持原有建筑结构体系，不得改变。有安全隐患的构件报相关部门批准后，进行修复性更换。

6. 在故居范围内新建、改建、扩建时，使用性质、高度、体量、立面、材料、色彩等应与故居相协调，不得改变故居周围原有的空间特征，不得影响故居的正常使用。

7. 建立维修档案，按时进行问题排查及维护，能有效提高维护和修缮的效率。

表 2　维修档案明细表

<table>
<tr><th rowspan="2">现状分项</th><th rowspan="2">各个分项的资价项目</th><th colspan="5">现状</th><th rowspan="2" colspan="2">整治措施</th><th rowspan="2">备注</th></tr>
<tr><th>完好
+</th><th>一般
完好
−</th><th>一般
损坏
/</th><th>严重
损坏
×</th><th>未涉及
○</th></tr>
<tr><td rowspan="2">1. 地基基础</td><td>1.1 承载力</td><td></td><td></td><td></td><td></td><td></td><td></td><td></td><td></td></tr>
<tr><td>1.2 稳定性</td><td></td><td></td><td></td><td></td><td></td><td></td><td></td><td></td></tr>
<tr><td rowspan="3">2. 承重构件</td><td>2.1 强度</td><td></td><td></td><td></td><td></td><td></td><td></td><td></td><td></td></tr>
<tr><td>2.2 稳定性</td><td></td><td></td><td></td><td></td><td></td><td></td><td></td><td></td></tr>
<tr><td>2.3 老化及外部损伤</td><td></td><td></td><td></td><td></td><td></td><td></td><td></td><td></td></tr>
<tr><td rowspan="4">3. 屋面</td><td>3.1 屋面铺装</td><td></td><td></td><td></td><td></td><td></td><td></td><td></td><td></td></tr>
<tr><td>3.2 檐沟，排水管，连接件</td><td></td><td></td><td></td><td></td><td></td><td></td><td></td><td></td></tr>
<tr><td>3.3 屋面保温和降汽</td><td></td><td></td><td></td><td></td><td></td><td></td><td></td><td></td></tr>
<tr><td>3.4 老化及外部损伤</td><td></td><td></td><td></td><td></td><td></td><td></td><td></td><td></td></tr>
</table>

续表

现状分项	各个分项的资价项目	现状					整治措施		备注
		完好 +	一般完好 −	一般损坏 /	严重损坏 ×	未涉及 ○			
4. 外墙面	4.1 外墙面层								
	4.2 墙裙防潮								
	4.3 外墙保温								
5. 外立面门窗	5.1 窗门框结构								
	5.2 保温及隔声								
	5.3 老化及外部损伤								
	5.4 防护装置								
6. 庭院地面铺装	6.1 结构								
	6.2 面层								
7. 庭院内立面门窗	7.1 窗门框结构								
	7.2 保温及隔声								
	7.3 老化及外部损伤								
8. 外部装饰构件	8.1 结构								
	8.2 老化及外部损伤								
9. 内隔墙	9.1 结构								
	9.2 面层								
10. 楼地面	10.1 承载力，挠度								
	10.2 保温 / 隔声								
	10.3 防潮（潮湿房间的面层防潮）								
	10.4 面层								

综上所述，根据李宗仁故居目前的状况以及以往的修缮情况，笔者认为应该遵循“保持故居原有历史风貌”“坚持最小干预原则”以及“建立保护修缮档案”三个原则进行保护及修缮，让李宗仁故居能以更完整并保持其历史风貌的状态展示在我们面前，尽可能呈现其爱国精神及统战价值、建筑学价值以及审美价值。

浅谈博物馆对民俗文物的保护和利用

覃星耀

【提　要】 民俗文化与民生密切相关，其普遍性、广泛性的特点让我们不得不重视它，而民俗文物在传承民俗文化上起到了重要作用，为了充分保护和传承各种各样的民俗文物，博物馆要发挥其主要作用。本文将从博物馆对民俗文物的保护和利用角度进行探讨、研究。

【关键词】 博物馆　民俗文物　保护利用

【作　者】 覃星耀　桂林博物馆　馆员

中华文化源远流长、博大精深，作为其中重要组成部分的民俗文化也同样历史悠久，颇有探究价值。民俗文化因其民生化特点，在地域、民族、所属时期等方面呈现丰富多彩的面貌。民俗文物作为民俗文化的承载物，人们通过它们能够探究其所对应的区域、历史时期民俗生活的形态及发展历程，相对其他承载物，民俗文物能够更直观地让人感受到当时的民俗。因而，博物馆作为地方文化的见证者和记录者，加大对民俗文物的保护，是有利于文化传承的。但现阶段，因为一些原因，民俗文物的保护并不尽如人意，为此，推动博物馆对民俗文物的保护、增强民俗文物自身的价值是我们必须要考虑的，也是我们不断追求的目标之一。

一、民俗文物的概念

民俗文物是一定时期内各种社会风俗的集大成者，这些文物往往用于当时的民俗生活、工业生产，通常带有地域特色与民间习性，充分反映了当时的生产生活方式，还能记录各种变迁过程，如祭祀、婚嫁等方面的文物。作为一种体现一个民族或一个社会群体在长期生产生活中能够流传的物件，民俗文物既体现了民生，又体现了历史，相较于普通文物，这种文物能更好地展示特定历史下人们的真实状况。

民俗文物一般会具有以下特点。首先，既然是地方上使用的日常用品，就必须兼具典型的地域性及传统性、日常性等特征。其次，由于民俗文物的范围较大，它会具有多种多样的类型，不仅包括衣食住行娱等，还会涉及全部的社会生活和相应的社会关系等。再者，民俗文物象征层面的意义要比物体本身丰富得多。在历史陈列及其他相关的专题陈列中，展示出的一件件典型的出土器物或精美的传世艺术品，可直接达到鉴赏、理解的目的。但对民俗文物来说，单观其物，似乎很难建立起对话。对民俗文物的理解更多的是建立在对文物解构的基础上。综合民俗文物以上特征，历史文物所具有的历史、艺术、科学等价值在民俗藏品上有一定程度的弱化。民俗文物作为普通民众所创造、享用和传承的物质文化载体，其价值不仅在于有形的实物本身，更在于其所承载的无形的民俗文化。

二、多元文化背景下博物馆藏品的变化

对大多数人类学家而言，文化是一个特定社会或民族具有特点的行为、信仰、态度、价值观念以及理念。[1]因此，可以说文化是一种集体概念和一种象征符号。每一个民族、族群因为自身的特殊性，注定会产生不同的文化，会衍生出多样的文化以及产生不同的象征符号。随着当今全球化进程的加快，越来越多的东西正逐渐在全球化的浪潮中被同一化，地方文化的独特性与多样化显得难能可贵。在多元文化共同发展的今天，博物馆的职能也在不断延伸，博物馆要想保持自身的可持续发展，必须突破传统的实物收藏理念，在兼容的基础上发展和突出自己的特色。首先，藏品的对象范围必须不断扩展，原来不被关注的（如民间的或无名的资料）也被纳入到观照的视域。其次，藏品的研究视角也随之扩展，非主流文化、少数族群文化器物和近现代、当代器物等方面的专业性应加强，而非仅从主流和精英意识形态角度看待问题。[2]在多元文化意识形态下，博物馆藏品就是一个个地方文化的象征符号，展现的是一个地方的族群共同作用下的文化结果。博物馆必须抱有多元文化主义的情怀，怀有开放的态度，将主流文化与非主流文化共同包容其中。

一直以来，桂林博物馆都将民族民俗藏品的征集与收藏置于与历史文物同等重要的地位，这与桂林本身所具有的地域特点密不可分。桂林是一座有着2000多年历史的文化名城，同时也生活着壮、瑶、苗、侗、回等多个少数民族，这些民族为桂林带来

[1] 庄孔韶主编：《人类学通论》（修订版），山西教育出版社，2005年，第20页。

[2] 蔡琴：《博物馆藏品的新视角》，载《东南文化》，2014年第3期。

了多姿多彩、独具魅力的民族文化与风情。可以说，桂林是一座多元文化并融的城市。20世纪60年代，桂林博物馆开始筹备建立开始，就已经有意识在广西范围内征集各类民族民俗藏品。1988年，桂林博物馆开馆时，还专门设有“广西少数民族文化陈列”这一固定展览。2010年和2012年，桂林博物馆在馆藏广西民族民俗文物的基础上，又分别从北京和南宁两位收藏家手中征集到743件南方少数民族服饰，使民族民俗文物的收藏范围从广西扩展到整个南方地区。此外，为了配合新馆的民俗文化陈列，2013年开始，桂林博物馆着重在桂林12个（区、市）县征集到800余件（套）衣食住行娱等各类民俗藏品。截至目前，桂林博物馆已有各类民族民俗类藏品近4000件（套），该类藏品已成体系，并成为桂林博物馆收藏的一大特色。除了重视对民族民俗类藏品的征集收藏外，桂林博物馆还加大了对此类藏品的研究。通过对馆藏民族服饰的整理研究，桂林博物馆推出了“霓裳银装——桂林博物馆藏南方少数民族服饰展”，系统展示馆藏的壮、侗、苗、瑶、布依等多个南方少数民族的服装、背带、银饰等。该展览已成功在南京、虎门、梧州、武汉等地举办了巡展，取得了很好的社会效益，也成为桂林博物馆新推出的一块文化品牌。此外，桂林博物馆还组织专人对馆藏背带进行研究，编写出版了《背上摇篮——桂林博物馆藏南方少数民族背带精品》一书。如今，桂林博物馆新馆还专门推出了“画里人家——桂林民俗文化陈列”常设展览，主要展出桂林博物馆收藏的各类民俗文物，让观众对桂林的民俗文化有一个直观的了解。

三、博物馆保护民俗文物的措施

通过以上桂林博物馆的例子，我们可以看出，博物馆作为文化基层单位，收集了大量的民俗文物，其中横向、纵向的跨度、深度非常大，良好的博物馆管理及研究工作不仅能够增强民俗文物的保护意识，也能够让人们重新审视民俗文物，认识到民俗文物的重要性和所处地位，为保护民俗文物贡献自己的一份力。

（一）重视思维认知

思维决定意识，意识决定行动。在文物保护时，有些博物馆的工作人员更重视稀有文物、重点文物、精致文物的工作，对一些难度大、不精美却大量存在的文物则不那么重视，甚至会出现漏记、错记等现象。这不仅是文物的损失，也是博物馆自身的一种损失。文物不会说话，但会消散。所以对每一件文物，我们都该一视同仁，不该产生任何区别对待的观念，这样不仅有利于文物的保护，而且在历史研究和文化传播上，都是十分有益的。

因而，应引导普通大众，不应只对有名、好看、美观的文物感兴趣，如《清明上河图》固然能够直观反映宋朝的生活文化，但仅从一件文物去研究一个朝代，难免有些狭隘。但问题是，人们为何要对那些司空见惯的物件感兴趣？特殊性存在于普遍性之中，可能常见物件中大多长得很相似，但往往相似的事物中出现差异更令人感到惊奇，毕竟普通、常见的物件遍布生活的方方面面，存在于各种人物的手里，可研究性更大，附带的价值更深；对于博物馆工作人员来说，应该更加提高对普遍文物的意识，要知道特殊性的存在，知道特殊性与一般性的异同，充分运用辩证法思想，抓住每一个文物的价值；而管理人员要认真统计民俗文物，统一集中管理诸多文物，将每一个文物登记在册，并且在后续的工作中不断去更新资料、信息，以促进文物保护工作的顺利实施。此外，由于少数民族地区各种因素的原因，在政策或其他方面应有所倾向，以保证少数民族地区的文物得到更好的全面保护。

（二）改进征集方式

博物馆应充分调动人们的收集兴趣，尽最大努力将更多、更丰富的文物收藏、保护在博物馆里，因为相较于社会保护，博物馆的保护更加专业化、精细化，能够尽最大努力延长文物的寿命，并且针对不同情况要有不同的处理办法，充分坚持从实际出发的理念。例如，在宣传上，对少数民族地区的民众可以根据当地的习惯，将宣传知识融入，使文物的宣传接地气，能够有效提高宣传的接受度，扩大宣传度，也有利于推进文物的征集和保护工作。

除此之外，并不能说少数民族区域文物大量存在，其他区域的文物就可以不管不顾。应该有条理、有目的地在其他区域进行收集，充分发挥不同情况不同对待、从实际出发的观念，对文物进行全面、有效的保护。

（三）注意征集细节

文物征集也是保护过程中的关键环节，在民俗文物征集的过程中，若一味追求各种精细物件，忽视常见、寻常物件，也是文物征集的局限之一；若大部分人没有正确认识民俗文物的价值，逐渐形成不重视的社会氛围，进而对文物的保管不尽全力，因文物长时间的放置造成破损，其损失是难以估量的。因而必须要完善征集流程，确保民俗文物征集达到应有的效果，并且对各方的保护措施、行为等进行合理监控，不合理的行为需要改正，不完善的地方需要改进，从细节上去保护文物，不能让文物在我们手里消亡。

民俗文物的保护和征集不仅需要社会去营造全面保护的氛围，更需要工作人员自身对各种文物一视同仁，不应存在这个有用、另一个无用的想法，从心态上意识到文物征集管理要无差别化，而普通大众也要充分激发自身对文物的兴趣、对历史的渴求，使文物不会被轻视，都能够得到很好的保护。

（四）为文物上“户口”

每十年进行一次的人口普查，是为了更好地收集人口信息，进而能够有效地分析人口问题。有效、便捷的人口普查方式，对文物的征集管理具有很大的借鉴意义。在民俗文物征集调查过程中，给文物上“户口”，也就是对民俗文物进行登记及档案管理，是一种非常有效的方式，尤其是民俗文物的制作工艺、生产年代和具体的使用方法等细节，只有将这些细节登记在册，才能保障后续的建档保管研究，同时在研究它们的过程中核查差错，及时进行更正、改进信息等，以便确保民俗文物征集水平的全面提升。

除此之外，在展览文物的过程中，普通大众无法全面了解一件文物，也难以费尽心思去查询这些，博物馆有义务将信息讲述给观众，使观众充分了解，这样才能有效提高民俗文物的宣传推广效果。现阶段，大部分的博物馆会使用小分贝广播在部分文物区进行讲解，除此之外，博物馆也应大量使用现代技术，不断创新宣传方法，让文物“活”起来，向观众更好地阐释文物信息。当我们把各种民俗文物的信息进行有效归纳、整理后，对文物展览也有一定的积极作用。

四、博物馆利用民俗文物的措施

（一）提升研究人员素养

博物馆的保护、利用工作需要很高的专业性，相关工作人员可以在研究征集文物的过程中，深入挖掘文物信息。总体上看，博物馆中的工作人员通常有着准确的文物信息，当研究对象的资料达到一定数量或质量时，人们便能够充分、全面地研究该对象。因而，我们需要对工作人员的资料管理能力有所要求，并定期分享管理效果，及时更正不合理的地方，便于文物的保护。

除此之外，在研究文物属性时，从事调查征集、管理、研究方面的人员还应不断提升自己的专业水平，有能力足以对文物进行探究，尽可能将文物的价值充分开发出来，促进博物馆事业的进一步发展。

（二）积极开展民俗文物展览

民俗文物展览不仅是向公众科普民俗文物的最佳途径，还能够帮助公众近距离观看和了解民俗文物，明确民俗文物背后所承载的民族文化和历史价值。这就需要工作人员在博物馆征集、管理、展览民俗文物时，要弄清楚民俗文物背后的故事，完整认知每一件民俗文物，并采取科学合理的保管方式。当然，在展览时，也要考虑实际情况，不能一味追求高品质、高科技，而是采用最佳方法向观众提供最好的视觉效果。

同时还要积极利用现代技术，通过广播、小程序扫码、AI 讲解、建模等方式，用创新手法去展示文物的魅力，更新大众对文物的观念和看法，充分发挥文物的作用，让群众发现自身感兴趣的地方，增强大众了解文物的欲望，在潜移默化中去感染大众，这对文物自身来说也是一种价值体现。

（三）不断开发相关文创产品

在博物馆，利用民俗文物开发相似商品，是当前让文物走进大众的有效方式。在国内的新形势下，中国的文化输出力量正在渐渐增强，不少国外人士对我国的历史民俗和文化工艺有着很浓厚的兴趣，并且自愿来中国参观、游览山川及博物馆。因此，若能够建立文物 DIY 作坊等让游客参与的区域，使游客亲身感受每一件文物的文化积淀，不仅能激发游客对文物的兴趣与好奇，也能推动游客购买的欲望，助推我国的文化“走出去”。

例如故宫博物院通过各种文创产品，增强了人们对故宫文物的好奇心，也将冷冰冰的建筑融入群众的生活中，通过文物，让观众产生共鸣，通过联名产品的方式，潜移默化传播中国文化，为中国文化的传承带来另一种新的方式。

（四）发挥民俗文物在学校教育中的作用

孩子是国家的未来，在校期间是孩子世界观、价值观形成的时期，通过博物馆来教育学生，是中小学生亲近社会、亲近历史的一条重要途径。因而在利用民俗文物时，博物馆也应充分发挥在教育方面的作用，联系本地中小学，和他们一起开设专题展览，并在馆内专业人士的耐心讲解下，给学生宣传民俗历史及中华民族精神；除此之外，可以开展一些联合活动，如设置民俗文化栏目、校史栏目等等，扩大博物馆的宣教职责。

除此之外，线上博物馆可以通过各种交流平台，例如公众号、小程序、抖音、微博等常用平台，将馆内文物搬进网络中，配上相应的文案或故事背景，还可以将文物拟人化，充分发挥互联网的各种功能，以生动活泼的方式展现民俗文化，扩大博物馆对民俗文化的宣传作用，打破地域界限，让人们的精神世界得到丰富。

五、结语

对大众来说，博物馆是可以亲近文物、接近历史的一条渠道，因此，要充分发挥好博物馆的作用，极大调动观众对民俗文物的兴趣，使其潜移默化地对民俗文物、民俗文化，乃至中国文化产生自信。我们要充分发挥与挖掘博物馆的纽带作用和各种价值，让更多的人去了解历史、了解文化。

红色旅游助力乡村振兴

——以桂林湘江战役三园三馆纪念设施为例

罗作为

【摘　要】广西桂林的灌阳、全州、兴安三县作为湘江战役最为惨烈的战场，蕴藏着丰富的革命教育资源。其中，三园三馆作为湘江战役重要纪念地，是全国百条红色旅游线路之一。在中国共产党建党百年的重大纪念时刻和“两个一百年”历史交汇的关键节点，我们依托本土红色历史文化资源，大力发展红色旅游，强化党史学习，进一步弘扬革命精神的同时，还应将红色旅游与乡村发展紧密结合，助推乡村振兴。

【关键词】湘江战役　红色旅游　乡村振兴

【作　者】罗作为　桂林博物馆　馆员

2021 年 4 月 25 日上午，习近平总书记来到了位于桂林市全州县才湾镇的红军长征湘江战役纪念园，向湘江战役红军烈士敬献花篮。总书记表示：“我到广西考察的第一站就来到这里，目的是在全党开展党史学习教育之际，缅怀革命先烈，赓续共产党人精神血脉，坚定理想信念，砥砺革命意志。”总书记指出：“湘江战役是红军长征的壮烈一战，是决定中国革命生死存亡的重要历史事件。”[1]

1934 年 10 月，由于党内“左”倾教条主义的错误领导和共产国际军事顾问李德的错误指挥，导致第五次反“围剿”失败。中央红军被迫撤离根据地，开始了艰难的长征。在连续突破国民党军三道封锁线后，中央革命军事委员会于 11 月 25 日决定在桂

[1]《习近平在广西考察时强调 解放思想深化改革凝心聚力担当实干 建设新时代中国特色社会主义壮美广西》，“学习强国”学习平台 https://article.xuexi.cn/articles/index.html?art_id=12449772661925472660&item_id=12449772661925472660&study_style_id=feeds_default&pid=&ptype=−1&source=share&share_to=wx_single.

北抢渡湘江。中央红军面对国民党以30万大军凭借湘江天险精心构筑的第四道封锁线，与数倍于己的优势之敌苦战一周，以损失过半的惨重代价，粉碎了国民党企图围歼红军于湘江以东的计划。湘江战役是中央红军长征途中生死存亡的关键一战，既印证了中国共产党领导下的工农红军是一支有坚定的信念、有铁的纪律，勇于胜利、勇于突破、敢于牺牲的革命队伍，也对中国革命的前途和命运产生了巨大而深远的影响。

在这一征程中，广西桂林的灌阳、全州、兴安三个地方，经历了最为惨烈、最为悲壮的湘江战役，数万将士视死如归，保全了中央红军。

一、桂林湘江战役三园三馆纪念设施相关概况

2018年11月，习近平总书记对湘江战役红军遗骸收殓保护和规划建设纪念设施工作作出专门重要批示。广西、桂林及相关县党委、政府全面贯彻落实总书记重要批示精神，在做好红军遗骸收殓保护工作的同时，在中央宣传部、中央党史和文献研究院等部门指导下，建设了以三园三馆为核心的湘江战役纪念设施，以铭记革命历史，缅怀革命先烈，传承红色基因。三园分别是位于全州县的红军长征湘江战役纪念园、兴安县的红军长征突破湘江烈士纪念碑园以及灌阳县的新圩阻击战酒海井红军纪念园，三园中分别建设了红军长征湘江战役纪念馆、红军长征突破湘江纪念馆、新圩阻击战史实陈列馆三馆。2019年9月12日，三园三馆正式对外开放。12月，中央宣传部将三园三馆扩充命名为“红军长征湘江战役纪念设施”，一并纳入全国爱国主义教育示范基地范围。

（一）红军长征湘江战役纪念园

红军长征湘江战役纪念园位于桂林市全州县才湾镇境内，是湘江战役三大阻击战之一——脚山铺阻击战旧址所在地。包括纪念林区和纪念馆区两个功能区，总占地面积约64万平方米，其中，纪念馆区33万平方米，纪念林区33万平方米，缓冲保护区约28万平方米，于2019年9月竣工。纪念林区由纪念石林区、凭吊区（主题雕塑长廊）、战壕遗迹及相关配套设施构成；选取了当地天然石块、根据地形和地貌而建的湘江战役主要战事纪念物自然有序地竖立排放，其间加种银杏、香樟等当地植物以及成片绿草地等，与自然融合，让红军烈士的英魂伴随着苍松翠柏融入桂北大地、万古长青，体现“一草一木一忠魂、一山一石一丰碑”的意境。

园内红军长征湘江战役纪念馆主体建筑占地面积2220平方米，总建筑面积7479平方米，展陈面积3800平方米。根据中央的安排，红军长征湘江战役纪念馆展陈内容将2016年在中国人民革命军事博物馆举办的纪念中国工农红军长征胜利80周年主题

展整体移植到馆内，对红军长征的全貌进行展陈，展示图片 392 张，文物 155 项 287 件，主题雕塑 17 组；同时，将红军长征湘江战役史实内容独立出来，充实为展陈的第二大部分，另再设立一个动态视频专区，展示湘江战役中红军指战员的革命精神。

（二）红军长征突破湘江烈士纪念碑园

纪念碑园位于兴安县城双拥路 56 号，占地 13 万平方米，于 1996 年建成开园。园内主要包含有大型烈士群雕、纪念碑、纪念馆、英名廊、福建籍湘江战役红军烈士纪念雕塑、江西籍湘江战役红军烈士纪念雕塑等纪念设施。其中，大型烈士群雕包含“救星”“送别”“远征”“激战”“永生”五组浮雕，以及男人、女人、老人、幼童四个巨型头像。纪念碑则建于狮子山顶，形为三支步枪，以直插云霄之态充分展现我党革命过程中“枪杆子里面出政权”这一重要指导思想。大型群雕南侧的英名廊采用的是巨幅竹简造型，由曲形花岗岩石砌成，2 万多名在湘江战役中牺牲的红军烈士的名字镌刻在 32 米长的廊壁上。与英名廊相邻的是在湘江战役中英勇牺牲的以红三十四师为主的福建籍闽西红军烈士纪念雕塑、江西籍湘江战役红军烈士纪念雕塑。

纪念馆主体造型为红军八角帽，外墙为红色。纪念馆建筑面积 6000 平方米，2019 年对展陈内容进行改造提升后，陈展面积 3500 多平方米，展示图片 259 张，文物 188 件，主题雕塑 16 组。以苏区风云、兵临湘江、突破湘江、历史选择、精神永存五个部分展现了湘江战役的全过程。

（三）湘江战役新圩阻击战酒海井红军纪念园

纪念园位于灌阳县新圩镇和睦村下立湾屯，全灌公路（G241 国道）西侧。

新圩阻击战结束后，红五师设在下立湾屯祠堂的救护所中的 100 多名重伤员，被民团和恶霸地主活活扔进连通地下暗河的天然溶洞酒海井中，英勇牺牲。2003 年，灌阳县在酒海井建立烈士纪念碑和保护红军伤员殉难处。为方便集中缅怀先烈，告慰英灵，教育后人，灌阳县委、县政府于 2014 年 9 月对酒海井原有的红军纪念园进行规划扩建，通过自筹资金和积极向上级民政部门申请立项，修建了湘江战役新圩阻击战酒海井红军纪念园及红军烈士墓塚。灌阳县在 2016 年 9 月和 2017 年 9 月，分别将第一批散葬于民间的红军烈士遗骸和酒海井内打捞出来的第一批红军烈士遗骸安葬在酒海井烈士墓塚。新圩阻击战史实陈列馆主要展陈新圩阻击战和“绝命后卫师”红三十四师史实，展示图片 104 张，主题雕塑 7 组；并利用现代科技手段，演绎新圩阻击战和“绝命后卫师”战斗场景，提升陈列馆视觉效果。

二、湘江战役纪念设施的党史教育价值

（一）红色资源砥砺革命初心和使命

三园三馆自建成以来，无数瞻仰者纷至沓来，开启了一段“不忘初心，重走长征路”的新征程。结合“不忘初心、牢记使命”主题教育，广大党员干部来到这里，走近湘江战役历史，感悟伟大的长征精神，走好新时代的长征路。习近平总书记到广西考察的第一站就来到湘江战役纪念园，其背后的意义深远，主要目的就是在中国共产党百年诞辰之际，在全党、全民族乃至于全社会引领党史学习高潮，重温党的历史，赓续革命精神，砥砺革命意志，坚守理想信念。长征过程中，红军将士用鲜血和生命铺就的新中国发展之路，是新一辈共产党人砥砺奋进的精神支撑；用信念和理想构筑的革命长城，是未来共产党人走好新时期长征路的精神堡垒。习近平指出：“广西红色资源丰富，在党史学习教育中要用好这些红色资源，做到学史增信。”[1]学史增信，没什么能够比亲临历史现场更能带来精神上的冲击。

历史不是无声的哑剧，也不是黑白的默片，亲临历史现场，方能感受到革命年代无数生命的呐喊与挣扎，才能感受到革命过程中鲜血铸就的耀眼猩红。湘江战役纪念设施承载的革命历史和红色文化，具有砥砺广大共产党人的初心和使命的巨大价值，同时也能增强共产党员的信仰、信念、信心。

（二）建党百年红色旅游精品线路传承红色基因

2021 年 5 月 31 日，桂林市“血战湘江 · 突破包围”入选了文化和旅游部联合中央宣传部等部委推出的“建党百年红色旅游百条精品线路”。红军指战员以坚定的信念和勇于胜利、勇于突破、勇于牺牲的湘江战役精神，奠定了长征的胜利基石。湘江战役三园三馆开放以来，管理部门和工作人员以长征精神激励鞭策，积极做好服务工作，充分挖掘接待潜能，克服疫情影响，充分发挥纪念设施的教育功能，千方百计满足干部教育和红色旅游的需求。2019 年 9 月 12 日至 2021 年 9 月 3 日，三园三馆共接待参观学习总人数 66020 批次、11156489 人次。其中，2021 年 5 月 1 日至 9 月 3 日接待 22122 批次、4544585 人次。三园三馆已经成为广西红色旅游的龙头和新引擎，正在成为全国性的新热点和开展爱国主义教育、传承红色基因的重要平台和基地，带来巨大的社会效益。

[1]《习近平在广西考察时强调 解放思想深化改革凝心聚力担当实干 建设新时代中国特色社会主义壮美广西》，“学习强国”学习平台 https://article.xuexi.cn/articles/index.html?art_id=12449772661925472660&item_id=12449772661925472660&study_style_id=feeds_default&pid=&ptype=-1&source=share&share_to=wx_single.

三、红色旅游助力脱贫攻坚，推动乡村振兴

（一）深度挖掘红色资源，打造红色村庄

红色村庄有丰富的精神内涵以及深厚的文化魅力，要深入挖掘和利用好湘江战役文化资源，将乡村特色农业、餐饮、手工艺品等行业与红色旅游充分结合，带领乡村参与红色旅游产品开发，在资源共享的基础上，不断推进红色旅游线路发展的同时，带动周边地区的发展，实现旅游区的整体协同推进，打造独具特色的红色旅游品牌，以革命先辈遗志为己任，实现乡村振兴，走好新时期的发展之路。

（二）加强项目建设与规划，助推乡村振兴

探究当地红色旅游经济及其特色产业的发展情况，并在此基础上探索其他革命老区的“红色＋经济”发展模式，总结出扶贫攻坚和红色经济助推乡村振兴的发展途径。[1]广西相继制定和实施了《2005至2010年红色旅游发展规划纲要》《2011—2015年红色旅游发展规划》，极力打造左右江、桂北、南宁等六大红色旅游区。2004—2014年，广西红色旅游接待游客达1.65亿人次，红色旅游直接就业人数12.6万人，间接就业人员65.7万人，2015年红色旅游综合收入182亿元，促使红色旅游业的发展驶入快车道。广西“十三五”规划期间更是大手笔打造“重走红军长征路”等八条红色旅游精品线路，旅游人数大规模增加，消费总额大幅度提升，大面积带动当地就业。

（三）加强配套基础设施建设，强化乡村优势

以红色旅游为依托，做优做强桂北农业优势产业，培育新兴特色产业，以经济发展带动文化发展，打造乡村发展的核心吸引力。2018年3月，全国第一家地级红色旅游协会——桂林市红色旅游协会成立，在有关部门指导下，设计制作了《桂林红色旅游宣传册》，发布了四条“重走长征路——湘江战役之旅”红色旅游精品线路。同时，还组织编写《桂林湘江战役红色旅游导游词》，举办多梯次的红军长征湘江战役公益性导游员培训班，参训人员600多名。目前，红军长征湘江战役三个核心纪念园正在申报国家级AAAAA级旅游景区。长征国家文化公园（广西段）建设也正在紧锣密鼓进行，21个项目进入国家发改委项目库，将使红军长征过桂北的各地大大受益，助推乡村振兴。2019年，桂林湘江战役红军遗骸收殓保护工作领导小组统筹整合中央项目资金1893.5万元，开展农产品产地初加工、农民合作社等项目建设；统筹整合自治区项

---

[1] 吴芬芬，黄芷瑶，李佳丽．“红色＋经济”重焕革命老区新光彩——高潭镇红色旅游扶贫新路初探[J]．经贸实践，2018（21）:16-17.

目资金 5735.1 万元，开展现代特色农业示范区、茶叶全产业链开发等项目建设，为乡村振兴打下坚实基础。其中，乡村振兴组积极争取支持 2019 年湘江战役项目建设主要贡献县的项目资金，用于湘江战役桂北五县（含灵川县）优势主导产业的发展、农业技术推广等项目。红色旅游规划组确定红色文化旅游“五个一”规划设计。目前，精品路线编制工作和导游词编写工作都已完成，红色旅游规划编制调研已结束，红色文化讲解员培训工作已经完成。

另外，需要政府和当地村民一起发挥主观能动性。政府积极引导当地村民进行自主创业，主动带领村民代表去外地学习参观，从思想上引起村民的关注，加强宣传，政策支持，为乡村振兴提供一切可能的力量。当地村民应当从认识上调整观念，积极配合政府的响应，通过合作，充分利用相关政策的支持，一步步走出一片天地，逐步振兴家园！

大规模的资金投入和设施建设为进一步发展红色乡村旅游，促进红色乡村发展打下坚实基础。

四、小结

继承先辈遗志，富民强国是对革命先辈和红军烈士最深的告慰。红军长征沿线各地和长征国家文化公园的各个节点，把握住湘江战役纪念设施落成的契机，紧紧围绕党史教育、主题教育，充分运用相关旅游设施，大力推广以全景式、回顾式学习加强理想信念教育和革命传统教育的模式，继承、弘扬湘江战役精神。同时也要将长征精神融入到新时期长征路中，锐意进取，自我激励，寻找红色旅游和乡村振兴的发展结合点，继承先辈遗志，以发展成果告慰在湘江战役中牺牲的先烈，巩固先辈浴血奋战的革命成果，引领广大人民群众从站起来到富起来再到强起来的战略步调，努力实现中华民族伟大复兴的中国梦。

参考文献：

[1] 何成学 . 浅谈脱贫攻坚视角下的灌阳红色旅游扶贫 [J]. 广西经济，2019（02）:55-57.

[2] 张阳 . 红色旅游背景下乡村脱贫方式创新研究 [J]. 中国市场，2019（28）:64-65.

[3] 许若冰 . 红色旅游开发与贫困地区高质量脱贫——以百色老区为例 [J]. 市场周刊，2018（09）:48-50.

[4] 林子 . 红军文化遗产保护利用与民族地区脱贫攻坚新路——以贵州省为例 [J]. 贵州民族研究，2018，39（01）:179-183.

博物馆地矿科普之广西矿产资源初探

李 阳

【提 要】广西矿产资源种类丰富，有着“有色金属之乡”的美誉。桂林博物馆自然科学研究部门开展了广西矿产资源的调查研究工作，旨在展示广西的优势资源，充分发挥博物馆的科普教育功能，起到保护自然资源的作用，提高人们保护和节约资源的意识，促进人与自然和谐共生，社会经济可持续发展。本文通过回顾广西矿产资源的开发利用历史和总结地质矿产资源的调查研究，对博物馆开展地球科学和地质矿产资源的研究及科普教育提出一些建议，为保护家乡自然资源、传承生态文明、探索绿色可持续发展道路贡献绵薄之力。

【关键词】矿产资源 开发利用 地矿科普 资源保护意识

【作 者】李阳 桂林博物馆 馆员

一、博物馆开展矿产资源调查研究的意义

美丽的地球家园拥有丰富的自然资源。其中，矿产资源作为重要且不可再生的自然资源，是人类社会赖以生存与发展的物质基础。矿产资源是指赋存于地壳内部或出露地表，呈固态、液态、气态的经地质成矿作用形成的产物，它既包含在目前的社会生产力和技术条件下能够开发利用的物质，也包含在未来的技术条件下具有潜在利用价值的物质。[1]

人类社会在不断认识自然和改造自然中得以发展，人类社会的发展史也是一部自然资源的开发史。人类的文明发展和社会进步与矿产资源的开发利用紧密相关。人类社会发展的每一次飞跃，都伴随着对矿产资源开发利用的每一次跨越，从石器时代、

[1] 唐善茂. 广西矿产资源可持续开发利用与生态创新战略研究 [D]. 吉林大学，2007.

青铜器时代、铁器时代、工业时代到石油时代，人类依次开发利用了岩石、铜、铁、煤炭、石油等矿产资源，不同程度上推动了生产力的发展。[1]新世纪在高新技术领域对新型材料和能源的需求，来自稀有金属、稀土金属、分散元素金属矿物和新型非金属矿物等。矿产资源已然成为人类社会生存和发展的生命线，矿产资源的调查研究和保护关系到社会经济的可持续发展。

广西拥有丰富和珍稀的矿产资源，这是大自然赋予的宝贵财富，为广西社会经济的发展发挥了重要作用。桂林博物馆开展广西矿产资源的调查研究，是将科学研究与科普教育相结合，为收藏广西丰富珍稀的矿产资源标本，开展地球科学相关研究和学术交流，开展地学科普宣传教育等工作提供依据。通过博物馆的文化传播平台，公众能认识和了解广西地质矿产资源的优势与特色，博物馆能成为展示和宣传广西丰富自然资源、地学科普教育的重要窗口。同时，以矿产资源调查研究为依托，以最新地质学研究成果为指导，结合广西矿产资源的开发利用发展史，该调查研究反映出广西矿产资源优势以及对社会经济发展的贡献，让公众认识到矿产资源的重要性和不可再生性，以及资源与环境的目前形势，树立资源节约保护意识，更好地保护广西的自然资源与环境，为生态文明建设、人类社会与自然协调可持续发展贡献力量。

二、广西矿产资源的开发利用历史

广西先民对矿产资源的开发利用可追溯至新石器时代。桂林市甑皮岩遗址出土了赤铁矿粉末。新石器时期的广西地区的先民能够利用粘土烧制原始陶器。到了晚期，广西的陶器制造已经比较普遍，烧制陶器所需的粘土开采达到了一定水平。商周至春秋战国时期，制陶业进一步发展，釉陶和硬质陶的出现表明人们能从利用粘土制陶发展到利用高岭土。广西出土的战国时期文物中有铜器和制铜器用的石范及铁器，而出土地不远处有铜矿产出，如平乐县银山岭和武鸣县（今武鸣区）两江等地，这表明当时已经开采和冶炼铜、铁等矿产。

秦汉时期开始开采滑石、水晶、玛瑙等矿物。据《壮族通史》记载，东汉时在广西设有铁官及作业点；广西出土了许多汉代时期的青铜器，还在北流的铜石岭发现了汉代采炼铜矿的遗址，可以表明铜石岭是当时广西铜矿的主要产地之一；《广西历史地理》记载，在北流、岑溪、容县等地发现有汉魏时期的铁矿冶炼遗址，说明广西当时开采和炼铸铁矿也具有一定的规模。[2]

---

［1］ 高清平 . 广西矿业可持续发展研究 [D]. 广西大学，2006.

［2］ 广西壮族自治区地方志编纂委员会 . 广西通志：地质矿产志（1988-2000）[M]. 南宁：广西人民出版社，2012.

三国两晋至南北朝时期，与北方和中原相比，广西地区相对稳定，出现人口南迁的现象，加快了广西经济的发展，矿产资源的开发利用也得到发展，开采的矿产有铜、铁、铅、锡、汞（朱砂）、滑石等，其中开发利用的新矿种是铅和汞。这一时期，铁矿开采规模比以前要大，开采矿点也较多。东晋时开采朱砂主要用于炼丹。广西出土的这时期的铜鼓，其成分主要含铜、锡、铅，炼铸的矿石原料来源于北流、容县以及桂平一带。

隋唐时期，广西开采的矿种有金、银、铜、铁、锡、铅、汞（朱砂）、滑石等，其中开采铜矿和锡矿较多。随着广西农业的发展，铁制农具已经普及，铁矿开采地点也增多，需求量增大。锡矿主要开采于贺州、钟山、富川等地，铅矿开采于藤县、昭平等地。唐代是广西最早有文献记载开采金矿的时期，据记载，唐代时期以岭南产金最多，开采金矿的地点以邕州（今南宁）、澄州（今上林）最为出名，有《新唐书·地理志》记载“澄州土贡金银”[1]。广西“土贡银”的州县有16个,且都可开采含银铅锌矿炼银，丹池一带开采银矿已有固定的地点且具一定规模。

宋代时期，广西开发利用的矿产资源有金、银、铜、铁、锡、铅、朱砂等，其中锡和朱砂的产量在全国占据重要位置。朱砂产地主要为宜州，多用于炼制水银（汞）。据《太平寰宇记》记录，“容州陆川县铜石山（今属北流）上有铜湖”，说明铜石岭的铜矿从汉唐至宋代仍然在开采。[2]铁矿在梧州府郁林州绿鸿山、柳州宝积山（今融安县泗顶铅锌矿的铁帽）等地有开采。金、银、锡、铅等矿种的开采发展较快。宋代广西产金的地方与如今金矿的主要分布地点基本相吻合。银矿的开采点较多，开设有河池银场、岑溪棠林银场、临贺太平银场、抚水州富仁银监。[3]宋代开采铅矿还用于制造化妆品。滑石矿产地有灵川县冷石山（今龙胜）、容州（今陆川）等，而如今龙胜也有大量滑石矿产出。

到了元代，民族矛盾加剧，广西的经济发展困难，矿产资源开发利用不如宋代，且相关文献资料甚少。

明代时期，由于社会经济的发展，采矿使用“火爆法”“烧爆法”等新技术，矿产资源开发利用也随之发展，开采的矿种比以往历代都多，有金、银、铜、铁、锡、铅、锌、朱砂（汞）、煤、雄黄、硫铁矿、高岭土、滑石、石英砂等，其中锌、煤、硫铁矿是这一时期才开发利用的新矿种。广西锡矿的产量在全国占据重要位置。明代宋应星《天工开物》记载，河池、南丹二州所产锡量占全国的百分之八十，书中还附有图

[1] 广西壮族自治区地方志编纂委员会．广西通志：地质矿产志（1988—2000）[M]. 南宁：广西人民出版社，2012.

[2] 同上。

[3] 邓智成．清代广西矿产开发研究 [D]. 云南大学，2018.

说明两种锡矿床的类型以及采洗的过程，反映出明代广西锡矿开采的繁盛景象。[1]永乐十五年（1417），明成祖朱棣下旨开采南丹矿，从此开始大规模开发丹池矿区。据记载，广西煤矿的发现和开采是在明代，万历二十五年（1597）已发现了红山煤田（今环江境内）、罗城煤田；在桂林地区有石英砂开采，用于生产玻璃器皿；明嘉靖《广西通志》记载，在嘉靖年间，已经开采硫黄[2]。

清代广西的矿业发展跌宕起伏，雍正前期厉行矿禁，乾隆初年重开宝桂局鼓铸，矿产开发变得繁荣。洋务运动中，清政府批准矿商开采百色煤矿、富贺煤矿、左江铁矿等。光绪年间开始探索近代新式矿业发展道路。这一时期，广西开采的矿种新增加了锑矿和锰矿。锑矿于光绪二十二年（1896）率先在凌云县下甲镇开采；锰矿发现比较意外，光绪三十四年有人在钦州黄屋屯采炼铁矿时发现锰含量多于铁，随后转而开采锰矿；广西巡抚部院于宣统元年（1909）接收高等实业学堂的矿科毕业生，此后广西拥有了矿业技术人才[3]。

民国初年，人们在宾阳高田、马岭发现钨铋矿时，只知道有钨矿，却不知还有铋矿，铋矿被当作废石丢弃在山间。当钨矿运输至香港售卖时，商人们发现此钨矿石中含铋而抢购一空，于是人们开始竞相开采铋矿。民国时期，锰矿是广西开采的主要矿种之一；煤炭则主要由合山煤矿产出；而右江石油是在民国二十四年（1935）修建邕色公路（南宁至百色公路）时开采出了油砂而被发现。

中华人民共和国成立后，经济逐渐恢复，广西地质工作得以快速发展。1956年左右，广西相继成立了地质、石油、煤炭、冶金等矿产资源相关部门，同时组建了地质勘查队伍，建设国营矿山企业，矿产资源的勘查和开发利用取得了显著发展。

三、广西矿产资源调查研究的概况

广西地处华南板块的南端，在大地构造上属于扬子陆块和华南活动带，处于南岭多金属成矿带的西部，是环太平洋成矿带重要的构成部分。[4]广西独特的地质演化，多旋回的构造运动，多期次的岩浆活动以及变质作用和成矿作用，使得广西具备得天独厚的成矿地质条件，造就其丰富的矿产资源。广西有“有色金属之乡”的美誉，矿产资源种类丰富，截至2015年已发现矿种168种，并有锰矿、高岭土、膨润土、锡矿、

[1] 邓智成 . 清代广西矿产开发研究 [D]. 云南大学，2018.

[2] 广西壮族自治区地方志编纂委员会 . 广西通志：地质矿产志（1988-2000）[M]. 南宁：广西人民出版社，2012.

[3] 同上。

[4] 崔振民 . 广西矿业比较优势及其变动规律实证研究 [D]. 中国地质大学（北京）.2014.

锑矿、镓矿、铟矿、铝土矿等多种重要矿产资源的保有储量位居全国前列。

（一）黑色金属矿产资源

广西已经探明的黑色金属矿产资源有锰矿、钛矿、铁矿、钒矿等。

广西锰矿资源丰富，锰矿石产量和资源储量长期居全国首位。广西锰矿的成矿地质条件优越，主要分布于桂西南的大新、天等、靖西等地，部分在桂中、桂北一带。锰矿矿床类型按成因分为两类：风化型、沉积（原生）型。锰矿石主要有氧化锰矿和碳酸锰矿两类。下雷锰矿是超亿吨的大型锰矿床，位于崇左市大新县下雷镇，是我国最大的锰矿资源库。百色市靖西县（今靖西市）湖润锰矿与大新下雷锰矿相邻，也属于大型锰矿床。

钛矿分布于桂东南、桂西以及沿海一带，主要在合浦、藤县、巴马等地。矿床类型有冲积型滨海钛铁砂矿、风化壳型和金红石砂矿。大型矿床有合浦县官井钛铁砂矿床、藤县东胜钛铁砂矿床等，分别属于滨海冲洪积型砂矿床以及风化壳型砂矿床。

广西铁矿资源较为紧缺且贫矿多。主要类型有沉积型赤铁矿，分布于桂东北一带；风化淋滤型堆积褐铁矿，分布于南宁、崇左、河池等地；其他类型铁矿零散分布，开发难度较大。

钒矿分布在上林、全州、罗城、三江等地。主要类型有两种：沉积型矿床的钒矿物赋存于炭质页岩或石煤中；伴生矿床的钒主要赋存于钛铁砂矿中的含钒磁铁矿内。[1]

（二）有色金属矿产资源

广西有色金属矿产资源有锡、铝、钨、锑、铜、铅、锌、钼、镍、镁、钴、铋、汞等。

广西锡矿的成矿方式复杂，主要有热液型和复控型锡多金属矿床。锡矿分布于桂西北、桂北、桂东北等地。主要成矿区带有：丹池、龙胜三门—融安麻江锡多金属成矿带；罗城—融水、贺州姑婆山、灌阳都庞岭—钟山花山锡多金属成矿区；德保钦甲—靖西建屯锡铜多金属成矿带；桂北越城岭—猫儿山锡钨成矿区；桂东南锡成矿区[2]。具有代表性地质特征的重要矿床是大厂锡多金属矿床，位于河池市南丹县一带，是世界级的有色金属宝库，以锡矿为主，共生或伴生着大量金属矿产（锑、铜、锌、铅、金、银、钨等）和稀有分散金属（镓、铟、镉等）及非金属矿产（砷、硫等）。[3]大厂矿床

[1] 广西壮族自治区地方志编纂委员会．广西通志：地质矿产志 [M]. 南宁：广西人民出版社，1992.

[2] 王瑞湖，林建辉，周府生，等．广西壮族自治区矿产资源潜力评价 [Z]. 广西壮族自治区地质勘查总院，2013.

[3] 广西壮族自治区地方志编纂委员会. 广西通志（1979-2005）综合卷 [M]. 北京：方志出版社，2016.

的开采历史悠久，据《中国古代矿业开发史》（夏湘蓉等，1980）的考证，开采历史可追溯至唐末，距今约有1000年。[1]

广西铝土矿的成矿地质条件优越，资源储量位居全国前列。矿床类型有堆积型、沉积型、红土型。沉积型铝土矿是堆积型的原生矿，两者主要分布于桂西的平果、靖西、德保、田东、田阳等，矿石类型为一水型铝土矿；红土型分布在桂中的贵港、横县、宾阳等，矿石类型为含三水铝石型铝土矿。桂西铝土矿区是我国重要的铝土矿产地，矿石易于开采和利用，具有非常大的工业价值。

广西钨矿资源比较丰富，是我国华南钨矿成矿带的重要组成部分。钨矿的成因类型比较复杂，有热液型、矽卡岩型、层控型矿床。主要分布于桂南、桂东北等地，产地有武鸣、钟山、苍梧、博白、资源、恭城、富川、陆川、南丹、罗城、贺州等。大明山钨矿床位于南宁市武鸣县两江乡境内，是大型矿床，矿石的主要矿物为黑钨矿，为热液型矿床。

广西锑矿资源丰富，资源储量位居全国前列。主要分布在丹池成矿带和桂西右江成矿区，在桂北和云开地区也有分布。矿床类型主要有以复杂硫盐矿物共生或伴生于锡多金属矿床中、以硫化物多金属产出、单一辉锑矿产出等。五圩多金属矿田，位于河池市五圩一带，属大型锑矿床，此外还产银、铅、锌、砷等矿产。

广西铅锌矿分布较为广泛，在桂东北、河池至南丹、大瑶山西侧、西大明山、云开大山等地均有分布。矿床的成因类型有接触交代型、高中温热液型、层控型。北山铅锌硫铁矿床，位于河池市环江毛南族自治县，属于层控型矿床。

广西铜矿分布比较分散，成因类型复杂。资源储量为中型规模的矿床分布在桂西南的德保钦甲、桂中的武鸣两江，此外在桂北宝坛地区、南丹、罗城、融水、象州等地也有分布。

广西钼矿分布在河池、陆川、宾阳、钟山、博白，矿床以接触交代（矽卡岩）型为主，例如陆川安垌钨钼矿床，其次是高温热液石英脉型。镍、钴矿主要分布于罗城、扶绥、融水等地，主要为岩浆熔离型以及次生淋积矿床。铋矿多为伴生矿，且含量很低。汞矿主要分布于桂北、南丹、河池等，矿床的成因类型为单一的低温热液型。

（三）贵金属矿产资源

广西的贵金属矿产资源有金矿和银矿。

广西是历史上金矿的主要产地之一。金矿床主要分布于桂西地区的田林、凌云、乐业、凤山，桂西南的龙州、凭祥、上思，桂北地区的三江、龙胜、兴安，桂东、桂

---

[1] 汪明，左慧，石富文，卢海川.广西大厂锡多金属矿床研究综述[J].西部探矿工程，2014，26（01）:167-170.

东南地区的贺州、昭平、博白，桂中地区的贵港、上林等地。[1]主要金矿类型有：卡林型、脉型、微细粒浸染型、破碎—蚀变岩型金矿，次火山岩—斑岩型金铜矿和矽卡岩型金银多金属矿等。[2]金牙金矿床，位于河池市凤山县金牙乡，其发现拉开了桂西寻找金矿的新篇章。高龙金矿床，位于百色市田林县高龙乡，是桂西北地区典型的微细浸染型金矿床。

广西银矿多共生或伴生于钨锡多金属矿，例如南丹大厂多金属矿床，大部分都共生或伴生银矿；单一银矿床较少，以隆安县凤凰山银矿为典型。银矿主要分布在隆安、博白、贺州、贵港、浦北、南丹等地。银矿床类型主要有：热液型银锌矿、矽卡岩型、各种围岩中的脉状银矿、风化淋滤型、碳酸盐岩型银锌矿等。[3]凤凰山银矿床，位于南宁市隆安县古潭乡与崇左市扶绥县中东乡交界的凤凰山脉的东北侧，是广西目前最大的独立银矿床。

（四）稀有、稀土和分散元素金属矿产资源

广西已探明的稀有、稀土和分散元素金属矿产资源都是以伴生矿物产出。

稀有金属矿产资源中，发现有铌、钽、铍、锆、铪、铷、铯等矿种。铌钽矿分布于恭城、资源、贺州、博白等地；铌钽铁矿、锆矿主要分布于博白；铍矿分布于资源；锆石英矿分布于苍梧、北流、陆川、岑溪等。栗木钨锡铌钽矿区，位于桂林市恭城瑶族自治县栗木镇，主要产铌、钽、锡、钨等金属。广西的地质队于20世纪60年代在栗木矿区发现钽、铌稀有金属，为我国航天和国防事业做出了重要贡献。

稀土矿是广西的优势矿产之一。岩浆活动强烈或变质作用较强的断陷、断隆区及断裂构造是广西稀土矿成矿的有利构造环境。稀土矿产主要有离子吸附型和矿物型两类，离子吸附型稀土矿分布在钟山、富川、梧州、平南、崇左等地；重稀土矿（钇族稀土矿）分布在陆川、北流等地；独居石分布于北流、合浦、陆川、上林、岑溪等地。[4]其中，花山稀土矿床位于钟山与富川交界，是广西首个大型风化壳离子吸附型轻稀土矿床。在平南县大洲矿区也发现了特大型离子吸附型稀土矿床。

在分散元素金属矿产资源中，镉矿分布阳朔、恭城、河池、环江、南丹、大新、融安、浦北等；锗矿分布在大新和环江；镓矿分布于桂西、桂西北以及南丹、大新、平果、德保、靖西、阳朔等；铟矿分布在桂北，融水、南丹等；铪矿分布于北流、博

[1] 广西自然博物馆. 自然广西 [M]. 南宁：广西科学技术出版社，2018.

[2] 王瑞湖，林建辉，周府生，等. 广西壮族自治区矿产资源潜力评价 [Z]. 广西壮族自治区地质勘查总院，2013.

[3] 同上。

[4] 广西壮族自治区地方志编纂委员会. 广西通志（1979–2005）综合卷 [M]. 北京：方志出版社，2016.

白；钪矿分布在合浦、贺州；铊分布在环江、南丹。

（五）非金属矿产资源

广西的非金属矿产资源种类比较丰富。

广西的硫铁矿有共生矿床、单一矿床两种，主要分布于河池、玉林、百色等地。硫铁矿矿床类型有沉积型、沉积—改造（层控）型、矽卡岩型、热液型，还有火山岩型及伴生硫。环江北山铅锌硫铁矿是大型硫铁矿床，还含有铅锌矿。凤山杭东硫铁矿床，位于河池市凤山县金牙乡和天峨县更新乡，属沉积型大型矿床。

广西重晶石矿资源丰富，分布较广泛，主要分布在象州、永福、三江、德保等地。矿床类型有热液充填型、沉积型和沉积—改造型。广西天然形成两大重晶石矿田，分别是象州矿田和永福矿田。其中，象州寺村重晶石矿床为大型矿床，位于来宾市象州县寺村镇，矿床类型为热液型原生矿和堆积型次生矿。

萤石矿主要分布于玉林、灌阳、资源、防城港、全州、容县等地。主要矿床类型为热液型。玉林市北市矿床，位于玉林与桂平交界处的北市乡，属于中、低温热液矿床。

滑石矿主要分布在龙胜，此外，上林、陆川、环江、武宣、来宾等地也有分布。矿床类型有超基性岩型和碳酸盐岩型蚀变矿床。龙胜鸡爪滑石矿床为大型矿床，位于桂林市龙胜各族自治县三门镇，属于碳酸盐型蚀变矿床。

广西含砷的矿物资源有雄黄、雌黄、毒砂，主要分布在宾阳、南丹、河池、横县、德保等地。河池市五圩乡水落雄黄、雌黄矿，为五圩多金属矿的共生矿。南丹县大厂毒砂矿床，属于大厂锡多金属矿的伴生矿。

高岭土矿主要分布在桂东、桂东南，合浦、玉林、南宁、藤县、钦州等地。矿床类型有两类：风化壳型和沉积型。合浦的高岭土资源丰富，十字路高岭土矿区位于北海市合浦县十字路乡，属风化壳型的大型高岭土矿床。

膨润土矿主要分布在桂西、桂西南，宁明、田东、宾阳、横县等地。宁明县膨润土矿床为大型矿床，地处宁明县城至明江镇一带，矿床类型为第三纪湖相沉积型，蒙脱石为主要矿物，具有很高的离子交换能力和吸水膨胀能力。

芒硝矿主要用于制取无水硫酸钠，是重要的化工原料，应用于医药、纺织、轻工、化工、建筑等领域。广西的芒硝矿床类型属第三纪 - 白垩纪及古代钙芒硝固体矿床。陶圩矿床是大型钙芒硝矿床，位于南宁市横县的陶圩镇境内。

石膏矿分布于合浦、灵山、钦州、来宾等地，矿床类型有内陆湖相沉积型、次生富集型等。大岭头石膏矿床位于北海市合浦县大岭头，属于湖相沉积型的大型石膏矿床。

白云岩矿非常丰富，矿床类型是海相沉积型。白云岩矿含镁量高，可作耐火材料、冶金熔剂、提炼金属镁和镁化物以及化肥、双飞粉等的主要原料，也用作玻璃配料和建筑石材。九头山白云岩矿为大型矿床，位于柳州市羊角山镇，是特级熔剂用的白云岩。

花岗岩、大理岩可作为饰面用天然石材。饰面用花岗岩主要分布于岑溪、巴马等地。因岑溪市产红色粗粒黑云母钾长石花岗岩，色泽艳丽，商品名称为“岑溪红”，以岑溪市三堡镇的花岗岩为上乘，且储量最为丰富。武宣三里镇大理岩大型矿床，产饰面用石材的就有蓝彩云、红彩云、灰斑等品种。

石灰岩矿产资源极为丰富，分布非常广泛，用以制作水泥、制碱、化肥、熔剂、电石、建筑石料等。具代表性地质特征的主要矿床有：位于贵港市港北区的黄练石灰岩矿床，位于柳州市西北郊的太阳村石灰岩矿床。二者均属大型矿床。

（六）能源矿产资源

广西的能源矿产资源有煤、石煤、泥炭、油页岩、石油、天然气和铀矿等。

广西的煤矿资源不多，是华南缺煤省区之一，且大多为褐煤和烟煤。矿床类型有海相沉积型、内陆湖泊相沉积型、海陆交互相沉积型。[1]煤矿产地有合山、扶绥、罗城、百色、南宁等。其中，合山煤田开采煤炭至今已有 100 多年的历史。

广西的石油和天然气分布于陆地的百色盆地和海域的北部湾的涠洲岛西南部。百色油田位于桂西右江河谷，由塘寨、子寅、那坤、田东等油田，花茶、上法、雷公等油气田，以及林逢、新洲、那满、江泽等含油气构造组成。北部湾涠西南凹陷油气田，属于湖相、滨海相碎屑岩沉积型油气藏。[2]

我国铀矿于 1943 年率先在广西钟山县发现，为中国核工业发展做出了重要贡献。广西铀矿主要分布于桂东北、桂北、桂东南、桂西南等地，有花岗岩型、砂岩型、火山岩型、碳质泥岩型等矿床类型，产出地层有泥盆系、寒武系、侏罗系、白垩系。

四、充分发挥博物馆地矿科普教育功能

（一）加强自然资源保护的宣传教育

矿产资源是地球物质经亿万年演化的结晶，珍贵且稀少。博物馆作为文化传播和教育机构，应充分发挥其科普教育的社会功能，大力开展地质矿产资源的科普宣传教育工作，开设形式多样的自然资源类展览，通过介绍当地的珍稀矿产资源，让公众意

[1] 王瑞湖，林建辉，周府生，等 . 广西壮族自治区矿产资源潜力评价 [Z]. 广西壮族自治区地质勘查总院，2013.

[2] 广西壮族自治区地方志编纂委员会 . 广西通志（1979−2005）综合卷 [M]. 北京：方志出版社，2016.

识到矿产资源的重要性和稀缺性，与人们生活息息相关，引导公众认识、了解祖国和家乡的自然资源现状以及生态环境的严峻形势，增强资源节约保护意识，树立可持续发展的观念。

（二）建设自然科学科普教育基地

博物馆科普教育是课堂教育的补充和延伸。在博物馆建设自然科学科普教育基地，有利于开展地球科学知识和地质矿产资源的普及教育，让公众探索自然科学奥秘、分享地球科学研究成果。科普教育基地通过展示矿产标本、科普图片、模型等，介绍本地区的矿产资源分布、性质、用途等内容，能让公众了解祖国和家乡的珍贵宝藏，培养爱国主义情操，树立资源环境的保护意识。还可通过电子演示、互动项目或科技展示手段，生动地展示地球的构造与发展、地质地貌演变、矿产的形成、矿物晶体性质等地学知识，使得地学知识直观易懂。将课堂内容融入科普基地，达到学识结合的目的，激发青少年学习地球科学知识的兴趣，提高科学文化素质和培养探索自然的精神。

（三）开展丰富多样的地矿科普活动

博物馆可以利用重要科普日和寒暑假等时间，开展丰富多样的科普教育与体验活动，如举办专题展览、科学讲座、科普体验活动、夏令营、研学活动等吸引观众，普及地学知识。例如，开展地质科普体验活动包括：用简单的物理实验仪器测定矿物的基本物理性质，巩固物理学知识；欣赏矿物在显微镜下呈现的奇妙美丽的微观世界，体验地质学家如何鉴定矿物；亲手磨制加工矿物宝石，享受匠人的乐趣；还原矿产勘采的场景，让观众亲身体验矿产资源从勘查发现到开采利用所经历的艰辛复杂过程，感受矿产资源的难能可贵和地质工作者的艰辛。组织地质研学活动：参观全州雷公岭国家矿山公园，感受矿业发展遗迹和独特的人文历史景观；参观桂林南边村泥盆—石炭系界线辅助层型剖面地质遗迹保护区，学习地质学相关知识。博物馆开展丰富多样的地矿科普活动，力争成为传播科学知识的殿堂。

（四）与相关机构广泛开展交流合作

博物馆在独自进行科学研究之余，还需要与学校、其他博物馆或相关科学研究机构广泛开展交流和合作研究。这样不仅可以整合资源、优势互补，而且能了解自然科学各领域的最新研究成果，快速提高博物馆人员的科研能力。同时，博物馆还可与中小学校建立长期合作关系，实现教育资源共享，争取打造成为校外科普教育实践基地和青少年的第二课堂；开展与学校课程内容相适应的自然科普活动，揭示地球的奥秘，培养青少年对地球科学的兴趣，引导青少年感受多姿多彩的地学文化、了解我国矿产资源，引导青少年珍惜资源、爱护环境。

五、结语

矿产资源是人类赖以生存与发展的重要物质基础，对社会经济的可持续发展有着不可替代的作用。博物馆作为全民终身教育场所，承担着探索自然和传播文化的责任，在人与自然的和谐相处中扮演重要角色。在我国倡导生态文明和可持续发展的背景下，博物馆不仅要专注传统的展示、教育、收藏等，还要将自身融入到自然与社会之中。桂林博物馆开展广西矿产资源调查研究，具有非常重要的意义。尽管广西矿产资源开发利用历史悠久，矿产资源种类丰富，但也存在矿产资源短缺的情况。充分了解广西矿产资源的现状，发挥博物馆的科普教育功能，引领人们认识地球、珍惜资源、保护自然、热爱广西，增强资源保护和节约意识，为推进人与自然和谐共生贡献智慧和力量。

试论刘克庄旅桂诗中的唐诗色彩

张杰翔

【提 要】南宋著名诗人刘克庄早年曾到访广西桂林，妙秀的桂林山水深深吸引着刘克庄，并促使他在桂林留下了许多不同于其后期主要风格的诗歌佳作，从刘克庄在桂林的诗作之中可以窥出其早年宗法唐诗的诗歌风貌。本文拟从其文学接受与文学史发展的角度，通过对其作品文本的归类总结，简析刘克庄在旅桂期间诗歌作品中的唐诗元素，并试论其成因。

【关键词】刘克庄　诗词　唐诗　历史　桂林

【作 者】张杰翔　山东师范大学历史文化学院硕士研究生在读

刘克庄（1187—1269），初名灼，更名克庄，字潜夫，号后村，宋代莆田人。中国文学史上的一个重要人物，其不仅是辛派词的代表人物和核心继承者，更是南宋著名的诗人、词人、诗论家。其诗先学晚唐体，又效仿陆游，属江湖诗派，后成为江湖诗派的领袖。嘉定二年（1209）以郊恩补将仕郎，授建阳令，言官摭其《咏落梅诗》以为讪谤，郑清之力辨得释。十四年（1221），胡榘辟其为广西经略安抚司准备差遣。刘克庄在桂一年，遍游桂、柳等名胜，探访名贤遗踪，吊古寻幽，作诗70余篇。

清人汪森所辑的《粤西诗载》收录了刘克庄在桂期间的诗作65首，本文拟以该书收录的刘诗为研究原本。

一、刘克庄在桂期间诗作分类分析

刘克庄于宋嘉定十四年抵达桂林，他来桂林的主要目的是表示对桂帅胡榘邀请的谢意，同时也是为了疏解之前在仕途上不顺的愁苦。刘克庄来到桂林的思想是复杂的，除了有与同僚相处融洽、共同登揽名胜的快乐，也有他乡异客对家乡的思念之情，更有着关心边关战事的思虑，同时亦流露出寄情山水、求仙问道、消极避世的想法。

现将《粤西诗载》中所收录的刘克庄诗作根据其思想进行分类，并从中遴选出它的代表作，从文学艺术的角度进行分析。

（一）桂林风情类

“桂林山水甲天下”[1]是宋代王正功的一句诗，但凡来到桂林的“迁客骚人”，大多都会对桂林的山水倾心，并将桂林山水写入他们的文学作品中。例如唐代著名诗人韩愈的《送桂州严大夫》“江作青罗带，山如碧玉簪”[2]即为名句。刘克庄自然也不例外，他也被桂林的山水吸引，并创作了诸多描写桂林山水经典的诗词作品，有的甚至还被人们广为传唱。例如：

簪带亭[3]

上到青林杪，凭栏尽桂州。千峰环野立，一水抱城流。

沙际分鱼艇，烟中见寺楼。不知垂去客，更得几回游。

这首诗是刘克庄登上桂林的栖霞洞上的簪带亭所写，全诗语言上简明轻快，朗朗上口，无一僻字，但亦无一弱字；尤其是颔联一联气象尤大，颇具唐诗的色彩。顾随先生提出：“唐诗音节爽朗，气象阔大。”而此诗则颇合顾随先生对唐诗的评价。颔联以宏观阔大的视角写桂林山城的全貌，笔下的山、水、城如画般融为一体，同时用字的声韵也非常讲究。如“千、峰、环、城”等字都是鼻音字，音节十分朗畅。

此诗体裁是五律，用字经济，一句之中包含了不止一个的意象，如颈联的“沙际、鱼艇、烟中、寺楼”。从整体章法来看，此诗运用了登临诗最常用、最经典的手法，先写登临之况，次写登临的所见所感。

严羽曾言：“建安之作，全在气象，不可寻枝摘叶。”[4]严羽认为建安诗气象浩大，浑然一体，不能断章取句。诚然，刘诗其他三句并不是特别出彩，但正是在其他几联的铺垫下，颔联气势被衬托了出来，该句的效果非常突出，整首诗也显得精彩震撼。

此诗在语言上仍然是近于唐诗的语言，虽然比较质朴，但是在整体境界的营造和情感的抒发上却是竭尽一切之能事。唐诗抒情，故而唐诗在“诗缘情而绮靡”这一点

[1] 桂海碑林博物馆编：《桂林石刻碑文集》，漓江出版社，2019年，第355页。

[2]（清）汪森编辑，桂苑书林编辑委员会校注：《粤西诗载校注》，广西人民出版社，1988年，卷10，第92页。

[3] 同上，第173页。

[4] 陈超敏评注：《沧浪诗话评注》，上海三联书店，2013年，第163页。

上发挥到了极致。

描写桂林的风土人情成了刘克庄在桂期间诗作的主要内容，在诗风和语言上，或清新、或诙谐、或轻快、或宏大，而这一部分占据了其旅桂诗中很大的比重。

（二）山水隐逸类

佛教和道教在独特的桂林诸多摩崖石刻中占据了很大的比重。无论是西山的佛教摩崖造像、龙隐岩的日月菩萨还是南溪山的道教石刻文化，无疑都体现出佛道在当时的兴盛。

刘克庄在桂林留下的诗篇中就有一些涉及求仙问道、隐逸山林的诗篇。这也成为了刘克庄在桂期间复杂思想的一个重要方面。

刘仙岩[1]

决顶来寻炼药踪，老仙端的是吾宗。
寄声月白风清夜，定许相期第几峰。

刘仙岩位于桂林南溪山南，又名仙迹岩，传为宋刘仲远仙人所居之所。这是刘克庄在桂林期间留下的求仙问道类诗的代表作之一。这首七言绝句语言比较直白，但是读后并未感觉苍白；第三句是一幅极具画面感的场景，即在月白风清的夜晚，诗人许下诺言，说自己日后定当再访刘仙岩，羽化而登仙。正是通过这首诗，读者深刻地感受到了诗人想隐逸山林、求仙问道的情感，尤其是末句的“相期第几峰”更是佳句，类似于唐人“暂去还来此，幽期不负言”的情感。又如其《再游栖霞洞》等亦是典型。

（三）忧心家国类

就在刘克庄旅居桂林、寄情山水的时候，北方边关的局势却复杂而不稳定，所以刘克庄的诗作也表现出了对家国事的关心之情。

送赵叔愚赴浔州理掾[2]

未奉三雍对，聊为五筦行。乡书踰岭少，诗思入湘情。
远宦身差稳，中州事日生。向来几离别，此别最关情。

---

［1］《粤西诗载校注》，卷 22，第 109 页。
［2］ 同上，卷 10，第 174 页。

此作是刘克庄送别友人之作，但是其中蕴含了刘克庄对边关的关心。第三联中，诗人将空间向遥远处延伸，并提到了“中州事”，此处“中州事”指的即是中原一带仍被金人蹂躏。到了最后一句，诗人说人生别离向来多，但是唯有眼前这次最关情。在尾联处反复用“别”，将送别之情再度推向高潮。

全诗看似只写别离，但是实际上并不止于此，诗人在此处做了一个升华，即自己与友人虽然都远离家乡为官，但为官的仕途相对较为稳定。然而一想起远方的人民、故土在金人手里，不免有了很多的悲哀，此处类似白居易“今我何功德，曾不事农桑。吏禄三百石，岁晏有余粮。念此私自愧，尽日不能忘”[1]的感慨，伤感之情自然而然地呈现在了读者眼前。此类诗作如《寄左次魏二首》等，亦是典型。

（四）客居思乡类

在客居桂林的这一年里，刘克庄时常想念自己的家乡，也时常感慨于自己“他乡客”的身份和情感。在中国古典文学中，思乡的主题是经久不衰的，无论被贬在外，还是在京为官，或是游历四海，或是戍守边关，“身在异乡为异客”的思乡之情都一定会有所表达。

榕台二绝　其一

拔地高崖如铁色，拂天老树作寒声。
他年记宿榕台夜，便是南归第一程。[2]

根据《刘克庄行状》的记载：“外帅权重，不轻饯客，公入京进卷，胡公饮别榕台，人以为前此未有也。”[3]同时依据此诗的诗意，可推测此作应该是刘克庄离别桂林时所作之诗。

首联两句以对仗的手法，先写榕台整体之风貌，拔地高崖、拂天老树，从宏观的角度将榕台写完。但由于这是一首绝句，而非律诗，故诗人并未继续展开描写榕台，而是以起承转合中“转”的手法，开始转向抒情，说如果将来有一天重返岭南，此处便是南归的第一程。

此诗第二联与唐人李渤《留别南溪》一诗的第二联较为类似，李诗：“欲知别后留

[1] 严杰：《白居易集》，凤凰出版社，2014年，第19页。

[2]《粤西诗载校注》，卷22，第107页。

[3]（宋）刘克庄著，钱仲联笺注：《后村词笺注》，上海古籍出版社，2012年，第384页。

情处，手种岩花次第开。”[1]此处是王国维先生所谓的“造境”，而非“写境”，是一种理想的想象，但此类想象亦近于现实，故而增加了诗人的感情色彩。此类诗作如《全州》等也较为典型。

二、刘克庄旅桂诗中宗法唐诗的色彩

笔者认为刘克庄旅桂时期的诗作多近唐诗，而唐宋时代虽然都是诗歌发展的高峰期，但是唐诗与宋诗的风格截然不同。宋诗是在唐诗已经发展到极致的情况下，不得不另辟蹊径以凸显时代风貌的文学产物。从宋初的西昆体开始，宋人便向“以文为诗、以议论为诗、以才学为诗”上发展；相较而言，唐诗的风格则是以空灵、飞动、壮美、积极为主；通常以大篇幅写景，语言上则较为浅易、通俗，节奏轻快、熟练。而刘克庄深受“晚唐体、四灵派”的诗歌和宗唐的诗学观影响，故其旅桂诗作之中有着较为浓厚的唐人诗歌的特点。

（一）效仿唐诗的气象

蒋勋先生认为唐人作诗是将空间与时间、画面往大了去写，诚然，唐诗的境界气象以宏大为上，以唐人杜甫《旅夜书怀》为例：

细草微风岸，危樯独夜舟。星垂平野阔，月涌大江流。
名岂文章著，官应老病休。飘飘何所似，天地一沙鸥。[2]

全诗尤以气象胜，颔联一句更是被历代诗家奉为经典。

盛唐诗和中晚唐诗在具体风格上虽然有着一定差异，但无论中唐还是晚唐诗，在语言和景物描写以及运用形象化思维去作诗上还是一致的。以一首晚唐诗为例：

秋日赴阙题潼关驿楼[3]

红叶晚萧萧，长亭酒一瓢。残云归太华，疏雨过中条。
树色随山迥，河声入海遥。帝乡明日到，犹自梦渔樵。

[1]《粤西诗载校注》，卷22，第13页。
[2] 成元编著：《唐诗三百首释注》，四川大学出版社，1997年，第236页。
[3] 同上，第397页。

此作是唐人许浑的作品，全诗以较大篇幅写景，诗歌境界的空灵感、清远感都较宋诗多得多。虽然其在宏大的气势上不如盛唐诗作，但是其气象也十分非凡。宋代诗评家严羽在《沧浪诗话》中曾言："唐人与本朝人诗，未论工拙，直是气象不同。"[1]

刘克庄早年学习晚唐诗，所以其诗歌也深得唐诗的气象；其《簪带亭》与《千山观》中，如"千峰环野立"与"渺然飞观入青冥"等句气象浩大，与唐人相类。

（二）趋近唐人的题材

严羽在《沧浪诗话》中提出："唐人好诗，多是征戍、迁谪、行旅、离别之作，往往能感动激发人意。"[2]依严羽此言观刘克庄在桂期间之作，不难看出其在桂期间经典之作的题材内容，多是严羽所提及的"征戍、迁谪、行旅、离别"。上文所列举之诗，几乎全部符合严羽所认为唐人好写的这些题材。如《刘仙岩》《榕台二绝》《送赵叔愚赴浔州理掾》等作。

严羽认为："唐人命题，言语亦自不同。杂古人之集而观之，不必见诗，望其题引而知其为唐人今人矣。"[3]即在严羽眼中，往往不需看诗，看标题即可知其是唐人之作还是宋人之作。

由于两代的文化"潮流"是不同的，除了共同的风花雪月之外，唐诗多怀巨大的梦想激情，命题多是送别、咏古、边塞、歌吟，感发多于观察；而宋诗则多观察生活之中的美，如和韵、赠诗、禅寺、煎茶等生活琐事。蒋勋先生就认为唐人出门写诗，宋人多在书房写诗；那么，在刘克庄旅桂期间的诗作，观标题即可发现，刘克庄大多在外写诗，内容多是怀古如《訾家洲》，送别如《榕台二绝》《送赵叔愚赴浔州理掾》，行旅如《炎关》等诗作。

（三）好用唐诗的体裁

在体裁上，唐人好作五律与七绝，在 1982 年出版的喻守真先生编著的《唐诗三百首详析》（实际 308 首）中，五言律诗占 81 首，占比约 26%；七言绝句 60 首，占比约 19.5%；而七言律诗占比约 16.5%；五绝则更少。五律的占比超过了其他的七律、七绝、五绝等体裁所占的比例。由于五言律诗篇幅相对于七律较小，开合变化和用典的空间也相对较小，所以在宋人一代之中，写五律者的比例比较七律、七绝则少得多，写古诗者更是寥寥。

---

[1]《沧浪诗话评注》，第 149 页。

[2] 同上，第 209 页。

[3] 同上，第 150 页。

1988 年广西人民出版社出版的《粤西诗载校注》中，刘克庄的诗歌一共 65 首，其中五言律诗 14 首，占比约 22%，七言绝句 20 首，占比约 31%，七律只有 6 首，占比约 9%。

不同的诗歌体裁对语言、语序、内容、主题的要求有所不同，五律用字重经济，七绝重朗畅；而刘克庄在桂期间创作的诗歌之中，五律、七绝、古诗占比几乎超过了 88%，他在体裁运用上的比例也能从另一角度反映出刘克庄在旅桂期间学习唐诗的痕迹。

（四）学习唐诗的语言

在语言风格上，刘诗显得浅易、率直、凡熟、轻巧、亦不乏机趣，且少用僻字、僻典，语意上不会造成太多语言障碍，这与北宋的江西诗派、南宋文人词的语言是截然不同的。

顾随先生曾言："唐人诗不避俗，自然不俗，俗亦不要紧。宋人避俗，而雅得比唐人俗得还俗。"[1] 如刘克庄《簪带亭》一诗中，无一僻字与典故，字词句子的语序皆为正常，但刘克庄正是以其看似熟练、通俗的语言，"不俗"地表现出了桂林山水的自然风貌，很好地表达了其在桂林期间的复杂感情。

（五）借鉴唐诗的技法

在诗法和诗技上，刘克庄也受到了唐诗的技法和风格影响，一反宋诗规律，常常在写景和铺陈上下足了功夫，通常一首诗一大半都在写景。后世宗唐者，认为唐诗以韵胜，将诗歌的抒情性发挥到了极致。而抒情之前，必须先"起兴"，先渲染环境与氛围，需要"先言他物再言己物"。

以《簪带亭》为例，四联八句之中，除尾联外几乎都在写景；又如其《题霞溪驿》一诗之中，四句无一例外，全部写景。正是因为大篇幅的写景，这也使得刘克庄的诗在气象上、空灵感上胜于宋诗，趋近于唐诗。因此，刘氏才能将桂林山水写得如此精彩美丽。

综上所述，刘克庄旅桂期间的诗作深受唐人影响，诗作风格多趋近唐人，彰显出了与宋诗相迥异的一面，这与刘克庄所属的江湖诗派非常重视学习唐诗的观念与刘克庄早年学晚唐体的经历密不可分。

[1] 顾随：《中国古典诗词感发》，北京大学出版社，2012 年，第 14 页。

三、刘克庄旅桂诗宗唐色彩的成因

（一）诗学观念的影响

对于一位诗人来说，对其诗作影响最大的、最为重要的就是主观想法，客观因素固然也能对诗风产生重大的影响，但是相较而言，诗人自身的主观想法、审美追求才是决定其诗风最主要的因素。对刘克庄旅桂期间诗歌产生决定性影响的就是其自身的“诗学观”。

刘克庄旅桂是在南宋嘉定十四年至十五年（1221—1222），此时的刘克庄只有 30 岁出头，而早期刘克庄主要是从晚唐体和四灵诗派入手，并深受其影响。收入《江湖集》的《南岳稿》就体现了刘克庄这一创作倾向，故这一趋向也受到宗唐的叶适的赞赏。正是因为这一因素，刘克庄旅桂期间的作品之中有着较为明显的唐诗色彩，诗风较为浅易、清新、空灵。

北宋以来，无论是西昆体还是江西诗派，都曾一度成为诗坛的主流，但是随着时间的变迁，以江西诗派为代表的宋诗也呈现出了某种弊端。刘克庄曾在《后村诗话》中提出：“近世学江西诗，不善其学，往往音节聱牙。”即在刘克庄眼里，当时有很多学江西诗派的人，只注重到江西诗派的形式，以至于“音节聱牙”，流于表面，弊病丛生。为纠正此偏，宋人将目光转向晚唐体，而刘克庄也十分认同这一转变；晚唐体最大的特色就是轻清简远，可以补救质实拗拙、烦冗意尽等毛病。而这一诗学观也影响了刘克庄诗歌的创作。

（二）边患战事的影响

刘克庄的诗作中心忧边关、力主抗战的主要思想来自客观存在的北国危局。

唐代帝国的兴盛强大与对外战争的频繁胜利，使唐代诗人将许多开疆拓土、建功立业的边关时事写入诗中，并常以较为豪迈的情怀为主基调，不断发展成为后世所称的“边塞诗”。

宋代的外患情况远远严峻于唐代。唐代面临的边境威胁，主要来自东西突厥、吐蕃、契丹辽东等地，总体而言，唐代战争频发。但唐代的对外作战胜多败少，疆域版图空前辽阔。相较而言，宋代一开始即“天生不足”，首先就丢失了作为屏障的燕云十六州，加之赵氏家族对武人的提防心尤重，导致宋代对外战争的情况并不尽如人意。靖康之难后，长江以北中原地区沦陷，抗金意识开始出现萌芽，刘克庄正是在这样的客观环境与社会意识的影响下，诗歌中也具备了类似于边塞诗的心忧家国、维护统一的意识与元素。

虽然刘克庄所处时代的边关形势与唐代是不同的，但是诗中对边关战事的重视程度与建功立业的情怀与唐代诗人却有相同之处。可见，唐诗中主流的“边塞”主题，在刘克庄的诗中得到了一定程度地体现与传承。

（三）桂林山水的影响

触景生情、借景抒情也是诗歌作品中最常见的手法，即诗人见到眼前之景，多会产生“在山言山，在水言水”的情感。

刘克庄来到桂林后，亦被山水感化，其诗风与之前“壮怀激烈”的家国诗词不同，走向了轻快明了的山水诗。宋代的桂林是岭南的行政中心、文化中心，无数文人墨客聚集于此。山水名胜，数不胜数，例如，寺观有龙隐洞的释迦寺、七星山麓的七星观等；亭台楼阁有伏波山及其附近的蒙亭、隐山西湖的招隐亭，还有榕湖边的榕溪阁等50多处。

宋代著名诗人黄庭坚被贬宜州时，途经桂林，并系舟于榕湖的一棵榕树下，后南宋张栻帅桂时，为了纪念黄庭坚，就在那里建立一所“榕溪阁”。刘克庄旅桂期间的作品中，有一首便以《榕溪阁》为题：

榕声竹影一溪风，迁客曾来系短篷。
我与竹君俱晚出，雨榕犹及识涪翁。[1]

正是在桂林如此丰富的名胜古迹、自然山水的影响下，刘克庄才有了“沙际分鱼艇，烟中见寺楼”“一溪春水弄晴沙，荡漾轻风舞落花”这些诗句，从中都可窥出其诗作题材深受桂林山水的影响。

唐诗重写景，认为这是“起兴”的需要，非常强调“笼天地于形内，挫万物于笔端”，以自然之万物入诗，讲究大篇幅的写景，而绚丽多姿且清新淡雅的桂林山水也为刘克庄的诗歌创作提供了客观素材。

四、结语

刘克庄早年时在胡槻的邀请下来到了桂林，刘克庄被美妙的山水吸引，创作了一批诗歌，而这批诗歌中也有着较为浓厚的唐诗色彩。在其旅桂诗中不难发现刘克庄学习唐诗的痕迹，尤其是五律、七绝这两种作品，凸显了唐诗简明轻快、脱俗清新、平淡自然的风格。这一时期的作品充分展现了刘克庄早年师法唐人的诗学观念，也为其

[1]《粤西诗载校注》，卷22，第106页。

后改变早年偏颇的诗学观念做了铺垫。

对后世而言，刘克庄于文坛最大的贡献就是诗学观念。刘克庄最伟大之处就是拥有正确的历史发展的眼光。他深知任何一流派都有其价值，但是在流变之后，会产生不利于诗歌发展的消极因素。这与后世明代过分强调宗唐，清初宗唐、宗宋两派争雄过于激烈相比，刘克庄所倡导的中庸之道诗学观是极为难得的。

随着诗歌文学的不断嬗变，刘克庄“不偏不倚、调和诸家”的诗学观念则更显得伟大。在历经明代前后七子的“文必秦汉，诗必盛唐”的复古运动之后，到了清代，中国诗歌的发展也不断走向融合，随着个体文学的繁盛和发展，最终诗歌发展走向了“兼收唐宋”的道路，出现了“清系诗歌”。从某种角度来说，这也是刘克庄诗学观念在后世的一种影响，这种影响亦是刘克庄诗歌的价值所在。

刘克庄作为“江湖诗派”的后起代表，接住了中兴四大家的历史接力棒，使得南宋晚年的诗歌走出了北宋江西诗派“以文为诗、以才学为诗、以议论为诗”的“垄断”。同时，又开辟了“参酌唐宋、调和诸派、力辟新境”的道路，无论是诗学观念还是诗词作品，都对后世文坛产生了重要的影响。

附表

诗歌类别名称	数量	标题
桂林本地风情类	37	《上巳与二客游水月洞》《曾公岩》《辰山》《秋日桂州远华馆呈胡仲威》《伏波岩》《癸水亭观荷花》《栖霞洞》《三月十四日陪桂帅卿出游》《荔枝岩》《龙隐洞》《琴潭》《五月二十七日游岩洞》《泛西湖》《慈氏阁》《佛子岩》《还珠洞》《訾家洲》《初游水东诸洞次同游韵二首》《尧庙》《舜庙》《清惠庙》《倏然亭》《簪带亭》《訾家洲》《千山观》《鹊》《秦城》《乳洞》《见方云台题壁诗次韵》《题霞溪驿》《榕溪阁》《玄山观》《禊亭》《桂州春日五绝句》
寄情山水隐逸类	8	《戴秀岩》《程公岩》《书堂山》《赠辰山道人》《林容州别墅》《严关新洞》《刘仙岩》《再游栖霞洞》
忧心边患家国类	6	《中秋湘南楼饯张昭州》《亏水》《铧嘴》《送赵叔愚赴浔州理掾》《哭桂州弹户录二首》
客居桂林思乡类	14	《发湘源驿寄府公》《风宅》《全州》《送陈鲁叟使君赴广西漕》《辞桂帅辟书作》《未至桂州叶潜仲以诗相迎次韵》《武冈叶使君寄诗至桂林次韵二首》《炎关》《榕台二绝》《湘中口占三首》

征稿启事

为加强学术研究，促进学术交流，桂林博物馆决定创办馆刊——《桂林博物馆文集》，一年一辑，公开出版。本刊立足桂林，面向全国，以及时反映文物考古的新发现、研究的新成果和博物馆工作的新理念、新趋势为宗旨。热忱欢迎各位专家、学者赐稿。

一、本刊拟常设下列专栏

1. 博物馆学研究
2. 文物研究与保护
3. 考古学研究
4. 历史研究
5. 民族学研究
6. 文化遗产论坛

二、稿件要求

1. 资料新颖，观点鲜明，文字精练，逻辑严密。

2. 每篇文章以5000字左右为宜，最长不超过10000字。要求有150字左右的内容提要和3—5个词组关键词。稿件可配适量图片，以高清数码相片为宜（请存JPG或TIF格式），质量精美的彩色片、反转片或线描图亦可。

3. 论文格式：

正标题：20个字以内，二号黑体加粗。

副标题：小三号宋体。

作者姓名：小四号楷体。

提要：150字左右，五号楷体。

关键词：3—5个，五号楷体。

作者简介：姓名、单位、职称，五号楷体。

正文：五号宋体，单倍行距。

正文一级标题：小四号黑体，大写数字，单独成行。

正文二级标题：五号黑体，带括号大写数字，单独成行。

正文三级标题：五号宋体，阿拉伯数字。

正文四级标题：五号宋体，带括号阿拉伯数字。

所有标点符号用全角，每段首行缩进全角 2 个字符。

4. 注释随文脚注于每页之下，编号格式为：带圈阿拉伯数字，编号方式为：每页重新编号。字体为小五号宋体。例：

专著类：①杨玲、潘守永：《当代西方博物馆发展态势研究》，北京：学苑出版社，2005 年，第 13 页。

期刊类文章：①安来顺：《2000 年：国际博物馆面临的三个主要问题》，载《中国博物馆》，1996 年第 2 期。

论文集中的析出文献：①崔波：《东南地区博物馆新思维撮录——如何落实展览、服务“三贴近”》，载曹兵武、李文昌主编：《博物馆观察》，北京：学苑出版社，2005 年，第 49 页。

报纸类文章：苏东海：《博物馆与全球化》，载《中国文物报》，2002 年 5 月 17 日第 6 版。

网络电子文献：王明亮：《关于中国学术期刊标准化数据库系统工程的进展》，载：http：//www.cajcd.edu.cn/pub/wml.txt/980810－2.html，1998－08－16/1998－10－04。

5. 本刊长期接受投稿，来稿以 word 文件格式（并附作者通讯地址、电子邮箱、电话等联系方式）通过电子邮件发送至《桂林博物馆文集》邮箱（glbwgwj@sohu.com）。

6. 请勿一稿多投，并请自留原稿，由于编辑人手有限，来稿恕不退还。

7. 稿件一经刊发即酌致稿酬，同时本刊即获得在桂林博物馆网站使用和传播该文章的权利。

8. 凡牵涉作者著作权等知识产权问题，相关责任一律作者自负，与本馆刊无关。

9. 所有稿件将由同行专家评议，编委会根据稿件的质量进行取舍。本集对稿件有编辑、删改权。

三、编辑部地址及联系方式

地　　址：广西桂林市临桂区平桂西路桂林博物馆

邮政编码：541199

联系电话：0773-2898919

联 系 人：周华

邮　　箱：glbwgwj@sohu.com

《桂林博物馆文集》编辑部